Nancy S. Hill

Warum es auf dem Flohmarkt keine Flöhe gibt

365 Andachten mit Aha-Effekt

Über die Autorin

Nancy S. Hill ist gelernte Lehrerin und Erzieherin. Ihre ersten Andachten schrieb sie für ihre drei wissbegierigen Töchter. Die Autorin lebt mit ihrem Mann in Colorado.

Nancy S. Hill

Warum es auf dem Flohmarkt keine Flöhe gibt

365 Andachten mit Aha-Effekt

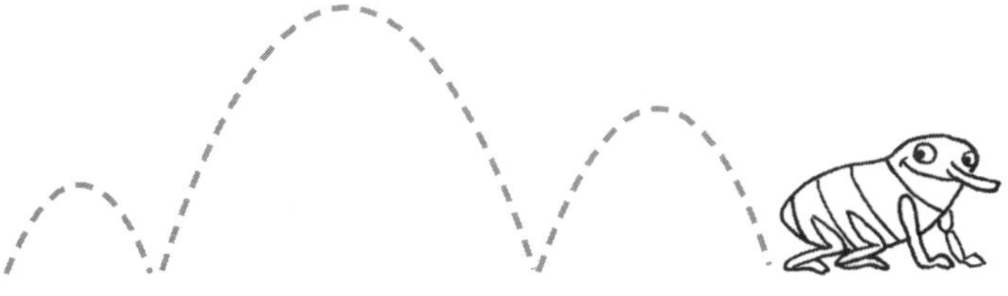

Die amerikanische Originalausgabe
erschien im Verlag Tyndale House Publishers
unter dem Titel „One Year® Did You Know Devotions".

Aus dem Englischen übersetzt von Eva-Maria Nietzke.

1. Auflage 2010
Bestell-Nr. 816 549
ISBN 978-3-86591-549-8

Umschlag- und Innenillustration: effekt (Alica & Irina Frisorger)
Umschlaggestaltung: effekt (Alica & Irina Frisorger)
Satz: Mirjam Kocherscheidt; Gerth Medien GmbH
Druck und Verarbeitung: GGP Media GmbH, Pößneck
Printed in Germany

1. Januar

Das Problem mit der Ein-Dollar-Münze

Römer 12,2

Eines Tages beschloss die amerikanische Regierung, eine Ein-Dollar-Münze einzuführen, die den Ein-Dollar-Schein ersetzen sollte. Die Münze erhielt den Namen „Susan B. Anthony“-Dollar, weil auf der einen Seite ein Bild von Susan B. Anthony abgebildet war. Diese Frau war berühmt geworden, weil sie sich in den USA dafür einsetzte, dass auch Frauen wählen dürfen. Doch die neue Münze war dem amerikanischen 25-Cent-Stück im Aussehen, in der Größe und auch dem Gewicht nach sehr ähnlich. So konnte es leicht passieren, dass man mit einer Ein-Dollar-Münze für etwas bezahlte, das eigentlich nur 25 Cent kostete. Und außerdem war es sehr unbequem, statt eines einzigen Zwanzig-Dollar-Scheins zwanzig schwere Dollarmünzen in seinem Geldbeutel herumzuschleppen. Also vermieden es die Leute, mit der Ein-Dollar-Münze einzukaufen, und schließlich blieb das Finanzministerium auf 500 Millionen unbenutzten „Anthony-Münzen“ sitzen.

Was hat das mit mir zu tun?

Manchmal sind Veränderungen gut, manchmal aber auch nicht. Der „Susan B. Anthony“-Dollar hat die Verwendung des Geldes nicht einfacher gemacht. Stattdessen entstanden neue Probleme. Aber es gibt eine Veränderung, die sich ganz bestimmt lohnt. In der Bibel lesen wir, dass sich unser Leben zum Guten verändert, wenn wir ein Kind Gottes werden:

> Passt euch nicht den Maßstäben dieser Welt an. Lasst euch vielmehr von Gott umwandeln, damit euer ganzes Denken erneuert wird. Dann könnt ihr euch ein sicheres Urteil bilden, welches Verhalten dem Willen Gottes entspricht, und wisst in jedem einzelnen Fall, was gut und gottgefällig und vollkommen ist. (Römer 12,2; GN)

Wenn wir zulassen, dass Gott uns verändert, gibt es keinen Irrtum! Bitte ihn, dir zu zeigen, wie du mit seiner Hilfe in diesem Jahr Dinge verändern kannst.

2. Januar
Der wortlose Kauf

Sprüche 15,4

Bei einer Versteigerung gibt es keine Preisschilder an den Gegenständen, die zum Verkauf ausgestellt werden. Stattdessen steht ganz vorn im Raum der, der die Versteigerung durchführt. Dem müssen die Leute ein Zeichen geben, wenn sie um den Kauf eines bestimmten Gegenstandes wetteifern. Durch diese Zeichen wird vermieden, dass es zu einem großen Durcheinander kommt, denn der Versteigerer muss nicht auf das Stimmengewirr der vielen Menschen hören, die ihre Preisgebote in den Raum rufen. Durch stille Signale kann ein Interessent auch für einen Gegenstand bieten, ohne dass die anderen Leute im Raum bemerken, dass sich jemand für das Objekt interessiert. Aber woher weiß man, welche Zeichen man geben muss? Die häufigsten Zeichen dafür, dass man ein Gebot abgeben will, sind das Berühren der Nase oder des Ohrläppchens, das Lüften eines Huts, Winken, Nicken oder das Hochhalten einer Karte, auf der die Identifikationsnummer des Bieters steht.

Muss man ganz stillsitzen, wenn man eine Versteigerung besucht und nicht mitbieten will? Nein, denn die Interessenten sprechen vor der Versteigerung mit dem Versteigerer und verabreden, welches Zeichen sie benutzen werden. Die Gesten, die diese Leute machen, werden dann von dem Versteigerer während der Versteigerung wahrgenommen.

Was hat das mit mir zu tun?

Manchmal kommt es vor, dass wir anderen „Signale“ senden, wenn wir nicht das bekommen, was wir wollen. Wir runzeln die Stirn oder weinen oder sagen böse Worte. Aber es gibt einen besseren Weg. In der Bibel wird uns der Tipp gegeben:

> Ein freundliches Wort schenkt Freude am Leben, aber eine böse Zunge verletzt schwer. (Sprüche 15,4; Hfa)

Wenn andere „gute Signale“ von dir empfangen, dann werden sie eher bereit sein, dir zu helfen oder dir das zu geben, was du brauchst. Wie wäre es, wenn du Gott um Hilfe bittest, das Nörgeln und Murren aufzugeben?

3. Januar

Rückstand

Psalm 94,16-19

Man sagt, dass man im „Rückstand“ ist, wenn man eine bestimmte Arbeit nicht pünktlich erledigt hat. In der Regel versucht man, diesen Rückstand aufzuholen. Vielleicht wird es dich wundern zu erfahren, dass der Begriff „Rückstand“ gar kein moderner Begriff ist. Er stammt aus der Zeit, als man ein Haus nur warm halten konnte, indem man ständig ein Feuer im Kamin brennen ließ. Damit das Feuer auch nachts, wenn alle schliefen, weiterbrannte, legte man vor dem Zubettgehen ein sehr dickes Holzscheit ganz hinten in den Kamin. Kleinere Scheite wurden weiter vorn hingelegt. Das große Scheit wurde schließlich von den Flammen des Kleinholzes erhitzt. Anstatt selbst in Flammen aufzugehen, schwelte das dicke Scheit hinten im Kamin langsam die ganze Nacht hindurch und sorgte so für Wärme. Am Morgen war noch genug Glut – der sogenannte Rückstand – übrig, um das Feuer erneut zu entzünden. Deshalb wird der Begriff „Rückstand“ für etwas gebraucht, das übrig geblieben ist oder nicht ganz aufgebraucht wurde.

Was hat das mit mir zu tun?

Manchmal drehen wir uns um einen „Rückstand“, also einen übrig gebliebenen Rest von Schuldgefühlen oder Kränkungen – um Dinge, die uns schon sehr lange bedrücken. Oft kommt es uns so vor, als ob sich unsere unangenehmen Gefühle nie mehr abschütteln ließen. Doch Gott will nicht, dass wir uns mit einer solchen Last abschleppen. In der Bibel lesen wir:

> Wer steht mir bei gegen diese Verbrecher? Wer beschützt mich vor diesen bösen Menschen? Herr, wenn du mir nicht geholfen hättest, dann wäre ich jetzt tot – verstummt für immer! Sooft ich dachte: „Jetzt ist alles aus!“, halfst du mir in Liebe wieder auf. Als quälende Sorgen mir Angst machten, hast du mich beruhigt und getröstet. (Psalm 94,16–19; Hfa)

Wenn du ein Kind Gottes bist, darfst du sicher sein, dass dich Gott von den „Rückständen“ – Schuld, Angst, Kränkungen – befreien will. Bitte Gott, dir zu helfen, und er wird dich wieder fröhlich machen.

4. Januar

Warum man die Katze aus dem Sack lässt

1. Petrus 2,1

Vielleicht hat man dir eingeschärft, dass du nichts von den Plänen für eine Überraschungsparty erzählen sollst, oder deine Eltern haben dich gebeten, noch niemandem zu sagen, dass deine Mutter ein Baby erwartet. Doch dann vergisst du auf einmal, was man dir gesagt hat, und du erzählst weiter, was du eigentlich noch für dich behalten solltest. Vielleicht sagt dann jemand: „Du hast die Katze aus dem Sack gelassen.“ Was hat das zu bedeuten? Welche Katze ist gemeint? Und von welchem Sack wird hier gesprochen? Die Antworten findest du, wenn du das Rad der Zeit ein Stück zurückdrehst: Früher war es üblich, dass Händler auf Märkten kleine Schweine verkauften. Nach dem Verkauf band der Verkäufer dem Tier die Pfoten zusammen und legte es in einen Sack, sodass der Käufer es nach Hause tragen konnte. Zu Hause angekommen, ließ der neue Besitzer das Tier dann aus dem Sack heraus. Manchmal kam es vor, dass der Käufer eine böse Überraschung erlebte und feststellen musste, dass der Händler ihn betrogen hatte. Aus dem Sack kam nämlich das „Geheimnis" des Verkäufers zum Vorschein, das auf dem Weg nach Hause noch nicht zu sehen gewesen war: Er hatte statt eines wertvollen Schweins eine Katze in den Sack getan. Der Betrogene hatte also viel Geld bezahlt, während der Verkäufer das Schwein an jemand anderen verkauft hatte.

Was hat das mit mir zu tun?

Wenn wir etwas verheimlichen, entstehen fast immer Probleme. Man braucht viel Energie, um vorzutäuschen, dass man ruhig ist, obwohl man Angst hat. Oder um so zu tun, als ob man fröhlich ist, obwohl man in Wahrheit traurig ist. Doch wie kann man es schaffen, ehrlich und aufrichtig zu sein? In der Bibel lesen wir:

> Macht darum Schluss mit allem, was unrecht ist! Hört auf zu lügen und euch zu verstellen, andere zu beneiden oder schlecht über sie zu reden. (1. Petrus 2,1; GN)

Gute Nachricht: Wir können aufhören, jemand zu sein, der wir nicht sind – und stattdessen Jesus bitten, uns wirklich zu verändern. Er hat die Macht, uns zu helfen, ehrlich zu uns selbst und zu anderen zu sein.

5. Januar

Wie eine Badewanne zur Lösung eines Rätsels beigetragen hat

Jakobus 1,12

Archimedes, ein Wissenschaftler im antiken Griechenland, sollte auf Weisung des Königs ein bestimmtes Rätsel lösen. Der König befürchtete, dass der Mann, der seine Krone hergestellt hatte, ein Betrüger war. Er hatte den Verdacht, dass der Mann einen Teil des zur Verfügung gestellten Goldes für sich behalten und der Krone ein minderwertiges Metall beigemischt hatte. Archimedes sollte beweisen, ob die Krone aus reinem Gold bestand oder nicht. Dabei durfte er jedoch die Krone nicht beschädigen. Archimedes dachte angestrengt über eine Lösung für dieses Problem nach. Doch ihm fiel nichts ein, bis er eines Abends ein Bad nahm. Während er seinen Körper in die Wanne gleiten ließ, stieg das Wasser zu beiden Seiten seines Körpers in die Höhe. Plötzlich hatte er einen Weg gefunden, die Aufgabe zu lösen. Archimedes erkannte Folgendes: Wenn man einen schweren Gegenstand ins Wasser legt, so verdrängt dieser Gegenstand das gleiche Gewicht an Wasser. Also begann er sein wissenschaftliches Experiment damit, herauszufinden, wie viel die Krone wiegen müsste, wenn sie aus purem Gold war. Dann legte er dieses Gewicht an reinem Gold ins Wasser, und dann maß er das Gewicht des dabei verdrängten Wassers. Danach ließ er die Krone des Königs ins Wasser fallen und maß erneut das Gewicht des verdrängten Wassers. Diesmal war das Wasser schwerer als beim ersten Mal. Das bedeutete, dass der Hersteller der Krone minderwertiges, schwereres Metall beigefügt hatte. Der Verdacht des Königs hatte sich bestätigt – seine Krone bestand nicht aus reinem Gold, und Archimedes hatte es bewiesen.

Was hat das mit mir zu tun?

Du kannst eine Krone bekommen, die viel wertvoller ist als Gold, ohne etwas dafür zu bezahlen. Wie ist das möglich? In der Bibel lesen wir:

> Selig ist der Mann, der die Anfechtung erduldet; denn nachdem er bewährt ist, wird er die Krone des Lebens empfangen, die Gott verheißen hat denen, die ihn lieb haben. (Jakobus 1,12; LÜ 84)

Diese Krone besagt, dass du einen Platz im Himmel hast, der für dich reserviert ist. Niemand kann dir diesen Platz wegnehmen oder ihn durch etwas Geringeres ersetzen. Gib Gott dein Leben und nimm deine Krone in Anspruch!

6. Januar

Eine echte Cowboy-Mahlzeit

Epheser 4,31–32

Für die Cowboys der Vergangenheit gab es keine Schnellimbisse entlang der Straße, also mussten sie einen Weg finden, ihre eigenen Mahlzeiten mitzunehmen. Einige Cowboys schnitten Fleisch in Streifen, ließen es in der Sonne trocknen und nahmen es in ihren Satteltaschen mit. Cowboys in Argentinien, die sogenannten *gauchos*, machten es anders: Sie legten rohe Fleischstreifen unter ihre Sättel. Zum Abend hin war das Fleisch von der Körperwärme des Pferdes und den Reibungen des Sattels „gekocht". Außerdem wurde das Fleisch durch das Schaukeln des Sattels weich geklopft. Auf diese Weise zubereitetes Fleisch hieß auf Spanisch *charqui*, das bedeutet „getrocknetes Fleisch". Vielleicht bist du erstaunt zu erfahren, dass wir diese Art Fleisch noch heute essen. Bei uns heißt es Rauch- oder Dörrfleisch.

Was hat das mit mir zu tun?

Weiches Fleisch ist bekömmlicher als hartes Fleisch. Mit den Menschen ist es genauso. In der Bibel lesen wir:

> Befreit euch von Bitterkeit und Wut, von Ärger, harten Worten und übler Nachrede sowie jeder Art von Bosheit. Seid stattdessen freundlich und mitfühlend zueinander und vergebt euch gegenseitig, wie auch Gott euch durch Christus vergeben hat. (Epheser 4,31–32)

Wir können Jesus bitten, unser Herz weich und für die anderen empfindsam zu machen. So werden wir darauf vorbereitet, jederzeit das zu tun, was Gott von uns will.

7. Januar

Warum es unterschiedliche Fahrräder für Mädchen und Jungen gibt

Psalm 95,4–5

Hast du dich schon einmal gefragt, warum die Querstange bei Mädchen- und Jungenfahrrädern unterschiedlich angebracht ist? Man hat nachgewiesen, dass die ideale Form für einen Fahrradrahmen ein Dreieck oder eine Raute ist. Diese Formen verstärken das Fahrrad und sorgen für größere Tragfähigkeit. Jungenfahrräder, bei denen die Querstange parallel zum Boden angebracht ist, sind für höchste Effizienz gebaut. Mädchenfahrräder sind aus historischen Gründen anders gebaut. In den frühen Neunzigerjahren des 19. Jahrhunderts wurde die Querstange für Mädchen niedriger angebracht, damit sie mit ihren langen Röcken leichter aufsteigen und in die Pedale treten konnten. Ihre Fahrräder wurden „Sicherheitsräder“ genannt, und obwohl heutzutage nur noch wenige Mädchen Röcke (und schon gar nicht lange Röcke) beim Fahrradfahren tragen, wurden die Räder für Mädchen in ihrer Form nicht verändert. Wer jedoch das Fahrradfahren ernst nimmt und höchste Leistung und Langlebigkeit anstrebt, wird auf jeden Fall ein Herrenrad wählen, egal, ob Mann oder Frau.

Was hat das mit mir zu tun?

Damals war es wahrscheinlich eine wichtige Erfindung, Fahrräder herzustellen, auf denen Mädchen bequem fahren konnten. Doch wie winzig klein erscheint diese Erfindung im Vergleich zu den Werken des Meistererfinders! Die Bibel beschreibt einige davon:

> Ihm gehören die Tiefen der Erde, und die höchsten Berge sind sein. Das Meer gehört ihm, denn er hat es erschaffen. Seine Hände haben das trockene Land geformt. (Psalm 95,4–5)

Alles, was die Menschen erschaffen, ist verschwindend klein im Vergleich zu Gottes Schöpfung. Wenn wir über seine Ehrfurcht gebietende Macht nachdenken, dann wird uns bewusst, wie mächtig er ist und war und immer sein wird.

8. Januar

Tiefgekühlter Fisch

Titus 2,7

Die Geschichte der Tiefkühlkost begann mit Fischen. Wenn Eskimos in der Arktis fischen, gefriert der aus dem Wasser gezogene Fisch sehr schnell, nachdem er die minus fünfzig Grad kalte Luft berührt hat. Zu Beginn des 20. Jahrhunderts beobachtete ein Biologe namens Clarence Birdseye diesen Vorgang und erkannte, dass das sehr rasche Einfrieren von Nahrung das Geheimnis für guten Geschmack ist. Der langsame Einfrierungsprozess, der damals angewandt wurde, beschädigte die Nahrungszellen, wodurch Saft auslief und die Lebensmittel matschig und ungenießbar wurden. Niemand wollte diese Tiefkühlnahrung essen. Die Geschäfte mussten sich teure Kühlsysteme anschaffen, um diese Produkte zu lagern, die niemand kaufen wollte! So gründete Birdseye im Jahr 1922 seine eigene Tiefkühlfirma. Später verkaufte er

zwar sein Unternehmen, doch seine Idee und sein Name sind noch immer untrennbar mit dem Tiefkühlgeschäft verbunden.

Um den Verkauf von Tiefkühlprodukten anzukurbeln, wurde zunächst ihre Bezeichnung geändert, denn die alte Bezeichnung erinnerte die Leute an den schlechten Geschmack. Dann installierte man kostenlos Kühlgeräte in achtzehn großen Lebensmittelgeschäften. Doch die Leute hatten damals noch keine Tiefkühltruhen zu Hause, und so mussten sie die Tiefkühlkost noch am gleichen Tag essen, an dem sie gekauft wurde. Während des Zweiten Weltkriegs wurde Tiefkühlkost dann wirklich beliebt. Immer mehr Frauen waren berufstätig und hatten weniger Zeit zum Kochen. Konserven waren damals sehr teuer, weil das für die Dosen benötigte Metall für den Krieg gebraucht wurde. Tiefkühlkost war entsprechend günstiger. Man konnte sogar Platz in einem Tiefkühlschrank mieten, um Tiefkühlkost aufzubewahren. Im Laufe der Jahre nahm die Beliebtheit von Tiefkühlkost zu, und heutzutage kann man die Marke *Birds Eye* in fast jedem Lebensmittelgeschäft in den USA kaufen.

Was hat das mit mir zu tun?

Den Eskimos war vermutlich nicht bewusst, dass Clarence Birdseye sie beim Fischen beobachtete, doch was er sah, veränderte sein ganzes Leben. Vielleicht hast du es noch nicht bemerkt, doch andere Leute beobachten dich. Was können sie von dir lernen? Wenn du gern einen guten Einfluss ausüben willst, aber nicht weißt, wie du es anfangen sollst, dann schau nach, was die Bibel dazu sagt:

> Und du selbst sei ihnen in allem ein gutes Vorbild und ein Beispiel für die Glaubwürdigkeit und Würde deiner Lehre. (Titus 2,7; NL)

Es ist nicht sehr überzeugend, wenn man den anderen nur sagt, was sie tun sollen. Wir können wirklich einen Unterschied machen, indem wir zeigen, wie Jesus uns verändert hat.

9. Januar

Wozu unsere Augenbrauen da sind

Jesaja 2,11–12

Was passiert, wenn wir die Stirn runzeln? Anders als Tiere, die sich vor allem mit dem Gehör und dem Geruchssinn orientieren, nehmen wir Menschen die Dinge in erster Linie mit den Augen wahr. Tiere blähen ihre Nüstern oder stellen ihre Ohren auf, um ihre Wachsamkeit zu schärfen, während wir die Augen weiten, unsere Pupillen vergrößern und unsere Stirn runzeln (beziehungsweise die Augenbrauen nach oben ziehen), um besser sehen zu können. Auf diese Weise versucht sich unser Körper besser zu schützen.

Wenn wir sehr konzentriert sind, ziehen wir oft die Augenbrauen zusammen, sodass die Augen schmaler werden. Außerdem bewegen sich unsere Augenbrauen, wenn wir durch verschiedene Gesichtsausdrücke miteinander kommunizieren. Hochgezogene Augenbrauen können Überraschung, Zweifel, Missfallen oder Interesse signalisieren.

Was hat das mit mir zu tun?

Wir alle kennen Menschen, die uns nicht so liegen. Wir mögen vielleicht das Aussehen oder das Reden oder das Handeln einer bestimmten Person nicht besonders. Doch wir sollten nicht allzu schnell unsere Stirn über sie runzeln – wenn wir glauben, wir wären besser als diese Person, dann können wir ernsthaft in Schwierigkeiten kommen. In der Bibel heißt es:

> Er wird die hochmütigen Augen der Menschen senken und die Stolzen demütigen. An diesem Tag wird nur der Herr allein erhaben sein. Denn zu einer von ihm festgelegten Zeit wird der Herr, der Allmächtige, alles Hochmütige, Stolze und Erhabene erniedrigen. (Jesaja 2,11–12)

Wir haben es nicht gern, wenn jemand auf uns herabsieht, und wir sollten uns davor hüten, selbst auf jemanden herabzusehen.

10. Januar

Wie man aus Streichhölzern einen Wolkenkratzer baut

Sprüche 18,10

Der erste Wolkenkratzer wurde aus Streichhölzern und Spielkarten gebaut – jedenfalls in der Vorstellung des Architekten. Ende des 19. Jahrhunderts löste William LeBaron Jenney endlich das Problem, wie man eine Gebäudestruktur mit mehr als zehn Stockwerken bauen kann. Bis dahin war es Bauunternehmern nur gelungen, bis zu neun Stockwerke hohe Gebäude zu errichten. Das zehnte Stockwerk brachte mit seinem Gewicht das ganze Gebäude zum Einsturz. Monatelang grübelte Jenney darüber nach, wie man dieses Problem lösen könnte. Als er eines Tages spielerisch Streichhölzer zu kleinen Kästchen zusammensteckte, kam ihm eine verblüffende Idee. Jenney bedeckte seine Streichholzhäuser mit Spielkarten und erkannte, dass dieses Vorgehen mit anderem Material die Antwort auf sein Suchen sein könnte. Wenn er Stahlbalken als Träger verwendete und dann die Ziegel hinzufügte, wären die Gebäude möglicherweise stark genug, um eine größere Anzahl von Stockwerken zu tragen.

1885 wurde sein Entwurf in die Praxis umgesetzt, und Jenney überwachte persönlich den Bau des ersten Wolkenkratzers in Chicago. Das Gebäude, bekannt unter dem Namen *Home Insurance Building*, hatte zehn Stockwerke und war 42 m hoch, was im Vergleich zu dem heutigen *Sears Tower* mit 443 m Höhe sehr niedrig war. Doch dieses zehnstöckige Gebäude gilt als Urheber der Wolkenkratzer. Durch das Hinzufügen des zehnten Stockwerks konnte Jenney beweisen, dass künftig noch höhere Gebäude gebaut werden konnten.

Was hat das mit mir zu tun?

Wenn deine Wohnung oder die Praxis deines Arztes im ersten Wolkenkratzer seiner Art untergebracht wäre, dann müsstest du darauf vertrauen, dass der Architekt genau wusste, was er tat. Du müsstest darauf vertrauen, dass er keine Fehler gemacht hat und dass du problemlos in den zehnten Stock hinaufgehen kannst. Gott möchte, dass wir ihm genauso vertrauen. Er macht keine Fehler, und er weiß immer, was er tut. Außerdem liebt er dich so sehr, dass er nur das tun wird, was gut für dich ist. Du kannst Gott vertrauen und an seinen großen Plan glauben. In der Bibel steht die Verheißung:

> Der Name des Herrn ist eine feste Burg; der Gottesfürchtige flüchtet sich zu ihm und findet Schutz. (Sprüche 18,10)

11. Januar

Der Stier und das rote Tuch

Sprüche 14,29

Wenn ein Matador vor einem Stier ein rotes Tuch schwingt, dann vor allem deshalb, weil er dem Publikum eine Vorstellung mit „besonderen Effekten“ geben will. Vielleicht denkst du hinterher, du könntest kein rotes T-Shirt tragen oder keine rote Tischdecke verwenden, wenn du in der Nähe einer Rinderherde ein Picknick machen willst. Der Matador wäre vermutlich stolz darauf, solche Ängste hervorgerufen zu haben. Das rote Tuch beunruhigt uns viel mehr, als es den Stier beunruhigt. Wenn wir die Farbe Rot sehen, steigt unser Blutdruck und unser Puls beschleunigt sich. Rot ist die Farbe des Blutes, und Blut steht in der Regel für Probleme oder Gefahr. Dem Stier ist die Farbe Rot völlig egal. Stiere sind tatsächlich farbenblind. In der Arena greift der Stier nicht an, weil das Tuch rot ist, sondern weil der Matador das Tuch hin- und herschwenkt.

Was hat das mit mir zu tun?

Wenn ein Stier seine Instinkte kontrollieren und nachdenken könnte, dann würde er begreifen, dass es ein großer Fehler ist, in Wut zu geraten. Seine Wut endet damit, dass der Matador ihn tötet. Wenn der Stier sich weigern könnte, in Wut zu geraten, dann würde der Matador wahrscheinlich einen anderen Stier auswählen, der dem Publikum eine bessere Show bieten könnte. Doch Stiere können nicht denken wie wir. Gott gab uns die Macht, unsere Impulse zu kontrollieren, indem wir unseren Verstand benutzen. Deshalb sagt die Bibel:

> Wer seinen Zorn zügelt, besitzt viel Verstand; wer aber jähzornig ist, begeht große Dummheiten. (Sprüche 14,29)

Wir können uns dagegen entscheiden, in Wut zu geraten. Je öfter wir die Wut vermeiden, desto weniger Schaden tragen wir davon.

12. Januar

Wenn Bücher zur Last werden

Jesaja 34,16

Es gab einst einen Mann, der sich das Ziel gesetzt hatte, eine Ausgabe jedes auf der Welt verfügbaren Buches zu besitzen. Sein Name war Sir Thomas Phillips, und zu Beginn des 19. Jahrhunderts hatte er sein Ziel fast erreicht. Er sammelte jede verfügbare bedruckte Seite und ging dabei sogar so weit, den Müll anderer Leute zu sammeln. Ständig wurden Kisten voller Bücher zu ihm nach Hause geliefert. Sir Thomas bewahrte seine Bücher in Kisten auf, in denen sie bei Feuerausbruch schnell weggetragen werden konnten. Vor einem Feuer hatte er besonders Angst. Doch die Bücher waren nicht geordnet, und so konnte er sie nicht wirklich benutzen. Sie waren voller Staub und von Holzscheiten umgeben, damit die Einbände und Seiten nicht von Käfern angefressen wurden. Er wandte so viel Zeit und Geld auf, um Bücher zu sammeln, dass seine Töchter jeweils nur ein Kleid tragen konnten, und seine Familie bewegte sich immer am Rande des Bankrotts.

Als die Böden seines Hauses unter dem Gewicht all der Bücher nachzugeben begannen, beschloss die Familie, in ein größeres Haus umzuziehen. 230 Pferde, 103 Pferdewagen und 160 Männer waren nötig, um die Bücher in das neue Haus zu transportieren. Einige Bücher kamen jedoch nicht an, denn wegen des schweren Gewichts brachen einige Pferdewagen auseinander. Am Ende besaß Sir Thomas über 60.000 Manuskripte und mehr als eine Million Bücher. Was geschah nach seinem Tod mit all diesen Büchern? Seine Familie war noch ein Jahrhundert später damit beschäftigt, sie auf Versteigerungen zu verkaufen.

Was hat das mit mir zu tun?

In den Büchern, die Sir Thomas gesammelt hatte, war eine Menge Wissen angehäuft. Doch Sir Thomas war so sehr damit beschäftigt, die Bücher zu sammeln, dass er gar keine Zeit hatte, sie zu lesen. Manchmal lassen wir es zu, dass unser Leben vor Aktivität überquillt. Wir nehmen uns noch nicht einmal die Zeit, das Buch zu lesen, in dem die wichtigsten Dinge für unser Leben enthalten sind. Die Bibel fordert uns auf:

> Sucht nun in dem Buch des Herrn und lest! Keines von ihnen wird fehlen. (Jesaja 34,16; LÜ 84)

Wenn du gute Nachrichten oder Angebote für Geschenke suchst, solltest du nicht die Zeitung aufschlagen, sondern die Bibel – die beste Quelle für gute Nachrichten und Geschenke.

13. Januar

Die Arzneiflasche, die zum Spielzeug wurde

Johannes 16,33

Kindersichere Flaschenverschlüsse haben vielen Kindern das Leben gerettet. Doch ein chinesisches Unternehmen ging im Bemühen um einen kindersicheren Verschluss ein wenig zu weit. Die von ihm hergestellte Aspirinflasche wies dreizehn unterschiedliche bewegliche Teile auf, und man musste neununddreißig Schritte durchführen, um den Verschluss zu öffnen. Und als ob das noch nicht ausreichen würde, um Kinder am Öffnen der Flasche zu hindern, ersetzten sie den kniffligen Verschluss alle sechs Monate durch ein neues Modell. Die Flaschen fanden großen Absatz, und das Unternehmen war überrascht zu erfahren, warum: Eltern kauften die Flaschen für ihre Kinder, um damit zu spielen. Ihre Kinder liebten die Herausforderung, das Rätsel des Verschlusses zu lösen!

Was hat das mit mir zu tun?

Es kann Spaß machen, Herausforderungen anzunehmen, um sich die Zeit zu vertreiben. Doch es gibt Herausforderungen im Leben, die nicht sehr angenehm sind. Vielleicht hast du Probleme in der Schule, in deiner Familie oder mit deinen Freunden. Du hast das Gefühl, dass die Last für deine Schultern zu schwer ist. Und du hast recht! Du brauchst Gottes Hilfe. Er sagt:

> Hier auf der Erde werdet ihr viel Schweres erleben. Aber habt Mut, denn ich habe die Welt überwunden. (Johannes 16,33)

Bitte Gott, dich in deinen Schwierigkeiten zu begleiten. Seine Kraft wird dich trösten und tragen.

14. Januar

Wie ein Kirchenführer zur Erfindung des Kegelns beigetragen hat

Jakobus 4,7–8

Man glaubt, dass das Kegeln schon um 5200 v. Chr. bekannt war, denn in einem ägyptischen Grab fand man zugespitzte Steinbolzen und einen Steinball. Doch das Kegeln, wie wir es heute kennen, begann in deutschen Kirchen im vierten Jahrhundert. Die Leute stellten „Kegel" oder Keulen auf und gaben vor, sie würden den Teufel darstellen. Mit einem Ball oder einem Stein versuchten sie, die Kegel umzuwerfen. Wenn es ihnen gelang, glaubte man, dass ein gutes Leben darauf folgen würde. Wenn sie danebenwarfen, glaubte man, dass zu viele Sünden im Leben dieser Person waren. Die Anzahl der Kegel variierte zwischen drei und siebzehn, bis Martin Luther die Zahl Neun auswählte, die beim Kegeln in Deutschland noch heute und auch anfangs beim Bowling in den USA beibehalten wurde. Die erste überdachte Kegelbahn aus Holz wurde 1450 in London erbaut. Bis dahin wurde in der Regel der Abstand zwischen zwei Gebäuden als Kegelbahn genutzt. Bowlingkugeln wurden zunächst aus Stein, später aus Holz, Eisen und schließlich Gummi hergestellt. Sie wurden aus der Handfläche heraus gerollt, bis man Kugeln mit zwei und später drei Löchern für die Finger verwendete. Schließlich wurde das Bowling „mit neun Kegeln" in den USA als Glücksspiel durchgeführt und daher im Jahr 1839 für illegal erklärt. Die Spieler versuchten daraufhin das Gesetz zu umgehen, indem sie einen zehnten Kegel benutzten.

Was hat das mit mir zu tun?

Egal, wie oft wir kegeln, wir können das Böse nicht „wegstoßen". Es gibt nur *einen* wirklichen Schutz vor Sünde; wir finden ihn in der Bibel:

> Deshalb ordnet euren Willen Gott unter! Widersteht dem Teufel, und er wird euch verlassen. Kommt zu Gott, und Gott wird euch entgegenkommen. (Jakobus 4,7–8)

Gott wird den Teufel besiegen, wenn wir ihn um Schutz bitten.

15. Januar

Was man mit einem unbrauchbaren Tunnel anfangen kann

Matthäus 24,13

Wenn man an einem Projekt arbeitet, wird man leicht abgelenkt und auf eine falsche Fährte geführt. Ein Mann namens William Henry „Burro“ Schmidt hat das auf ganz besondere Weise erlebt. Schmidt stammte aus Rhode Island und zog nach Kalifornien, um dort nach Gold zu schürfen. Doch bevor er sein Claim zu bearbeiten und tiefer zu graben begann, verlor er die Spur. Er schloss daraus, dass er zunächst einen Tunnel durch den *Copper Mountain* graben sollte. So würde er sein Gold direkt auf die Straße auf der anderen Seite des Berges transportieren können, wo die Schmelzhütte war und das Gold gereinigt wurde. Schmidt begann 1906 mit dem Graben des Tunnels. Er verwendete nur Handwerkzeug und ab und zu Dynamit. Er arbeitete ganz allein, nur seine beiden Esel Jack und Jenny waren bei ihm, daher sein Spitzname „Burro“ (engl. Esel).

In den nächsten 32 Jahren grub Burro seinen Tunnel, oft im Dunkeln, weil es im Tunnel zu wenig Sauerstoff gab, um eine Kerzenflamme am Brennen zu erhalten. Er hatte sich zum Bau dieses Tunnels entschlossen, und er war nicht bereit aufzugeben. Während sich Schmid langsam durch den Tunnel grub, nahm der Fortschritt in der Welt um ihn herum stetig seinen Lauf. 1938, nachdem sowohl eine Straße als auch eine Eisenbahnlinie über den *Copper Mountain* gebaut worden waren, erreichte Burro schließlich die andere Seite des Berges. Er war 67 Jahre alt. Aber was sollte man jetzt noch mit einem handgegrabenen Tunnel anfangen? Es blieb nur eine Möglichkeit, und Burro ergriff sie: Er öffnete den Tunnel als eine Attraktion für Touristen, und er lebte sechzehn Jahre lang bis zu seinem Tod davon. Seine Anstrengungen brachten ihm einen zweiten Spitznamen ein: „Der menschliche Maulwurf“. Robert Ripley, der Autor von *Believe it or not*, gab ihm diesen Namen.

Was hat das mit mir zu tun?

Burro Schmidt hat vielleicht nicht das produktivste Projekt durchgeführt, doch man muss ihn für seine Hartnäckigkeit und sein Durchhaltevermögen bewundern. Als er erst einmal den Entschluss zum Tunnelbau gefasst hatte, konnten nichts und niemand ihn davon abhalten, sein Vorhaben zu Ende zu führen. Eine solche Hingabe möchte Gott bei uns im Blick auf unseren Glauben finden. Er verspricht:

> Doch wer bis zum Ende durchhält, wird gerettet werden. (Matthäus 24,13)

Wir können von Burros Einsatz lernen. Mit der Bibel als Leitfaden brauchen wir uns keine Sorgen zu machen, ob wir uns für das Richtige einsetzen. Wenn wir uns an die Bibel halten, können wir mit all unserer Kraft das Richtige tun.

16. Januar

Verrat beim Abendessen

Lukas 11,23

Ein Verräter ist jemand, der dem Feind hilft. Es gibt keinen Mittelweg – entweder ist man für oder gegen sein Land. Doch welche Art von Verrat kann man bei einem Abendessen ausführen? Wenn du im 17. Jahrhundert in England gelebt hättest, dann wäre das für dich so einfach gewesen wie eine Unterhaltung über einem Glas Wein oder wie ein Trinkspruch. Dabei ging es nicht darum, was man sagte, sondern um das, was man nicht sagte. Eine Familie namens Stuart war aus England verbannt worden. Einige Leute in England waren der Meinung, die Stuarts hätten eigentlich das Land regieren sollen, und sie fanden es ungerecht, dass sie nicht nach England zurückkehren durften. Wenn man einen Trinkspruch gab, so konnte man auf eine geheime Art und Weise seine Unterstützung für die Stuarts signalisieren.

Damals stand beim Essen neben jedem Gedeck eine kleine Wasserschale, damit sich die Gäste die Finger waschen konnten. Wenn man für die Stuarts war, dann hielt man während des Trinkspruchs sein Glas über dieses Schälchen. Auf diese Weise zeigte man, dass man den „König jenseits des Meeres" ehrte. Schließlich wurde die geheime Bedeutung der Trinksprüche von denen entdeckt, die gegen die Stuarts waren. Also stellte man keine Wasserschälchen mehr auf den Tisch. Später führte man diese Sitte zwar wieder ein, doch es gilt immer noch als Beleidigung, wenn Wasserschälchen auf einem Tisch stehen, an dem ein englischer König oder eine englische Königin isst.

Was hat das mit mir zu tun?

Ein Verräter zu sein ist ein schweres Vergehen. Wenn man Jesus als Herrn seines Lebens kennt, dann versteht man, was Jesus mit folgenden Worten meinte:

> Wer nicht für mich ist, ist gegen mich, und wer nicht Hand in Hand mit mir arbeitet, arbeitet gegen mich. (Lukas 11,23)

Christen werden als Vertreter Jesu Christi betrachtet. Deshalb kann es passieren, dass unser unfreundliches Verhalten andere Menschen von Gott wegstößt. Wenn die Leute sehen, dass wir nicht vertrauenswürdig sind, dann verlieren sie möglicherweise auch ihr Vertrauen in Gott. Wir haben jeden Tag viele Gelegenheiten, ein guter Vertreter des Herrn Jesus zu sein. Auch die kleinste Freundlichkeit gegenüber einem anderen kann genau die Einladung sein, die diese Person brauchte, um zu Jesus zu kommen.

17. Januar

Schlechter Atem

Hiob 12,10

Es gibt vier wesentliche Gründe, warum unser Atem morgens nach dem Aufwachen nicht besonders gut riecht. Erstens können Speisereste zwischen den Zähnen sein und einen unangenehmen Geruch verursachen. Wenn wir kauen, sprechen und schlucken, hält unser Speichel unseren Mund feucht und sorgt dafür, dass kein schlechter Geruch aufkommt, doch während des Schlafens tun wir diese Dinge nicht. Außerdem wird während der Nacht ein Teil der Haut im Mundraum abgerieben und beginnt zu riechen. Dazu kommt, dass unser Magen längere Zeit nichts zu essen bekommen hat und während der Nacht rumort. Dadurch werden Gase freigesetzt, die in unseren Rachen hochsteigen. Auch bestimmte Speisen oder Gewürze können einen unangenehmen Geruch hervorrufen. Wenn man Zwiebeln oder Knoblauch isst, gelangen bestimmte Öle in unseren Blutkreislauf und setzen sich in unseren Lungen ab. Beim Ausatmen trägt unser Atem den Geruch dieser Öle, die sich mit Kohlendioxid vermischen.

Mundwasser kann bei schlechtem Atem Abhilfe schaffen. Ein Mann namens Otto M. Dyer machte sich so viele Gedanken über dieses Problem, dass er ein Atemtestgerät erfand. Er stellte eine Plastikform her, die in der Handfläche Platz hat. Wenn er seine Hand zum Mund führte und hustete, pustete er Luft in den Plastikbehälter, der die Luft an seine Nase weitergab, sodass er seinen eigenen Atem riechen konnte.

Was hat das mit mir zu tun?

Jeder Atem ist gut, auch wenn er nicht sehr gut riecht. Atem bedeutet Leben. Das Atmen ist so sehr Bestandteil unseres Alltags, dass wir gar nicht darüber nachdenken. Und doch ist das Atmen eine der wichtigsten Körperfunktionen. Glücklicherweise müssen wir nicht selbst dafür sorgen, dass wir atmen, denn sonst könnten wir uns um nichts anderes mehr kümmern. Gott hat für all unsere Bedürfnisse Sorge getragen. In der Bibel lesen wir:

> Denn das Leben eines jeden Geschöpfes und der Atem jedes Menschen liegt in seiner Hand. (Hiob 12,10)

Gott ist unvorstellbar groß – er wacht über den Atem jedes einzelnen Menschen gleichzeitig.

18. Januar

„Hände hoch!"

Apostelgeschichte 1,24

Dr. Hunter leitete eine Übungsgruppe für ältere Patienten mit Arthritis. Sie sollten ihre Hände über den Kopf halten. Es war eine schwierige Übung für sie, und Dr. Hunter ermutigte sie mit einem lauten „Hände hoch!" Genau in diesem Augenblick schaute ein vorübergehender Passant durchs Fenster. Kurz darauf ertönten Sirenen und mehrere Polizeiwagen fuhren vor dem Gebäude vor. Offenbar hatte die Person, die durch das Fenster gesehen hatte, angenommen, dass ein Räuber die gesamte Gruppe in Schach hielt, als er „Hände hoch!" rief. Der Arzt konnte schließlich das Missverständnis aufklären.

Was hat das mit mir zu tun?

Menschen irren sich manchmal. Die Person, die durch das Fenster gesehen hatte, glaubte zu wissen, was vor sich ging, doch sie irrte sich. Wie gut, dass Gott sich niemals irrt. Er weiß immer ganz genau, was vor sich geht. In der Bibel lesen wir:

Du kennst die Herzen der Menschen. (Apostelgeschichte 1,24)

Wenn du versuchst, etwas Gutes zu tun, weiß Gott genau, dass du etwas Gutes im Sinn hattest, auch wenn es vielleicht nicht wirklich gelingt. Er versteht deine Absichten. Auch wenn du das Gefühl hast, dass niemand dich versteht – Gott tut es, und zwar immer.

19. Januar

Ein kahlköpfiger Adler?

Jesaja 40,31

Es ist allgemein bekannt, dass Vögel Federn haben. So auch der Weißkopfseeadler. Trotzdem wird er auf Englisch *bald eagle*, also *kahlköpfiger* Adler genannt. Wieso ist das wohl so?

Er hat dunkelbraune Federn am Körper und weiße Federn auf dem Kopf und am Schwanz. Im Mittelalter gab es das Wort *balded* in der englischen Sprache, es bedeutete: „mit weißem Fell oder weißen Federn“. Der Weißkopfseeadler wurde *balded eagle* genannt, womit man zu verstehen gab, dass er weiße Federn auf dem Kopf trug. Mit der Zeit wurde das Wort verkürzt und fortan hieß dieses Tier *bald eagle*. Der Weißkopfseeadler ist ein sehr interessantes und majestätisches Geschöpf. Ein Weißkopfseeadler-Pärchen bleibt ein Leben lang zusammen und baut nur ein einziges Nest. Jedes Jahr fügt es dem Nest neue Halme bei; manchmal entstehen dadurch Nester, die mehrere Hundert Pfund wiegen und fast drei Meter

Durchmesser haben. 1782 wurde der Weißkopfseeadler als Symbol der amerikanischen Nation gewählt. Doch wenn man Benjamin Franklin gefragt hätte, wäre die Wahl auf ein anderes Tier gefallen. Er hätte seinen Lieblingsvogel, den Truthahn, als amerikanisches Symbol befürwortet.

Was hat das mit mir zu tun?

Niemand wird anzweifeln, dass der Adler Majestät und Kraft ausstrahlt. Wenn man ihn beim Flug beobachtet, kann man nicht umhin, ihn zu bewundern. Gott weiß, welchen Eindruck ein Adler beim Beobachter hinterlässt. Im folgenden Bibelvers ermutigt uns Gott und benutzt den Adler als Bild:

> Doch die, die auf den Herrn warten, gewinnen neue Kraft. Sie schwingen sich nach oben wie die Adler. Sie laufen schnell, ohne zu ermüden. Sie werden gehen und werden nicht matt. (Jesaja 40,31)

Jedesmal wenn du dich müde fühlst oder mutlos bist, denk an den Adler und breite deine Schwingen aus. Gottes Liebe wird dich emporheben und tragen.

20. Januar

Warum bei einem Wettkampf meistens der erste, der zweite und der dritte Gewinner geehrt wird

Römer 2,7

Vor langer Zeit, im 17. Jahrhundert, wurde einst in England ein Pferderennen durchgeführt. Der Sheriff war für das Rennen und für die Preise verantwortlich. Er beauftragte den Silberschmied, eine wunderschöne silberne Trophäe für den Sieger herzustellen. Der Silberschmied machte sich an die Arbeit und kehrte mit der Trophäe zum Sheriff zurück. Doch der Sheriff fand, dass die Trophäe für einen Sieger nicht groß genug war. Er forderte den Schmied auf, in seine Werkstatt zurückzukehren und eine neue, größere Trophäe herzustellen. Als diese fertig war, brachte der Schmied sie zum Sheriff, der erneut nicht zufrieden war und eine dritte Trophäe in Auftrag gab. Diese letzte Trophäe gefiel ihm schließlich. Nun könnte man meinen, dass der Sheriff zufrieden war, doch in Wirklichkeit hatte er ein Problem: Er hatte drei Trophäen, aber nur einen Sieger. Da er die beiden ersten Trophäen nicht vergeuden wollte, beschloss er, zwei weitere Sieger auszuzeichnen. Viele Menschen haben seither für einen zweiten oder dritten Platz eine Auszeichnung bekommen, weil jener Sheriff so wählerisch war!

Was hat das mit mir zu tun?

Es macht Spaß, Trophäen zu gewinnen, doch nach einer Weile werden sie alt, verlieren ihren Glanz und setzen Rost an. Gott dagegen hat uns eine Belohnung versprochen, die in Ewigkeit nicht an Wert verliert. In der Bibel lesen wir:

> Er wird denen das ewige Leben schenken, die beharrlich das tun, was gut ist, und sich nach der Herrlichkeit, Ehre und Unvergänglichkeit sehnen, die Gott gibt. (Römer 2,7)

Die Trophäen „Herrlichkeit, Ehre und Unvergänglichkeit“ sind nicht sichtbar, können nicht berührt oder auf einem Regal ausgestellt werden. Doch sie sind die beste Belohnung, die wir je erhalten können, und sie werden uns für alle Ewigkeit gehören.

21. Januar

Warum ein sonniger Tag schlecht für den Baseball war

1. Johannes 1,9

Der Traum der Fans wurde wahr – es würde keine wegen schlechten Wetters abgesagten Spiele mehr geben. Das *Astrodome* in Houston öffnete 1965 seine Tore – ein riesiges Stadion, das von durchscheinenden Plastikplatten überdacht war, die die Sonne hereinließen. Alle Welt freute sich über die Fertigstellung des Stadions, doch als das erste Baseballspiel darin ausgetragen wurde, trat ein unerwartetes Problem auf:

Die Oberlichter ließen so viel Sonnenlicht herein, dass die Spieler beim Aufblicken geblendet wurden und den Ball verfehlten. Außerdem durchkreuzten sich die stählernen Tragbalken, die das Dach stützten, derart, dass sich der Ball in der Luft zu verlieren schien. Niemand hatte mit diesem Problem gerechnet und viele kluge Köpfe suchten nach einer Lösung. Vielleicht sollten die Spieler einen orangefarbenen Ball benutzen. Vielleicht sollten sie spezielle Sonnenbrillen tragen. Die Lösung, die schließlich durchgeführt wurde und effizient war, bestand darin, alle 4.596 Dachplatten schwarz anzumalen. So war keine Blendung mehr möglich, und die Spieler konnten wieder *„Play ball!“* rufen.

Was hat das mit mir zu tun?

Das riesige *Astrodome* hatte ein Riesenproblem. Doch schließlich fand man eine gute Lösung. Wenn du einen Fehler machst, egal, wie schlimm er ist, kann Gott dir helfen. Wenn du etwas Böses tust, egal, wie schlimm die Sünde ist, brauchst du nicht selbst nach einer Lösung zu suchen. Die Bibel sagt uns, was wir tun sollen – wir müssen mit Gott darüber reden:

> Doch wenn wir ihm unsere Sünden bekennen, ist er treu und gerecht, dass er uns vergibt und uns von allem Bösen reinigt. (1. Johannes 1,9)

Wenn du etwas falsch gemacht hast, geh damit direkt zu Gott.

22. Januar

Der spuckende Fisch

1. Mose 1,21

Es gibt einen Fisch namens „Bogenschütze“. Er liebt Insekten, doch die meisten Insekten fliegen über der Wasseroberfläche. Der Bogenschütze hat eine Lösung für dieses Problem parat: Er schwimmt dicht an die Oberfläche und streckt sein Maul nach oben. Dann spuckt er einen Strahl Wasser in die Luft, der ein vorbeifliegendes Insekt trifft. Das Insekt wird dadurch ins Wasser geschubst und der Fisch kann es verschlingen.

Was hat das mit mir zu tun?

Der Bogenschütze hat eine besondere Gabe. Wenn du Fische mit Gaben ausstatten müsstest, würdest du dann daran denken, einen Fisch so zu gestalten, dass er Wasser spuckt? Gottes Vorstellungskraft ist so viel kreativer als unsere. Gott hat eine faszinierende Welt geschaffen. In der Bibel lesen wir:

> Und so schuf Gott alle Meerestiere, große und kleine, und alle Arten von Vögeln. Und Gott sah, dass es gut war. (1. Mose 1,21)

Es macht Freude, Gottes Schöpfung zu betrachten. Wir können dann nur zustimmen, dass alles, was Gott geschaffen hat, „gut“ war.

23. Januar

Wie die Menschen Wunden versorgt haben, als es noch kein Pflaster gab

Psalm 147,3

Früher versorgten die Leute ihre Wunden, indem sie eine aus Myrrhe hergestellte Salbe auf ein Stück Stoff gaben und dieses Stoffstück mit Honig auf ihre Haut klebten. Glücklicherweise hatte Earl Dickinson 1920 eine bessere Idee.

Earls Frau war ziemlich ungeschickt und schnitt sich regelmäßig in den Finger, wenn sie eine Mahlzeit zubereitete. In der Regel versorgte er ihre Schnittwunden, indem er etwas Verbandsmull darüberklebte. Schließlich beschloss er, ein paar Verbände vorzubereiten, die sie sich allein anlegen konnte, wenn er nicht zu Hause war. Er schnitt mehrere Streifen Klebeband zurecht, legte sie mit der Klebeseite nach oben auf einen Tisch und legte ein Stückchen Mull auf jeden Streifen. Er bedeckte jeden dieser Verbände, damit der Klebstoff nicht austrocknete. Wenn Earls Frau sich in den Finger schnitt, konnte sie einfach einen solchen Verband auswickeln und auf die Wunde kleben. Earls Chef bei der Firma Johnson & Johnson fand seine Idee so gut, dass er sie im großen Maßstab umsetzen ließ. So entstand das Pflaster, das wir heute kennen.

Was hat das mit mir zu tun?

Heutzutage benutzt fast jeder Pflaster, um Wunden zu verbinden. Aber manchmal ist es nicht unser Körper, sondern unsere Seele, die versorgt werden muss. Vielleicht fühlst du dich gekränkt oder traurig, und diese Wunden sind in deinem Innern. Nur Gott kann hier helfen. In der Bibel heißt es:

> Er heilt gebrochene Herzen und verbindet Wunden.
> (Psalm 147,3)

Wenn du ihn darum bittest, wird Gott deine inneren Wunden mit seiner Liebe und seinem Schutz bedecken, bis sie heilen – und dafür braucht er kein Pflaster!

24. Januar

Wie der Brief eines kleinen Mädchens den Lauf der Geschichte beeinflusst hat

Matthäus 18,10

Als Grace Brendell, die in New York lebte, elf Jahre alt war, schrieb sie einen Brief an einen sehr berühmten Mann. In dem Brief forderte sie den Mann auf, sich einen Bart wachsen zu lassen. Sie fand, dass sein Gesicht zu lang und dünn war und dass er mit einem Bart besser aussehen würde. Eines Tages kam der Mann mit dem Zug in Graces Stadt und bat Grace, ihn zu treffen. Als er das kleine Mädchen sah, gab er ihm einen Kuss und sagte: „Siehst du, ich habe mir für dich einen Bart wachsen lassen." Wer war der Mann? Du hast schon oft Bilder von ihm gesehen. Es war Abraham Lincoln.

Was hat das mit mir zu tun?

Stell dir vor, wie aufregend es für Grace gewesen sein muss, zu erfahren, dass ein so mächtiger Mann wie der Präsident der Vereinigten Staaten auf sie hörte. Sie konnte gar nicht anders, als sich wichtig zu fühlen. Doch ein Präsident ist bei Weitem nicht so mächtig wie Gott. Weißt du, wie Gott über Kinder denkt? Jesus erklärte es uns:

> Hütet euch davor, auf ein einziges dieser Kinder herabzusehen. Denn ich sage euch, dass ihre Engel im Himmel meinem himmlischen Vater stets besonders nahe sind. (Matthäus 18,10)

Gott liebt jeden Menschen, und die Kinder liebt er ganz besonders. Er wird immer auf ihre Gebete hören. Gott will, dass du weißt, wie viel du ihm bedeutest und dass er immer Zeit für dich hat. Er wird nie zu beschäftigt sein, um auf deine Gefühle zu achten. Gott gibt dir, seinem Kind, einen besonderen Platz in seinem Königreich. Wenn du das Gefühl hast, dass deine Eltern oder Freunde dir nicht wirklich zuhören und wenn du Probleme hast, die scheinbar niemand versteht, dann denk daran, dass jemand an deiner Seite ist, für den du die oberste Priorität bist. Sage Gott, dass du ihn gern zum Freund haben möchtest, dann wird er stets für dich da sein. Du brauchst noch nicht einmal einen Brief zu schreiben, um seine Aufmerksamkeit auf dich zu lenken.

25. Januar

Rote Scheunen

Sprüche 3,9–10

In den USA gibt es unheimlich viele rote Scheunen. Man könnte fast meinen, jemand hätte einmal gesagt: „Rot ist eine fröhliche Farbe. Lasst uns alle unsere Scheunen netter machen, indem wir sie rot anstreichen." Aber so war es nicht. Tatsächlich ist der Grund für die rote Farbe der Scheunen das Wetter.

Im 18. Jahrhundert mussten die Bauern unablässig dafür sorgen, dass ihre Holzscheunen nicht durch den Einfluss der Witterung zusammenfielen. Nach verschiedenen Experimenten fanden die Bauern schließlich etwas, das ihre Scheunen widerstandsfähiger machte – einen Anstrich, mit dem sie die Scheunenbretter anmalten. Dieser Anstrich bestand aus entrahmter Milch, Kalk und einem Stoff, den man Eisenoxid nennt. Wenn man diese drei Bestandteile miteinander vermischte und auf das Holz auftrug, trocknete die Paste zu einer plastikähnlichen Schicht, die sehr lange hielt. Das Eisenoxid gab dem Ganzen eine rötliche Farbe, und so kam es, dass das Holz der Scheunen rot wurde. Da fast alle Bauern in dieser Region diesen Anstrich verwendeten, sah man dort bald überall rote Scheunen.

Was hat das mit mir zu tun?

Scheunen dienen zur Lagerung von Getreide und als Behausung für Tiere. In der Bibel steht, dass Scheunen dazu da sind, gefüllt zu werden – mit Vorräten. Sie sind in der Regel so groß, dass es sehr lange dauern würde, sie bis zur Decke zu füllen. Doch in der Bibel lesen wir:

> Ehre den Herrn mit deinem Besitz und schenke ihm das Beste, was dein Land hervorbringt. Dann werden sich deine Scheunen mit Korn füllen, und deine Fässer von Wein überfließen. (Sprüche 3,9–10)

Wenn wir jemanden lieben, wollen wir das, was wir haben, mit ihm teilen. Und Gott möchte, dass wir unseren Besitz auch ihm zur Verfügung stellen. Deshalb sollte er der Erste sein, der einen Teil von dem Geld bekommt, das wir verdienen. Wenn wir Gott etwas geben, dann verspricht er uns, dass wir mehr zurückbekommen als wir gegeben haben – mehr Segen, als eine ganze Scheune fassen könnte!

26. Januar

Der Ball im Obstkorb

Prediger 12,1

Im Herbst und im Frühling kann man draußen Sport machen. Im Winter ist das schwierig und so kam es, dass sich um 1890 junge Leute in Springfield, im amerikanischen Bundesstaat Massachusetts, langweilten, weil sie wegen starken Schneefalls nicht Baseball spielen

konnten. Doch Dr. James Naismith hatte schließlich eine Idee: Er erfand eine Sportart, die man gut in der Halle spielen konnte.

Dr. Naismith ließ an jedem Ende der Sporthalle Pfirsichkörbe aufhängen. Die Spieler mussten nun versuchen, einen alten Fußball in diese Körbe zu werfen. Hinter den Körben, auf der Tribüne, saßen die Zuschauer. Um ihrer Mannschaft zu helfen, setzten die Fans alles daran, den Ball in den Korb zu befördern, wenn er in die Nähe des Korbes kam: Sie gaben dem Ball einen Klaps oder benutzten sogar Schirme oder Stöcke, um ihn in den Korb zu schubsen. Schon bald wurde hinter den Körben Draht angebracht, damit die Fans nicht mehr an den Ball kamen. Doch wenn der Ball auf den Draht traf, wurde er durch den Aufprall sehr stark zurückgeworfen. Deshalb ersetzte man schließlich den Draht durch ein hölzernes – später durch ein gläsernes – Korbbrett. Die Körbe waren ebenfalls ein Problem. Helfer mussten während des gesamten Spiels auf Leitern bereitstehen, um die im Korb gelandeten Bälle wieder herauszufischen. Also kam man auf die Idee, ein Loch in den Boden des Korbes zu schneiden. Dann befestigte man dort eine Falltür, die sich öffnete, wenn man an einem Seil zog. Zwölf Jahre nach der Einführung dieses neuen Ballsports – des Basketballs – wurden statt der Körbe Netze angebracht, durch die der Ball zu Boden fiel. Der anfangs verwendete Fußball wurde später durch einen größeren, leichteren Ball ersetzt; und die Turnschuhe, mit denen man auf dem Boden der Sporthalle leicht ausrutschen konnte, ersetzte man durch solche mit besserer Bodenhaftung. Nun waren die Spieler bestens ausgerüstet, um richtig Basketball spielen zu können!

Was hat das mit mir zu tun?

Wenn man jung ist, steckt man voller Tatendrang, man möchte am liebsten den ganzen Tag laufen und springen, bis man sich ausgetobt hat. Es ist gut für dich, Sport zu treiben, denn so kannst du die Kraft, die Gott dir gegeben hat, sinnvoll nutzen und dabei Spaß haben. Du solltest aber darauf achten, dass du deine Zeit und Energie vernünftig einteilst. Gott freut sich, wenn du ehrlich und fair spielst und dich gegenüber deinen Mannschaftskameraden und auch den gegnerischen Spielern freundlich verhältst. Wenn du jedoch alles daransetzt, zu gewinnen, und dabei womöglich mogelst und andere beleidigst, kannst du kein gutes Vorbild für andere sein. Die Bibel sagt:

> Denk an deinen Schöpfer, solange du jung bist. (Prediger 12,1)

Selbst wenn du noch jung bist – andere können an dir sehen, wie freundlich Gott ist, und wie viel er dir bedeutet.

27. Januar

Die Erfindung der Ohrwärmer

Sprüche 16,28

Chester Greenwood musste eine Lösung für seine Ohren finden. Denn wenn es kalt wurde (und das kam dort, wo er lebte, sehr häufig vor), nahmen seine Ohren alle möglichen Farben an: Rot, Weiß, Violett oder Blau. Das war ihm ziemlich peinlich. Außerdem konnte er die tollen Schlittschuhe, die er zu seinem fünfzehnten Geburtstag bekommen hatte, nicht ausprobieren, weil seine Ohren furchtbar zu schmerzen begannen, wenn es zu kalt wurde. Chester versuchte, sich einen Schal um den Kopf zu binden, aber das kratzte zu sehr. Er musste sich etwas Besseres einfallen lassen. Also bog er sich einen Draht zurecht und formte die beiden Enden zu einer Schlaufe. Dann bat er seine Großmutter, die Schlaufen mit Stoff zu beziehen. Diese sollten dann die Ohren bedecken. Damit sie auch wirklich warm blieben, nahm die Großmutter für die Innenseite schwarzen Samt und für die Außenseite Biberpelz. Dann befestigte sie den Draht an Chesters Mütze, damit er auf dem Kopf nicht verrutschte. Als Chester zum ersten Mal mit diesem Gebilde aus Stoff und Draht Schlittschuh lief, blieben seine Ohren angenehm warm. Schon bald wollten viele Leute in der Stadt solche Ohrwärmer haben und schließlich eröffnete

Chester im Alter von neunzehn Jahren eine Fabrik, um sie in großer Anzahl herzustellen. Nie hätte er es sich träumen lassen, dass seine empfindlichen Ohren ihn zum berühmten Erfinder von Ohrwärmern machen würden!

Was hat das mit mir zu tun?

Gott hat uns unsere Ohren nicht nur zum Tragen von Mützen oder Ohrwärmern gegeben – viele Dinge bekommen wir im Laufe eines Tages zu hören. Und so, wie wir unsere Ohren vor der Kälte schützen, sollten wir sie auch vor Klatsch und Tratsch verschließen. Wir sollten nicht zuhören, wenn über andere schlecht geredet wird. Wenn ein Freund oder eine Freundin von dir das tut, dann sag ihm oder ihr doch einfach, dass du das nicht hören willst. In der Bibel steht:

> Ein Unruhestifter sät Streit, und Klatsch kann die besten Freunde entzweien. (Sprüche 16,28)

Hilf deinen Freunden, nicht über andere zu tratschen, indem du dich weigerst zuzuhören. Stell dir vor, du hättest Ohrwärmer auf, durch die die hässlichen Worte nicht dringen können.

28. Januar

Wie es zum ersten Bollerwagen kam

Galater 6,2

Die Vorläufer der ersten Bollerwagen für Kinder sind hölzerne Leiterwagen, auf denen Werkzeug transportiert wurde. Nachdem ein Mann namens Antonio Pasin für sich selbst einen solchen Leiterwagen gebaut hatte, stellte er schon bald fest, dass alle seine Kollegen ebenfalls einen solchen Leiterwagen haben wollten. Er beschloss, weitere herzustellen, doch er wollte nicht länger Holz für die Herstellung verwenden. Die neuen Leiterwagen sollten aus Stahl gefertigt und rot gestrichen sein. Antonio fand die perfekte Lösung, als er zuschaute, wie Autos hergestellt wurden: Aus einer großen Stahlplatte schnitt man die Fensterteile aus; die dabei anfallenden Reste wurden nicht weiter verwendet. Antonio kaufte diese Reste auf. Sie hatten genau die richtige Größe für seine kleinen Bollerwagen. Die meisten waren sehr einfach, doch 1936 baute er dann einen richtig ausgefallenen Bollerwagen. Er war cremefarben, hatte rote Verzierungen, eine Hupe, ein aufgeklebtes Armaturenbrett wie bei einem Auto, glänzende Radkappen und sogar elektrische Scheinwerfer. Da die Bollerwagen aus Autostahl gebaut waren, sollten sie auch wie ein Auto aussehen!

Was hat das mit mir zu tun?

Antonio tat etwas Gutes, als er für seine Freunde Bollerwagen baute. Er half ihnen, das Problem des Werkzeugtransports zu lösen. In der Bibel lesen wir:

> Helft euch gegenseitig bei euren Schwierigkeiten und Problemen, so erfüllt ihr das Gesetz, das wir von Christus haben. (Galater 6,2)

Jesus möchte, dass wir anderen helfen, so oft wir können. Vielleicht können wir etwas ganz Kleines tun, zum Beispiel jemandem beim Tragen der Einkaufstasche helfen, oder auch etwas Größeres, zum Beispiel unsere Lebensmittel mit einem Obdachlosen teilen. Jeden Tag können wir versuchen, anderen zu helfen, und damit Gott eine Freude machen.

29. Januar

Der Erfinder des Metalldetektors

Matthäus 7,14

Auf Flughäfen müssen die Passagiere mit ihrem Gepäck erst durch einen Metalldetektor, bevor sie ins Flugzeug steigen dürfen. Der Detektor spürt Dinge auf, die aus Metall hergestellt sind, um zu verhindern, dass Pistolen, Bomben oder andere Waffen ins Flugzeug gelangen. Wusstest du, dass jemand sehr lange vor den ersten Flugzeugentführungen und Terroranschlägen an das Aufspüren von Metall dachte? Diese Idee liegt sogar mehr als zweitausend Jahre zurück!

Der Erfinder eines Metallsuchgeräts war ein chinesischer Kaiser. Die meiste Zeit über war er in seinem Palast, aber es gab immer wieder Feinde, die versuchten, ihn zu töten. Einmal musste der Arzt des Kaisers einen Eindringling mit seiner Arzttasche schlagen und ihn so unschädlich machen. Schließlich erfand der Kaiser eine Tür, die aus Magneteisenerz hergestellt war. Dieser besondere Stein wirkt wie ein Magnet. Wenn jemand versuchte, mit einer Rüstung oder mit aus Metall hergestellten Waffen durch die Tür zu gehen, dann klebte er regelrecht an der Tür fest!

Was hat das mit mir zu tun?

Durch diese Erfindung wurde es den Feinden des Kaisers schwer gemacht, zu ihm vorzudringen. In der Bibel ist auch von einer besonderen Tür die Rede – einer Tür die zum Himmel führt. Es steht dort auch geschrieben, dass es für manche Menschen sehr schwer ist, in den Himmel zu kommen:

> Das Tor zum Leben dagegen ist eng und der Weg dorthin ist schmal, deshalb finden ihn nur wenige. (Matthäus 7,14)

Die Tür zum Himmel finden wir nur, wenn wir aufrichtig danach suchen. Jesus möchte dir dabei helfen, den Weg zum Himmel zu suchen. Er sagt: „Ich bin der Weg, die Wahrheit und das Leben. Niemand kommt zum Vater außer durch mich" (Johannes 14,6). Wenn du das erkannt hast, kannst du auch deinen Freunden helfen, den Weg zum Himmel zu finden, denn Jesus ist der einzige Weg.

30. Januar

Gutes Benehmen am Tisch

Römer 12,10

Es gibt viele Regeln, die sagen, wie man sich bei Tisch benehmen soll. Eine davon erklärt zum Beispiel, wie man das Besteck hinlegt, wenn man mit dem Essen fertig ist. Früher gab es nur sehr wenige Tischregeln. Wenn wir sie heute hören, sagen wir automatisch: „Das weiß doch jeder." Doch bevor man diese Benimmregeln festlegte, konnte bei Tisch jeder tun und lassen, was er wollte – stell dir das mal vor! Hier sind einige der ganz frühen Tischregeln, auf die man sich geeinigt hat:

- Man soll nicht auf dem Tisch sitzen.
- Wenn man husten oder niesen muss, soll man sich vom Tisch abwenden.
- Man darf sich nur mit drei Fingern, nicht mit der ganzen Hand, aus dem Topf bedienen.
- Man soll sich nicht das größte Stück Fleisch aus der Schüssel herauspicken, sondern das erste Stück nehmen, auf das man stößt.
- Man soll seine fettigen Finger nicht ablecken, sondern sie an einem Tuch abwischen. Falls keines da ist, ist es erlaubt, die Tischdecke zu benutzen. (Ja, eine solche Regel gab es früher wirklich!)
- Abgenagte Knochen sollen nicht in den Topf zurückgelegt werden.

Was hat das mit mir zu tun?

Diese Regeln kommen uns heutzutage seltsam vor, doch sie waren der Beginn guter Tischmanieren. Denn man wollte den anderen Leuten am Tisch höflich und freundlich begegnen, egal, ob man sie kannte oder nicht. In der Bibel lesen wir:

> Liebt einander mit aufrichtiger Zuneigung und habt Freude daran, euch gegenseitig Achtung zu erweisen. (Römer 12,10)

Wenn du beim Essen ein rücksichtsvolles Benehmen an den Tag legst, dann zeigst du damit, dass du die anderen, die mit dir am Tisch sitzen, wertschätzt. Gute Manieren können übrigens auch dazu beitragen, gute Freunde zu finden.

31. Januar

Warum man in den USA ein Einkaufszentrum „mall" nennt

Psalm 37,23

Der Begriff „mall“ geht auf das französische Wort „maille“ zurück, was auf Deutsch „Hammer“ heißt. Was um alles in der Welt hat ein Hammer mit einem Einkaufszentrum zu tun?

Vor langer Zeit gab es in Italien, England und Frankreich ein Spiel, das der Sportart Krocket ähnelte. Es wurde in ruhigen Straßen gespielt, in denen es sehr wenig Verkehr gab. Dieses Spiel hieß „palle maille“ – „Ball und Hammer“. Die Plätze, auf denen es ausgetragen wurde, nannte man deshalb bald auf Englisch „pall malls“. Findige Geschäftsleute kamen auf den Gedanken, dass die Spieler nach der Anstrengung sicher durstig sein mussten, und so wurden Getränkeläden an den Ecken der „pall malls“ eröffnet. Weitere Geschäfte folgten, in der Hoffnung, dass die Zuschauer vor oder nach einem Spiel dort einkaufen würden. Irgendwann wurde das Spiel nicht mehr gespielt, doch die „Malls“ mit ihren Läden blieben, und die Leute genossen es weiterhin, von Geschäft zu Geschäft zu bummeln.

Was hat das mit mir zu tun?

Bist du schon mal durch ein großes Einkaufszentrum gegangen, vielleicht durch eine Sport- oder Spielzeugabteilung? Es macht Spaß, die vielen schönen Dinge zu sehen, oder? Manchmal möchte man unbedingt etwas haben, und man kauft es, obwohl man sein Geld eigentlich hatte sparen wollen. Dann tut es einem hinterher leid. In der Bibel steht:

> Wenn ein Mensch seinen Weg zielstrebig gehen kann, verdankt er das dem Herrn, der ihn liebt. (Psalm 37,23; Hfa)

Bitte doch Jesus darum, dass er dir hilft, das Ziel nicht aus den Augen zu verlieren und kluge Entscheidungen zu treffen. Du kannst ihn in allen Dingen um Rat fragen. Er will dich durch den Tag begleiten.

1. Februar

Die Erfindung des Streichholzes

Sprüche 26,21

John Walker hatte nicht die Absicht, ein Feuer zu entzünden, doch als es passierte, wurde das Streichholz erfunden. Walker arbeitete 1827 an einem Experiment. Er versuchte, Sprengstoffe für die Verwendung in Gewehren auf ihre Tauglichkeit zu untersuchen. Dafür goss er mehrere Chemikalien in ein Gefäß und rührte sie mit einem Stab um. Als er den Stab herausnahm, stellte er fest, dass ein Teil der Mischung am Ende des Stabes haften blieb. Er rieb den Stab über den Steinfußboden, um ihn so zu säubern, doch der Stab ging dabei in Flammen auf!

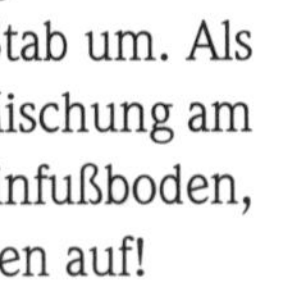

Nachdem Walker den ersten Schreck überwunden hatte, kam ihm die Idee, kleinere Stäbchen herzustellen, die er mit einem Ende in die Chemikalienmischung tauchte. Mit diesen „Zauberstäbchen" versetzte er dann seine Freunde in Erstaunen, als sich die Stäbe durch Reiben über raues Papier entzündeten.

Erst über sechzig Jahre später erfand ein Mann namens Joshua Pusey das Streichholzheftchen. Er steckte fünfzig Streichhölzer in eine aufklappbare Schachtel, doch er machte einen großen Fehler dabei: Die Reibefläche befand sich nämlich im Innern der Schachtel, sodass die ganze Schachtel Feuer fing, wenn man ein Streichholz anzündete. Schließlich kaufte eine andere Firma die Idee von Joshua Pusey und stellte Streichholzheftchen her, die an der Außenseite mit einer Reibefläche versehen waren. Zufälle und Fehler haben also zur Entwicklung der uns heute bekannten Streichholzschachtel geführt!

Was hat das mit mir zu tun?

Mit Streichhölzern kann man leicht und schnell ein Feuer anzünden. In der Bibel wird auch von Feuer gesprochen, aber in einem ganz anderen Zusammenhang:

> Ein streitsüchtiger Mensch fängt ebenso leicht Streit an, wie Kohle die Glut entfacht oder Holz das Feuer. (Sprüche 26,21)

Einer, der nur streiten will, ist wie ein Streichholz: Er zündet einen Streit an, der wie Feuer brennt und sich schnell ausbreitet. Halte dich am besten von Leuten fern, die sich gerne und oft streiten. Vielleicht wissen sie, dass du über bestimmte Dinge anders denkst als sie, und versuchen deshalb, dich in einen Streit zu verwickeln.

Sie wollen eigentlich nichts von dir lernen, sondern haben immer etwas zu erwidern, egal, was du sagst. In so einem Fall ist es klüger, deine Meinung für dich zu behalten und dich nicht auf Streitgespräche einzulassen.

2. Februar

Warum ein kleines Mädchen mit der Post verschickt wurde

Philipper 2,4

Die fünfjährige May Pierstoff sollte einmal ihre Großmutter besuchen, die weiter entfernt in einer anderen Stadt wohnte. Mays Eltern wollten, dass das kleine Mädchen mit dem Zug fuhr, was damals, 1914, das beste Transportmittel war. Doch das Zugticket war viel zu teuer. Sie mussten sich also etwas anderes einfallen lassen. Und es fiel ihnen etwas ein – der Weg über die Post!

May und ihre Eltern gingen zum Leiter des Postamts. Er sah das gesamte Regelwerk der Post durch – ein Päckchen durfte nicht mehr als fünfundzwanzig Kilo wiegen. Das war prima, denn May wog nur vierundzwanzig Kilo. Aber die einzigen Lebewesen, die mit der Post transportiert werden durften, waren Küken. Was nun? Der Postbeamte war clever und wusste sich zu helfen: Mays Haar war hellblond, wie der Flaum eines Kükens, und sie war noch sehr klein. Also sagte er, man könne sie als Küken betrachten. Er drückte einen Stempel auf Mays Mantel, klebte eine Briefmarke darauf und dann wurde May zum Bahnhof gebracht. Man setzte sie in den Zug, und zwar in den Waggon mit den Postpaketen, wo der Mann, der für die Pakete zuständig war, ein Auge auf sie hielt. Als der Zug in der Stadt, in der die Großmutter wohnte, eintraf, wurde May zum örtlichen Postamt gebracht. Alle Pakete blieben über Nacht im Postamt, doch May wurde direkt zum Haus ihrer Großmutter gebracht – als Sonderzustellung!

Was hat das mit mir zu tun?

Mays Eltern wussten, dass die Großmutter einsam war und ihre Familie vermisste. Wahrscheinlich war sie selbst nicht in der Lage, eine Reise zu unternehmen. Deshalb setzten sie alle Hebel in Bewegung, damit das

kleine Mädchen zu ihr gelangen konnte. Der Wunsch zu helfen machte sie – und auch den Postbeamten – erfinderisch und so entdeckten sie eine originelle Möglichkeit. Das gefällt Gott. In der Bibel lesen wir:

> Denkt nicht nur an eure eigenen Angelegenheiten, sondern interessiert euch auch für die anderen und für das, was sie tun. (Philipper 2,4)

Der Vers aus dem Philipperbrief macht deutlich, dass Gott sich darüber freut, wenn wir an die anderen und ihre Bedürfnisse denken. Er kann uns Ideen schenken, ihnen Gutes zu tun.

3. Februar

Wie es kam, dass man ein neu gebautes Raumschiff zerstören musste?

2. Korinther 1,3–4

Deine Lehrer und Eltern erinnern dich vermutlich oft daran, dass du deine Arbeit sorgfältig erledigen sollst. Und sie haben recht – es kann schlimme Folgen haben, wenn man nachlässig ist. Folgende Begebenheit macht das deutlich: 1962 wurde im Rahmen des Raumfahrtprogramms ein Raumschiff namens „Mariner 1“ gebaut. Es sollte nach einhundert Tagen im All den Planeten Venus erreichen. Dort sollte es zum ersten Mal in der Geschichte der Raumfahrt erforschen, was sich unter den dicken Wolken rund um den Planeten befindet. Es war ein großartiger, aufregender Plan.

Als der Tag des Startes gekommen war, verließ „Mariner 1“ die Abschussrampe – und fiel vier Minuten später zurück zur Erde. Der Computer hatte dem Raumschiff falsche Anweisungen gegeben. Wie konnte das passieren? Jemand hatte den Computer mit falschen Informationen gefüttert. Schließlich fand man heraus, dass bei der Programmierung ein winzig kleines Element – ein Trennstrich – vergessen worden war. Dieser Fehler kostete achtzehneinhalb Millionen US-Dollar, denn „Mariner 1“ musste vollständig zerstört werden.

Was hat das mit mir zu tun?

Der Mann, der für diesen Fehler verantwortlich war, muss sich furchtbar gefühlt haben. Wenn wir uns schlecht und schuldig fühlen, können wir meistens nicht viel dagegen tun. Doch wenn wir uns in solchen Zeiten an Gott wenden, wird er uns trösten. In der Bibel lesen wir:

> Gepriesen sei Gott, der Vater von Jesus Christus, unserem Herrn. Er ist der Ursprung aller Barmherzigkeit und der Gott, der uns tröstet. In allen Schwierigkeiten tröstet er uns, damit wir andere trösten können. (2. Korinther 1,3–4)

Gott will dir vergeben, wenn du dir selbst nicht vergeben kannst. Er will dir zeigen, dass er dich immer noch liebt und auch immer lieben wird, egal, was du getan hast. Wenn du meinst, du könntest deiner Familie oder deinen Freunden nicht in die Augen sehen, weil du etwas Schlechtes getan oder gesagt hast, dann sprich mit Gott darüber. Er wird dir helfen.

4. Februar

Warum ein Bildhauer seine Statuen so behauen hat, dass sie immer kleiner wurden

Psalm 139,14

Es gab einst einen Bildhauer namens Alberto Giacometti, der gern Statuen von Menschen meißeln wollte, also Figuren aus Stein. Dabei hatte er das Ziel, alles „wegzumeißeln“, was nicht wichtig war. Er begann damit, eine Statue zu schaffen, die wie ein ganz gewöhnlicher

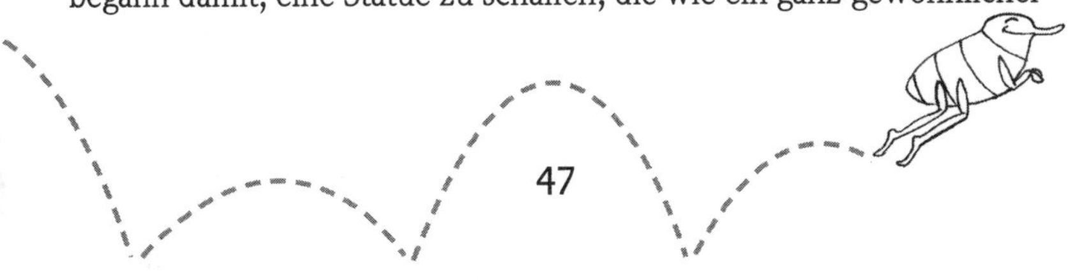

Mensch aussah, nur kleiner. Dann betrachtete er seine Arbeit und beschloss, von seinem Stein noch mehr abzutragen. Vier Jahre lang arbeitete Giacometti sehr hart an seinen Figuren. Als er schließlich sein Werk vollendet hatte, waren seine Statuen so klein, dass er sie alle in sechs kleine Streichholzschachteln legen konnte. Sie wurden später in Museen ausgestellt, weil sie so ganz anders waren als das, was andere Bildhauer geschaffen hatten.

Was hat das mit mir zu tun?

Wir können froh sein, dass Gott nicht so dachte wie der Bildhauer Giacometti. Als er uns schuf, stattete er uns mit einer Menge Besonderheiten aus: Wir haben Augen, um einen Sonnenuntergang zu bewundern, Ohren, um andere lachen zu hören, Zungen, um Pfefferminz zu schmecken und Hände, um kleine Kätzchen zu streicheln. In der Bibel lesen wir:

> Ich danke dir, dass du mich so herrlich und ausgezeichnet gemacht hast! Wunderbar sind deine Werke, das weiß ich wohl. (Psalm 139,14)

Gott wusste was wir brauchen und was gut für uns ist, und er hat seine besten Ideen umgesetzt, um jeden einzelnen Menschen zu formen.

5. Februar

Was man über Mistelzweige wissen muss

Psalm 1,3

Du hast wahrscheinlich schon von der Pflanze gehört, die man in der Weihnachtszeit über die Tür hängt. Man stellt sich dann darunter, um geküsst zu werden: Es ist der Zweig einer Mistel. Mistelzweige gehören zu den schönen Dingen der Advents- und Weihnachtszeit – dabei ist die Mistelpflanze ein Parasit. Das heißt, sie wächst, indem sie ihre Wurzeln in eine andere Pflanze oder einen anderen Baum gräbt und deren Nahrung stiehlt.

Besonders interessant ist die Art und Weise, wie die Mistelpflanze ihre Samen ausstreut. Manche Misteln haben weiße, klebrige Beeren, die sehr gern von Vögeln gefressen werden. Der Samen befindet sich im Innern der Früchte und wenn ein Vogel die Beeren aufpickt, bleibt an den Krallen und am Schnabel des Vogels etwas davon kleben. Hat der Vogel gefressen, fliegt er davon und streift den Samen an einer Baumrinde ab. Dort wächst dann eine neue Mistelpflanze.

Es gibt fünfunddreißig verschiedene Arten von Misteln. Eine davon hat Beeren, die während der Reife so prall werden, dass sie schließlich explodieren! Die explodierenden Beeren verstreuen den Samen bis zu fünfzehn Meter weit, und dort, wo der Same gelandet ist, wächst eine neue Mistelpflanze.

Was hat das mit mir zu tun?

Die Bibel sagt, dass Christen wie unverwüstliche Bäume sind, die auch einen Schädling wie die Mistel abwehren können:

> … er ist wie ein Baum, der am Flussufer wurzelt und Jahr für Jahr reiche Frucht trägt. Seine Blätter welken nicht, und alles, was er tut, gelingt ihm. (Psalm 1,3)

Ein solcher Baum wächst unbeschadet. Gottes Wort ist wie vitaminreiche Kraftnahrung, die uns stark und widerstandsfähig macht. Wenn wir es lesen und befolgen, wird Gott uns schützen und dafür sorgen, dass wir wachsen und Frucht bringen.

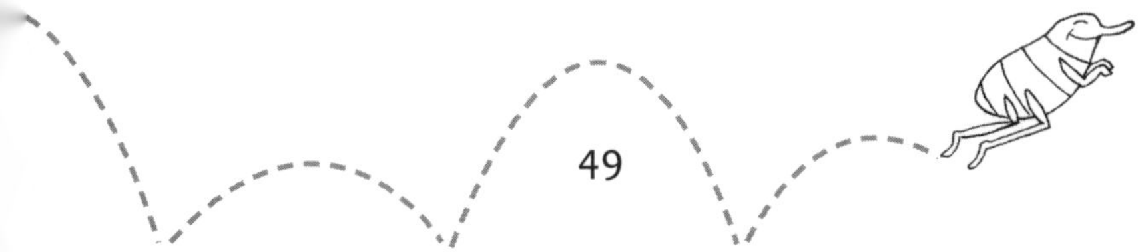

6. Februar

Füller fallen gelassen und ein Vermögen gefunden!

Sprüche 16,16

Genau das ist 1981 in Amerika dem vierzehn Jahre alten Todd passiert. In der Schule rollte sein Füller in den Lüftungskanal der Klimaanlage, die in den Sommermonaten in einem Anhänger untergebracht war. Die Aufregung war groß, als er in den Lüftungskanal langte und Hundert-Dollar-Noten herauszog. Viele Hundert-Dollar-Noten – umgerechnet rund 40.000 Euro! Wem das Geld wohl gehörte?

Der Lehrer erklärte, das Geld gehöre jetzt ihm, weil er am Morgen die rostigen Öffnungen der Klimaanlage aufgemacht hatte, um den Klassenraum abzukühlen. Das Unternehmen, dem der Anhänger gehörte, behauptete ebenfalls, das Geld gehöre ihm. Auch die Schulbehörde forderte das Geld für sich – weil sie angeordnet hatte, dass der Mathematikunterricht in diesem Raum stattfinden sollte. Die Streitfrage wurde schließlich vor Gericht gebracht.

Der Richter entschied, dass das Geld Todd zustand, dem eigentlichen Finder. Was macht ein Vierzehnjähriger mit vierzigtausend Dollar? Erst einmal nichts. Der Richter beauftragte Todds Mutter, das Geld bis zu seinem achtzehnten Geburtstag zu verwalten.

Was hat das mit mir zu tun?

Wie konnte es geschehen, dass Todd so jung schon zu so viel Geld kam? Hatte er in der Lotterie gespielt? Oder nach Diamanten gegraben? Nein, er war ein ganz normaler Junge, der reich gesegnet wurde.

In der Bibel lesen wir:

> Weisheit und Einsicht zu erlangen ist unendlich viel wertvoller als Silber und Gold. (Sprüche 16,16; GN)

Todd tat das, was in seinem Alter das Wichtigste war: Er ging in die Schule, um klüger zu werden. Aber er hat nie davon geträumt, gleichzeitig klüger und reicher zu werden!

7. Februar

Warum zwei Brüder ihr Haus in eine Festung verwandelt haben

Psalm 124,7

Zwei erwachsene Brüder lebten in den Vierzigerjahren gemeinsam in einem Haus. Doch ihre Lebensweise war ziemlich seltsam. Ihr Haus war vom Boden bis zur Decke mit Möbeln, Klamotten, Zeitungen, Pappschachteln und Autoteilen angefüllt. Einer der Brüder, Langley, war ein begeisterter Erfinder. Er versuchte, einen Motor zu bauen, der die Elektrizität für das Haus liefern konnte, sowie einen Spezialstaubsauger zum Reinigen der Klaviere. Der andere Bruder, Homer, hatte als Anwalt gearbeitet, bevor er so schwer krank wurde, dass er das Augenlicht verlor und beinahe gelähmt war. Die Brüder blieben tagaus, tagein in ihrem Haus. Sie nagelten die Fenster zu und stellten Wasser und Elektrizität ab. Langley ging nur spätabends aus dem Haus, um Lebensmittel zu kaufen.

Die Leute erfanden haarsträubende Geschichten über einen verborgenen Schatz in dem Haus. Nachdem mehrmals versucht worden war, in das Haus einzubrechen, stellte Langley darin Fallen auf. Er bastelte Draht- und Seilsysteme, die so angebracht wurden, dass ein Berg von Gegenständen auf eventuelle Eindringlinge fallen würde. Irgendwann fiel den Nachbarn auf, dass sie die beiden Brüder schon sehr lange nicht mehr gesehen hatten. Sie riefen die Polizei an, die daraufhin das Haus durchsuchte. Schnell wurde klar, was vorgefallen war: Langley hatte sich in einer seiner eigenen Fallen verfangen und war gestorben – und kurz darauf auch sein schwer kranker Bruder Homer, der von seinem Bruder nicht mehr versorgt werden konnte.

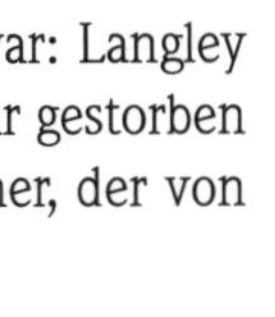

Was hat das mit mir zu tun?

Als Langley in seiner eigenen Falle gefangen war und nicht mehr herauskam, wird er sich verzweifelt gewünscht haben, jemand käme vorbei, um ihn zu befreien. Manchmal passiert es uns auch, dass wir in unserer eigenen Falle gefangen sind. Vielleicht haben wir eine Lüge erzählt, die jemand anderem Schaden zugefügt hat, oder wir haben geschummelt und wollen nicht, dass es jemand erfährt. Gott ist immer ganz in unserer Nähe und jederzeit bereit, uns aus der Falle unserer Fehler wieder herauszuhelfen. Wenn du ihn noch nicht gebeten hast, in dein Leben zu kommen, dann mach diesen wichtigen Schritt! Du kannst ihn jetzt einladen – in diesem Augenblick, wo du auch gerade bist – und er wird beginnen, mit seiner Kraft dein Leben zu verändern. Er will dir in allen schwierigen Situationen zur Seite stehen. Mach dir keine Sorgen, wenn du nicht sofort Veränderungen bemerkst. Du bist Gott so wichtig, dass er eine Lösung für dein Problem finden wird – eine Lösung, die du dir jetzt noch nicht vorstellen kannst. Weißt du, was in der Bibel steht?

> Wir sind entkommen wie ein Vogel aus dem Netz des Jägers.
> Das Netz ist zerrissen und wir sind frei! (Psalm 124,7)

8. Februar

Die Tomate, die den Notruf wählte

Johannes 14,13–14

Irgendetwas stimmte nicht. In der Telefonzentrale der Rettungsstelle in Blacksburg im amerikanischen Bundesstaat Virginia ging ein Notruf ein, doch am anderen Ende der Leitung sprach niemand ein Wort. Dann kam ein zweiter Anruf und es folgten noch weitere. Doch immer blieb es stumm in der Leitung. Die Leute in der Rettungsstelle fanden schließlich heraus, dass der Anruf aus dem Haus von Linda und Danny Hurst kam. Die Polizisten, die daraufhin zum Haus der Hursts fuhren, hatten keine Ahnung, was sie dort vorfinden würden. Sie näherten sich dem Gebäude mit schussbereiten Gewehren. Alles schien ruhig zu sein. Wie sich herausstellte, war niemand im Haus. Wer hatte dann die Notrufnummer gewählt? Es gab auch keine Anzeichen dafür, dass in das Haus eingebrochen worden war oder sich jemand einen schlechten Scherz erlaubt hatte. Doch wie war es möglich, dass von hier aus die Notrufe ausgelöst wurden? Schließlich fanden die Polizisten des Rätsels Lösung: Ganz in der Nähe des Telefons und des Anrufbeantworters hing eine Blumenampel, in der eine matschige Tomate lag. Der Tomatenmatsch tropfte auf das Telefon, wodurch ein Kurzschluss ausgelöst und der Notruf betätigt worden war!

Was hat das mit mir zu tun?

Es ist beruhigend zu wissen, dass wir ganz schnell Hilfe erhalten, wenn wir den Notruf wählen – sogar eine Tomate kann eine Antwort auslösen! Aber es ist noch viel wichtiger zu wissen, dass wir eine Antwort bekommen, wenn wir zu Gott rufen. Jesus hat uns gesagt:

> Ihr dürft in meinem Namen um alles bitten, und ich werde eure Bitten erfüllen, weil durch den Sohn der Vater verherrlicht wird. Bittet, um was ihr wollt, in meinem Namen, und ich werde es tun! (Johannes 14,13–14)

Wir brauchen kein Telefon, um Gott anzurufen, denn wir haben eine direkte Verbindung zu ihm: das Gebet. Wir sollten oft beten – in fröhlichen genauso wie in traurigen Zeiten.

9. Februar

Was man mit einem Haufen Kamele anfangen kann

Psalm 55,23

Nach einer kriegerischen Auseinandersetzung mit Mexiko gewannen die USA Mitte des 19. Jahrhunderts ein sehr großes Stück Land. Es hatte die Größe von einer halben Million Quadratkilometern. Dieses Land glich einer Wüste und verfügte noch nicht einmal über eine Bahnlinie. Irgendjemand schlug schließlich vor, dort Kamele als Transportmittel zu benutzen. Kamele können ihre Augen schließen, sodass umherfliegender Sand nicht hineinweht, außerdem haben sie doppelte Augenlider, die ihre Augen schützen. Sie können eine Woche lang ohne frisches Wasser auskommen, an einem einzigen Tag vierundsechzig Kilometer zurücklegen und rund vierhundertfünfzig Kilogramm tragen.

Der Kongress beschloss 1856, 76 Kamele zu kaufen. Sie kamen aus Ägypten und aus der Türkei und trafen in Texas ein. Die amerikanische Armee sollte die Kamele dazu benutzen, Soldaten und Proviant in das neue Wüstengebiet zu transportieren. Doch dann begannen die Probleme. Die Soldaten hatten Angst vor den Kamelen, und den Pferden erging es ebenso. Der aus der Türkei angeheuerte Tierarzt, der sich um die Kamele kümmern sollte, hatte keine Erfahrung – er versuchte eines von ihnen zu heilen, indem er den Schwanz eines Chamäleons um die Kamelnase Nase band. Schon bald wurde deutlich, dass die USA nicht für das Kamel-Projekt vorbereitet waren. Die Idee war gut, doch die Ergebnisse waren katastrophal.

Nach einer Weile begann der Amerikanische Bürgerkrieg, und die Armee gab das Vorhaben mit den Kamelen auf. Doch was sollte mit den Tieren geschehen? Irgendjemand schlug vor, die Kamele für die Postzustellung zu nutzen – einen „Kamel-Express“ sozusagen. Doch auch diese Idee war nicht praktikabel, aus den gleichen Gründen, mit denen sich auch die Armee schon herumgeschlagen hatte. Schließlich wurden die Kamele an Zirkusse und Zoos verkauft.

Was hat das mit mir zu tun?

Manchmal suchen wir auch nach einem „Kamel“, wenn wir etwas herumschleppen, was uns zu schwer wird. Wir möchten, dass Menschen uns zu Hilfe kommen. Einige unserer schwersten Lasten können jedoch weder Kamele noch Menschen uns abnehmen – wie Krankheit, Wut, Sorge oder Angst. Wir müssen sie aber trotzdem nicht allein tragen. In der Bibel lesen wir:

> Wirf auf den Herrn deine Last, und er wird dich erhalten. (Psalm 55,23; ELB)

Eine der größten Segnungen ist die Gewissheit, dass wir nie mehr allein mit den Schwierigkeiten des Lebens fertig werden müssen. Wenn wir Gott unser Leben anvertraut haben, wird er immer da sein, wenn wir „Wüstenzeiten“ erleben. Er wird unsere Last erleichtern.

10. Februar

Warum die Schnurrhaare einer Katze wichtiger sind als die eines Mannes

Psalm 104,24

Der Schnurrbart kann einen Mann äußerlich verändern und sein Gesicht warm halten. Wenn er ihn abrasiert, verliert er lediglich ein paar Haare. Doch Katzen brauchen ihre Schnurrhaare zum Überleben. Schneidet man sie ab, kann das Tier nicht mehr für sich sorgen. Die Katze benutzt diese Haare, um Abstände einzuschätzen. Die Schnurrhaare befinden sich auf ihren Wangen, der Oberlippe und der Stirn. Dort, wo sie in der Haut wurzeln, sind die Nerven der Katze extrem feinfühlig – wenn etwas die Schnurrhaare berührt, spürt die Katze dies im Gesicht. Sie kann durch ihre Schnurrhaar-Antennen einschätzen, wie weit etwas entfernt ist, und das ist für ein Tier, das im Dunkeln

umherstreift, sehr wichtig. Wenn die Spitzen der Haare beide Seiten einer Öffnung berühren, dann weiß die Katze, ob sie hindurchpasst oder nicht. So vermeidet sie, irgendwo stecken zu bleiben.

Was hat das mit mir zu tun?

Wenn wir eine Katze erschaffen sollten, würden wir dann wohl auf die Idee kommen, dem Tier so hilfreiche Schnurrhaare mitzugeben? Wahrscheinlich nicht. Gott hatte einen sehr kreativen Einfall zum Schutz der Katze. Und es gibt noch so viele Tiere, die Gott mit erstaunlichen Fähigkeiten ausgestattet hat. Die Natur ist voll wundervoller Beispiele für Gottes Schöpfermacht. Wenn wir uns Zeit nehmen, diese Wunder zu betrachten, dann können wir wie der Psalmist ausrufen:

> Herr, welche Vielfalt hast du geschaffen! In deiner Weisheit hast du sie alle gemacht. Die Erde ist voll von deinen Geschöpfen. (Psalm 104,24)

11. Februar

Warum Filmszenen manchmal mit einer schwarz-weißen Klapptafel beginnen

Psalm 119,126

„Film ab!", ruft der Regisseur, während die schwarz-weiß gestreifte Klapptafel hochgehoben, zugeklappt und weggenommen wird. Nun beginnt die Filmszene. Diese Situation hat jeder schon einmal gehört oder gesehen, doch warum wird die Klapptafel benutzt? Die Schrift auf der Klapptafel teilt den Filmemachern mit, welche Szene gefilmt und wie oft sie wiederholt wurde. Doch warum wird die Klapptafel jedes Mal zusammengeklappt, wenn der Dreh beginnt? Es hängt mit dem Geräusch zusammen. Der Ton muss genau auf die Handlung eines Films abgestimmt sein – der Mund der Schauspieler muss sich also im richtigen Moment bewegen, wenn der Text erklingt. Sobald die Kamera aufnimmt, ist die Tafel geschlossen, und der Tontechniker kann das Geräusch des Zuklappens als Anhaltspunkt nutzen. Der Techniker sorgt dafür, dass das Klappgeräusch gehört wird, wenn auf dem Film zu sehen ist, dass die Klappe geschlossen ist. So wird der Rest des Tons in der Szene präzise auf die Handlung abgestimmt.

Was hat das mit mir zu tun?

Hast du auch manchmal das Gefühl, mit dem Rest der Welt im Missklang zu sein? Wenn du etwas sagst, versteht dich keiner, wenn du etwas tust, kommt nicht das dabei heraus, was du erreichen wolltest. Wenn du frustriert und entmutigt bist, bitte Gott, die Regie in deinem Leben zu übernehmen. Er wird glücklich sein, in Aktion zu treten. In der Bibel rief jemand aus:

> Herr, es wird Zeit, dass du eingreifst … (Psalm 119,126)

Gottes Zeitplan ist immer richtig.

12. Februar

Wenn Farben Verwirrung stiften

Jeremia 29,13

Es gibt mehr Männer, die keine Farben unterscheiden können, als Frauen: Jeder zwölfte Mann und nur eine von zweihundert Frauen sind farbenblind. Die Unfähigkeit, Farben zu erkennen, kann erblich bedingt sein, und sie kann sich in unterschiedlicher Weise zeigen. Manche Leute können nicht zwischen Grün und Gelb oder zwischen Rot und Grün unterscheiden – für sie sind diese Farben grau. Wer völlig farbenblind ist, sieht nur weiße und schwarze Schatten. Es gibt sogar Menschen, die sich ihrer Farbenblindheit nicht bewusst sind. Sie glauben, dass das Grau, das sie sehen, „Rot“ genannt wird, und dass alle anderen ebenfalls grau sehen. Auch im Reich der Tiere gibt es Farbenblindheit. Untersuchungen haben gezeigt, dass Hunde und Katzen vollkommen farbenblind sind. Pferde, Bienen und Affen können manche Farben unterscheiden und Hennen können alle Farben erkennen.

Was hat das mit mir zu tun?

Es gibt unterschiedliche Formen des „Sehens“, unabhängig davon, ob wir farbenblind sind oder nicht. Unsere Augen helfen uns, die Welt um uns herum wahrzunehmen. Es gibt aber auch eine andere, innere Sicht: Wir können unser Herz und unseren Verstand benutzen, um mehr über Gott zu erfahren. Er selbst macht uns Mut:

> Wenn ihr mich sucht, werdet ihr mich finden; ja, wenn ihr ernsthaft, mit ganzem Herzen nach mir verlangt, werde ich mich von euch finden lassen. (Jeremia 29,13)

Suche Gott in der Bibel und in deinem Lebensumfeld. Er wird deine „Augen“ öffnen, um ihn besser kennenzulernen.

13. Februar

Wie Blumentöpfe dazu beigetragen haben, solidere Bauwerke zu schaffen

2. Korinther 12,9

Joseph Monier wollte eigentlich einen größeren Blumentopf herstellen, stattdessen lernte er, wie man eine Brücke baut. Er war im Gartenbau tätig und hierfür brauchte er sehr große Blumentöpfe. Diese herzustellen bereitete ihm jedoch Probleme, da der verwendete Ton als Material nicht stabil genug war. 1849 hatte er dann die Idee, ein wenig Maschendraht mit Beton zu übergießen und beides miteinander fest werden zu lassen. Er war sehr zufrieden mit dem Ergebnis. Dann dachte er darüber nach, wie er seinen Beton noch besser verwenden könnte. Er versuchte, Stahlstäbe anstatt des Maschendrahts zu benutzen und erkannte, dass große Baustrukturen wie Brücken und Dämme auf diese Weise verstärkt werden konnten. Das Wertvolle an seiner Entdeckung war die Kombination von Stäben und Beton – jedes für sich allein war längst nicht so stabil wie die Verbindung beider Elemente. Außerdem setzte das im Stahl enthaltene Eisen keinen Rost an, wenn die Stäbe mit Beton überzogen wurden. Monier patentierte* seine Erfindung und fortan konnten solidere Brücken und Gebäude errichtet werden.

Was hat das mit mir zu tun?

Ohne ein tragendes Gerüst können Ton oder Zement nicht allzu viel Druck aushalten und drohen zusammenzubrechen. Vielleicht fühlst du dich auch manchmal unter Druck. Eine Klassenarbeit, ein Problem mit deinem besten Freund oder deiner besten Freundin – du möchtest am liebsten einfach weglaufen. In so einer Situation brauchst auch du Verstärkung. Jesus bietet dir an zu ihm zu kommen, wenn du dich schwach fühlst:

> Meine Gnade ist alles, was du brauchst. Meine Kraft zeigt sich in deiner Schwäche. (2. Korinther 12,9)

Bitte Gott, der „Stahl" in deinem Lebensgerüst zu sein, Jesus und du – das ergibt eine sehr tragfähige Verbindung.

---

* Patentieren heißt eine Erfindung anmelden und urheberrechtlich schützen, sodass kein anderer behaupten kann, die Erfindung sei von ihm.

14. Februar

Die Reisprüfung

1. Korinther 13,4–7

Die Rechtsprechung hat im Laufe der Zeit einige seltsame Gebräuche durchgemacht. So war es vor langer Zeit in China üblich, dem Angeklagten bei einer Gerichtsverhandlung eine Handvoll Reis zu geben, um seine Schuld oder Unschuld zu erkennen. Wenn der Angeklagte den Reis schlucken konnte, wurde er für unschuldig befunden. Die Chinesen glaubten nämlich, dass eine schuldige Person – die in der Regel nervös war und deshalb einen trockenen Mund hatte – nicht in der Lage sein würde, den Reis herunterzuschlucken.

Was hat das mit mir zu tun?

Die Richter im alten China machten es sich etwas einfach bei der Rechtsprechung, findest du nicht? Man kann nicht immer von außen erkennen, wie es im Herzen eines Menschen aussieht. Ob Jesus aber darin lebt – dafür gibt es deutliche Anzeichen, nämlich die Liebe, die im täglichen Umgang mit anderen sichtbar wird. Wie kannst du diese Liebe zeigen? Die Bibel gibt uns eine Art Checkliste:

> Die Liebe ist geduldig und freundlich. Sie ist nicht neidisch oder überheblich, stolz oder anstößig. Die Liebe ist nicht selbstsüchtig. Sie lässt sich nicht reizen, und wenn man ihr Böses tut, trägt sie es nicht nach. Sie freut sich niemals über Ungerechtigkeit, sondern sie freut sich immer an der Wahrheit. Die Liebe erträgt alles, verliert nie den Glauben, bewahrt stets die Hoffnung und bleibt bestehen, was auch geschieht. (1. Korinther 13,4–7)

Glaubst du, dass Jesus Gottes eingeborener Sohn ist? Wenn ja, bitte ihn, dir deine Sünden zu vergeben und die Führung in deinem Leben zu übernehmen. Du wirst eine ewige Belohnung im Himmel finden!

15. Februar

Die Waschbärschwanz-Euphorie

Johannes 8,12

1954 stieg der Preis für einen Waschbärschwanz in Amerika von fünfundzwanzig Cents auf acht Dollar pro Pfund, und viele Kinder liefen auf einmal mit Pfeil und Bogen, Mokassins und Gummimessern herum. Wie kam es dazu?

Ganz einfach: Die *Walt Disney Studios* hatten begonnen, eine Fernsehserie mit dem Namen *David Crockett* auszustrahlen. Walt Disney selbst hätte kaum damit gerechnet, dass die Serie so erfolgreich werden würde, doch die Kinder waren ganz begeistert von dem Trapper *David Crockett.* Und so begann man, all die Artikel zu verkaufen, die die Leute mit dem Filmhelden in Verbindung brachten.

Noch vor Ablauf des ersten Jahres war das Titellied von *David Crockett* von siebzehn verschiedenen Künstlern aufgenommen worden. Crocketts Bild erschien auf Brotdosen, Puzzlespielen, Comics und Kinderschuhen. Als Symbol berühmt wurde die Waschbärmütze mit dem gestreiften Schwanz, den David Crockett über dem Rücken trug. Insgesamt wurden David-Crockett-Artikel im Wert von mehr als einhundert Millionen Dollar verkauft.

Was hat das mit mir zu tun?

Viele Kinder beschäftigen sich gern mit bekannten Film- oder Musikstars. Jungen eifern ihrem Fußballhelden nach und Mädchen träumen vielleicht davon, auch einmal im Rampenlicht zu stehen und bewundert zu werden. Es gehört zum Heranwachsen, unterscheiden zu lernen, welches Vorbild dich in die beste Richtung führt und nachahmenswert ist. Es macht sicher Spaß, ein „Fan“ von jemandem zu sein – aber das einzige Leitbild, dem du in allem nacheifern kannst und das dich niemals enttäuschen wird, ist Jesus. Er sagt:

> Ich bin das Licht der Welt. Wer mir nachfolgt, braucht nicht im Dunkeln umherzuirren, denn er wird das Licht haben, das zum Leben führt. (Johannes 8,12)

Du brauchst dir keine Sorgen um deine Sicherheit oder dein Wohlergehen zu machen, wenn du dich dazu entschließt, Jesus nachzufolgen. Er lügt nie, wird dich niemals im Stich lassen und hat immer dein Bestes im Sinn. Er lebte ungefähr dreißig Jahre als Mensch auf dieser Erde und zeigte durch seine Lehre und seine Wunder, dass er ein realer „Superheld" ist – der einzige, dem zu folgen sich wirklich lohnt!

16. Februar

Was Kreuzworträtsel mit Weihnachten zu tun haben

Offenbarung 3,20

Das erste Kreuzworträtsel wurde 1913 von Arthur Wynne in der Weihnachtsausgabe einer kleinen Zeitung in New York veröffentlicht. Wynne wollte zu dieser Gelegenheit etwas Neues bringen, und so schuf er ein rautenförmiges Puzzle, ähnlich dem, das er bei seinem Großvater gesehen hatte. Die Zeitungsleser waren begeistert von Wynnes „Wortkreuz".

Reisende, die in den Zwanzigerjahren mit der Eisenbahn fuhren, wurden die größten Anhänger der Kreuzworträtsel. Die Rätsel wurden so beliebt, dass man in den Zügen sogar Wörterbücher zur Verfügung stellte und auf dem Rücken der Speisekarten Kreuzworträtsel abdruckte. Während des Zweiten Weltkriegs warfen die Deutschen Hetzschriften in Form von Kreuzworträtseln über England ab. Und ein Minister forderte einmal seine Zuhörerschaft heraus, indem er sie aufforderte, ein Kreuzworträtsel über seine Rede auszufüllen!

Was hat das mit mir zu tun?

In Kreuzworträtseln gibt es Hinweise, die uns helfen sollen, die weißen Kästchen zu füllen. Und nun du: Wer verbirgt sich hinter folgendem Vers? Die Antwort hat fünf Buchstaben:

> Siehe, ich stehe vor der Tür und klopfe an. Wenn jemand mich rufen hört und die Tür öffnet, werde ich eintreten, und wir werden miteinander essen. (Offenbarung 3,20)

Wem liegt wohl so viel an dir, dass er vor deiner Herzenstür steht, deinen Namen ruft und geduldig auf deine Antwort wartet? Ohne deine Einladung wird er nicht eintreten, aber er ist jederzeit bereit, zu kommen und dir Frieden, Hoffnung und Mut zu schenken. Könntest du die „weißen Kästchen" mit dem Namen von einem deiner Freunde ausfüllen? Nein, denn kein Mensch könnte dich so sehr lieben wie jener „geheimnisvolle Gast". Wer ist es? Öffne die Tür und sieh nach – er heißt J-E-S-U-S.

17. Februar

Warum früher Abendglocken für die Bauern geläutet wurden

Johannes 1,4–5

Im Mittelalter ließen die Bauern im Winter auf den Feldern oder im Wald ein Feuer brennen, damit es ihnen bei der Arbeit im Freien nicht zu kalt wurde. Aus Sicherheitsgründen mussten die Feuer nach Erledigung der Arbeit am Abend gelöscht werden. Doch manchmal vergaß ein Bauer das Feuer, das zu einem unkontrollierten Brand wurde und alles auf seinem Weg zerstörte. Um das zu verhindern, wurde ein Gesetz erlassen. Es besagte, dass jedes offene Feuer in der Abenddämmerung abzudecken sei. Im Dorf wurde eine Glocke geläutet, um jedermann an das Abdecken des Feuers zu erinnern.

Was hat das mit mir zu tun?

Die meisten von uns sind nicht gern in der Kälte und im Dunkeln. Wenn die Abenddämmerung beginnt, suchen wir automatisch nach der Wärme des Lichts. Mit unserer Seele ist es genauso. Wenn es vor Hoffnungslosigkeit, Hilflosigkeit oder Angst in uns dunkel und kalt wird, sehnen wir uns nach einem Funken Licht. In der Bibel finden wir Ermutigung und Hoffnung – Jesus, Gottes Sohn, ist Licht und dieses Licht ist stärker als jede Finsternis:

> Das Leben selbst war in ihm, und dieses Leben schenkt allen Menschen Licht. Das Licht scheint in der Dunkelheit, und die Dunkelheit konnte es nicht auslöschen. (Johannes 1,4–5)

Du brauchst dich nicht mit einem kleinen Funken Licht zu begnügen, wenn du entmutigt bist. Denk daran, dass du Zugang zu einem ganzen Lagerfeuer hast!

18. Februar

Alles anders?

5. Mose 7,9

Die chinesische Kultur blickt auf eine lange, reiche Geschichte von Traditionen und Bräuchen zurück, die manchmal ganz und gar im Gegensatz zu den bei uns bekannten Bräuchen stehen. Vor der Modernisierung Chinas schüttelten die Leute sich selbst die Hand statt die ihres Gegenübers, wenn sie jemanden kennenlernten oder trafen. China hatte „Leihbüchereien“ an den Bordsteinen, wo Kinder, die sich keine Bücher oder Comics kaufen konnten, diese für eine Weile ausleihen und auf der Straße sitzend lesen konnten. Auf Briefumschlägen schrieb man oben die Adresse des Empfängers und unten dessen Namen. Es war erlaubt, die Untertasse auf die Teetasse zu stellen statt darunter, damit der Tee länger warm blieb. Und Bücher wurden von hinten nach vorn gelesen.

Was hat das mit mir zu tun?

Jedes Land und auch jede Generation hat seine/ihre eigenen Gewohnheiten. Viel von dem, was wir wissen, verdanken wir unseren Ahnen, die uns sorgfältig überliefert haben, was sie selbst durch Erfahrung gelernt hatten. Die Bibel spricht von einem großen Erbe:

> Erkennt deshalb, dass der Herr, euer Gott, der wahre Gott ist. Er ist der treue Gott, der über 1.000 Generationen hinweg zu seinem Bund mit denen steht, die ihn lieben und seinen Geboten nachkommen. (5. Mose 7,9)

Du kannst selbst so eine Traditionslinie beginnen, indem du das Erbe der Liebe Gottes an jemand anderen weitergibst. Ist es nicht spannend zu wissen: Es kann das Leben vieler Menschen beeinflussen und sogar retten.

19. Februar

Warum ein Priester beschlossen hat, mit Leprakranken zu leben

Johannes 10,11

Nur wenige Menschen sind bereit, ihr Leben ohne Einschränkungen in den Dienst der anderen zu stellen. Pater Damien war so ein Mensch. Schon als Teenager zeigte Joseph (so hieß er, bevor er Priester wurde) viele Begabungen. Er diente seiner Gemeinde als Maler, Schullehrer, Koch, Gärtner, Zimmermann und sogar Arzt – je nachdem was gerade gebraucht wurde. Er und sein Bruder studierten ge-

meinsam am Priesterseminar. Josephs Bruder wollte Missionar werden, doch gesundheitliche Probleme hinderten ihn daran. Mit zweiundzwanzig wurde Joseph „Pater Damien“. Er beschloss, anstelle seines Bruders Missionar zu werden und verbrachte die nächsten zehn Jahre auf den Südseeinseln. Dann erklärte er sich freiwillig bereit, auf der hawaiischen Insel Molokai eine Kolonie für Leprakranke zu leiten. Man glaubte, dass Lepra eine hochansteckende Krankheit sei, während man heute weiß, dass sie nicht ansteckender ist als eine Erkältung. Heutzutage kann man Lepra heilen. Doch damals machte man um die Leprakranken einen großen Bogen und isolierte sie völlig. Der Priester trug dazu bei, ihre schmutzige, vernachlässigte Kolonie in ein sauberes, freundliches Dorf zu verwandeln. Nach zehn Jahren wurde Pater Damien selbst mit Lepra angesteckt, an der er schließlich starb. Am letzten Sonntag, den er erlebte, lautete der Predigtvers: „Ich bin der gute Hirte. Der gute Hirte opfert sein Leben für die Schafe.“

Was hat das mit mir zu tun?

Pater Damien ist berühmt geworden, weil er Jesus mit ganzem Herzen, mit ganzer Seele, mit seinem ganzen Verstand und seinem ganzen Körper nachfolgte, um ein „guter Hirte“ zu sein. Nicht jeder kann Gott so dienen wie Pater Damien. Doch wir können nach Gelegenheiten suchen, es auf unsere Weise zu tun. Hier ein paar Vorschläge: Freunde dich mit einem neuen Schüler an, der sich einsam fühlt. Trage eine schwere Einkaufstasche für einen behinderten Nachbarn. Lies einem Kranken oder einem alten Menschen im Pflegeheim etwas vor. Jesus hat sein Leben für uns gegeben. Wenn wir ihm folgen, wird Gott sich jedes Mal freuen, wenn wir uns um seine „Herde“ kümmern.

> Ich bin der gute Hirte. Der gute Hirte opfert sein Leben für die Schafe. (Johannes 10,11)

20. Februar

Präsident für einen Tag

Johannes 9,4

Wenn du für einen Tag Präsident der Vereinigten Staaten sein könntest, was würdest du dann tun? David Rice Atchison hatte 1849 diese Gelegenheit. Es war an der Zeit, den neuen Präsidenten, Zachary Taylor, zu vereidigen. Doch der Tag des Amtsantritts fiel auf einen Sonntag, und Taylor wollte erst am Montag vereidigt werden. Sein Vorgänger, James K. Polk, hatte sein Amt bereits am Samstag niedergelegt. Was würde also am Sonntag, dem 4. März 1849, geschehen? Es wäre ein Tag ohne Präsidenten, was ganz und gar undenkbar war! Es gab nur eine Möglichkeit: Der im Rang nächststehende Mann, Senatspräsident Atchison, musste das Amt des Präsidenten für einen Tag übernehmen. Hat Atchison an diesem einen Tag etwas Wichtiges für Amerika geleistet? Nun, er war so sehr mit der Verabschiedung des Altpräsidenten beschäftigt, dass er am Samstagabend sehr spät schlafen ging und den gesamten Sonntag – seinen einzigen Tag als Präsident – schnarchend im Bett verbrachte!

Was hat das mit mir zu tun?

Atchison verpasste die einmalige Chance, die Macht des Präsidenten der Vereinigten Staaten einen Tag lang zu nutzen. Doch diese menschliche Autorität ist gar nichts im Vergleich zu Gottes Macht, die er für uns bereithält, damit wir seine Werke tun können. Jesus sagt:

> Wir alle müssen die Aufgaben dessen, der mich gesandt hat, rasch erfüllen. Denn nicht mehr lange und die Nacht bricht herein, in der niemand mehr etwas tun kann. (Johannes 9,4)

Als Kind Gottes darfst du seine Macht in Anspruch nehmen, um ihm zu dienen – wirst du die Chance nutzen?

21. Februar

Woher der Tau kommt

Jesaja 44,3-4

Wenn wir morgens das feuchte Gras sehen, denken die meisten von uns, der Tau sei während der Nacht heruntergekommen. Aber Tau „fällt“ nicht vom Himmel wie Regen, sondern er kommt aus der Luft. Die Luft enthält die meiste Zeit über Wasserdampf. Während der Nacht, wenn die Temperatur absinkt, kann die Luft ihren Feuchtigkeitsgehalt nicht mehr aufrechterhalten. Sobald es kälter wird, bewirken Grashalme die Abkühlung des sie umgebenden Luftmantels. Ist die Luft dann bis auf eine bestimmte Temperatur abgesunken, – den sogenannten „Taupunkt“ – kondensiert das Wasser aus der Luft und legt sich auf das Gras. Doch nicht die gesamte Feuchtigkeit im Gras ist Tau. Das Gras zieht auch Wasser aus dem Boden, und diese Feuchtigkeit wird durch die Halme ausgestoßen. Man könnte diesen Vorgang den ganzen Tag über beobachten, doch in der Wärme des Tages verdampft das Wasser, noch ehe sich Tröpfchen formen können.

Was hat das mit mir zu tun?

Gras benötigt Feuchtigkeit, um zu leben, und mit uns ist es genauso. Warst du schon einmal so durstig, dass du dich nach einem einzigen Tropfen Wasser gesehnt hast? Gott kennt die Bedürfnisse unseres Körpers. Er benutzt das Stillen des Durstes als Bild für seine überströmenden Segnungen, die über unsere Erwartungen weit hinausgehen:

> Denn ich werde Wasser auf Durstige ausschütten und das trockene Land mit Bächen bewässern. Ich werde meinen Geist auf deine Nachkommen und meinen Segen über deinen Kindern ausgießen. Sie werden wachsen wie Gras am Ufer, wie Weiden am Fluss. (Jesaja 44,3–4)

Gott kennt die Bedürfnisse seiner Kinder – er weiß, was unser Körper und unsere Seele brauchen. Du kannst dich darauf verlassen, dass er deine Seele beständig mit seiner Liebe nähren wird.

22. Februar

Gute Nerven

Psalm 59,10

Stell dir mal vor, der Zahnarzt spritzt dir ein Betäubungsmittel ins Zahnfleisch, sodass dein Mund taub wird. Eigentlich fühlst du jetzt nichts mehr, aber trotzdem hast du hast Angst vor dem Bohrer. Du fragst dich, wie der Zahnarzt merken soll, dass er einen Nerv berührt, wenn du nichts spüren kannst. Du hast Angst, dass er beim Bohren einen Nerv beschädigt und es dann erst richtig schlimm wird! Machst du dir zu Recht Sorgen? Nein! Wenn du einen leisen Schmerz verspürst, während der Zahnarzt an deinen Zähnen arbeitet, dann ist er aller Wahrscheinlichkeit nach gar nicht in der Nähe der Nerven. Der empfindlichste Teil der Zähne befindet sich dort, wo der Zahnschmelz (die harte, weiße Schicht auf den Zähnen) und das Zahnbein (das Gewebe direkt unter dem Zahnschmelz) aufeinandertreffen. Wenn der Zahnarzt dort aufhören sollte, dann könnte er deine Zähne gar nicht behandeln.

Was hat das mit mir zu tun?

Es ist sehr anstrengend, ständig auf der Hut zu sein. An manchen Tagen scheint es, als wären alle gegen dich, als müsstest du dich immerzu schützen. Dann bist du richtig traurig und ärgerlich – du möchtest einfach in Ruhe gelassen werden und dich mit Spielen beschäftigen. Wenn es möglich wäre, würdest du am liebsten einen Bodyguard engagieren, der dein Herz und deine Seele vor Kränkungen bewahrt. Es gibt eine gute Nachricht: Es gibt einen Beschützer für

deine Seele und er hilft dir sogar kostenlos. Jedes Mal, wenn du Angst hast, kannst du ausrufen:

> Du bist meine Stärke; ich vertraue darauf, dass du mich rettest, denn du bist meine Zuflucht, Gott. (Psalm 59,10)

Gott hat dich ständig im Blick, und er wird seine Allmacht nutzen, um deine Ängste zu besiegen, die manchmal wirklich zu deinem Feind werden können. Lass es nicht zu, dass die Angst dir deinen Frieden raubt und deine Konzentration beeinträchtigt. Vertraue darauf, dass Gott die Hindernisse ausräumen kann, damit du so leben kannst, wie es ihm gefällt.

23. Februar

Eine riesige Badewanne für den Präsidenten

Jesaja 1,18

Wenn man im 19. Jahrhundert ein Bad nehmen wollte, musste man in der Regel in der Stadt ins Badehaus gehen, denn nur die wenigstens Häuser verfügten über eine eigene Badewanne. Wer tatsächlich eine Wanne hatte, badete in der Küche, wo sie meistens stand.

Die ersten Badewannen waren etwas über zwei Meter lang und wogen eine halbe Tonne. Das Wasser kam vom Waschbecken, doch es musste zunächst auf dem Ofen gewärmt werden, bevor es in die Wanne geschüttet wurde. Es war eine teure Angelegenheit, eine Badewanne mit warmem Wasser zu füllen, und so fanden viele Leute, es sei ein Luxus. Deshalb füllten sie ihre Wannen häufig mit Gemüse oder Blumen.

Die Badewanne im Weißen Haus musste noch größer sein als gewöhnlich, weil Präsident Taft, der mehr als hundertsiebzig Kilo wog, einmal darin stecken geblieben war. Daraufhin bestellte er eine neue Wanne, die so riesig war, dass bei ihrer Anlieferung vier Männer gemeinsam hineinkletterten und sich fotografieren ließen.

Was hat das mit mir zu tun?

Stell dir vor, wie gut es sich damals anfühlte, sauber zu sein, wenn man es endlich geschafft hatte, ein Bad zu nehmen! Wusstest du schon, dass es sich sogar noch besser anfühlt, wenn Gott unser Herz reinigt? In der Bibel lesen wir:

> Dann lasst uns doch miteinander rechten“, sagt der Herr. „Selbst wenn eure Sünden scharlachrot sind, sollen sie schneeweiß werden. Eure Sünden mögen blutrot sein, doch sie sollen werden wie Wolle. (Jesaja 1,18)

Wenn er dich bis jetzt noch nicht gereinigt hat, dann hast du ihn noch nicht darum gebeten. Du kannst es aber jetzt tun, egal, wo du gerade bist. Er freut sich darüber. Sag ihm doch, dass du gern sein Kind sein möchtest. Sag ihm, wie leid dir alles tut, was du falsch gemacht hast, und bitte ihn um einen neuen Anfang, damit du so leben kannst, wie Gott es für dich geplant hat.

24. Februar

Wie man einem Vogel ansehen kann, was er frisst

Matthäus 6,26

Man braucht sich nur den Schnabel eines Vogels anzusehen. Der Schnabel eines Spechts ist lang und stark genug, um in einen Baumstamm einzudringen und dort lebende Insekten aufzupicken. Vögel, die Samen fressen, brauchen dagegen kurze Schnäbel, um sie aufzuknacken. Der Schnabel des fleischfressenden Adlers hat einen Haken, mit dessen Hilfe der Vogel das Fleisch in kleine Stücke zerfetzt, die er schlucken kann. Wie steht es mit dem Schnabel eines Pelikans? Dieser Vogel frisst Fisch; unter seinem Schnabel befindet sich ein großer Beutel. So kann der

Pelikan einen Fisch fangen, indem er ihn in den Beutel „hineinschaufelt". Der Schnabel eines Vogels gibt Aufschluss über seine Nahrung!

Was hat das mit mir zu tun?

Unterschiedliche Vögel fressen unterschiedliche Nahrung, und Gott sorgt dafür, dass sie die Nahrung, die sie brauchen, bekommen. Jesus sagt:

> Schaut die Vögel an. Sie müssen weder säen noch ernten noch Vorräte ansammeln, denn euer himmlischer Vater sorgt für sie. Und ihr seid ihm doch viel wichtiger als sie. (Matthäus 6,26)

Wenn du heute Vögel siehst, denk daran, dass Gott für sie sorgt – und noch viel mehr für dich!

25. Februar

Die Erfindung der Zahnbürste

Psalm 34,2-3

Ein Häftling, ein Knochen und ein Schwein haben zur Erfindung der Zahnbürste beigetragen! Vor langer Zeit, als noch niemand an eine Zahnbürste dachte, hielten die Menschen ihre Zähne sauber, indem sie so lange auf einem Stab kauten, bis ein Ende weich wurde und wie eine Bürste ausfranste. Manchmal tauchten die Leute ihren Finger in Kalk oder Salz und rieben ihre Zähne damit ab. Zahnstocher waren eine weitere Möglichkeit, die Zähne zu pflegen. Sie waren damals sehr ausgefallen und wurden aus Gold oder Juwelen angefertigt. Man trug sie am Hut oder an der Halskette mit sich. Die ersten Bürsten kamen aus China. Die Chinesen verwendeten die Borsten von wilden Schweinen. Die Erfindung der Zahnbürste, wie wir sie heute kennen, geht auf Joseph Addis zurück. Er arbeitete an seiner Erfindung, während er im Gefängnis war. Zunächst behielt er einen Knochen von einer seiner Mahlzeiten zurück und stieß einige Löcher hinein. Sein Wärter gab ihm ein paar Wildschweinborsten, die Joseph zu kleinen Bündeln zusammenfasste. Er schnitt sie alle auf gleiche Länge, brachte an einem Ende Klebstoff an und klebte sie in die Löcher.

Was hat das mit mir zu tun?

Eine Zahnbürste sorgt für angenehmen Atem, doch sie kann nicht bewirken, dass angenehme Worte aus deinem Mund kommen. Während du deine Zähne auf Hochglanz bringst, denk doch einmal darüber nach, wie du auch dein Reden glätten und polieren kannst. In der Bibel findest du hierzu Hilfe:

> Ich will den Herrn allezeit loben und nie aufhören, ihm zu danken. Allein den Herrn will ich loben; die Mutlosen sollen es hören und sich freuen. (Psalm 34,2–3)

Wenn man frohe, ermutigende und angenehme Dinge sagt, wird man nicht nur selbst erfrischt, sondern tut auch jedem gut, dem man begegnet.

26. Februar

Warum die Springbohne springt

Jesaja 44,22

Zunächst einmal: Es ist eigentlich gar keine Bohne, sondern der Samen eines mexikanischen Strauchs. Und sie springt auch nicht wirklich. Sie rollt und purzelt, weil sich in ihrem Inneren eine Mottenlarve befindet. Die Larve hat ein Loch gebohrt, um in den Keim zu

gelangen, wo sie das Innere frisst. Schließlich wird aus der Larve eine Motte, die aus dem Loch heraus ins Freie kriecht.

Doch bevor die Larve schläft, um sich in eine Motte zu verwandeln, bewegt sie sich innerhalb des Keims. Warum? Wenn sich der Keim im Sonnenlicht befindet, wird es der Larve zu heiß. Also bewegt und krümmt sich die kleine Kreatur so lange, bis sie spürt, dass sich der Keim im Schatten befindet.

Was hat das mit mir zu tun?

Anders als die kleine Larve mögen wir Menschen den Sonnenschein sehr gern. Wir freuen uns, wenn die Wolken weiterziehen und die Sonne wieder hell scheint. Gott spricht in seinem Wort auch über Wolken:

> Ich habe deine Sünden aufgelöst wie Nebel, deine Vergehen wie Wolken zerstreut. (Jesaja 44,22)

Manchmal bist du traurig über dich selbst, oder? Du denkst vielleicht, Gott ist unzufrieden mit dir und kann dir nicht schon wieder vergeben. Vielleicht glaubst du sogar, du müsstest erst etwas besonders Gutes tun, ehe er dich wieder liebt. Dann erinnere dich an dieses Versprechen von Gott: Er lässt alles vollkommen verschwinden, was zwischen dir und ihm steht – wie Nebeldunst, an den man nicht mehr denkt. Du brauchst ihn nur darum zu bitten.

27. Februar

Wie der Teddy zu seinem Namen kam

Psalm 135,13

Als Theodore Roosevelt US-Präsident war, ging er eines Tages im Jahr 1902 auf die Jagd. Ein Bärenjunges war gefangen und für den Präsidenten aufgehängt worden, damit er es schießen konnte, doch Roosevelt sagte, er wolle keinen wehrlosen Bären erlegen. Die Begebenheit wurde bekannt und erschien in der Zeitung und als Comic.

Ein Mann namens Morris Michtom hatte einen Schreib- und Süßwarenladen. Seine Frau Rose stellte manchmal kleine Stoffbären her, die sie in ihr Schaufenster stellten. Die Michtoms sahen den Comic mit Roosevelt und dem Bären und Morris hatte eine Idee. Er bat seine Frau, ein paar besondere Bären anzufertigen, die so aussahen wie der Bär in dem Comic. Dann schrieb er einen Brief ans Weiße Haus und fragte, ob er die neuen Bären nach dem Präsidenten benennen dürfe. Präsident Roosevelt schrieb einen Antwortbrief: „Ich glaube kaum, dass mein Name in dieser Angelegenheit viel wert ist, aber Sie dürfen ihn gerne benutzen." Also stellte Morris die neuen Bären ins Schaufenster und nannte sie nach dem Spitznamen des Präsidenten: *Teddy's bear*. Heutzutage nennen wir sie Teddybären und im Jahr 2002 wurde ihr hundertjähriger Geburtstag gefeiert!

Was hat das mit mir zu tun?

Es ist interessant, darüber nachzudenken, wie Namen entstanden sind. Oft wissen wir gar nicht, warum wir etwas so nennen, wie wir es nennen. Manchmal geraten Namen auch in Vergessenheit. Doch es gibt einen Namen, der ewig bestehen bleibt:

> Herr, dein Name hat ewig Bestand und dein Ruhm hört niemals auf. (Psalm 135,13)

Die Menschen haben über Jahrtausende hinweg von Gott gesprochen und so wissen wir heute noch, wer er ist. Wenn du anderen von Jesus erzählst, kannst du dazu beitragen, dass auch zukünftig seine Segnungen bekannt sein werden.

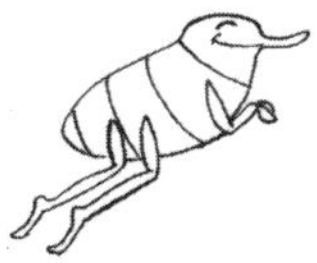

28. Februar

Warum in Amerika Landwirte ihre Kälber Magnete schlucken lassen

Sprüche 27,23

Junge Kälber brauchen sehr viel Aufmerksamkeit. Ihre Mütter wissen das, und sie wechseln sich bei der Beaufsichtigung der Jungtiere ab. Eine Kuh bleibt in der Nähe einer Gruppe von Kälbern stehen und beaufsichtigt sie, während die übrigen Muttertiere weiter weg grasen. Nach einer Weile übernimmt eine andere Kuh die Funktion des Babysitters.

Doch die Mutterkühe können nicht verhindern, dass die Kälber Dinge fressen, die ihnen nicht gut bekommen. Kälber mögen ganz besonders gern Metall in Form von Draht, Heftklammern, Reißzwecken und Nägeln. Landwirte nennen dies die „Hardware-Krankheit" und haben eine Lösung gefunden, sie zu verhindern: Wenn ein Kalb geboren wird, zwingt der Landwirt das Neugeborene, einen Magneten zu schlucken. Alles Metall, das von dem Kalb geschluckt wird, bleibt so in seinem Magen am Magneten kleben.

Was hat das mit mir zu tun?

Wusstest du, dass Landwirte in der Bibel aufgefordert werden, sich gut um ihre Tiere zu kümmern? Lies selbst:

> Du sollst den Zustand deiner Herden kennen und dich mit Leib und Seele ihrer Pflege widmen. (Sprüche 27,23)

Wenn du dich um etwas kümmerst, zum Beispiel um dein Haustier, dann ist es wichtig, dass du diese Aufgabe sorgfältig ausführst. Gib bei allem, was du tust, dein Bestes, dann wirst du Gott Freude machen.

1. März

Die Wahrheit über den Biber

Psalm 145,16

Viele Geschichten werden über den Biber erzählt, doch nicht alle entsprechen der Wahrheit. Man sagt, ein Biber wisse ganz genau, wo er einen Baum anknabbern muss, damit er dort umfällt, wo der Biber es will. Das stimmt nicht. Der Biber hat keine Ahnung, wo der Baum hinfallen wird, und er muss sich sehr schnell aus der Gefahrenzone bewegen, um nicht getroffen zu werden.

Es stimmt jedoch, dass ein Biber seinen Schwanz als Steuerung beim Schwimmen benutzt. Biber schlagen auch mit ihrem Schwanz aufs Wasser, um ihre Artgenossen vor einer Gefahr zu warnen. Wenn sie einen Damm gebaut haben, reparieren sie ihn stets sofort, wenn daran etwas kaputtgeht.

Einige Bibermütter halten ihre Jungen im Innern von „Häusern", die sie aus Lehm und Stöcken gebaut haben. Die Türen befinden sich unter Wasser, sodass nur Biber hineingelangen können. Biber ziehen sich keine Splitter zu, weil sie nur lebende Bäume annagen, die jede Menge Saft haben. Die Äste werden im Wasser aufbewahrt, damit das Holz nicht trocknet und splittert.

Was hat das mit mir zu tun?

Wir können nur schwer begreifen, wie mächtig und groß Gott ist und wie er sich um jedes einzelne Geschöpf auf der Welt gleichzeitig kümmern kann. Denk zum Beispiel an die Haustiere in deiner Nachbarschaft. Stell dir vor, du müsstest dich um jedes einzelne kümmern – das wäre eine riesige Aufgabe! Nun stell dir vor, du müsstest dich um alle Tiere in deinem Bundesland kümmern – nicht nur um die Haustiere, sondern auch um die Tiere in der Natur, wie Eichhörnchen, Mäuse, Kaninchen und Füchse. Du würdest deine ganze Zeit damit zubringen, all diese Tiere zu füttern und zu hegen.

Und Gott? Er kümmert sich um alle Tiere in deiner Stadt, im ganzen Land und auf der ganzen Welt – nicht nur einen Tag lang, sondern immer, Tag und Nacht. Und darüber hinaus kümmert sich Gott sorgfältig um jeden einzelnen Menschen auf der Erde. Der Psalmist David sagt über Gott:

> Wenn du deine Hand öffnest, stillst du den Hunger und Durst aller Geschöpfe. (Psalm 145,16)

Gott kümmert sich um seine gesamte Schöpfung, auch um dich! Doch er erwartet, dass die Menschen ihren Teil dazu beitragen, anderen Lebewesen zu helfen. Gott möchte seine Kinder dazu gebrauchen, dass der Hunger und Durst eines jeden Menschen gestillt wird. Gibt es einen Menschen oder ein Tier, dem du helfen kannst?

2. März

Warum eine kaputte Glocke aufbewahrt wird

Galater 5,13-14

Vor dem Parlamentsgebäude in Philadelphia in Amerika drängte sich eine Menschenmenge. Die neue Glocke war aus England eingetroffen und sollte zum ersten Mal geläutet werden. Der Glöckner schwang das Seil, die Glocke machte ein wundervolles Geräusch – und dann brach sie entzwei! Sie musste repariert werden. Ein Glockengießer namens Stow wurde damit beauftragt. Er schmolz die Glocke ein und goss sie neu. Dann wurde sie erneut getestet. Diesmal gab sie nur ein dumpfes Dröhnen von sich, also wurde sie wieder zum Gießer gebracht. Sie wurde neu gegossen und wieder probeweise geläutet, und schließlich war sie perfekt. Zum Glück – denn diese Glocke wurde die Freiheitsglocke, die 1776 geläutet wurde, um alle zu versammeln, als die amerikanische Unabhängigkeitserklärung zum ersten Mal öffentlich verlesen wurde.

1777 gab es mit der Glocke jedoch erneut Probleme. Die Amerikaner mussten sie abhängen und heimlich aus der Stadt bringen, um sie vor der anrückenden britischen Armee zu verstecken, damit sie die Glocke nicht einschmelzen und Kugeln daraus machen konnte. Ein Jahr lang blieb sie im Keller einer Kirche verborgen. Dann wurde sie zurück nach Philadelphia gebracht und wieder aufgehängt, und während der folgenden fünfundsiebzig Jahre wurde sie zu bedeutenden Gelegenheiten geläutet. Eines Tages passierte etwas Erstaunliches, als die Glocke geläutet wurde. Sie brach erneut auseinander, und zwar ausgerechnet am 8. Juli, exakt neunundfünfzig Jahre, nachdem sie zum ersten Mal auseinandergebrochen war! Sei jenem Tag wurde sie nicht mehr geläutet, doch viele Amerikaner haben sie seither besichtigt und bewundert.

Was hat das mit mir zu tun?

Die Freiheitsglocke ist ein wichtiges Symbol – viele Leute sagen, sie wollten nicht Christen werden, weil sie dann keine Freiheit mehr hätten. Sie meinen, es gäbe zu viele Regeln, die man befolgen müsste. Aber das stimmt gar nicht! In der Bibel lesen wir:

> Ihr seid berufen, liebe Freunde, in Freiheit zu leben – nicht in der Freiheit, euren sündigen Neigungen nachzugeben, sondern in der Freiheit, einander in Liebe zu dienen. Denn das ganze Gesetz lässt sich in dem einen Wort zusammenfassen: „Liebe deinen Nächsten wie dich selbst." (Galater 5,13–14)

Wenn wir uns an diese Regel halten, sind wir wirklich frei und leben so, wie es Gott gefällt.

3. März

Der Hund, der auf einem Friedhof wohnen wollte

Johannes 3,16

Ein herrenloser Terrier namens Bobby wurde von einem schottischen Polizisten namens Jock Gray adoptiert. Die beiden waren ständig zusammen. Als Jock 1858 starb, blieb Bobby allein zurück. Drei Tage nach Jocks Tod lief Bobby zu dem Restaurant, in dem er oft mit Jock gewesen war. Der Restaurantbesitzer warf ihm seinen üblichen Keks zu, doch Bobby fraß ihn nicht. Mit dem Keks im Maul trottete er zu Jocks Grab und aß ihn dort. Während der nächsten vierzehn Jahre kam Bobby jeden Tag in das Restaurant und trug seine Mahlzeit zum Grab seines Herrchens. Die Leute bewunderten seine Treue und kümmerten sich um ihn. Er bekam ein Halsband und eine Marke. Wenn es kalt war, bot man ihm Unterschlupf und er bekam jede Menge zu fressen. Außerdem ließ man Bobby jederzeit auf den Friedhof kommen. Als er starb, begruben ihn die Einwohner der Stadt direkt neben Jock.

Was hat das mit mir zu tun?

Bobbys Verhalten war erstaunlich: Selbst nach Jocks Tod wollte er ihm immer nahe sein, weil er ihn so sehr liebte. Doch Gottes Liebe zu uns ist unendlich viel größer als die Liebe eines Hundes zu seinem Herrchen je sein könnte. In der Bibel lesen wir:

> Denn Gott hat die Welt so sehr geliebt, dass er seinen einzigen Sohn hingab, damit jeder, der an ihn glaubt, nicht verloren geht, sondern das ewige Leben hat. (Johannes 3,16)

Gott liebt dich so sehr, dass er seinen Sohn, Jesus Christus, sterben ließ. Ein größeres Opfer war nicht denkbar und er brachte es, damit du ein Kind Gottes werden kannst. Möchtest du einen Freund, auf den du dich immer verlassen kannst? Dann lade Gott ein, in dein Herz zu kommen. Wenn du das tust, wird er dich fortan immer liebevoll und treu durchs Leben begleiten.

4. März

Warum ein Vogel keine Schutzbrille braucht

2. Korinther 5,7

Wenn deine Augen in Zug geraten oder ein starker Wind bläst, beginnen sie zu tränen. Hast du dich je gefragt, ob das auch bei einem Vogel der Fall ist, wenn er fliegt? Die Augen eines Vogels sind anders beschaffen als unsere. Sie verfügen über ein zusätzliches Augenlid, das wir nicht haben. Es befindet sich nahe dem Schnabel im Augenwinkel. Wenn der Vogel nicht fliegt, dient dieses Lid dazu, Schmutz wegzuwischen und das Auge des Vogels mit Öl zu benetzen, wenn er blinzelt. Doch wenn der Vogel fliegt, hat dieses einzigartige Lid – genannt „Nickhaut" – eine ganz spezielle Funktion. Es bedeckt das Auge wie eine Schutzbrille, denn es ist durchscheinend und behindert nicht die Sicht des Vogels.

Was hat das mit mir zu tun?

Gott gab den Vögeln, den übrigen Tieren und den Menschen Augen, damit sie sehen können, was sie umgibt und wohin sie sich bewegen. Wir lernen es, uns auf unsere Augen zu verlassen, die uns Informationen über die Welt um uns herum geben. Doch Gott erwartet von uns, dass wir ihm vertrauen, ohne ihn zu sehen. In der Bibel lesen wir:

> Denn wir leben im Glauben und nicht im Schauen.
> (2. Korinther 5,7)

Wenn du blind wärst und deine Freunde dich bei der Hand nähmen und durchs Haus führten, dann müsstest du ihrem Wort vertrauen. Du könntest nicht deine Augen benutzen, um zu sehen, wo du dich befindest. Gott sagt, dass wir darauf vertrauen können, dass er die Wahrheit sagt. Willst du dich von ihm führen lassen?

5. März

Wie Monopoly zum Gesellschaftsspiel wurde

Lukas 18,25

Manchmal werden Träume wirklich wahr. Charles Darrow hatte keine feste Arbeit. Während der Weltwirtschaftskrise 1929 hatte niemand viel Geld. Charles reparierte Geräte und führte sogar Hunde spazieren, um für sich, seine Frau und sein Kind Geld zu verdienen. Er träumte davon, reich zu werden.

Eines Abends kam ein Freund mit einem handgemachten Brettspiel namens *The Landlord's Game* Charles besuchen. Charles liebte das Spiel und beschloss, ein eigenes Spiel zu erfinden, das ihm ähnlich war. Er benutzte Linoleum zur Herstellung des Spielbretts und schnitzte die Spielfiguren aus Holz. Knöpfe dienten als Geld. Charles brauchte einen Tag lang, um ein weiteres Exemplar des Spiels herzustellen, doch immer mehr Freunde bestellten dieses Spiel bei ihm. Sie alle genossen es, für ein paar Stunden davon zu träumen, reich zu sein.

Schließlich bot Charles der *Parker Brothers Company* an, das Spiel zu verkaufen. Doch das Unternehmen war nicht daran interessiert. Also beauftragte Charles einen Drucker, fünftausend Kopien von „Monopoly" anzufertigen. Alle fünftausend Exemplare fanden Absatz und so änderte das Unternehmen seine Meinung und kaufte die Rechte für „Monopoly". Da das Spiel *The Landlord's Game* Charles inspiriert hatte, kaufte das Unternehmen auch die Rechte für dieses Spiel. Nun konnte *Parker Brothers Company* „Monopoly" beliebig oft herstellen und verkaufen. Charles Darrow wurde dadurch reich.

Seitdem wurde Monopoly an allen möglichen Orten gespielt – sogar in Aufzügen, Baumhäusern, auf einem Schwebebalken und in einem Feuerwehrwagen. In einer Universitätsstadt wurde einmal sogar ein ganzer Wohnblock abgeriegelt, damit die Studenten ein lebensgroßes Monopoly-Spiel austragen konnten. Fahrradfahrer mit Funkgeräten informierten die Spieler über die Spielzüge der anderen und große Spielwürfel aus Schaumgummi wurden aus dem dritten Stock eines Hauses geworfen.

Was hat das mit mir zu tun?

Als Monopoly berühmt und Charles Darrow reich wurde, dachte er vielleicht, nun hätte er alles erreicht. Doch die Bibel sagt:

> Eher geht ein Kamel durch ein Nadelöhr, als dass ein Reicher ins Reich Gottes kommt! (Lukas 18,25)

Menschen, die viel Geld haben, müssen aufpassen, nicht gierig, selbstsüchtig oder stolz zu werden. Sie könnten meinen, Gott nicht nötig zu haben. Sie glauben vielleicht, dass ihr Geld für sie Sorge trägt. Wer reich ist, muss darauf achten, demütig zu bleiben – dann kann auch ein Reicher ins Reich Gottes kommen!

6. März

Warum der Oscar nach einem Farmer benannt wurde

Johannes 6,40

Der Oscar – die goldene Statue eines Ritters, der auf einer Filmrolle steht – ist eine Trophäe, die Filmleute bei der jährlichen Auszeichnung in Hollywood bekommen. Die Namen der Gewinner werden geheim gehalten, bis die Umschläge auf der Bühne geöffnet werden, und dann werden sie gemeinsam mit der Trophäe präsentiert. Doch warum wurde diese Statue Oscar genannt? Bis 1931 hatte sie gar keinen Namen. Doch in jenem Jahr trat ein reicher texanischer Farmer, Oscar Pierce, unwissentlich auf den Plan. Seine Nichte war die Bibliothekarin der *Academy of Motion Picture Arts and Sciences* (Akademie der Filmkünste). Eines Tages sagte sie beiläufig, der Ritter auf der Statue sehe aus wie ihr Onkel Oscar. Ein Journalist hörte zufällig diese Worte und veröffentlichte einen Artikel, in dem zu lesen war, dass die Angestellten der Akademie die berühmte Trophäe „Oscar" getauft hätten. Danach wurde diese Bezeichnung offiziell übernommen und bis heute verwendet. Während des Zweiten Weltkriegs wurde der Oscar aufgrund der allgemeinen Mangelsituation nicht aus Metall, sondern aus Holz gefertigt.

Was hat das mit mir zu tun?

Viele Oscar-Trophäen stehen irgendwo auf einem Regal oder in einer Vitrine, obwohl die Filmstars, die sie gewonnen haben, längst gestorben sind. Wir sind nicht dazu bestimmt, ewig auf dieser Erde zu leben. Jesus lädt uns ein, in den Himmel zu kommen:

> Denn mein Vater will, dass alle, die seinen Sohn sehen und an ihn glauben, das ewige Leben haben und dass ich sie am letzten Tag auferwecke. (Johannes 6,40)

Wenn du zu Jesus gehörst, dann hält er für dich einen Platz im Himmel bereit. Dorthin können wir zwar keine Pokale und Medaillen mitnehmen, sie werden für uns aber auch keine Bedeutung mehr haben. Mit Jesus haben wir schon den Hauptpreis gewonnen – einen, der nicht im Regal verstauben wird.

7. März

Die Weltraummüllabfuhr

Psalm 19,2

Im Weltall gibt es keine Luft, aber jede Menge Abfall! Er stammt von über eintausendzweihundert Satelliten, die die Erde umkreisen. Teile der Satelliten wie Keramikplatten, Schrauben, Riegel und andere Metallpartikel schweben durch die Galaxie. Woher wissen wir das? Eine Organisation namens NORAD, die sich in fünfzehn Gebäuden unter den *Colorado Rockies* befindet, beobachtet alles, was im Weltraum geschieht. Ihre Computer verfolgen die Spuren der Weltraumabfälle. Mithilfe von Teleskopen, Rundfunk- und Radargeräten auf der ganzen Welt zeichnet NORAD dreißigtausend Übermittlungen täglich auf. Die teleskopähnlichen Kameras von NORAD können sogar Bilder des Lichts aufnehmen, das von einem zweiunddreißigtausend Kilometer entfernten basketballgroßen Objekt reflektiert wird.

Es ist wichtig zu wissen, wo sich der Abfall befindet. Ansonsten könnte man ihn für eine feindliche Rakete halten! Er könnte auch zur Erde fallen und Menschen verletzen. Doch weder das eine noch das andere ist sehr wahrscheinlich. Die meisten Satellitenabfälle befinden sich mehr als fünftausend Kilometer von der Erde entfernt und werden dort vermutlich Hunderte oder Tausende von Jahren im „tiefen All" umherkreisen. Ungefähr einmal pro Tag fällt ein Stück dieses Weltraumabfalls aus der Umlaufbahn heraus, doch in der Regel verglüht es, bevor es die Erde erreicht. Natürlich kann NORAD nicht alles sehen – manche Gegenstände sind einfach zu klein – doch erstaunlicherweise hat ein Forscher von NORAD einmal einen Handschuh vorbeischweben sehen.

Was hat das mit mir zu tun?

Wir Erdenmenschen verfügen bisher noch nicht über eine Technologie, um den Abfall zu beseitigen, den wir im Weltraum hinterlassen.

Sollten wir eines Tages dazu in der Lage sein, dann werden wir hoffentlich dafür sorgen, dass alle Abfälle restlos beseitigt werden. Wer weiß, vielleicht wirst du der Wissenschaftler sein, der ein solches System entwickelt. Die Bibel erinnert uns an Gottes Herrlichkeit:

> Der Himmel verkündet die Herrlichkeit Gottes und das Firmament bezeugt seine wunderbaren Werke. (Psalm 19,2)

Wir sollten daran arbeiten, Gottes Schöpfung sauber zu erhalten!

8. März

Warum man von links auf ein Pferd steigt

Hosea 1,7

Manche Leute meinen, ein Pferd könne links von rechts unterscheiden und habe es gern, wenn man von links aufsteigt. Das ist jedoch nicht wahr. Tatsächlich werden Pferde so trainiert – sie rechnen damit, dass ein Reiter von links aufsitzt. Wie kam es zu diesem Brauch?
Um die Antwort zu finden, müssen wir weit in die Geschichte zurückblicken. Als die Menschen Schwerter als Waffen mit sich führten, trugen sie sie auf der linken Körperseite. Wenn ein Mann sein Schwert brauchte, griff er mit der rechten Hand über den Körper und zog das Schwert am Knauf aus der Scheide. Wäre ein Reiter von rechts auf ein Pferd gestiegen, hätte er es mit seinem Schwert stoßen oder sich selbst im Sattel verfangen können. Also stieg man stets von der anderen Seite hinauf.

Was hat das mit mir zu tun?

Wer ein Schwert besaß und zu Pferd war, hatte mehr Macht als solche, die unbewaffnet und zu Fuß waren. Doch Reiter, die glaubten, sich selbst vollkommen schützen zu können, irrten sich. Gott allein hat diese Macht. Er sagt:

> Ich selbst, der Herr, ihr Gott, will ihnen die Rettung schenken. Sie wird nicht durch ihre Bogen oder ihre Waffen errungen werden; auch nicht durch Krieg, Streitrösser oder berittene Soldaten. (Hosea 1,7)

Gott braucht keine Waffen, Pferde oder Soldaten. Wer glaubt, eine Waffe mache ihn stark, vergisst, wo die Stärke wirklich herkommt.

9. März

Ein ungewöhnlicher Geschmack

Römer 14,17

Francis Buckland hätte bei dieser Beschreibung sofort die Gabel gezückt, denn er aß gern und oft exotische Mahlzeiten. Als kleiner Junge hatte er von seinem Vater gelernt, niemals die Nase zu rümpfen, bevor er ein Gericht probiert hatte.

Francis beschäftigte sich gern mit Tieren, und er nahm sogar einige seiner Haustiere mit zum College: ein Chamäleon, ein Meerschweinchen, einen Igel, eine Ente, eine Ratte, einen Schakal, ein Stachelschwein, eine Schlange, einen Bären und ein altes Krokodil. Francis ritt auf dem Rücken des Krokodils, als es noch lebendig war, und verspeiste es, als es gestorben war. Er hatte außerdem ständig eine kleine Schachtel in seiner Hosentasche, in der er kleine Kröten oder Insekten aufbewahrte, die er gefunden hatte.

Die Leute fingen an, Francis ungewöhnliche Insekten oder Fische oder Eidechsen zu schicken. Er lernte, wie jede einzelne Kreatur hieß und schrieb in Zeitschriften Artikel darüber. Bald wurde er berühmt.

Seinen Geschmack für außergewöhnliche Gerichte behielt er stets bei; so schmeckte ihm Walfleisch, er verzehrte das Fleisch von

Schildkröten, Straußen und der japanischen Seeschnecke. Einmal aß er sogar das Fleisch einer Giraffe, die bei einem Zoobrand umgekommen war. Er gründete einen Klub, dessen Mitglieder herauszufinden versuchten, ob Menschen sich an den Verzehr exotischer Tiere gewöhnen konnten. In den meisten Fällen lautete die Antwort: „Nein!"

Was hat das mit mir zu tun?

Es ist lustig, über das Essen seltsamer Gerichte nachzudenken, aber es ist nicht wirklich wichtig. In der Bibel lesen wir:

> Denn im Reich Gottes ist nicht entscheidend, was man isst oder trinkt, sondern dass man ein Leben führt in Gerechtigkeit und Frieden und in der Freude im Heiligen Geist. (Römer 14,17)

Wenn du etwas Zeit hast, versuche jemandem eine Freude zu machen. Viele Menschen hungern nicht in erster Linie nach Essen, sondern nach Freundlichkeit. Gott freut sich, wenn du ihnen hilfst.

10. März

Warum ein Bleistift sechs Kanten hat

Johannes 21,25

Es war ein Kompromiss. Ein runder Bleistift war am einfachsten in der Hand zu halten, aber er war sehr teuer in der Herstellung. Ein quadratischer Bleistift war kostengünstiger, aber es war nicht sehr bequem, damit zu schreiben. Mit dem sechskantigen Bleistift fand man eine Lösung, die beiden Erfordernissen gerecht wurde: Er ist nicht zu teuer in der Herstellung und angenehm in der Hand zu halten.

Wer kam auf die Idee, Bleistifte gelb zu machen? 1890 begann ein Unternehmen in Österreich, einen sehr hochwertigen Bleistift herzustellen, der von jedermann bewundert wurde. Die Flagge Österreichs war schwarz-gold. Die Bleimine war bereits schwarz, also strich man den hölzernen Griffteil gelb, um so die Flagge darzustellen. Andere Unternehmen, die ebenfalls Bleistifte herstellten, kopierten die gelbe Farbe, weil die österreichischen Bleistifte im Allgemeinen als die besten galten.

Bleistifte gibt es schon eine ganze Weile, und man kann ziemlich lange damit schreiben. Die Mine der meisten Stifte ist ausreichend, um eine sechsundfünfzig Kilometer lange Linie zu zeichnen.

Was hat das mit mir zu tun?

Johannes war einer der Verfasser der Bibel, der über das Leben Jesu berichtet hat:

> Es gibt noch vieles andere, was Jesus getan hat. Wenn man dies alles aufschreiben würde, glaube ich, könnte die ganze Welt die Bücher nicht fassen, die man dann schreiben müsste. (Johannes 21,25)

Wenn es damals Bleistifte gegeben hätte und wenn Johannes jede Einzelheit über Jesus aufgeschrieben hätte, wie viele Bleistifte hätte er wohl dafür gebraucht?

11. März

Warum wir weiße Halbmonde auf den Fingernägeln haben

Markus 4,26-27

Sie heißen *Lunula* – Nagelmöndchen – und befinden sich ganz unten am Fingernagel. Dort sind unsere Nägel nur lose mit unseren Fingern verbunden. sodass zwischen Nagel und Finger Luft eingeschlossen ist. Der Rest des Nagels ist eher rosa, weil dieser Bereich fest mit dem Finger verwachsen ist und das Blut, das im Finger zirkuliert, durch den transparenten Nagel scheint.

Sieh einmal nach, ob du auf deinen Nägeln weiße Flecken hast. Wenn du einen siehst, dann hast du an dieser Stelle deinen Nagel gestoßen, während er in der Entstehung war. Fingernägel brauchen sechs Monate, um zu wachsen, also wirst du diesen weißen Fleck sechs Monate lang deinen Nagel „hochwandern" sehen. Eines Tages wird der Fleck verschwinden, wenn du deine Nägel schneidest. Wenn du eine kleine Erhöhung im Nagel hast, dann warst du krank, während sich dieser Teil des Nagels formte. Die Erhöhung wird ebenfalls sechs Monate lang deinen Nagel „hochwandern".

Vielleicht willst du noch mehr über Fingernägel wissen. Im Winter wachsen sie langsamer als im Sommer. Ein Fußnagel wächst viermal langsamer als ein Fingernagel. Der Fingernagel am Mittelfinger wächst schneller als die anderen, und die Nägel der Hand, die du am meisten benutzt, wachsen schneller als die der anderen Hand.

Was hat das mit mir zu tun?

Gott kümmert sich um viele Dinge, auf die wir keinen Einfluss haben. Wir können nicht dafür sorgen, dass unsere Nägel wachsen; wir können auch nicht dafür sorgen, dass wir während des Schlafens atmen oder dass sich in unserem Mund Speichel bildet, um ihn feucht zu halten. Wir können den Tag nicht zur Nacht machen oder bewirken, dass es regnet. Gott weiß, dass wir diese Dinge brauchen, und er sorgt dafür, dass wir sie bekommen. Jesus sagt:

> Ich erzähle euch noch ein Gleichnis für das Reich Gottes: Ein Bauer streute Saatgut auf einem Feld aus und ging dann wieder an seine andere Arbeit. Die Zeit verging, die Saat keimte und wuchs ohne das Zutun des Bauern heran. (Markus 4,26–27)

Was für einen liebevollen Gott haben wir! Er sorgt dafür, dass unsere Körper funktionieren – ohne ihn wären wir völlig hilflos!

12. März

Warum eine Gruppe von Löwen „Rudel" genannt wird

Jesaja 9,5

Vor langer Zeit hatten die reichen Leute in England nicht sehr viel zu tun. Um sich zu zerstreuen, erfanden sie ein Spiel: Sie beschlossen, Tiergruppen besondere Namen zu geben. Es war langweilig zu sagen „eine Gruppe Löwen“ oder „eine Gruppe Robben“ oder was auch immer, also wählten sie ausgefallenere Bezeichnungen. So nannten sie eine Gruppe von Löwen *Rudel* und eine Gruppe von Robben *Herde*. Weiter erfanden sie den Eulen*schwarm* und den Kätzchen*wurf*. All diese Bezeichnungen wurden in Büchern abgedruckt, denn die Leute wollten lernen, wie die Reichen zu sprechen. Schon bald wurden diese ursprünglich im Spiel erfundenen Bezeichnungen allgemein verwendet, und deshalb sagen wir noch heute eine Gänse*schar* und eine Wachtel*brut*.

Was hat das mit mir zu tun?

Es gibt viele Namen für Jesus, doch sie wurden nicht aus Spaß erfunden. Wir dürfen Jesus bei seinen verschiedenen Namen nennen, weil jeder einzelne uns hilft, ihn besser zu kennen. In der Bibel lesen wir:

> Er heißt: wunderbarer Ratgeber, starker Gott, ewiger Vater, Friedensfürst. (Jesaja 9,5)

Die Namen Jesu verdeutlichen, wie sehr er uns liebt und uns helfen kann.

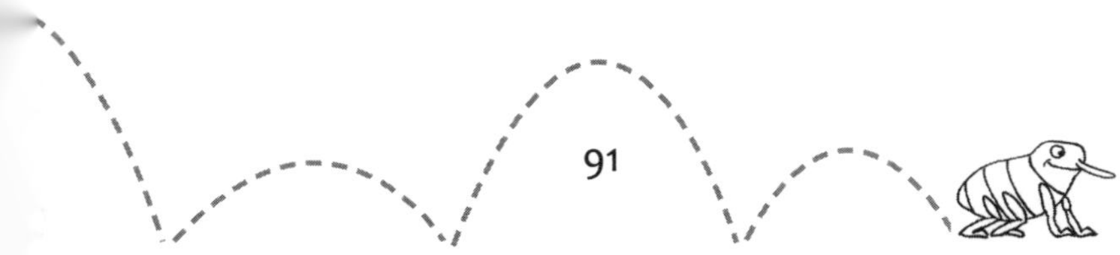

13. März

Dr. Pepper

Sprüche 1,23

Dr. Charles Pepper war der Inhaber einer Apotheke, und er hatte eine wunderschöne Tochter. Sein Angestellter, Wade Morrison, verliebte sich in sie. Dr. Pepper wollte von dieser Romanze nichts wissen, also zog Wade nach Texas und eröffnete seine eigene Apotheke. Seinem Kollegen Charles Alderton erzählte er oft von seiner unglücklichen Liebe.

Charles hatte unter anderem die Aufgabe, Getränke für die Kunden zuzubereiten. Er stellte fest, dass die meisten Leute gern neue Getränke ausprobieren würden und so experimentierte er mit dem Mischen verschiedener Geschmacksrichtungen. Eine dieser Kombinationen erfreute sich bei den Kunden besonderer Beliebtheit und Wade und Charles nannten das Getränk „Dr. Pepper". Sie dachten, der echte Dr. Pepper würde Wade dadurch vielleicht mehr Sympathie entgegenbringen, was leider nicht der Fall war. Charles Alderton, der das Getränk erfunden hat, wollte ein einfacher Apotheker bleiben, und so wurde Wade als Chef der Dr.-Pepper-Gesellschaft reich. Das Getränk ist das älteste Erfrischungsgetränk Amerikas, das in großem Stil verkauft wurde. Es wurde 1904 anlässlich der Weltausstellung eingeführt.

Was hat das mit mir zu tun?

Wenn Charles Alderton dir an einem heißen Tag so ein köstliches Getränk reichen würde, wärst du für ein paar Minuten erfrischt und gestärkt. Gott hat etwas, dass dein Leben nicht nur für einen Moment erleichtert, sondern für immer zum Guten verändert. In der Bibel lesen wir:

> Hört auf das, was ich euch sage, dann will ich den Geist der Weisheit über euch ausgießen und meine Gedanken mit euch teilen. (Sprüche 1,23)

Wenn du regelmäßig vom Wort Gottes „trinkst“, wirst du mit den Dingen erfüllt, die wirklich wichtig sind.

14. März

Warum die ersten Servietten so groß wie Handtücher waren

1. Johannes 1,9

Wenn du kein Besteck zum Essen hättest, wären deine Finger sehr schnell schmutzig. Deshalb waren die ersten Servietten, die von den alten Römern, Ägyptern und Griechen benutzt wurden, so groß wie Handtücher. Sie dienten auch zum Trocknen der Hände, nachdem man diese in mit Duftwasser gefüllte Schälchen auf dem Tisch getaucht hatte. Nach dem Essen konnte man eventuelle Reste in dieser handtuchgroßen Serviette mit nach Hause nehmen.

Die Servietten wurden kleiner, als sich die Benutzung von Besteck durchsetzte und man sich beim Essen nicht mehr die Finger schmutzig machte. Servietten, wie wir sie heute benutzen, haben dazu beigetragen, das Essen zu einer gepflegten Angelegenheit zu machen!

Was hat das mit mir zu tun?

Wir benutzen Servietten, um unseren Mund und unsere Hände sauber zu halten. Doch wie können wir unsere Seele reinigen? Wir können es nicht – nur Gott kann das tun. In der Bibel lesen wir:

> Doch wenn wir ihm unsere Sünden bekennen, ist er treu und gerecht, dass er uns vergibt und uns von allem Bösen reinigt. (1. Johannes 1,9)

15. März

Der Dreh bei Drehtüren

Johannes 14,6

Hast du dich je gefragt, warum es Drehtüren gibt? Sie dienen nicht dazu, die durchgehenden Leute zu zählen oder zu verhindern, dass eine zu große Anzahl von Personen gleichzeitig durch die Tür geht. Warum also dreht sich eine Drehtür, anstatt sich wie eine normale Tür zu öffnen? Warum gibt es in manchen Gebäuden Drehtüren und in anderen nicht? Der einzige Zweck einer Drehtür besteht darin, Energie zu sparen. Der Luftdruck außerhalb eines Gebäudes unterscheidet sich vom Luftdruck im Innern. Dieser Unterschied bewirkt, dass Luft von innen nach außen beziehungsweise von außen nach innen strömt, wenn eine Tür geöffnet wird. Kommt kalte Luft herein, versucht das Heizsystem des Gebäudes die Luft zu wärmen, kommt warme Luft herein, wird die Klimaanlage aktiviert. Ein Gebäude kann nicht wissen, dass die Luftströmung nur vorübergehend ist, also wird Energie verschwendet, um die Lufttemperatur anzugleichen. Eine Drehtür lässt keinen starken Luftstrom in ein Gebäude hinein, dementsprechend bleibt der Luftdruck gleich, die Temperatur verändert sich nicht und es wird keine Energie verschwendet.

Was hat das mit mir zu tun?

Es macht Spaß, in einer Drehtür im Kreis zu laufen. Doch manchmal kommt es dir so vor, als ob dein Leben sich in Kreisen bewegt, die gar nicht so viel Spaß machen. Wenn du dein Zimmer aufräumst, bleibt es nicht lange so und du musst es bald wieder aufräumen. Wenn du dir vornimmst, nicht mehr zu lügen, kann es trotzdem passieren. Deine Absicht, Geld zu sparen, verläuft im Sand, wenn du doch alles ausgibst. Wenn du das Gefühl hast, in den Drehtüren des Lebens stecken zu bleiben, dann höre, was Jesus sagt:

> Ich bin der Weg, die Wahrheit und das Leben. Niemand kommt zum Vater außer durch mich. (Johannes 14,6)

Wenn wir dem Herrn Jesus unser Herz öffnen, stehen wir immer noch vor Herausforderungen und unsere Probleme verschwinden nicht einfach – doch er hat uns versprochen, immer bei uns zu sein und uns durch alle Schwierigkeiten hindurch sicher durch die Tür des ewigen Lebens zu bringen.

16. März

Warum wir auf der rechten Straßenseite fahren

Matthäus 7,13-14

Obwohl niemand es ganz genau zu wissen scheint, hält sich die Ansicht, Schilde, Planwagen und Reitpeitschen seien dafür verantwortlich, dass man in Amerika (und fast überall in Europa) auf der rechten Straßenseite fährt. In der Antike trugen die römischen Soldaten ihre Schilde in der linken Hand. Deshalb versuchten sie stets, rechter Hand an Fremden vorbeizureiten. Später wurden Pferdegespanne, die in Wagenkolonnen fuhren, von einem vorneweg laufenden Mann mit der rechten Hand die Straße entlanggeführt. Er versuchte, die vorbeifahrenden Wagen links von sich zu halten, damit sich die Pferde nicht zu nahe kamen. Als es Planwagen gab, die nur selten einen Vordersitz hatten, saß der Fahrer auf dem Rücken des hinteren linken Pferdes. Da der Fahrer in der Regel ein Rechtshänder war, konnte er so die Peitsche leichter handhaben und alle Pferde erreichen. Außerdem trug er oft ein Gewehr im linken Arm, das nach links zielte, sodass er mit der rechten Hand schnell den Abzug drücken konnte. Der Fahrer konnte die Wagenräder auf der linken Seite des Gespanns besser sehen und indem er sich weit genug rechts auf dem Weg hielt, konnte er dafür sorgen, dass seine Räder nicht mit denen anderer Fahrzeuge in Berührung kamen.

Was hat das mit mir zu tun?

Man muss gut aufpassen, wenn man einen Wagen fährt. Man muss wissen, wohin man fährt, und die Augen auf die Straße gerichtet halten. Mit dem Weg zum Himmel verhält es sich genauso. In der Bibel lesen wir:

> Ihr könnt das Reich Gottes nur durch das enge Tor betreten. Die Straße zur Hölle ist breit und ihre Tür steht für die vielen weit offen, die sich für den bequemen Weg entscheiden. Das Tor zum Leben dagegen ist eng und der Weg dorthin ist schmal, deshalb finden ihn nur wenige. (Matthäus 7,13–14)

Wenn man auf einer unbekannten Straße fährt, muss man sich gut auf den Weg konzentrieren. Bist du auch so sorgfältig, wenn es um den Weg zum Himmel geht? Wenn nicht, dann bitte Gott, der Wegweiser für deine Seele zu sein, und er wird dir den Weg zeigen.

17. März

Der schlaue Dummkopf

1. Petrus 4,12-14

Wenn wir jemanden einen „Dummkopf“ nennen, dann meinen wir, dass er sehr wenig weiß, und wir sehen Bilder aus früheren Zeiten vor uns, als „dumme“ Schüler in der Ecke standen und von den anderen ausgelacht wurden. Doch das Wort „Dummkopf“, auf Englisch *dunce*, geht auf einen der herausragendsten Gelehrten des Mittelalters zurück. Er hieß John Duns Scotus und er verfasste Schriften über Logik, Theologie, Metaphysik und Grammatik. Er besuchte die Universitäten von Oxford, Cambridge und Paris. Wie konnte so ein gebildeter Mann mit Dummheit in Verbindung gebracht werden? Die Antwort ist in der Politik zu suchen. Der französische König und der Papst lagen wegen einer Steuerangelegenheit miteinander im Streit. John Duns Scotus ergriff die Partei des Papstes, daraufhin verbannte ihn der König aus Frankreich. Zwei Jahrhunderte später waren die Anhänger des französischen Königs noch immer böse auf Scotus. Sie kritisierten seine Schriften und erklärten, dass jeder, der sich für John Duns Scotus aussprach, ein *Duns man* war, was später zu *dunce* – Dummkopf – verkürzt wurde.

Was hat das mit mir zu tun?

Viele Menschen sind im Laufe der Jahrhunderte wegen ihrer Überzeugungen verfolgt worden. Wenn du dem Herrn Jesus nachfolgst, wird man dich vielleicht hänseln oder dir Schwierigkeiten machen. Warum sollte man aber Jesus nachfolgen, wenn man dafür gedemütigt wird? Die Bibel gibt Antwort darauf:

> Meine lieben Freunde, erschreckt nicht über die schmerzhaften Prüfungen, die ihr jetzt durchmacht, als wären sie etwas Ungewöhnliches. Freut euch darüber, denn dadurch seid ihr im Leiden mit Christus verbunden, und ihr werdet euch auch sehr darüber freuen, wenn er in seiner Herrlichkeit erscheint. Freut euch, wenn ihr beschimpft werdet, weil ihr zu Christus gehört. Denn daran wird sichtbar, dass der Geist der Herrlichkeit Gottes bei euch ist. (1. Petrus 4,12–14)

Findest du nicht, dass es sich lohnt, für eine ewige Belohnung standhaft zu sein?

18. März

Ein Denkmal für einen Jungen, den es nie gegeben hat

Jesaja 7,14

Hast du je von dem kleinen niederländischen Jungen gehört, der seinen Finger in einen Damm steckte, damit das Meer nicht in die Stadt strömen konnte? Mary Maples Dodge erfand diese Romanfigur namens Hans Brinker 1865 in dem Roman *Silver Skates*. Viele Amerikaner glaubten an dieses Märchen und reisten in die Niederlande, um den Damm zu besichtigen, von dem in dem Buch die Rede ist. Die Niederländer waren es bald leid, den Touristen zu erklären, dass die Geschichte erfunden war. Schließlich gaben sie auf und errichteten 1950 eine Statue des kleinen Jungen, der das Wasser mit seinem Finger zurückhielt. Die Amerikaner waren glücklich, dieses Denkmal zu besichtigen, und die Niederländer freuten sich, die Dollars der Touristen einstecken zu können.

Was hat das mit mir zu tun?

Die neugierigen Amerikaner, die nach Holland reisten, wollten Beweise für die Wahrhaftigkeit der Geschichte finden. Nachdem sie vergeblich danach gesucht hatten, wurde irgendwann ein falscher „Beweis" in Form der Statue errichtet. Aber auch wenn die Touristen nun hatten, was sie verlangten, wurde die Geschichte dadurch nicht wahr. Gott handelt ganz anders. Er hat von Anfang an ein deutliches Zeichen gesetzt. In der Bibel lesen wir:

> Deshalb wird der Herr selbst das Zeichen geben. Seht! Die Jungfrau wird ein Kind erwarten! Sie wird einem Sohn das Leben schenken und er wird Immanuel genannt werden. Das heißt: Gott ist mit uns. (Jesaja 7,14)

Jesus und die Bibel werden sich immer als richtig erweisen. Du kannst Gottes Wort vertrauen – es ist die einzige beständige und absolute Wahrheit, die es auf dieser Erde gibt.

19. März

Das Pfannkuchen-Fest

2. Korinther 6,4-5

Die Fastenzeit ist für Christen eine besondere Zeit. Sie findet im Frühling statt, und viele Gläubige essen dann bestimmte Dinge nicht, um sich an das Fasten Jesu in der Wüste zu erinnern. Zu den Nahrungsmitteln, auf die in dieser Zeit häufig verzichtet wird, gehören Eier, Milch und Fette. Das sind genau die Zutaten, die man für die Herstellung eines Pfannkuchens benötigt. In England wollen die Leute am Tag vor Beginn der Fastenzeit unbedingt Pfannkuchen essen und verzehren alle Lebensmittel, die sie eine Zeit lang nicht mehr zu sich nehmen werden.

Tatsächlich gibt es in England einen offiziellen „Pfannkuchen-Tag“. Man begeht ihn, indem man Pfannkuchen-Spiele spielt. So wirft man zum Beispiel einen Pfannkuchen in die Höhe und Kinder springen hoch, um ihn aufzufangen. Bei einem anderen Spiel halten Frauen eine Bratpfanne mit Pfannkuchen in der Hand und müssen bis zur Ziellinie laufen, indem sie gleichzeitig die Pfannkuchen in die Höhe werfen und auffangen. Es wird erzählt, dass dieses Rennen auf eine Dame zurückgeht, die die Kirchenglocken hörte und mit der Bratpfanne in der Hand zur Kirche eilte.

England ist nicht das einzige Land, in dem seltsame Dinge mit Pfannkuchen gemacht werden. 1984 wurde in der amerikanischen Stadt Vermont ein riesiger Pfannkuchen aus zweieinhalb Tonnen Pfannkuchenteig gebacken. Achtundsechzig Kilogramm Sirup und über vierhundertfünfzig Kilogramm Butter waren dazu nötig. Der Pfannkuchen war so groß, dass er mit einem Hubschrauber gewendet werden musste.

Was hat das mit mir zu tun?

Christen haben stets Zeit für Gott reserviert, auch wenn das ein gewisses Opfer bedeutete. Gott hat nicht versprochen, dass unser Leben als Christen einfach und problemlos sein wird. Doch er hat versprochen, dass er uns in allem, was uns begegnet, beistehen und stärken wird. Paulus sagt:

> In allem, was wir tun, sind wir Diener Gottes. Geduldig ertragen wir alle möglichen Schwierigkeiten, Entbehrungen und Sorgen. Wir wurden geschlagen und ins Gefängnis geworfen. Mehr als einmal standen wir schutzlos einer aufgebrachten Menschenmenge gegenüber. Wir haben gearbeitet bis zur Erschöpfung, schlaflose Nächte ertragen und gefastet. (2. Korinther 6,4–5)

Es wird hier auf der Erde immer Probleme geben, denn die Erde ist nicht der Himmel. Doch du kannst dich darauf verlassen, dass Gott dich in keiner Schwierigkeit allein lassen wird.

20. März

Was Dächer und Ohren gemeinsam haben

Römer 10,16-17

Vor langer Zeit hatten die Häuser keine Regenrinnen auf den Dächern. Die Dächer hingen zu den Seiten des Hauses über, sodass Regenwasser vom Haus abgeleitet wurde. Unter diesen Dachtraufen konnte eine Person stehen und sich vor dem Regen schützen. Dieser Platz hieß auf Englisch *eavesdrop* und wenn jemand an einem Fenster lauschte, stand er vermutlich an dieser Stelle. Deshalb nennt man noch heute einen Lauscher, der etwas mithört, was ihn eigentlich nichts angeht, auf Englisch einen *eavesdropper*.

Was hat das mit mir zu tun?

Es gibt Nachrichten, die einen erschrecken und andere, über die man sich freut. Manches von dem, was du hörst, kannst du kaum glauben – du hast Zweifel, ob es nicht nur eine Fantasiegeschichte ist. In der Bibel lesen wir:

> Doch nicht jeder nimmt die gute Botschaft an, wie auch der Prophet Jesaja sagte: „Herr, wer hat unserer Predigt geglaubt?" Und doch kommt der Glaube durch das Hören dieser Botschaft, die Botschaft aber kommt von Christus. (Römer 10,16–17)

Die Botschaft der Bibel ist eine gute Nachricht. Sie sagt dir: In Gottes Augen bist du etwas ganz Besonderes – er liebt dich so sehr, dass er seinen geliebten Sohn gesandt hat, damit er für dich am Kreuz stirbt. Für Gott bist du einzigartig und wertvoll, und er möchte, dass du eines Tages bei ihm im Himmel bist. Niemand wird dich je so sehr lieben wie Gott. Vertraue ihm und höre auf seine gute Botschaft – jedes Wort, das du in der Bibel über Gott liest, ist wahr.

21. März

Der Mann, der in einem Wandschrank lebte

2. Korinther 5,1

Patrick Fowler lebte eine Zeit lang in einem Wandschrank, und das hat ihm sein Leben gerettet. Der Schrank war weniger als ein Meter neunzig hoch und er lebte mehrere Jahre darin. Patrick war ein englischer Soldat, der während des Zweiten Weltkriegs in Frankreich stationiert war und gegen die Nazis kämpfte. Während dieser Zeit wurde er ungewollt vom Rest seiner Militäreinheit getrennt. Um nicht aufzufallen, musste er normale Kleidung anstatt der Uniform tragen, denn wären deutsche Soldaten auf ihn aufmerksam geworden, hätten sie ihn getötet.

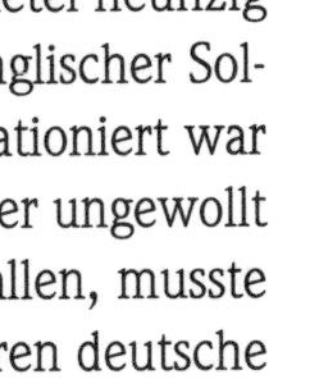

Ein französischer Holzfäller sah Patrick und beschloss, ihm zu helfen. Er versteckte ihn im Wandschrank im Haus eines Bekannten. Nur nachts kam er aus dem Schrank, um zu essen, sich zu strecken und zu bewegen und zur Toilette zu gehen. Manchmal kamen deutsche Soldaten in das Haus, um Kaffee zu trinken, doch sie fanden nie heraus, dass Patrick sich dort aufhielt. Eines Tages zogen die Besitzer des Hauses um und ein deutscher Soldat half, den Schrank zu tragen. Er merkte nicht, dass Patrick darin war, obwohl der Schrank sehr schwer gewesen sein muss! Später machten die Deutschen sorgfältige Durchsuchungen, um Feinde aufzuspüren, also verkleidete sich Patrick so, dass er wie eine Frau aus dem Dorf aussah. Einmal musste er sich hinter einem Heuballen verstecken. Die Soldaten suchten mit einer Heugabel darin, doch sie fanden ihn nicht. Schließlich zogen sich die Deutschen aus Frankreich zurück. Nach vier Jahren, in denen er sich ständig verstecken musste, war Patrick endlich frei und in Sicherheit.

Was hat das mit mir zu tun?

Patrick war auf den Wandschrank angewiesen, um sich verstecken zu können. Doch die Tür hätte kaputtgehen oder das Holz splittern können und sein Versteck hätte auch durch Feuer zerstört werden können. Dann wäre Patrick nicht mehr in Sicherheit gewesen. Die Bibel sagt uns, dass wir auf etwas viel Größeres als auf ein Möbelstück vertrauen können:

> Denn wir wissen: Wenn dieses irdische Zelt, in dem wir leben, einmal abgerissen wird – wenn wir sterben und diesen Körper verlassen –, werden wir ein ewiges Haus im Himmel haben, einen neuen Körper, der von Gott kommt und nicht von Menschen. (2. Korinther 5,1)

Egal, was uns oder unserem Körper auf dieser Erde zustößt – wenn wir ein Kind Gottes sind, dann gilt uns Gottes Verheißung, für immer mit ihm im Himmel zu leben. Menschen könnten niemals einen so wundervollen Ort wie den Himmel erbauen, und niemand kann das zerstören, was dort auf uns wartet. Nur Gott konnte einen so perfekten Ort schaffen, wo seine Kinder für immer geborgen sind.

22. März

Wie die Strafgebühr einer Leihbücherei in die Geschichte einging

Johannes 3,14–17

1823 lieh sich ein Mann ein Buch in der medizinischen Leihbücherei an der Universität von Cincinnati aus. Daran war zunächst nichts Ungewöhnliches. Doch später, viel später – genau gesagt einhundertvierzig Jahre später – entdeckte der Enkelsohn dieses Mannes, Richard Dodd, das Buch. Er ging in die Bücherei und wollte das Buch für seinen Großvater zurückgeben, der mittlerweile gestorben war. Die Strafgebühr belief sich auf zweitausend Dollar, doch sie wurde erlassen. So weit bekannt ist, gilt diese Strafgebühr noch heute als die höchste Gebühr für ein überfälliges Buch aus einer amerikanischen Leihbücherei.

Was hat das mit mir zu tun?

Richard tat etwas Ungewöhnliches, als er versuchte, die Schulden seines Großvaters zu begleichen. Die meisten Menschen bezahlen nur sehr ungern ihre Schulden und wollen erst recht nicht für die Schulden eines anderen aufkommen. Wenn man uns sagen würde, dass jemand alle auf dieser Welt bestehenden Schulden zu tilgen bereit ist, dann würden wir meinen, dass das unmöglich sei. Eine solche Großzügigkeit wäre einfach unbegreiflich. Doch Jesus hat genau das getan, als er für uns am Kreuz starb. Er sagte:

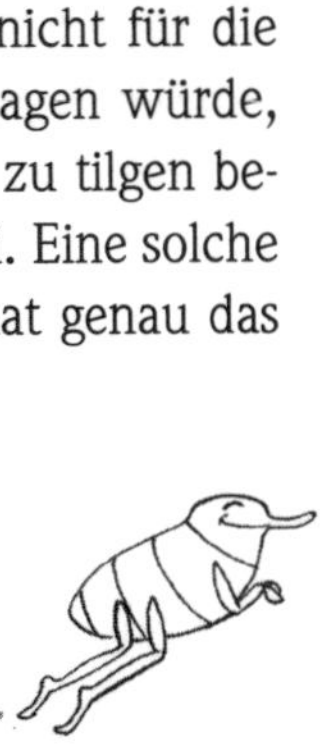

> Und wie Mose in der Wüste die Bronzeschlange auf einem Pfahl aufgerichtet hat, so muss auch der Menschensohn an einem Pfahl aufgerichtet werden, damit jeder, der glaubt, das ewige Leben hat. Denn Gott hat die Welt so sehr geliebt, dass er seinen einzigen Sohn hingab, damit jeder, der an ihn glaubt, nicht verloren geht, sondern das ewige Leben hat. Gott sandte seinen Sohn nicht in die Welt, um sie zu verurteilen, sondern um sie durch seinen Sohn zu retten. (Johannes 3,14–17)

Die Sünden der Welt sind zu groß – wir könnten niemals dafür bezahlen. Doch Jesus befreite uns von unserer Schuld und machte den Weg zum Himmel frei.

23. März

Die Pflanze, die erst blüht, nachdem sie durch Feuer verbrannt wurde

Jesaja 43,2

Ein Waldbrand zerstört in der Regel alle Pflanzen und Bäume auf seinem Weg, und eine Zeit lang wird auf dem verbrannten Waldboden nichts nachwachsen. Doch in Südafrika gibt es eine Pflanze namens *Protea*, die nur dort blüht, wo ein Feuer gebrannt hat. Der Blütenkopf dieser seltsamen Blume enthält den Samen, der bis zu zwanzig Jahre lang in einer harten Schale versiegelt bleibt. Diese Schale öffnet sich nur, wenn sie versengt wird und das Feuer vorbei ist. Die luftigen, flaumigen Samen werden dann vom Wind auf den Boden geblasen, wo sie zu wachsen beginnen.

Was hat das mit mir zu tun?

Die Bibel sagt über einen gläubigen Menschen:

> Wenn du durch Wasser gehst, werde ich bei dir sein. Ströme sollen dich nicht überfluten! Wenn du durch Feuer gehst, wirst du nicht verbrennen; die Flammen werden dich nicht verzehren! (Jesaja 43,2)

Christen haben natürlich keinen „feuerfesten" Körper. In diesem Vers ist etwas anderes gemeint: Wenn du an Jesus Christus glaubst, kann der Teufel dir nichts anhaben, egal, wie sehr er sich bemüht. Du kannst alles Nöte überstehen, wenn du dich ganz nah bei Jesus hältst.

24. März

Flagge auf Halbmast

Römer 6,4

Wenn die Nationalflagge auf Halbmast ist, dann wissen wir, dass eine wichtige Persönlichkeit des Landes gestorben ist und man ihr so Respekt erweist. Doch ursprünglich hatte eine Flagge auf Halbmast eine andere Bedeutung. Dieser Brauch begann im 17. Jahrhundert auf See. Wenn sich ein Schiff bei einer Schlacht ergeben musste, dann wurde die Schiffsflagge auf Halbmast gesetzt, um die Überlegenheit des Siegers zu demonstrieren. Man schuf auf diese Weise Platz für die Flagge des Siegers, die über der Flagge des Verlierers gehisst wurde. Nachdem das eroberte Schiff in den Hafen eingelaufen war, blieb die Flagge auf Halbmast, um das Andenken der bei der Verteidigung des Schiffes gefallenen Seeleute zu ehren. Auch andere Todesfälle an Bord wurden durch eine Flagge auf Halbmast signalisiert. Im 18. Jahrhundert wurde dieser Brauch auch an Land übernommen. Eine Flagge auf Halbmast war zunächst das Zeichen einer Niederlage und wurde später das Zeichen einer Ehrung.

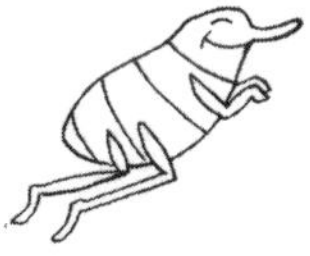

Was hat das mit mir zu tun?

Auch die Bedeutung des Kreuzes, an dem Jesus starb, hat sich verändert. Als er am Kreuz starb, musste man menschlich gesehen annehmen, dass der Tod ihn besiegt hatte. Drei Tage lang stand das Kreuz als Sinnbild dafür, dass alle, die an Jesus glaubten, besiegt waren. Die Leute meinten, die Jünger sollten ihren Glauben nun aufgeben und ihren Irrtum anerkennen. Doch dann kam die Wende – Jesus Christus stand auf vom Tod! Und nicht nur er kam zurück zum Leben; alle Menschen, die ihm nachfolgen, ließ er wissen: Auch für euch gibt es einen Neuanfang. In der Bibel lesen wir:

> Denn durch die Taufe sind wir mit Christus gestorben und begraben. Und genauso wie Christus durch die herrliche Macht des Vaters von den Toten auferstanden ist, so können auch wir jetzt ein neues Leben führen. (Römer 6,4)

Das Kreuz wurde ein Symbol des Sieges: Jesus Christus hatte sein Wort gehalten. Er war wirklich Gottes Sohn, und sein Versprechen, uns neues Leben zu schenken, wurde durch seine Auferstehung unumstößlich bestätigt.

25. März

Warum es auf dem Flohmarkt keine Flöhe gibt

2. Timotheus 2,15

Auf Flohmärkten wird an verschiedenen Straßenständen eine Vielfalt von Gegenständen zu niedrigen Preisen verkauft. Warum nennt man solche Märkte „Flohmärkte“? Hat es damit zu tun, dass es dort besonders schmutzig zugeht und Flöhe und anderes Ungeziefer angelockt werden? Nein, sicher nicht. Wir müssen die Antwort in der englischen

Sprache und in der amerikanischen Geschichte suchen. Es begann mit dem ersten Straßenmarkt in New York, dem sogenannten *„Vallie Market“*. Ein Schild sollte den Leuten helfen, den Markt zu finden, doch es war zu klein, um den ganzen Namen darauf zu schreiben. Der Schildermaler kürzte den Namen einfach ab und schrieb *„Vle. Market“* darauf, und die Leute begannen, den Markt *„Vlee market“* zu nennen. Es klang genau wie *„flea market“* – zu Deutsch „Flohmarkt“ –, und diese Bezeichnung wurde seitdem beibehalten.

Was hat das mit mir zu tun?

Es ist interessant, wie selbst ganz unbedeutende Verhaltensweisen oder Taten eine große Auswirkung haben können. Der Mann, der *„Vle. Market“* auf das Schild schrieb, hätte sich sicher nie träumen lassen, dass die spätere Bezeichnung solcher Märkte auf sein Schild zurückgehen würde. Man kann nicht wissen, welche Folgen scheinbar unbedeutende Dinge haben können. Das gilt ganz besonders für unsere Worte, wenn wir anderen über Gott und die Bibel erzählen. Deshalb lesen wir in der Bibel:

> Bemühe dich darum, dich vor Gott zu erweisen als einen rechtschaffenen und untadeligen Arbeiter, der das Wort der Wahrheit recht austeilt. (2. Timotheus 2,15; LÜ 84)

Wenn du sorgfältig auf das achtest, was du sagst, dann kannst du sicher sein, dein Bestes getan zu haben und einen nachhaltigen Eindruck zu hinterlassen.

26. März

„Fliegende Mücken"

Matthäus 7,1-5

Hast du auch schon mal so kleine Punkte vor deinen Augen gesehen? Du blinzelst und rollst mit den Augen, du schaust in eine andere Richtung, doch die Pünktchen verschwinden nicht. Man nennt sie „Fliegende Mücken“. Sie bleiben ein Leben lang da. Wie sind sie ins Auge gekommen? Während sich ein Baby im Mutterleib bildet, wird über eine Arterie Blut in seine Augen gepumpt. Wenn die Augen vollständig entwickelt sind, schrumpft diese Arterie und löst sich in kleine, herumtreibende Teile auf, die ständig die Sicht des Auges beeinträchtigen. Mit zunehmendem Alter kann auch die Anzahl dieser Teilchen zunehmen. Winzige Venen auf der Netzhaut können platzen und bewirken, dass mehr Blut durch den Glaskörper des Auges gelangt. Der Glaskörper ist die transparente, geleeartige Flüssigkeit, die den Augapfel hinter den Linsen füllt.

Was hat das mit mir zu tun?

In der Bibel finden wir eine interessante Beobachtung über störende Objekte im Auge. Wenn wir könnten, würden wir diese ärgerlichen Pünktchen beseitigen. Wenn wir bei unseren Mitmenschen Fehler sehen, neigen wir auch dazu, uns darüber zu ärgern, und würden sie gern beseitigen. Deshalb warnt uns die Bibel:

> Hört auf, andere zu verurteilen, dann werdet auch ihr nicht verurteilt. Denn andere werden euch so behandeln, wie ihr sie behandelt. Der Maßstab, nach dem ihr andere beurteilt, wird auch an euch angelegt werden, wenn man euch beurteilt. Warum regst du dich über einen Splitter im Auge deines Nächsten auf, wenn du selbst einen Balken im Auge hast? Mit welchem Recht sagst du: „Mein Freund, komm, ich helfe dir,

> den Splitter aus deinem Auge zu ziehen“, wenn du doch nicht über den Balken in deinem eigenen Auge hinaussehen kannst? Du Heuchler! Zieh erst den Balken aus deinem eigenen Auge; dann siehst du vielleicht genug, um dich mit dem Splitter im Auge deines Freundes zu befassen. (Matthäus 7,1–5)

27. März

Das Gänseblümchen

Hiob 11,13-17

Zwei bekannte Wiesenblumen verdanken ihre Namen ihrem Aussehen. Der Löwenzahn ist biologisch gesehen ein Unkraut, das zu einem weißen federartigen Ball erblüht. Seine flauschigen Samen werden als „Löwenzahn“ bezeichnet. Löwenzahn wird nicht von Löwen gefressen, doch ihr Aussehen erinnert an die Zähne eines Löwen. Die andere Blume mit einem interessanten Namen ist das Gänseblümchen, auf Englisch heißt sie *daisy*. Sie öffnet sich morgens und zeigt ihre hellgelbe Füllung, am Abend schließt sie sich wieder. Deshalb erhielt sie vor langer Zeit in Großbritannien die Bezeichnung *day's eye* – „Tagesauge“, was dann zu dem heutigen *daisy* wurde.

Was hat das mit mir zu tun?

Gänseblümchen können es sich nicht aussuchen, ob sie morgens „ihre Augen öffnen“ oder nicht. Doch wir Menschen haben die Wahl. Gott weiß, dass wir gerne nach der Dunkelheit der Nacht bei strahlender Morgensonne aufwachen. Die Bibel sagt uns, wie wir dieses Licht Tag und Nacht in unserem Herzen haben können:

> Und nun bring dein Herz in Ordnung und breite deine Hände betend zu Gott aus! Wende dich von aller Sünde ab und lass keine Falschheit bei dir zu. Dann wirst du deinen Kopf voll

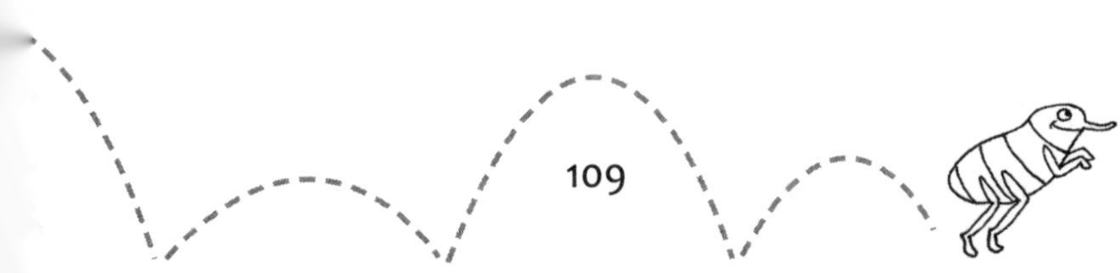

Unschuld aufrichten. Du wirst stark und mutig sein. Dein Leiden wirst du vergessen, wie versickertes Wasser wird es dir vorkommen, wenn du daran denkst. Dein Leben wird heller werden als der Mittag, und selbst deine dunklen Tage werden wie der strahlende Morgen sein. (Hiob 11,13–17)

Wenn man beginnt, mit Jesus zu leben, dann ist das wie der Anbruch eines neuen Tages!

28. März

Einmalig: der Fingerabdruck

Sprüche 20,11

Die Fingerabdruckmethode ist keine moderne Idee. Im antiken Babylonien drückten Schreiber und Schriftsteller ihre Finger auf Lehmtafeln, um zu beweisen, welches Werk von wem stammte und um Fälschungen vorzubeugen. Die Chinesen setzten schon vor sehr langer Zeit ihren Daumenabdruck unter ein Dokument. Doch 1858 führte ein Mann in Indien die erste moderne Nutzung der Fingerabdruckmethode ein. William Hershel arbeitete im indischen öffentlichen Dienst, als er eines Tages ölhaltige Tinte verwendete, um einen Abdruck vom Handballen eines örtlichen Arbeiters zu nehmen, der Metall für eine bestimmte Arbeit liefern sollte. Hershel ging es dabei nicht um die Identifizierung des Mannes, sondern er versuchte, ihn zu beeindrucken, damit er sich auch wirklich an die Vertragsbedingungen hielt. Danach begann Hershel, ein Register von Fingerabdrücken seiner Kollegen und Freunde zu erstellen. 1877 benutzte er Fingerabdrücke für offizielle Angelegenheiten. Er wollte verhindern, dass Angestellte der Armee ihren Gehaltsscheck doppelt erhielten. Fingerabdrücke wurden auch benutzt, um zum Gefängnis Verurteilte daran zu hindern, jemand anderen zu verdingen, der an ihrer Stelle die Strafe absaß. Doch Hershel dachte noch nicht an die Möglichkeit, mithilfe von

Fingerabdrücken Straftäter ausfindig zu machen. Diese Idee kam erst später auf, nachdem ein Mann namens Sir Francis Galton eine große Fingerabdrucksammlung erstellte. Scotland Yard war davon so beeindruckt, dass es beschloss, Fingerabdrücke künftig zur Überführung von Kriminellen zu verwenden.

Was hat das mit mir zu tun?

Ein Fingerabdruckexperte kann dich anhand deiner Hände identifizieren. Auch andere Menschen können anhand deiner Hände erkennen, wer du wirklich bist, denn was wir mit unseren Händen tun, sagt eine Menge über uns aus. In der Bibel lesen wir:

> Schon ein Kind erkennt man an seinen Taten, daran, ob sein Verhalten ehrlich und richtig ist. (Sprüche 20,11)

Wenn ein kleiner Junge jeden Tag auf dem Schulweg einen Hund mit Steinen bewirft, dann kann man daraus schließen, dass er nicht besonders nett ist. Gebraucht er seine Hände jedoch dazu, den Hund zu füttern oder zu streicheln, weiß man, er ist hilfsbereit und freundlich. Lass deine Hände so handeln, dass man dich als jemanden erkennt, der Gott liebt.

29. März

Ein armer reicher Mann

Sprüche 3,24-26

W. C. Fields war ein berühmter Schauspieler, doch er war keineswegs immer so selbstsicher, wie er in seinen alten Filmen oft auftrat. Als junger Mann hatte er viele Schwierigkeiten und kannte auch Armut und Hunger. Aus diesem Grund hatte er große Angst davor, bankrott

zu werden. Oft hatte er Albträume, in denen er ohne einen Cent ganz allein in einer fremden Stadt von der Polizei verfolgt wurde. Schließlich schmiedete er einen Plan, um sich selbst zu beruhigen. In jeder Stadt, in die er reiste, eröffnete er unter falschem Namen ein Bankkonto, auf das er jeden Cent einzahlte, den er gerade mit sich führte. Manchmal waren es nur wenige Münzen, manchmal fünfzigtausend Dollar. Es gab ihm eine gewisse Sicherheit, dass er von fast jeder Bank Geld holen konnte. Einem Freund erzählte er einmal, dass er mehr als siebenhundert Bankkonten besaß. Leider führte er nur so wenige Unterlagen, dass nach seinem Tod 1946 nur dreiundzwanzig Konten aufgespürt werden konnten. Man geht davon aus, dass rund 1,3 Millionen Dollar seines Vermögens nie gefunden wurden.

Was hat das mit mir zu tun?

Es tat Fields nicht gut, sein Leben lang Geld anzuhäufen und irgendwo aufzubewahren. Er setzte sein gesamtes Vertrauen in seinen Besitz und erhoffte sich davon Sicherheit und Frieden. Doch seine Albträume hörten nicht auf. In der Bibel lesen wir:

> Du kannst dich ohne Angst schlafen legen und dein Schlaf wird erholsam sein. Du brauchst dich nicht vor einem plötzlichen Unglück zu fürchten, auch nicht vor dem Untergang der Gottlosen, der über sie hereinbrechen wird. Denn der Herr ist deine Zuversicht. Er wird nicht zulassen, dass du in eine Falle gerätst. (Sprüche 3,24–26)

Nur wenn wir unser Vertrauen auf Gott setzen, können wir uns wirklich sicher fühlen. Er kann und wird sich besser um dich kümmern, als du es selbst könntest.

30. März

Der General, der beim Appell nie anwesend war

Jesaja 49,15-16

Während des Zweiten Weltkriegs spielte der amerikanische General Douglas MacArthur eine wichtige Rolle für die Bewohner der Philippinen, denn er trug zum Schutz ihres Landes bei. Als er 1942 von den Philippinen abgezogen wurde, gab er sein berühmtes Versprechen: „Ich komme zurück." Er hielt sein Wort und kehrte zwei Jahre später zurück, um die Philippinen von den Japanern zu befreien. Aus Dankbarkeit ehrte der Kongress der Philippinen General MacArthur mit dem Beschluss, von nun an bei jedem Militärappell der philippinischen Armee den Namen des Generals auszurufen. Ein höherer Offizier sollte jeweils antworten „im Geist anwesend". Diese Geste berührte General MacArthur zutiefst. Er weinte, als er von diesem Vorhaben erfuhr. Er besuchte die Philippinen noch einmal im Alter von einundachtzig Jahren, und getreu dem Versprechen wurde sein Name wie in den vergangenen sechsunddreißig Jahren beim Appell ausgerufen. Die Bewohner der Philippinen hielten dem General ebenso die Treue, wie er ihnen die Treue gehalten hatte. Und auch diesmal weinte der General.

Was hat das mit mir zu tun?

Es bedeutete General MacArthur sehr viel, dass man die Erinnerung an ihn in Ehren hielt. Auch wir wünschen uns, dass man an uns denkt. Manchmal fragen wir uns, ob Gott uns nicht vergessen hat. Wir fühlen uns allein und verlassen. Doch Gott hat versprochen, uns nicht zu verlassen. Seine Verheißungen werden immer und immer wieder in der Bibel bekräftigt. Wenn du dich das nächste Mal fragst, ob sich Gott noch für dich interessiert, dann denke an das, was er in seinem Wort gesagt hat:

> Kann eine Mutter etwa ihren Säugling vergessen? Fühlt sie etwa nicht mit dem Kind, das sie geboren hat? Selbst wenn sie es vergessen würde, vergesse ich dich nicht! Sieh, ich habe dich in meine Handflächen gezeichnet. (Jesaja 49,15–16)

Gottes Sohn, Jesus Christus, wird einmal wiederkommen – er hat es versprochen!

31. März

Das eigene Auto „gestohlen"

Psalm 139,13

Richard Baker und seine Frau schlossen nach einem Einkauf ihr Auto auf dem Parkplatz auf und fuhren weg. Richard bemerkte, dass sein Sitz weiter zurückgestellt war als üblich, doch er korrigierte den Sitz einfach und dachte nicht weiter darüber nach. Dann fragte seine Frau, wessen Sonnenbrille denn da im Auto liege. Sie fand noch andere Dinge, deren Herkunft sie sich nicht erklären konnte. Schließlich sagte sie: „Das ist nicht unser Auto!" Richard hielt an, stieg aus und überprüfte das Nummernschild. Tatsächlich – es war nicht ihr Wagen!

Sie fuhren zum Einkaufszentrum zurück, wo die Polizei bereits mit dem Besitzer des Wagens sprach, in dem Richard und seine Frau saßen – alle dachten, der Wagen sei gestohlen worden. Richard stieg aus und erklärte, der Wagen sehe ganz genau wie sein eigener Wagen aus und der Autoschlüssel habe gepasst. Der Polizeibeamte überprüfte das und stellte fest, dass der Schlüssel tatsächlich für beide Autos passte, und das Gleiche galt für den Schlüssel des anderen Mannes. Doch das Erstaunlichste an der Geschichte ist, dass beide Männer den gleichen Nachnamen hatten – Baker. Und dabei waren sie sich nie zuvor begegnet. Und diese ganze verrückte Geschichte passierte am 1. April!

Was hat das mit mir zu tun?

Manchmal fühlst du dich vielleicht, als wärest du wie einer dieser beiden Wagen: Als wärest du nichts Besonderes in Gottes Augen und als könnte er dich nicht von den anderen unterscheiden. Aber du irrst dich! Gott weiß sehr genau, wer du bist, denn er hat dich geschaffen. Du kannst wie der Psalmist sagen:

> Du hast alles in mir geschaffen und hast mich im Leib meiner Mutter geformt. (Psalm 139,13)

Gott wusste, wer du sein würdest, sogar lange bevor du das Licht der Welt erblicktest. Er hat dir eine Kombination von Talenten und Fähigkeiten geschenkt, die einzigartig ist. Gott hat dich mit allem geschaffen, was du brauchst, um die unverwechselbare Person zu sein, die du heute bist. Niemand auf dieser Erde ist ganz genauso wie du. Gott hat es so gewollt, und deshalb liebt er dich so sehr.

1. April

Der Spaghettibaum

Johannes 8,31–32

Wusstest du, dass Spaghetti nicht auf Bäumen wachsen? Offenbar gab es viele Leute, die das tatsächlich glaubten, und sie bewiesen es am 1. April 1957. Eine englische Nachrichtensendung namens Panorama wollte am 1. April, dem Tag der Aprilscherze, eine ungewöhnliche Nachricht senden. Die Fernsehzuschauer sahen Bilder von Frauen, die lange Nudeln aus Bäumen pflückten und die Spaghetti in der Sonne trockneten. Der Nachrichtensprecher, ein bekannter und vertrauenswürdiger Mann, sprach mit ruhiger Stimme über die jährliche Spaghettiernte an der Grenze zwischen der Schweiz und Italien. Er beendete seinen Bericht mit einem Kommentar über die gute Qualität selbst angebauter Spa-

ghetti. Manche Leute meinten, in einer seriösen Nachrichtensendung sollte nicht ein solcher Scherz gesendet werden, andere dagegen fanden den Scherz richtig lustig. Aber es gab auch viele Zuschauer, die Briefe an den Sender schickten und wissen wollten, was sie tun müssten, um im nächsten Jahr selbst eine gute Spaghettiernte zu haben.

Was hat das mit mir zu tun?

Manchmal ist es schwierig, die Wahrheit zu sagen. Die Sache mit der Spaghettiernte war zwar nur ein harmloser Scherz, doch es kann vorkommen, dass andere dich auf gemeine Art und Weise beschwindeln. Jesus dagegen kannst du immer vertrauen, er lügt nie. Er sagt:

> Wenn ihr euch nach meinen Worten richtet, seid ihr wirklich meine Jünger. Ihr werdet die Wahrheit erkennen, und die Wahrheit wird euch frei machen. (Johannes 8,31–32)

2. April

Ein explosives Rezept

Psalm 19,12

Nicht alles, was man in einem Buch lesen kann, ist unbedingt richtig. Beim Schreiben oder Drucken können Fehler vorkommen, und ein besonders schwerwiegender Fehler geschah 1978, als ein Verlag ein Kochbuch herausgab. In diesem Kochbuch befand sich ein Rezept für Karamellriegel, in dem eine sehr einfache, aber äußerst wichtige Zutat fehlte – Wasser. Wenn man versuchte, die Karamellriegel nach diesem Rezept ohne Wasser herzustellen, dann konnte eine der genannten Zutaten – eine Dose Kondensmilch – explodieren. Um den Fehler zu korrigieren, ließ der Verlag alle Zehntausend Ausgaben des Buches zurückrufen. Hoffentlich sind alle Bücher zurückgekommen, ansonsten hat vielleicht ein ahnungsloser Hobbykoch die größte Überraschung seines Lebens erlebt!

Was hat das mit mir zu tun?

Niemand wusste, dass sich in diesem Kochbuch ein Fehler befand, doch als er entdeckt wurde, setzte der Verlag alles daran, ihn zu korrigieren. So sollten wir auch handeln. Wir brauchen unsere Fehler nicht zu verstecken, sondern können Gott wie David in den Psalmen bitten:

> Wie kann ich alle meine Sünden erkennen, die ich begehe? Vergib mir diese verborgene Schuld! (Psalm 19,12)

Keine Sorge, Gott will dir helfen, die Dinge zu sehen, die er bei dir verändern möchte – und mit seiner Hilfe wird es gelingen!

3. April

Ganz schön gelenkig

Epheser 5,30

Manche Leute sind besonders gelenkig – sie können ihre Finger oder Zehen auf außergewöhnliche Weise krümmen. Ein Gelenk ist eine Art Scharnier. Die Gelenke zwischen den Knochen sind biegsam, weil sie aus Bändern bestehen, die wiederum aus einem widerstandsfähigen Gewebe bestehen. Manchmal werden diese Bänder dauerhaft gedehnt und in dem Fall kann das Gelenk weiter gekrümmt werden, als es normalerweise der Fall ist. Menschen mit solchen Bändern sind besonders gelenkig.

Unser Kiefer hat übrigens sehr interessante Gelenke. Wahrscheinlich glaubst du, dass, wenn du deinen Mund öffnest, sich dein Ober- und Unterkiefer bewegt. Aber das stimmt nicht. Nur der Unterkiefer ist beweglich. Versuch einmal, deinen Oberkiefer zu bewegen, während der Rest deines Kopfes stillhält. Du wirst feststellen, dass dies nicht möglich ist.

Vielleicht hast du auch noch nicht gewusst, dass Knochen *nicht* die härtesten Teile unseres Körpers sind. Unser Zahnschmelz – die weiße Schicht auf unseren Zähnen – ist härter als unsere Knochen. Ein Knochen kann wachsen, um sich selbst zu reparieren, Zähne dagegen können das nicht.

Was hat das mit mir zu tun?

In der Bibel lesen wir, dass wir zu Jesus gehören:

> Denn wir sind Glieder seines Leibes. (Epheser 5,30; LÜ 84)

Das bedeutet, dass wir ihm sehr wichtig sind und dass er sich ganz besonders um uns kümmert. Niemand würde sich absichtlich einen Knochen brechen. Wir versuchen, unsere Knochen zu schonen, weil sie ein wichtiger Teil unseres Körpers sind.

4. April

Wie man mit den Fingern lesen kann

Jesaja 42,16

Sogar mit sechzehn Jahren kann man die Welt verändern! Louis Braille hat das getan. Er war seit seinem dritten Lebensjahr blind.

Als kleiner Junge verbrachte er viel Zeit in der Sattlerei seines Vaters. Eines Tages schlüpfte er heimlich in die Sattlerei und versuchte nachzumachen, was sein Vater täglich tat, nämlich Leder mit einem scharfen Messer bearbeiten. Das Messer glitt ab und Louis stach sich selbst ins Auge. Das andere Auge wurde ebenfalls in Mitleidenschaft gezogen, und so verlor er vollständig sein Augenlicht.

Louis besuchte eine Blindenschule, um lesen zu lernen, doch das war eine furchtbar schwierige Angelegenheit. Es gab nur vierzehn Bücher in der Schule, und jedes davon wog neun Kilogramm. Die Buchstaben in diesen besonderen Büchern waren wie ganz normale Buchstaben, jedoch viel größer und fühlbar hervorgehoben. Es dauerte sehr lange, ein einziges Wort mit den Fingern zu ertasten. Doch als Luis fünfzehn wurde, fand eine Wende statt. Ein Mann namens Charles Barbier erfand ein Schriftsystem, das aus erhöhten, ertastbaren Pünktchen auf Papier bestand. Seine Soldaten sollten auch im Dunkeln lesen können, ohne vom Feind gesehen zu werden. Barbier stellte sein System in der Schule vor, die Louis besuchte. Louis probierte es aus und merkte sofort, dass es zu kompliziert war. Er arbeitete daran, bis er ein vereinfachtes und verbessertes System geschaffen hatte. Fortan gab es eine Blindenschrift und sie trug und trägt heute noch den Namen ihres Erfinders: Braille.

Was hat das mit mir zu tun?

Wenn du deine Augen eine Viertelstunde lang schließt, wirst du feststellen, dass es beängstigend und gefährlich sein kann, nicht sehen zu können. Du brauchst jemanden, der dich führt. Gott sagt:

> Aber die Blinden will ich auf dem Wege leiten, den sie nicht wissen; ich will sie führen auf den Steigen, die sie nicht kennen. Ich will die Finsternis vor ihnen her zum Licht machen und das Höckerige zur Ebene. (Jesaja 42,16)

Du kannst dich darauf verlassen, dass Gott dich die Wege führt, die er für dich bestimmt hat, auch wenn du nicht immer sehen oder verstehen kannst, was er tut. Er leitet dich durch sein Wort, die Bibel, und auch durch das, was andere, erfahrene Christen dir sagen – zum Beispiel deine Eltern oder dein Sonntagschullehrer. Gott wird niemals zulassen, dass du verloren gehst. Er weiß immer, wo du bist und er hält seine Augen über dir offen.

5. April

Krach machen erlaubt!

Psalm 71,17

Stell dir vor, du wärest ein kleiner afrikanischer Junge, der in einem Baumhaus sitzt. Du trommelst auf einer Blechdose, die mit einer Tierhaut überzogen ist. Du trommelst den ganzen Tag lang, weil dein Vater dich darum gebeten hat. Bist du im Baumhaus, weil du zu Hause zu viel Krach gemacht hast? Nein. Tatsächlich machst du etwas sehr Wichtiges. Während du trommelst, hältst du herumstreunende Affen davon ab, die Feldfrüchte deines Vaters zu stehlen.

Wenn ein Kind in Afrika älter wird, trommelt es immer noch, doch nun hat das Trommeln eine andere Funktion. Man kann damit Botschaften senden. Eine hierfür geeignete Trommel nennt man *Lunga* und sie sieht aus wie eine Sanduhr. Man hält die *Lunga* unter dem Arm und drückt sie zusammen, um verschiedene Laute zu erzeugen, während man trommelt. Man lernt es, eine Trommel mit den Fingern, den Händen oder einem Stab zum „Reden" zu bringen. Zunächst beginnt man damit, die Namen der Familienmitglieder durch einen besonderen Rhythmus darzustellen, danach die Namen der Anführer des Stammes. Nach einer gewissen Zeit ist man in der Lage, auch Worte und Sätze mit der Trommel zu „formen" und Botschaften an andere Menschen in Afrika zu senden, die sich über den Klang der Trommel freuen.

Was hat das mit mir zu tun?

Die wichtigste Botschaft, die wir anderen mitteilen können, ist die, dass Jesus sie liebt. Wir können die gute Nachricht mit unseren Worten, durch unsere Freundlichkeit, durch Geschriebenes oder auch mit einer Trommel verbreiten. Vielleicht möchtest du gern jemandem sagen, wie sehr Gott dich gesegnet hat, und jetzt damit beginnen. Eines Tages wirst du vielleicht sagen können:

> Gott, von frühester Kindheit an warst du mein Lehrer, und ich habe den anderen Menschen stets von deinen herrlichen Taten erzählt. (Psalm 71,17)

6. April

Bungee-Jumping

2. Samuel 24,14

Fast jeder hat schon einmal vom Bungee-Jumping gehört, bei dem man an einem langen Gummiseil in die Tiefe springt. Der Springer fällt schnell hinab, doch das Band lässt ihn nach oben federn, bevor er den Boden berührt.

Bungee-Jumping ist keineswegs eine moderne Idee. Ein Franzose namens Carron dachte 1891 zum ersten Mal daran. Er baute eine Metallkapsel, die fünfzehn Personen auf einmal tragen konnte. Jeder hatte einen eigenen gepolsterten Sitz, und auf dem Boden befand sich eine Matratze mit fast zweiundsechzig Zentimeter langen Sprungfedern. Die Kapsel sollte von der Spitze des Eiffelturms in Paris fallen gelassen werden. Auf dem Boden darunter befand sich ein fünfundvierzig Kubikmeter tiefes trichterförmiges Becken.

Was hat das mit mir zu tun?

Glücklicherweise hat nie jemand von dieser Kapsel Gebrauch gemacht, denn das hätte sehr gefährlich werden können. Menschen können uns keinerlei Garantie geben, dass ihre Pläne gelingen. Auf Gottes Pläne für uns können wir uns dagegen völlig verlassen. In der Bibel sagt ein gläubiger Mann:

> Doch lieber möchte ich in die Hände des Herrn fallen, denn seine Barmherzigkeit ist groß. Lass mich nur nicht in die Hände von Menschen fallen. (2. Samuel 24,14)

Sei vorsichtig und verlass dich nicht auf jedes Wort oder jede Idee von anderen. Verlass dich aber immer in allem auf Gott.

7. April

Was zu tun ist, wenn man sich die Hand verbrennt

Offenbarung 22,17

Was macht man, wenn man sich die Hand verbrennt? Soll man Eis darauf tun, die Hand unter kaltes Wasser halten oder sie mit Butter beschmieren? Butter ist jedenfalls nicht das Richtige, obwohl viele Leute das glauben. In der Butter können sich Keime befinden, die die Brandwunde infizieren könnten. Sie kann auch nicht verhindern, dass eine Narbe entsteht. Eis sollte man ebenfalls nicht auf eine Brandwunde tun, denn das Eis kann an der Haut kleben bleiben. Das Beste ist, lange kaltes Wasser über die Stelle laufen zu lassen. Es ist besser, fließendes Wasser zu benutzen, als die Hand in eine Schüssel mit Wasser zu tauchen. Auf diese Weise vergeht der Schmerz am schnellsten und eine Narbe wird eher vermieden. Wenn deine Hand wie Feuer brennt, denk an ein Haus, das in Flammen steht. Wie wird das Feuer gelöscht? Nicht mit Eis, auch nicht mit Butter, sondern mit Wasser. Du musst dasselbe tun wie die Feuerwehrmänner und schnellstens Wasser darauf gießen.

Was hat das mit mir zu tun?

Wenn du dich verbrennst (was zum Glück nicht häufig vorkommt) oder wenn du Durst hast (was jeden Tag vorkommt), dann bist du froh, Wasser zur Verfügung zu haben. Wenn wir etwas über Gott lernen, dann ist das so, als ob wir unseren Durst mit frischem Wasser stillen würden. Jesus sagt:

Wer durstig ist, der komme. Wer will, soll kommen und umsonst vom Wasser des Lebens trinken! (Offenbarung 22,17)

Unser Körper würde ohne Wasser sterben, und unsere Seele würde ohne Gott sterben. Gott wartet darauf, dass du zu ihm kommst, und hält seine Liebe wie eine Erfrischung für dich bereit, wenn du nach ihm dürstest und ihn besser kennenlernen willst.

8. April

Der blinkende Helm

Jesaja 9,1

Stell dir vor, du müsstest die Aufmerksamkeit der Menschen auf einer Messe gewinnen. Die Elektrizität ist gerade erfunden worden und die meisten Menschen sind es nicht gewohnt, elektrisches Licht aufleuchten zu sehen. Was würde sie wirklich in Erstaunen versetzen?

Die *Edison Electric Lighting Company* hatte eine Idee. Die Firma engagierte einen Mann, der nahe dem Eingang ihre Geschäftskarten verteilen sollte. Er trug einen Helm, der aufleuchtete; dieser war durch Kabel, die unter der Jacke des Mannes versteckt waren, mit Kupferplatten verbunden, die sich unter den Absätzen seiner Stiefel befanden. Auch unter dem Boden unter seinen Füßen waren Kupferplatten versteckt. Wenn der Mann auf diese Platten trat, leuchtete sein Helm auf. Er trat unbemerkt auf die Platten und wieder herunter, sodass es aussah, als ob der Helm von allein aufleuchtete beziehungsweise ausging. Die Leute waren sehr beeindruckt. Damals war die Elektrizität noch so neu und unbekannt, dass man den Eindruck hatte, es wäre Zauberei im Spiel. Einige Leute waren von dem blinkenden Helm so fasziniert, dass sie ihn kaufen wollten, um damit in ihrem Haus herumzugehen. Sie hatten keine Ahnung, wie kompliziert die Elektrizität in Wirklichkeit ist.

Was hat das mit mir zu tun?

Es war bestimmt sehr aufregend, zum ersten Mal elektrisches Licht leuchten zu sehen. Wir sehen heute ständig und überall Elektrizität, aber es gibt noch ein anderes Licht, das auch für uns sehr aufregend ist. In der Bibel lesen wir:

> Denn das Volk, das in der Dunkelheit lebt, sieht ein helles Licht. (Jesaja 9,1)

Wenn du jemandem von Jesus erzählst, der nie zuvor von ihm gehört hat, dann ist das so, als ob man in einem dunklen Raum das Licht anschalten würde. Sprich von Jesus. Gott wird entscheiden, wann er im Leben dieser Person den „Strom" anstellen wird.

9. April

Falsch geknöpft?

Matthäus 6,3–4

Wir alle haben Kleidungsstücke mit Knöpfen. Ist dir je aufgefallen, dass die Knöpfe auf Hemden für Jungen anders angebracht sind als bei Blusen für Mädchen? Es ist nicht die Größe, Form oder Farbe, die den Unterschied macht – unterschiedlich ist die Stelle, an der die Knöpfe angebracht sind. Auf einem Jungenhemd sind die Knöpfe auf der rechten Seite des Kleidungsstücks aufgenäht, weil die meisten Jungen Rechtshänder sind und ihre rechte Hand benutzen, um die Knöpfe zu öffnen und zu schließen. Bei einer Mädchenbluse befinden sich die Knöpfe dagegen auf der linken Seite. Warum? Die meisten Mädchen sind doch auch Rechtshänder?

Vor langer Zeit waren Knöpfe sehr teuer, sodass nur reiche Leute Kleider mit Knöpfen trugen. Reiche Damen kleideten sich damals nicht selbst an; sie hatten Zofen, die ihnen dabei halfen. Für die Zofe war es vorteilhaft, dass die Knöpfe nahe ihrer rechten Hand waren, wenn sie vor der Dame stand, die sie ankleiden sollte; also waren die Knöpfe links von den Knopflöchern aufgenäht. Heutzutage ziehen sich Mädchen und Frauen normalerweise selbst an, doch die Knöpfe werden noch genauso angebracht wie damals.

Was hat das mit mir zu tun?

Deine beiden Hände kannst du für noch viel wichtigere Dinge als für das Knöpfen gebrauchen. Du kannst mit deinen Händen anderen Menschen helfen. In der Bibel lesen wir:

> Wenn du jemandem etwas gibst, dann sag deiner linken Hand nicht, was deine rechte tut. Gib in aller Stille, und dein Vater, der alle Geheimnisse kennt, wird dich dafür belohnen. (Matthäus 6,3–4)

Es ist sehr wichtig, dass du nicht damit prahlst, wenn du anderen hilfst. Versuch so unauffällig wie möglich zu helfen. Räume das Spielzeug deines kleinen Bruders auf, ohne es zu erwähnen. Wenn der Abfalleimer voll ist, bringe ihn hinaus, ohne dass man dich darum bittet. Auch wenn man dich nicht lobt oder sich bei dir bedankt, solltest du solche Dinge tun; denn Gott sieht es, und nur das zählt.

10. April

Die Erfindung der M&Ms

Philipper 2,9

Vor langer Zeit bestanden Süßigkeiten nur aus einer langen Zuckerstange, die man mit einer Schere in Stücke schnitt. Doch im Laufe der Zeit wurden immer neue und andersartige Süßigkeiten erfunden.

Eine besonders beliebte Nascherei wurde während des Zweiten Weltkriegs entwickelt. Die Soldaten brauchten Süßigkeiten, die sie in ihren Taschen tragen konnten, ohne sich die Hände klebrig zu machen. Zwei Männer, Bruce Murrie und Forrest Mars, erfanden eine mundgerechte Schokoladenleckerei mit einer harten, farbigen Schale. Sie nannten sie nach ihren Initialen: M&Ms.

Was hat das mit mir zu tun?

Wahrscheinlich hast du schon oft deinen Freunden erzählt, wie lecker diese oder jene Nascherei ist – sie erfuhren von dir den Namen der Süßigkeit und weil sie sie unbedingt auch probieren wollten, merkten sie ihn sich. Mit Jesus ist es genauso. In der Bibel lesen wir:

> Deshalb hat Gott ihn in den Himmel gehoben und ihm einen Namen gegeben, der höher ist als alle anderen Namen. (Philipper 2,9)

Wer von Jesus hört und ihn kennenlernt, beginnt ihn zu lieben und erzählt auch anderen von ihm. Wenn du einem Freund den Namen einer neuen Süßigkeit sagst, dann teilst du mit ihm ein leckeres Vergnügen, das ein paar Minuten anhält. Wenn du deinen Freunden von Jesus erzählst, kannst du ihnen den Rest ihres Lebens versüßen.

11. April

Wenn die Füße einschlafen

1. Thessalonicher 5,17

Jeder hat schon einmal diese Erfahrung gemacht – wenn man eine Weile reglos auf den Füßen gelehnt sitzen geblieben ist, fühlen sich die Füße beim Aufstehen ganz taub an. Man sagt dann, dass die Füße eingeschlafen sind. Doch Füße können nicht wirklich schlafen. Was passiert also mit ihnen und warum?

In unserem Körper befinden sich viele Nerven, die wie Fasern oder Drähte sind. Sie senden aus verschiedenen Richtungen Informationen an unser Gehirn, und das Gehirn gibt uns daraufhin Anweisungen. Wenn wir zum Beispiel mit nackten Füßen einen heißen Boden berühren, senden unsere Füße die Botschaft „heiß!“ an unser Gehirn, und unser Gehirn gibt uns die Anweisung „Beweg dich!“. Die Nerven, die unser Gehirn mit unserem Körper verbinden, verlaufen an bestimmten Stellen sehr nahe unter der Hautoberfläche. Wenn man auf die Haut in Nähe dieser Nerven gedrückt hat, während man in der Hocke saß, dann sind sie abgequetscht. Es kann kein Austausch von Signalen mehr stattfinden, sodass es scheint, als ob Teile unseres Körpers abgekoppelt seien. Sobald wir uns bewegen, öffnen sich die abgeklemmten Nerven wieder und wir fühlen unsere Füße wie zuvor.

Was hat das mit mir zu tun?

Genauso braucht auch unsere Seele immerzu den Austausch mit Gott und wir können dafür sorgen, dass der Kontakt nicht unterbrochen wird. Das Gebet ist der Weg, Botschaften an Gott zu senden und von ihm zu empfangen. In der Bibel lesen wir:

> Hört nicht auf zu beten. (1. Thessalonicher 5,17)

So sorgen wir dafür, dass unsere Seele nicht einschläft und wir Gottes Signale ungestört empfangen können. Bleib stets im Gebet und die Verbindung zu Gott bleibt erhalten.

12. April

Warum es schwarze und weiße Klaviertasten gibt

Epheser 5,19

Wenn du die beiden Farben für die Tasten eines Klaviers wählen könntest, welche Farben würdest du dann nehmen? Schwarz und weiß scheinen irgendwie langweilige Farben zu sein, aber es gibt gute Gründe für ihre Wahl.

Klavierbauer wissen, dass die Tasten sehr solide sein und lange halten müssen. Sie sollten aus einem Material hergestellt werden, das man leicht polieren kann, und sie sollten hübsch aussehen. Vor langer Zeit war das beste Material für diese Anforderungen Elfenbein, und deshalb wurden die weißen Klaviertasten hieraus hergestellt. Für die übrigen Tasten mussten sich die Klavierbauer etwas einfallen lassen – was fühlt sich weich an, lässt sich gut polieren, ist solide und farblich das Gegenstück zum Elfenbein? Die Antwort lautete: Ebenholz. Daher die schwarzen Tasten.

Was hat das mit mir zu tun?

Gott weiß, dass wir Musik lieben, und es gefällt ihm, wenn wir ihn mit schönen Melodien preisen. In der Bibel werden wir aufgefordert:

> Singt miteinander Psalmen und Lobgesänge und geistliche Lieder, und in euren Herzen wird Musik sein zum Lob Gottes. (Epheser 5,19)

Ob wir nun Lieder für Gott schreiben oder Instrumente spielen oder singen oder nur im Geiste ein Lied vor uns hinsummen – Gott freut sich, wenn wir dankbar sind und über ihn nachdenken.

13. April

Der Cartoon mit Suchspiel

Psalm 27,9

Ein Künstler namens Al Hirshfeld zeichnete einst Cartoons für Zeitungen. 1945 wurde seine Tochter Nina geboren, und Al war ganz aus dem Häuschen. Um die Geburt zu feiern, begann er in seinen Cartoons den Namen *Nina* zu verstecken. Alle, die sie lasen, freuten sich schon auf die nächsten Bildergeschichten und das damit verbundene Spiel, den Namen zu finden. Nach einer Weile dachte Al, es wäre nun an der Zeit, den Namen seiner kleinen Tochter nicht mehr in seinen Cartoons zu verstecken. Doch das war ein Fehler. Nach dem ersten Cartoon ohne Nina erhielt er zahlreiche Leserbriefe, in denen die Leute ihn fragten, wo denn der Name Nina geblieben sei. Also ließ der Künstler den Schriftzug wieder in seine Cartoons einfließen. Jahre später bat ihn seine Tochter, den Namen ihrer Freundin Liza ebenfalls in einem Cartoon zu verstecken. Al erfüllte ihren Wunsch, doch er hätte sich nie träumen lassen, welche Folgen das haben sollte! Die Leute sandten ihm und seiner Frau Blumen und Telegramme, weil sie glaubten, ein neues Baby namens Liza sei angekommen!

Dieses kleine Spiel – „Finde den Namen Nina“ – hat dem Land sogar in einigen ernsten Angelegenheiten geholfen. Das Verteidigungsministerium der USA benutzte die Nina-Cartoons, um verschiedene Möglichkeiten der Tarnung von Dingen zu studieren und Piloten der US-Luftwaffe suchten nach dem Namen Nina, um das Aufspüren von Zielen am Boden zu trainieren.

Was hat das mit mir zu tun?

Christen suchen nach etwas viel Wichtigerem als nach dem Namen eines kleinen Mädchens. Wir können wie der Psalmist beten:

Verbirg dich nicht vor mir! (Psalm 27,9)

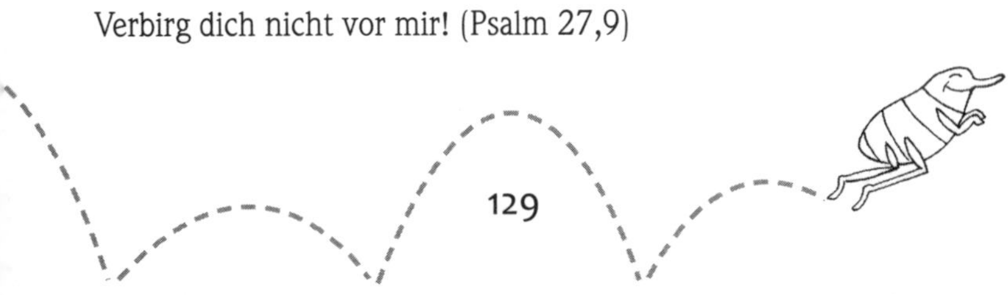

Gott hat versprochen, dass wir ihn finden, wenn wir ihn suchen! Er spielt nicht Verstecken mit uns!

14. April

Das Knacken und Knistern in der Nacht

Hiob 11,18–19

Viele Kinder sind sich sicher, nachts Geräusche zu hören – und sie haben recht! Manchmal haben Kinder Angst, dass diese Geräusche von irgendwelchen Monstern stammen. Doch das stimmt nicht! Tatsächlich machen die Holzmöbel im Haus und die Holzbretter in Wänden, Decken und Böden Geräusche, weil sich Holz bewegt.

Wenn die Luft warm oder feucht ist, dehnt das Holz sich aus, wenn es kalt oder trocken ist, zieht es sich zusammen. Wenn Holz auch nur ein winziges bisschen kleiner oder größer wird, knarrt es. Dieses Knarren ist auch tagsüber zu hören, doch die Geräusche des Tages überdecken es, während es nachts so still ist, dass man es deutlich hören kann.

Was hat das mit mir zu tun?

Wenn du Angst hast, insbesondere nachts, kannst du beten. Wenn du Gott bittest, dich zu trösten und ruhig zu machen, dann wird er das tun. In der Bibel lesen wir:

> Du wirst Mut fassen, weil du Hoffnung hast. Du wirst Geborgenheit finden und dich unbesorgt zum Schlafen hinlegen. Niemand wird deinen Schlaf stören ... (Hiob 11,18–19)

Wenn du Gott bittest, ganz nah bei dir zu sein, wirst du dich sicher und geborgen fühlen.

15. April

Der Mann, der von einem Flugzeug aufgefangen wurde

Psalm 119,117

Hauptmann Hedley, ein Pilot der amerikanischen Luftwaffe, war in Schwierigkeiten. Der Zweite Weltkrieg wütete und Hedley saß als Passagier in einem Zwei-Mann-Flugzeug mit offenem Dach. Das Flugzeug befand sich in viereinhalb Kilometer Höhe und wurde von den Deutschen beschossen. Der Pilot ließ das Flugzeug steil abfallen, um nicht getroffen zu werden. Hedley, der auf dem hinteren Sitz saß, war auf diesen plötzlichen Sturzflug nicht vorbereitet. Er wurde aus seinem Sitz in die Luft geschleudert. Der Pilot wusste, dass er seinem Freund nicht helfen konnte, also ließ er das Flugzeug noch ein wenig weiter absinken. Doch dann geschah etwas Erstaunliches. Durch das rasche Absinken des Flugzeugs entstand ein so großer Sog, dass Hedley in seinem Fall von diesem Sog erfasst und auf das Flugzeug gezogen wurde. Er ergriff das Hinterteil des Flugzeugs und hielt sich mit aller Kraft daran fest. Schließlich gelang es ihm, auf seinen Sitz zurückzukriechen, und das Flugzeug landete sicher auf amerikanischem Hoheitsgebiet.

Was hat das mit mir zu tun?

Manchmal laufen wir Gefahr, in etwas Böses hineinzugeraten. Vielleicht versuchen unsere Freunde, uns für irgendetwas Falsches zu gewinnen. Vielleicht sind wir versucht, zu lügen oder zu stehlen. In solchen Situationen können wir beten:

> Stütze mich, dass ich gerettet werde. Und ich will beständig auf deine Ordnungen schauen. (Psalm 119,117; ELB)

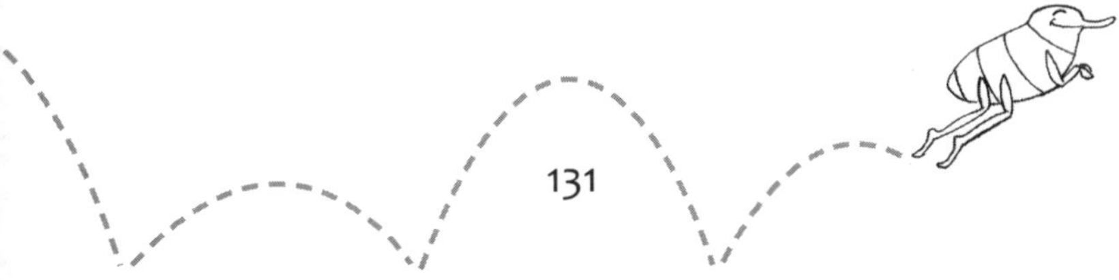

Gott wird dein Gebet erhören und dich stützen und auffangen, so wie er es bei Hauptmann Hedley mit seinem Flugzeug getan hat.

16. April

Ein Name für jede Nudel

Matthäus 1,23

Wenn du italienisches Essen magst, dann weißt du, dass es Nudeln in allen möglichen Größen und Formen gibt, und jede Sorte hat ihren eigenen Namen. Doch wahrscheinlich weißt du nicht, was diese Namen bedeuten und wie treffend sie das Aussehen der Nudeln beschreiben.

Lasagne bedeutet „Backform" – darin wird Lasagne zubereitet. *Cannelloni* bedeutet „große Pfeifen". *Manicotti* bedeutet „kleine Ärmel", *Ravioli* „kleine Rüben". *Makkaroni* verdanken ihren Namen den kleinen Keksen namens „Makronen". *Spaghetti* bedeutet „Bindfäden". Die Nudelsorte mit dem unappetitlichsten Namen ist *Vermicelli*, denn das bedeutet „kleine Würmer". Wenn du das nächste Mal italienisch essen gehst, dann versuche nach ihrem Aussehen herauszufinden, welche Nudelsorte du auf deinem Teller hast.

Was hat das mit mir zu tun?

Namen sind sehr aussagekräftig. In der Bibel lesen wir, dass Josef vor der Geburt Jesu durch einen Engel erfuhr, die Leute würden Jesus eines Tages einen besonderen Namen geben. Dieser Name sollte beschreiben, wer und was Jesus ist:

> … und er wird Immanuel genannt werden. Das heißt, „Gott ist mit uns". (Matthäus 1,23)

Die Menschen, die Jesus kannten, gaben ihm einen anderen Namen, der zum Ausdruck brachte, dass er der wahre Sohn Gottes war, der auf der Erde unter den Menschen lebte – der wahre Retter.

17. April

Haare in der Nase

Psalm 104,24

Die Haare in unserer Nase funktionieren wie ein Filter – sie fangen Partikel ab, die nicht in unsere Lungen geraten dürfen, und lassen saubere Luft durch. In unserer Nase sind so viele feine, winzig kleine Haare, dass sie wie ein Teppich aussehen. Unsere Nase erzeugt laufend Schleim, der die Haare befeuchtet. Wenn wir einatmen, bleiben Staubpartikel aus der Luft an den feuchten Nasenhaaren kleben. Unsere Nase unterstützt auch unsere Lunge, indem sie die Luft erwärmt, während wir einatmen.

Es gibt noch andere interessante Aspekte des Atmens. Babys können gleichzeitig atmen und schlucken, wodurch es für sie leichter ist, Nahrung zu sich zu nehmen. Wenn sie ungefähr sieben Monate alt sind, verlieren sie diese Fähigkeit. Versuch einmal, durch die Nase zu atmen und gleichzeitig zu schlucken. Es geht nicht! Du musst erst das eine und dann das andere tun. (Übrigens wächst deine Nase dein Leben lang.)

Was hat das mit mir zu tun?

Wenn du einen Menschen erschaffen könntest, würdest du dann daran denken, ihm einen solchen Filter in die Nase „einzubauen"? Wir können Gott dankbar sein, dass er auch die kleinsten Details geregelt hat, um unseren Körper funktionstüchtig zu machen. Er hat wirklich an alles gedacht! In der Bibel lesen wir:

> Herr, welche Vielfalt hast du geschaffen! In deiner Weisheit hast du sie alle gemacht. (Psalm 104,24)

Gott ist unendlich groß und klug, ihm entgeht nichts, nicht einmal die kleinen Staubpartikel, die auf unsere Nase zuschweben!

18. April

Das erste Wassereis am Stiel

Sprüche 25,25

Kannst du dir vorstellen, etwas Wundervolles zu erfinden, ohne dir dessen bewusst zu sein? Genau das passierte dem elfjährigen Frank Epperson im Jahr 1905. Er wollte sich ein Getränk mixen, indem er Wasser und ein Geschmackspulver mit einem Stab in einem Glas verrührte. Dann ließ er das Glas auf der Veranda stehen und vergaß es völlig. In jener Nacht wurde es sehr kalt. Als Frank am nächsten Morgen sein Glas draußen auf der Veranda fand, stellte er fest, dass das Getränk mit dem Stab darin festgefroren war. Achtzehn Jahre später erinnerte er sich an diesen Vorfall und begann, Eis am Stiel herzustellen, das seinen Namen trug. Ursprünglich produzierte Frank diese gefrorenen Leckereien in sieben verschiedenen fruchtigen Aromen – heute gibt es Wassereis am Stiel in mehr als dreißig Geschmacksrichtungen.

Was hat das mit mir zu tun?

Wassereis am Stiel schmeckt an einem heißen Tag besonders erfrischend. Wir kennen diesen Genuss und in der Bibel wird darauf Bezug genommen:

> Gute Nachrichten aus der Ferne sind wie kaltes Wasser für den Durstigen. (Sprüche 25,25)

Wenn du jemanden kennst, der weit entfernt von dir wohnt, oder jemanden, der einsam ist, dann kannst du dieser Person etwas Gutes tun, indem du sie anrufst oder einen Brief schreibst. Trage ermutigende Nachrichten weiter – und du sorgst beim Empfänger für eine Freude, die länger anhält als der Genuss eines Eises.

19. April

Ein feines Näschen

1. Korinther 4,7

Wir Menschen haben in jedem Nasenloch Zellen, die nur eine Funktion haben – Dinge zu riechen. In einer Hundenase befinden sich zwanzigmal mehr Geruchszellen als in einer menschlichen Nase, und darüber hinaus reicht der Geruchssinn eines Hundes fünfmal weiter als der Geruchssinn eines Menschen. Da die Geruchszellen beim Hund so konzentriert sind, kann ein Hund Dinge viel besser riechen als wir.

Die Nase eines Hundes ist auch in anderer Hinsicht bemerkenswert. Keine Hundenase ist genau wie die andere, jede ist einzigartig. Man kann Hunde an ihrem Nasenabdruck erkennen, so wie man Menschen anhand ihres Fingerabdrucks identifizieren kann. Früher benutzte man die Pfoten eines Hundes zur Identifizierung, doch man fand heraus, dass die Nase dazu viel besser geeignet ist. Deshalb wird die Nase eines Hundes eingefärbt und auf ein Blatt Papier gedrückt, damit ein Käufer oder Verkäufer sehen kann, um welchen Hund es sich handelt.

Was hat das mit mir zu tun?

Wir können uns noch so sehr bemühen – wir werden niemals so gut riechen können wie ein Hund. Gott hat beschlossen, dass Hunde einen stärker ausgeprägten Geruchssinn haben als Menschen. Doch in vielen anderen Fähigkeiten sind wir einem Hund überlegen – und

auch das ist Gottes Plan. Gott hat beschlossen, wie du aussiehst und welche Talente du hast. Er lässt deinen Körper funktionieren, wenn du geboren wirst, und er weiß, wie viele Atemzüge du bis zu deinem Tod machen wirst. Aus diesem Grund solltest du niemals prahlen, auch wenn du meinst, dass du in irgendeiner Sache der Beste bist. Gott ist derjenige, der dir Kraft und Fähigkeiten schenkt. In der Bibel lesen wir die Frage:

> Was hast du denn irgendeinem anderen voraus? Was hast du vorzuweisen, das du nicht von Gott bekommen hast? Und wenn alles von Gott kommt, was du vorzuweisen hast, warum gibst du dann damit an, so, als ob es kein Geschenk wäre? (1. Korinther 4,7)

Vergiss nicht: Gott gebührt die Ehre für alles, was dir gelingt.

20. April

Kopf in den Sand

Psalm 9,10

Jeder hat schon einmal davon gehört, dass ein Strauß seinen Kopf in den Sand steckt, wenn er Angst hat. Wir lachen darüber – der Strauß meint, niemand könnte ihn sehen, weil sein Kopf verborgen ist. Doch in Wirklichkeit sind Strauße viel klüger! Sie stecken zwar ihren Kopf in den Sand, aber nicht, um ihre Augen zu verbergen. Wenn der Strauß Angst hat, drückt er seinen Kopf flach gegen den Sand, sodass der Rest seines Körpers wie ein Busch aussieht. Er hofft, dass sein Feind ihn dann nicht bemerkt. Erst wenn dieser zu nahe herankommt, wird der Strauß aktiv. Er faucht, tritt, hackt mit seinem Schnabel oder läuft seinem Gegner davon. Er kann bis zu sechsundneunzig Kilometer pro Stunde laufen und mit jedem Schritt fast acht Meter zurücklegen. Die Beine des Straußes sind so stark, dass man sterben kann, wenn man einen Tritt von ihm erhält. Wenn ein Strauß etwas gegen dich hat, dann hast du mehr Grund, dich zu verstecken, als er!

Was hat das mit mir zu tun?

Wenn du Angst hast, denk daran:

> Die Unterdrückten finden beim Herrn Zuflucht. In schweren Zeiten beschützt er sie. (Psalm 9,10)

Eine Zuflucht ist ein Ort, an dem man sich geschützt fühlt. Gott möchte dich wissen lassen, dass du jederzeit bei ihm Zuflucht findest, wenn du Probleme hast und dir Sorgen machst.

Der Strauß hat nicht selbst darüber nachgedacht, wie er sich schützen kann. Er muss sich auf die Instinkte verlassen, die Gott ihm gegeben hat. Auch für dich hat Gott einen guten Plan, um dich zu schützen. Du brauchst ihn nur zu bitten, dass er dir diesen Plan zeigt.

21. April

Goldrausch

Galater 6,9

George Harrison aus Australien und George Walker aus England setzten einen riesigen weltweiten Goldrausch in Gang. Es geschah 1886 in Südafrika. Die beiden Männer berichteten von einer „rentablen Goldmine", die sie entdeckt hatten. Diese Nachricht lockte viele Menschen in das nahe gelegene Johannesburg. Es entwickelte sich von einer verschlafenen Ansammlung von Hütten und Zelten zu einer bedeutsamen Stadt. Goldgräber aus aller Welt trafen in den nächsten drei Jahren ein. Die Goldader war achtzig Kilometer lang und blieb für die nächsten dreißig Jahre weltweit die führende Goldquelle. Später wurde sogar noch mehr goldhaltiges Land entdeckt – die Ader war mehr als vierhundertachtzig Kilometer lang und enthielt achthundert Tonnen Gold. Man sollte meinen, Walker sei ein steinreicher Mann geworden, da er und Harrison die Goldsuche begonnen hatten, doch aus unbekannten Gründen hatte er zu früh die Rechte an der Mine verkauft und weniger als fünfzig Dollar dafür erhalten.

Was hat das mit mir zu tun?

George Walker gab zu früh auf und brachte sich um eine große Belohnung. Offenbar konnte er nicht weit genug vorausschauen und darauf vertrauen, dass er eine unvorstellbar große Belohnung erhalten würde, wenn er nur geduldig und standhaft blieb. Wenn wir an Jesus glauben und ihm treu bleiben, werden wir eine Belohnung im Himmel erhalten, die unser Vorstellungsvermögen bei Weitem übersteigt. Gott hat das versprochen, und die Bibel ermutigt uns:

> Deshalb werdet nicht müde zu tun, was gut ist. Lasst euch nicht entmutigen und gebt nie auf, denn zur gegebenen Zeit werden wir auch den entsprechenden Segen ernten. (Galater 6,9)

Verlass dich auf Jesus, er hat uns wertvolle Segnungen versprochen.

22. April

Warum wir keine Goldfische essen

Sprüche 20,15

Vor vielen Jahren fanden die Chinesen, es sei klug und kostengünstig, ihren eigenen Fisch zum Verzehr aufzuziehen. Sie brauchten einen widerstandsfähigen Fisch, der gut in seichtem Wasser mit wenig Sauerstoff leben konnte. Der am besten geeignete Kandidat war der Goldfisch, ein damals grünlich-bronzefarbenes Mitglied der Karpfenfamilie. Die Chinesen setzten die Zucht des Fisches fort, und im Laufe der Zeit verwandelte sich seine Farbe immer mehr in einen goldähnlichen Ton. Die Leute begannen den Goldfisch wegen seines Aussehens zu bewundern und wollten ihn als Dekoration für ihren Gartenteich haben. Als die Reichen begannen, ihre Teiche mit Goldfischen zu füllen, wurde dieser sehr beliebt. Auch die Europäer wollten den Goldfisch als Haustier halten, und die Chinesen stellten fest, dass es sich finanziell eher lohnte, ihn wegen seiner schönen Farbe als wegen seines Geschmacks zu züchten. Brutstätten für die Zucht von Goldfischen entwickelten sich in großem Stil, und innerhalb kurzer Zeit gab es mehr als einhundert Variationen des Goldfisches – aber nicht genug Käufer. So wurde der Goldfisch zu einem sehr geläufigen und billigen Fisch, der aber immer noch gern als Haustier gehalten wird. Es soll Goldfische geben, die mehr als vierzehn Jahre alt werden!

Was hat das mit mir zu tun?

Menschen haben von jeher Dinge wegen ihrer Schönheit bewundert. Stell dir vor, wie begeistert die Leute anfangs waren, als sie glänzende und glitzernde Goldfische sahen. Doch schließlich ist der Glanz dieses speziellen Fisches verblasst. Nichts auf dieser Erde bleibt ewig bestehen. In der Bibel lesen wir, was für uns Christen wirklich wichtig ist:

> Weise Rede ist wertvoller als Gold und Edelsteine. (Sprüche 20,15)

Lass dich nicht von Glanz und Glitter beeindrucken. Konzentriere dich darauf, so viel wie möglich aus Gottes Wort zu lernen, so wirst du weise und innerlich reich.

23. April

Warum ein Golfplatz achtzehn Löcher hat

Hiob 18,7–10

Die meisten Golfplätze haben achtzehn Löcher, doch ursprünglich war das nicht so. Zu Beginn des Golfsports hatte jeder Platz eine eigene Anzahl von Löchern, die von der Größe des zur Verfügung stehenden Geländes abhing. Der erste Golfplatz, *Saint Andrews* in Schottland, hatte nur elf Löcher. Doch die Sportler spielten jedes Loch zweimal, sodass ein Spiel auf *Saint Andrews* zweiundzwanzig Löcher umfasste. Nach einer Weile wurden die Golfplätze verändert, indem man den Abstand zwischen den Löchern vergrößerte oder bestimmte Löcher ausließ. 1764 wurde ein Spiel mit achtzehn Löchern eingeführt.

Die seltsamsten Golfplätze und damit verbunden die seltsamsten Jobs entstanden während des Zweiten Weltkriegs. Die USA waren um die Sicherheit ihrer Fabriken für den Flugzeugbau besorgt und so ließ man auf den Dächern dieser Anlagen Gras wachsen, damit feindliche Piloten glaubten, sie sähen einen Golfplatz. Man stellte sogar Leute ein, die auf diesen Rasenflächen Golf spielten, um die Szene glaubwürdiger zu gestalten.

Was hat das mit mir zu tun?

Jeder Golfer bemüht sich, die Sandfallen zu vermeiden, die den Ball versenken und das Schlagen schwieriger machen. Auch im wirklichen Leben gibt es Fallgruben und wenn man dort hineinfällt, sind die Folgen wesentlich ernster als bei einem Golfspiel. Aus der Bibel wissen wir, dass jemand, der Gott ablehnt, Probleme haben wird:

> Sein kraftvoller Schritt wird ins Stocken kommen, seine eigenen Pläne werden ihn zu Fall bringen. Denn der Böse verfängt sich im Netz. Sein Weg ist voller versteckter Fallgruben. Seine Ferse verfängt sich im Klappnetz des Fallenstellers und eine

> Schlinge zieht sich um ihn zusammen. Auf seinem Weg liegt ein Fallstrick verborgen, eine Schlinge liegt auf seinem Pfad bereit. (Hiob 18,7–10)

Handelst du so sorgfältig in deinem Leben wie manche Golfspieler es auf dem Golfrasen tun? Bitte Gott, dich durch dein Leben zu führen und er wird dich davor bewahren, in Fallen zu treten.

24. April

Wie eine Frucht einen Werbespot ruiniert hat

Römer 12,15

Wilbert Robinson, Manager der *Brooklyn Dodgers*, erklärte sich 1915 bereit, an einem Werbespot teilzunehmen. Ein Flugzeug sollte über Wilbert hinwegfliegen und einen Baseball fallen lassen, den Wilbert auffangen würde. Die berühmte Pilotin Ruth Law sollte das Flugzeug lenken. Es war geplant, dass sie am Flughafen von einem Mitglied des Teams einen Baseball ausgehändigt bekäme, doch bis zur Startzeit war noch niemand gekommen, um ihr den Ball zu geben. Der Mechaniker des Flugzeugs gab ihr einen baseballähnlichen Ersatz mit ins Flugzeug, den sie später wie geplant fallen ließ.

Wilbert wartete unten auf dem Boden auf den Ball, doch es gelang ihm nicht, das runde Objekt zu fangen. Stattdessen traf es ihn auf den Kopf. Wilbert begann laut zu schreien und glaubte, er müsse sterben – eine beißende Flüssigkeit tropfte in seine Augen und große, harte Brocken fielen von seinem Kopf herunter. Er geriet in Panik, weil er glaubte, sein Schädel sei zerbrochen und Blut fließe herab. Es dauerte einige Minuten, bevor Wilbert begriff, was der Mechaniker der Pilotin mitgegeben hatte. Anstatt von einem Baseball war der Mann von einer großen Pampelmuse getroffen worden!

Was hat das mit mir zu tun?

Als Wilbert von der Pampelmuse getroffen wurde, war die erste Reaktion des Publikums im Stadion vermutlich, zu lachen. Wir sind eben nur Menschen. Doch für den Baseballmanager war das keineswegs lustig. Während sich die Zuschauer amüsierten, erlebte Wilbert einige schreckliche Momente. Die Bibel ermahnt uns, auf die Gefühle unserer Mitmenschen Rücksicht zu nehmen:

> Sind andere Menschen glücklich, dann freut euch mit ihnen.
> Sind sie traurig, dann begleitet sie in ihrem Kummer.
> (Römer 12,15)

Es ist vielleicht nicht immer natürlich für uns, die Gefühle der anderen nachzuempfinden, aber wir können es lernen. Wir können Mitleid haben, weil Gott uns darin ein Beispiel gegeben hat.

25. April

Wie graue Haare entstehen

Sprüche 16,31

Wenn man älter wird und graue Haare bekommt, dann liegt das daran, dass den Haaren Farbe entzogen wird. Bei jungen Menschen stellt der Körper Pigmente her, die jedes Haar durch die Haarbälge auf der Kopfhaut erreichen. Dieses Pigment namens Melanin versorgt unsere Haare mit ihrer natürlichen Farbe. Mit zunehmendem Alter lässt die Melanin-Produktion nach und die Haare verlieren Farbe, sodass sie eher grau oder weiß aussehen, wenn Licht darauf fällt. Es dauert eine Weile, bevor Haare ganz und gar grau werden, denn das Haar wächst jeden Monat nur etwas mehr als einen Zentimeter. Wenn du jemanden siehst, der scheinbar über Nacht grau geworden ist, dann hat diese Person vermutlich eine Entzündung der Kopfhaut gehabt. Graue

Haare sind während einer Krankheitsphase widerstandsfähiger, während dunklere Haare schneller ausfallen. Was danach auf dem Kopf zurückbleibt, erscheint dann auf einmal grauer oder weißer als zuvor.

Was hat das mit mir zu tun?

Graues Haar kann mehr bedeuten als älter und vergesslicher zu werden. Die Leute meinen vielleicht, man werde nun schwach und verbraucht, doch die Bibel sagt etwas ganz anderes über graues Haar:

> Graues Haar ist eine Krone der Ehre; es ist die Frucht eines gottesfürchtigen Lebens. (Sprüche 16,31)

Respektiere die Weisheit deiner Großeltern und Eltern und mach dir klar, dass du später einmal dein graues Haar wertschätzen kannst – wenn du dir Gottes Sicht zu eigen machst!

26. April

Hans Guckindieluft

Psalm 46,2–4

Am *John-Hancock Tower* in Boston bringen zwei Sicherheitskräfte den ganzen Tag damit zu, durch ihr Fernglas nach oben zu sehen. Was suchen sie wohl? Ihre Aufgabe besteht darin, kleinste Risse oder Verfärbungen in den mehr als zehntausend Fenstern des sechzig Stockwerke hohen Gebäudes auszumachen und zu melden. Diese Sorgfalt ist notwendig, denn der *Hancock Tower* hatte von Anfang an Probleme mit seinen Fensterscheiben. Der Bau des Gebäudes begann 1968, vier Jahre später wurde es fertiggestellt. Doch noch weitere vier Jahre lang konnte das Gebäude aufgrund eines rätselhaften Problems nicht genutzt werden: Die Fenster fielen zu Dutzenden heraus

– große Scheiben fielen herunter und wurden auf dem Boden zerschmettert. Man ersetzte sämtliche Fensterscheiben durch spezielles Sicherheitsglas, doch auch diese neuen Scheiben fielen heraus. Einmal wurde Boston von einem besonders starken Sturm erfasst, dabei explodierten fünfundsechzig Scheiben und Hunderte weitere wurden von herumfliegenden Splittern beschädigt. Als ein Viertel der Fenster zugenagelt wurde, während die Architekten versuchten, eine Lösung zu finden, gab man dem Gebäude den Spitznamen *Plywood Palace* – zu Deutsch „Sperrholz-Palast". Man kam endlich zu dem Schluss, dass die Schwingungen des Gebäudes einen zu großen Druck auf die Scheiben ausübten, und so wurden gigantische Gewichte eingesetzt, um das Gebäude von innen her zu verankern. Zusätzlich stellte man zwei Sicherheitskräfte ab, die weiterhin die Fensterscheiben ständig im Auge behalten.

Was hat das mit mir zu tun?

Vielleicht fühlst du dich manchmal ein wenig wie der *Hancock Tower*. So viel Druck lastet auf dir und so viele Anforderungen aus verschiedenen Richtungen machen dir das Leben schwer. Gott will nicht, dass du dich so fühlst. Er weiß, dass du das Leben nicht genießen kannst, wenn du ständig besorgt bist. Er möchte etwas Besseres für dich. Vielleicht kannst du nicht die Umstände deines Lebens ändern, doch du kannst Erleichterung und Entlastung finden. Vertraue auf Gottes Wort:

> Gott ist unsre Zuflucht und unsre Stärke, der uns in Zeiten der Not hilft. Deshalb fürchten wir uns nicht, auch wenn die Erde bebt und die Berge ins Meer stürzen, wenn die Ozeane wüten und schäumen und durch ihre Wucht die Berge erzittern! (Psalm 46,2–4)

Gott will dir helfen, deine Lasten zu tragen. Zögere nicht, ihn darum zu bitten – dann wirst du den Stürmen des Lebens standhalten.

27. April

Unterschiede zwischen Frauen- und Männerhänden

Psalm 102,26

Es gibt zwar keine Regel ohne Ausnahme, doch einige interessante Unterschiede zwischen Männer- und Frauenhänden lassen sich fast allgemeingültig feststellen:

1. Der Ringfinger eines Mannes ist länger als sein Zeigefinger, während bei einer Frau der Zeigefinger länger ist als der Ringfinger.
2. Wenn man jemanden auffordert, seine Hände zu zeigen, dann zeigt ein Mann seine Hand mit der Handfläche nach oben, eine Frau mit der Handfläche nach unten.
3. Wenn ein Mann seine Fingernägel betrachtet, dann dreht er die Hand um und betrachtet die nach innen gekrümmten Finger; eine Frau betrachtet ihre Fingernägel, indem sie die Handfläche nach unten hält und die Finger ausstreckt.
4. Sowohl bei Männern als auch bei Frauen ist der Mittelfinger in der Regel so lang wie die Handfläche breit ist.

Was hat das mit mir zu tun?

Was wir Menschen mit unseren Händen machen, ist nichts im Vergleich zu dem, was Gott mit seinen Händen macht. In der Bibel werden Gottes Werke gepriesen:

> Einst hast du das Fundament der Erde gelegt und der Himmel ist das Werk deiner Hände. (Psalm 102,26)

Wenn man dich auffordern würde, die von Gott erschaffene Welt zu kopieren, was würdest du dann tun? Wie würdest du einen Stern

erschaffen? Oder einen Berg? Wie würdest du dafür sorgen, dass sich eine Blume öffnet oder ein Hund bellen kann oder Wolken am Himmel sind? Wie würdest du einen Fluss zum Fließen bringen? Gott weiß, wie all diese Dinge erschaffen wurden und wie sie funktionstüchtig bleiben. Unsere Aufgabe besteht allein darin, uns an Gottes Werken zu erfreuen und ihm dafür zu danken.

28. April

Als Hollywood ein glückliches kleines Dorf war

Hiob 28,12–13

Wusstest du, dass Hollywood anfangs eine Modellgemeinschaft für entschiedene Gegner des Alkohols sein sollte? Es wurde von der Familie Wilcox gegründet, die das Land 1886 kaufte. Der Name *Hollywood* war die Idee von Mrs Wilcox – sie hatte im Zug neben einer Frau gesessen, die in der Nähe von Chicago eine Sommerresidenz mit Namen „Hollywood“ hatte, und Mrs Wilcox mochte den Klang dieses Namens. Stell dir eine Gemeinschaft vor, in der es keine Verbrechen und daher auch kein Gefängnis gab, und wo der Bürgermeister ehrenamtlich arbeitete. Rund zwanzig Jahre lang war Hollywood ein kleines Dorf mit fünfhundert Einwohnern, deren größte Sorge darin bestand, die Schafe vom Dorfplatz fernzuhalten.

1903 wurde Hollywood eine Stadt und 1910 wurde es mit Los Angeles zusammengelegt. Das erste Filmstudio hielt 1911 seinen Einzug in Hollywood. In den 20er-Jahren hatte es sich zur Filmhauptstadt der Nation entwickelt und dafür gab es zwei Gründe. Erstens machte das Wetter dort eine längere Filmsaison möglich. Zweitens sorgten sich einige Filmleute über mögliche Urheberrechtsstreitigkeiten und da die mexikanische Grenze ganz nahe war, konnten sie im Fall eines Falls sicherheitshalber ins Nachbarland ausweichen. Das Hollywood-Emblem hieß zu Beginn „Hollywoodland“ als Werbegag für eine Immobilienfirma. Die letzten vier Buchstaben fielen irgendwann weg und das große Schild auf dem Hügel behielt den Namen „Hollywood“.

Was hat das mit mir zu tun?

Viele aufstrebende Schauspieler und Schauspielerinnen strömen nach Hollywood, in der Hoffnung, berühmt und reich zu werden. Für viele von ihnen scheint es der Gipfel des Erfolgs zu sein, Berühmtheit zu erlangen. Doch die Bibel fordert uns auf, nach etwas viel Wertvollerem zu trachten:

> Wo aber ist die Weisheit zu finden? Und wo lässt sich die Erkenntnis aufspüren? Kein Mensch weiß, wo sie ist, und unter den Lebenden ist sie nicht zu finden. (Hiob 28,12–13)

Verschwende nicht deine Zeit damit, das Rampenlicht in der Hoffnung auf Glück zu suchen – nimm dir vielmehr Zeit, in der Bibel zu lesen und zu forschen.

29. April

Warum es uns nicht schmeckt, „kleine Brötchen zu backen“

Matthäus 6,19–21

Wenn wir zugeben müssen, dass wir etwas falsch gemacht oder uns in einer Sache geirrt haben, dann müssen wir „kleine Brötchen backen“ – das bedeutet, dass wir unseren Stolz herunterschlucken und uns demütigen müssen. Der englische Begriff für „kleine Brötchen backen“ lautet *„eating humble pie“*, und dessen Bedeutung findet man in der Geschichte. Früher mussten arme Leute die weniger schmackhaften Teile von Tieren essen, weil sie für besseres Fleisch nicht genug Geld hatten. Manchmal mussten sie sogar die Nabelschnur von Tieren in ihrem Eintopf verwerten. Von dem englischen Wort für Nabelschnur ist das Wort „umble“ abgeleitet, das die reichen Leute für diese Art von „minderwertiger“ Nahrung verwendeten. Sie sahen darauf herab – wenn man *„umble pie“* essen musste, so bedeutete das schlichtweg, dass man arm war. Heutzutage dagegen drückt diese Redewendung im Englischen aus, dass man sich demütigt, zu Deutsch „kleine Brötchen bäckt“.

Was hat das mit mir zu tun?

Vielleicht kannst du dich gut in die Leute hineinversetzen, die *umble pie* essen mussten. Vielleicht hat deine Familie nicht so viel Geld wie die Familien deiner Freunde, und du wünschst dir, es wäre anders. Doch Geld und Reichtum bedeuten keineswegs Sicherheit. Die Bibel spricht mit viel Weisheit darüber:

> Sammelt keine Reichtümer hier auf der Erde an, wo Motten oder Rost sie zerfressen oder Diebe einbrechen und sie stehlen können. Sammelt eure Reichtümer im Himmel, wo sie weder von Motten noch von Rost zerfressen werden und vor Dieben sicher sind. Denn wo dein Reichtum ist, da ist auch dein Herz. (Matthäus 6,19–21)

Für Gott ist dein Herz so viel mehr wert als das, was in deinem Portemonnaie ist. Was du bist, hängt nicht davon ab, was du besitzt. Mach es zur wichtigsten Sache deines Lebens, Gott immer mehr zu lieben, und er wird dich immer mehr segnen.

30. April

Gute Einschlafhilfen

Psalm 3,5–7

Die Uhr tickt, alle schlafen bereits (jedenfalls scheint es so), und du starrst im Dunkeln an die Decke und wirst immer angespannter. Jeder von uns hat schon dann und wann eine solche schlaflose Nacht erlebt. Aber es gibt ein paar Tipps – wenn du sie beachtest, können sie dir das Einschlafen erleichtern und du musst nicht unbedingt Schäfchen zählen! Versuche zunächst, dich an einen bestimmten festen Ablauf zu gewöhnen. Versuche jeden Tag zur gleichen Zeit aufzustehen und schlafen zu gehen, auch während der Ferien und am Wochenende. Wenn du einmal wirklich nicht müde bist und nicht einschlafen kannst, dann frage deine Eltern, ob du noch ein bisschen aufstehen und etwas tun darfst, das dich zur Ruhe bringt. Zum Beispiel deine Füße zehn Minuten lang in warmem Wasser baden. (Ein Fußbad sorgt dafür, dass Blut aus dem Gehirn in die Füße fließt und dein Gehirn weniger aktiv ist). Versuche auch, koffeinhaltige Limonaden zu vermeiden und schalte Dinge aus, die dich beim Einschlafen stören könnten, wie helles Licht oder ein tropfender Wasserhahn.

Was hat das mit mir zu tun?

Es gibt auch noch eine andere Möglichkeit, Schlaflosigkeit zu bekämpfen: Wir können mit Gott reden:

> Ich rufe zum Herrn, und er antwortet mir von seinem heiligen Berg. Ich legte mich nieder, um zu schlafen, und erwachte in Sicherheit, denn der Herr behütete mich. Ich fürchte mich nicht vor zehntausend Feinden, die mich von allen Seiten umzingeln. (Psalm 3,5–7)

Wenn du ängstlich oder besorgt bist, sprich mit Gott darüber. Bitte ihn, sich um alles zu kümmern, was dich bedrückt. Gott freut sich, wenn du ihm Vertrauen schenkst.
Du kannst immer auf seine Hilfe zählen – und das Zählen der Schäfchen wird überflüssig.

1. Mai

Schuldschein

Römer 13,8

Wenn man sich von jemandem Geld borgt, dann verlangt der Gläubiger, d. h. der Geldgeber, manchmal einen Schuldschein. Mit deiner Unterschrift auf diesem Schuldschein bestätigst du, dass du einen bestimmten Betrag erhalten hast, den du zu einem vereinbarten Zeitpunkt zurückzahlen musst. Diese Urkunde dient also als Sicherheit für den Geldgeber. Mit ihr kann er beweisen, dass du ihm etwas schuldig bist. Wenn die Schuld später beglichen wird, verliert der Schuldschein seine Gültigkeit – er wird entwertet oder vernichtet.

Was hat das mit mir zu tun?

In der Bibel lesen wir:

> Bleibt niemandem etwas schuldig … (Römer 13,8)

Es gibt Leute, die ihre Schulden nicht bezahlen. Sie sagen sich: *Ich brauche das Geld dringender als der, der mir das Geld geliehen hat. Er wird es nicht vermissen. Ich kann das Geld besser gebrauchen und verwenden als er.* Doch Gott will nicht, dass wir so denken. Er möchte nicht, dass wir von irgendjemandem abhängig sind – außer von ihm. Er erwartet, dass wir unser Wort halten, Geld möglichst schnell zurückzahlen und niemandem über längere Zeit etwas schuldig sind. Wenn du so handelst, kannst du dich selbst respektieren und wirst auch von den anderen respektiert. Wenn du dann wieder einmal Geld borgen musst, wird man dir bedenkenlos Geld leihen, weil man weiß, dass man sich auf dich verlassen kann.

2. Mai

Warum Bügeln von jeher mühsam ist

2. Korinther 4,8–9

Vielleicht hast du schon einmal versucht, ein Kleidungsstück zu bügeln und das Ergebnis ließ ziemlich zu wünschen übrig. Früher war es noch viel schwieriger, zu bügeln! Im antiken Griechenland rollten die Leute erhitzte Eisenstangen über ihre Kleider und die Römer benutzten Metallhammer, um Falten „auszubügeln“. Die Wikinger plätteten mit einem kopfüber gehaltenen pilzförmigen Eisen über ihre feuchte Kleider – zahlreiche Plissees waren ein Zeichen für Reichtum, denn die Armen hatten nicht genug Zeit oder Diener, um solche Falten in ihre Kleider zu pressen. Im 15. Jahrhundert benutzten wohlhabende Leute in Europa Bügeleisen, die mit heißen Steinen oder Kohlen gefüllt waren. Die ärmeren Leute gebrauchten ein flaches Metallstück mit einem Griff, das sie regelmäßig ans Feuer hielten, um es immer wieder zu wärmen.

Doch die verschiedenen Modelle brachten verschiedene Probleme mit sich. Beim Bügeln mit einem am Feuer aufgeheizten Eisen fiel oft Ruß oder Asche auf die Kleidung. Die mit Gas geheizten Bügeleisen im 19. Jahrhundert konnten lecken oder sogar explodieren. 1882 wurde das erste elektrische Bügeleisen von Henry Weely patentiert. Doch es dauerte lange, bis dieses Eisen heiß war, und nur wenige Menschen hatten damals Elektrizität. Erst 1926 hielt das Dampfbügeleisen seinen Einzug.

Was hat das mit mir zu tun?

Das Schlimmste am Bügeln ist, dass es nicht lange vorhält. Egal, wie sorgfältig wir ein Kleidungsstück bügeln – wenn wir es eine Weile getragen haben, sind wieder Falten und Knicke darin. Unser Leben ist damit vergleichbar. Wir bemühen uns, die „Falten" unseres Lebens auszubügeln – unsere Schwierigkeiten, Ängste und Schwächen – doch sobald wir an einer Stelle erfolgreich geglättet haben, scheinen an anderer Stelle wieder neue „Falten" zu entstehen. Lass dich nicht entmutigen. In der Bibel lesen wir:

> Von allen Seiten werden wir von Schwierigkeiten bedrängt, aber nicht erdrückt. Wir sind ratlos, aber wir verzweifeln nicht. Wir werden verfolgt, aber Gott lässt uns nie im Stich. Wir werden zu Boden geworfen, aber wir stehen wieder auf und machen weiter. (2. Korinther 4,8–9)

Bitte Gott, dich ganz nahe bei ihm zu halten.

3. Mai

Was ein Jacuzzi mit Flugzeugen und Arthritis zu tun hat

Johannes 5,7

Wusstest du, dass die Entstehungsgeschichte des beliebten Sprudelbads „Jacuzzi" mit Flugzeugen und Arthritis zu tun hat? Die Familie des Italieners Candido Jacuzzi kam 1917 nach Amerika. Sie begann Ausrüstungsteile für Flugzeuge herzustellen, trat jedoch aus diesem Geschäft aus, als ein von ihnen produziertes Flugzeug abstürzte. Danach erfand die Familie eine Wasserpumpe für Schwimmbecken. Candidos kleiner Sohn Kenneth litt unter einer schmerzhaften Krankheit namens „rheumatische Arthritis". Eines Tages beobachtete Candido, wie sein Sohn im Krankenhaus in einem Unterwassermassagebecken behandelt wurde. Er stellte fest, dass die Pumpe des Beckens der von seiner Familie erfundenen Pumpe sehr ähnlich war und entwickelte ein Massagebeckenmodell für den Hausgebrauch, das in Läden für medizinisches Zubehör verkauft wurde. In Hollywood, dessen Einwohner sehr auf ihre Gesundheit achteten, begann ein regelrechter Sprudelbeckentrend. Die Leute ließen zu Hause Sprudelbäder einbauen und schafften sich später auch tragbare Modelle an. 1975 verkaufte die Familie Jacuzzi ihr Unternehmen für siebzig Millionen Dollar; doch ihr Name bleibt untrennbar mit den Sprudelbädern verbunden.

Was hat das mit mir zu tun?

In der Bibel lesen wir die Geschichte eines kranken Mannes, der zu Jesus sagte:

> Herr, ich kann nicht, denn ich habe niemanden, der mich in den Teich trägt, wenn sich das Wasser bewegt. Während ich noch versuche hinzugelangen, steigt immer schon ein anderer vor mir hinein. (Johannes 5,7)

Jesus heilte diesen Mann, als er sah, dass er das Wasser nicht allein erreichen konnte. Candido fand seine Lebensaufgabe, als er seinem Sohn zu einem eigenen Massagebecken verhelfen wollte. Jesus stillte die Bedürfnisse des kranken Mannes, so wie Candido die Bedürfnisse seines Sohnes stillte. Wenn du dein Leben sinnvoll gestalten möchtest, dann kannst du diesen Beispielen folgen. Indem du danach Ausschau hältst, eine Not zu entdecken und zu lindern, wirst du selbst gesegnet.

4. Mai

Wie ein Gemälde zum Puzzle wurde

Hesekiel 34,16

Zuerst verschwand das Gemälde komplett – es war *St. Jerome* von Leonardo da Vinci. Als seine Besitzerin – eine Malerin namens Angelica Kauffmann – 1804 starb, wurde entdeckt, dass das Gemälde nicht mehr da war. Zehn Jahre lang konnte niemand das Rätsel lösen. Eines Tages schlenderte Kardinal Joseph Fesch durch die Antiquitätenläden Roms und stolperte über eine Kiste, deren Deckel aus dem Gemälde hergestellt war. Der Teil mit Jeromes Kopf fehlte jedoch. Der Kardinal kaufte die Kiste trotzdem, und als er einige Monate später in einem anderen Antiquitätenladen stöberte, fand er eine Bildpassage mit einem Kopf, der dem fehlenden auf dem Gemälde ähnelte. Er nahm das Bild mit nach Hause und war sehr aufgeregt, als er feststellte, dass der Kopf genau in das Gemälde hineinpasste. Die Teile des Puzzles waren endlich zusammengefügt!

Was hat das mit mir zu tun?

Es war nicht sehr wahrscheinlich, dass man die beiden Teile des Gemäldes je wieder würde zusammenbringen können. Vielleicht bist du in einer ähnlichen Lage: Du hast dich weit von Jesus entfernt und glaubst nun, es gibt keinen Weg zurück. Doch Jesus ist darauf spezialisiert, Zerbrochenes zu heilen. Du könntest bis ans Ende der Welt laufen – er würde dich finden. In der Bibel lesen wir:

> Ich werde das Verlorene suchen und das Verirrte nach Hause bringen. Ich werde das Verletzte verbinden und das Kranke stärken. (Hesekiel 34,16)

Wenn du dich verloren fühlst und nach Hause zu Jesus kommen möchtest, sag es ihm. Er wird dir helfen, wieder zu ihm zurückzufinden.

5. Mai

Ein regelrechtes Sprachgenie

Sprüche 2,6

Joseph Caspar Mezzofanti hatte immer etwas zu sagen. Er war außergewöhnlich sprachbegabt und beherrschte mit zwölf Jahren bereits acht verschiedene Sprachen. Der italienische Junge wollte Priester werden, doch er war noch nicht alt genug. Also beschloss er, bis zu seiner Priesterweihe weitere Sprachen zu erlernen. 1833 rief der Papst Joseph in den Vatikan, wo er als Leiter der Bibliothek arbeitete, bis er schließlich zum Kardinal erhoben wurde. Joseph wurde weithin bekannt, weil er unter anderem die Beichte ausländischer Häftlinge in ihrer Sprache verstehen konnte.

Die beeindruckendste Leistung des Kardinals bestand darin, die Sprache zweier ausländischer Häftlinge, die am nächsten Tag hingerichtet werden sollten, in einer einzigen Nacht zu lernen, um ihnen vor ihrem Tod die Beichte abnehmen zu können. Insgesamt beherrschte Joseph achtunddreißig Sprachen. Die schwierigste Sprache – Chinesisch – erlernte er in nur vier Monaten. Er konnte siebzig Sprachen verstehen. Doch besonders erstaunlich ist die Tatsache, dass Joseph bei all seiner Sprachgewandtheit niemals sein Geburtsland Italien verlassen hat.

Was hat das mit mir zu tun?

Es ist verblüffend, mit wie vielen Menschen Joseph in ihrer eigenen Sprache reden konnte. Es war gar nicht so wichtig, was er sagte – die Leute waren einfach nur beeindruckt, weil er es in ihrer Muttersprache sagen konnte. Gott ist noch weitaus erstaunlicher! Er spricht zu jedem Menschen auf der Erde und jeder einzelne weiß und versteht, was er sagt. Außerdem sagt uns die Bibel:

> Denn der Herr schenkt Weisheit! Aus seinem Mund kommen Erkenntnis und Einsicht. (Sprüche 2,6)

Gott versteht es perfekt, sich uns mitzuteilen, und wenn wir durch das Lesen der Bibel und im Gebet auf ihn hören, dann werden wir ihn verstehen.

6. Mai

Etikett entfernen verboten

Markus 4,23–24

Du schläfst auf einem neuen Kopfkissen, doch das Knistern des Etiketts macht dich ganz verrückt. Du beschließt, das Etikett abzuschneiden. Plötzlich liest du: „Nicht entfernen – strafrechtliche Verfolgung möglich." Was wird passieren, wenn du das Etikett mit der Schere entfernst? Wird die Polizei an deine Tür klopfen? Wird das Abschneiden des Etiketts dir oder dem Kissen unvorhergesehenen Schaden zufügen? Mach dir keine Sorgen. So ein Etikett wirst du zum einen nicht auf einem Kissen bei uns in Deutschland finden. Und selbst wenn: Die Warnung auf dem Etikett gilt nicht dir, sondern dem Hersteller und dem Vertreiber des Kissens. In der Vergangenheit kam es in Amerika vor, dass Hersteller gepolsterte Artikel mit Materialien füllten, die nicht den Vorschriften entsprachen. Das Etikett soll dafür sorgen, dass die Hersteller die gesetzlich geregelten Sicherheitsbedingungen erfüllen. Laut Gesetz müssen alle verwendeten Materialien deines Kissens auf dem Etikett aufgeführt sein, damit du genau weißt, was du da kaufst. Nur die Verkäufer dürfen das Etikett nicht entfernen.

Das Etikett, das dir so bedrohlich vorkam, ist in Wirklichkeit zu deinem Schutz da. Wenn du ein Kissen kaufst und mit nach Hause nimmst, darfst du mit dem Etikett tun, was du willst. Mittlerweile gibt es Etiketten, auf denen der Zusatz steht: „… außer durch den Verbraucher". Der Verbraucher bist du, der Kunde – derjenige, der das Kissen benutzt.

Was hat das mit mir zu tun?

Wenn uns schon die Warnung, ein Etikett nicht zu entfernen, derart zu denken gibt, sollten wir nicht umso mehr das beachten, was Gott uns ans Herz legt? Er sagt: Mein Kind, entferne dich nicht von mir. Du läufst sonst Gefahr, ein Leben voller Segnungen zu verpassen. Jesus sagt:

> „Wer Ohren hat, soll gut zuhören!“ Er fügte hinzu: „Achtet auf das, was ich euch sage! Nach dem Maß eures Zuhörens wird Gott euch Verständnis geben, ja noch über das Maß eures Zuhörens hinaus!“ (Markus 4,23–24; GN)

Wenn du das nächste Mal deinen Kopf auf dein Kissen legst, dann mach dir keine Gedanken wegen des Etiketts. Stattdessen präge dir im Gedächtnis lieber ein, dich nie von Jesus und seinem Wort zu trennen.

7. Mai

Wie man einen Elefanten lenkt

Psalm 32,9

Es dauert sehr lange, einen Elefanten zu verstehen. In Asien bekommen kleine Jungen häufig ein Elefantenbaby geschenkt, um sich mit ihm anzufreunden und ein Leben lang befreundet zu sein. Der Junge lernt, dass ein Elefant seinen Rüssel so benutzt wie Menschen ihre Hände gebrauchen – der Rüssel wird angehoben, um „Guten Tag“ zu sagen, er streichelt einen anderen Elefanten, der krank ist, und er schwingt hin und her, um zu zeigen, dass der Elefant in Sorge ist. Elefanten haben auch eine eigene Sprache; sie schnauben, knurren und quietschen, und jedes Geräusch hat eine spezifische Bedeutung. Ein Elefant trompetet mit seinem Rüssel, damit Men-

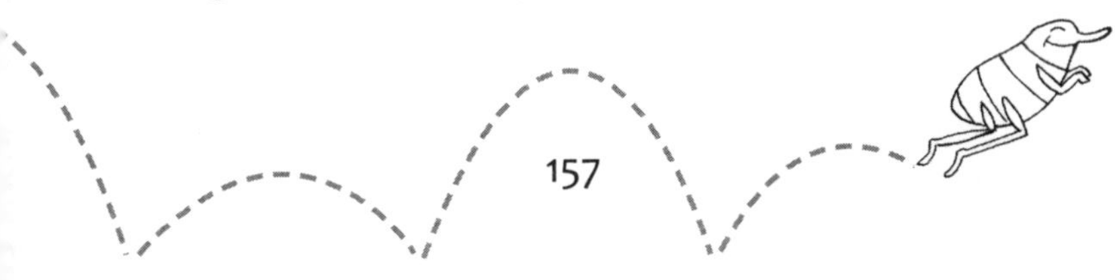

schen ihm aus dem Weg gehen. Er braucht nur sehr wenig Schlaf, nicht mehr als eine Stunde pro Tag. Elefanten schnarchen sehr laut, wenn sie schlafen.

Wenn der Junge all diese Dinge gelernt hat, dann wird es Zeit für den Elefanten, Dinge von dem Jungen zu lernen. Das Kind setzt sich auf den Rücken des Dickhäuters und bringt ihm bei, dass ein Klaps auf den Rücken „Stop“ bedeutet, ein Drücken des rechten Ohres „nach rechts gehen“, ein Drücken des linken Ohres „nach links gehen“ und ein Klaps auf den Kopf „hinknien“.

Nun ist das kleine Team bereit, gemeinsam zu arbeiten. Der Junge reitet auf dem Elefanten, während das Tier Baumstämme transportiert oder kleine Bäume umstößt. Früher ritt man sogar auf Elefanten in eine Schlacht, doch sie sind sehr friedliebend. Sie liefen vor dem Kampf weg und zertrampelten alles, was ihnen in die Quere kam, sogar ihre eigenen Herren. Daraufhin gebrauchte man sie nicht mehr, wenn man in den Krieg zog.

Was hat das mit mir zu tun?

Tiere abzurichten ist eine sehr schwierige Angelegenheit, weil man ihnen etwas beizubringen versucht, was ihnen von Natur aus fremd ist. In der Bibel lesen wir:

> Sei nicht wie ein unvernünftiges Pferd oder ein Maultier, das Gebiss und Zaumzeug braucht, damit es folgt. (Psalm 32,9)

Gott freut sich, wenn du aus freiem Willen zu ihm kommst und ihm folgst. Er möchte nicht, dass du von deinen Eltern dazu gedrängt werden musst. Je mehr du ihn kennst und seine Größe und Liebe verstehst, umso mehr freust du dich darauf, in seine Arme zu laufen. Er möchte dir seine wunderbaren Pläne für dich zeigen.

8. Mai

Wie ein Spielzeug eine Armee aufgehalten hat

Hebräer 13,6

Einmal haben drei kleine Jungen eine ganze Armee mit einer Spielzeugkanone aufgehalten. Zwei Gruppen von Soldaten führten 1944 in Louisiana ein Manöver durch. Eine Gruppe schlich durch das Unterholz. Ganz in der Nähe spielten drei Jungen mit ihrer Spielzeugkanone, sie feuerte Karbidgas und machte sehr viel Krach. Die Jungen feuerten in Richtung der Soldaten, ohne zu wissen, dass sie dort waren. Die Soldaten hörten das Krachen und wussten nicht, wer da auf sie schoss. Also erwiderten sie das Feuer, benutzten jedoch keine echten Patronen. Fast eine halbe Stunde lang ging es so weiter, bis man endlich entdeckte, dass fünfhundert Panzer, Jeeps und Lkw sowie jede Menge Soldaten von drei kleinen Jungen und ihrem Spielzeug aufgehalten worden waren.

Was hat das mit mir zu tun?

Manchmal kommt es dir so vor, als ob du gegen etwas kämpfst, das viel größer und stärker ist als du, so wie die kleinen Jungen gegen eine ganze Armee kämpften. Vielleicht ist es der Mathematikunterricht oder Mitschüler, die dir das Leben schwer machen oder die Scheidung deiner Eltern. Wenn du dich schwach und hilflos fühlst, unfähig, die Dinge zu verändern, dann übergib all deine Probleme an Gott. Kein Problem ist größer als er! Die Bibel lädt uns ein, Gott zu vertrauen:

> Deshalb können wir zuversichtlich sagen: „Der Herr steht zu mir, deshalb fürchte ich mich nicht. Was können mir Menschen anhaben?“ (Hebräer 13,6)

Gott ist mächtiger als alles, auch als die stärkste Kanone dieser Welt. Er wird dir Hoffnung, Trost und Hilfe schenken, die weit über das hinausgehen, was ein Mensch dir geben könnte.

9. Mai

Die Erfindung der Registrierkasse

3. Mose 19,13

Ein Mann namens James J. Ritty, der Inhaber eines Geschäfts in Ohio, hatte ein großes Problem. Seine Angestellten nahmen Geld, das ihnen nicht gehörte. Ritty hatte keine Idee, wie er seine Einnahmen wirkungsvoll überwachen konnte, und um seine Sorgen eine Zeit lang zu vergessen, machte er eine Kreuzfahrt.

Auf dem Schiff fiel seine Aufmerksamkeit auf eine Maschine, die zählte, wie oft sich die Schiffsschraube drehte. Eine solche Zählmaschine war genau das, was er brauchte! Er war so begeistert über seinen Fund, dass er am nächsten Hafen ein Schiff nahm, das ihn direkt wieder nach Hause brachte. Das geschah 1879 und schon bald hatte Ritty die Registrierkasse entwickelt und auf den Markt gebracht. Einige Registrierkassen waren mit einer Klingel versehen, die jedes Mal erklang, wenn die Geldschublade der Kasse geöffnet wurde. Jeder, der versucht hätte, Geld aus der Kasse zu entwenden, hätte sofort die Aufmerksamkeit der anderen im Laden auf sich gezogen. Ein Modell der Registrierkasse wurde sogar „Diebfänger" genannt.

Gott sagt in seinem Wort, Arbeiter dürfen nur Geld beanspruchen, das sie durch ehrliche Arbeit verdient haben. Ritty war natürlich im Recht, als er seine Angestellten daran hinderte, Geld aus den Einnahmen des Ladens zu stehlen.

Was hat das mit mir zu tun?

Wenn du deine erste Arbeitsstelle antrittst, dann wirst du sicher dafür sorgen, ein Angestellter zu sein, dem der Chef vertrauen kann. Solltest du eines Tages selbst Chef sein, dann achte darauf, deine Angestellten gerecht zu behandeln. In der Bibel lesen wir Gottes Aufforderung:

> Ihr sollt niemanden erpressen oder berauben. Ihr sollt Arbeiter, die ihr für einen Tag beschäftigt, noch am selben Abend bezahlen. (3. Mose 19,13)

Ob du später ein Angestellter oder ein Chef wirst – in jedem Fall solltest du die Menschen, die mit dir zusammenarbeiten, respektieren und ihnen geben, was ihnen zusteht.

10. Mai

Was du bei Uhren möglicherweise bisher nicht bemerkt hast

Prediger 3,1

Wir sehen sehr oft auf die Uhr, doch bestimmte Dinge sind dir vielleicht nie aufgefallen:

Viele Uhren haben römische Zahlen, und in der Schule hast du gelernt, dass die Zahl Vier als römische Zahl „IV“ geschrieben wird. Betrachte einmal genau die Ziffer Vier auf den Uhren, die römische Zahlen verwenden. Sehr oft wird die Vier mit vier senkrechten Linien dargestellt. Wie kommt das? Vor langer Zeit hatte der französische König Ludwig der Fünfzehnte eine Uhr mit römischen Ziffern und jedes Mal, wenn er darauf blickte, verwechselte er die Ziffern IV (vier) und VI (sechs). Also beauftragte der König einen Uhrmacher, die Vier so zu verändern, dass man sie nicht mehr mit der Sechs verwechseln konnte. Natürlich wollten alle anderen den König nachahmen und

so wurden viele Uhren mit der abgeänderten Ziffer Vier hergestellt. Dieser Brauch existiert noch heute.

Nun sieh dir einmal die Zifferblätter von Uhren an, für die in Zeitungen, im Fernsehen oder in Geschäften geworben wird. Wenn es eine Uhr mit Zeigern ist, sind diese sehr wahrscheinlich auf 8 Uhr 20 oder auf 10 Uhr 10 gestellt. Warum? Wenn man die Zeiger in eine der beiden Positionen bringt, wirkt das Aussehen der Uhr symmetrischer und somit ansprechender. Außerdem bringen viele Uhrmacher ihren Namen am unteren Rand des Zifferblatts an – also müssen die Zeiger so eingestellt sein, dass sie nicht den Namen des Herstellers verdecken.

Was hat das mit mir zu tun?

Wir brauchen die Zeit, um unseren Tagesablauf zu ordnen. Es wäre ziemlich verwirrend, wenn Kinder jeden Tag zu einer unterschiedlichen Zeit zur Schule gingen und nach Hause kämen. Stell dir vor, du wüsstest nicht, wann deine Lieblingssendung im Fernsehen ausgestrahlt wird. Und wie wäre es, wenn du nicht wüsstest, ob du fünf Minuten oder fünf Stunden auf die nächste Mahlzeit warten musst? Gott hält seine Welt in Ordnung, indem er uns regelmäßig Tag und Nacht, Winter und Sommer gibt. In der Bibel lesen wir:

> Alles hat seine Zeit, alles auf dieser Welt hat seine ihm gesetzte Frist. (Prediger 3,1)

Nutze die Zeit, um die Übersicht über deine Aktivitäten zu behalten und sorge auch dafür, genug Zeit für Gott einzuplanen.

11. Mai

Warum Katzen ihr Fell lecken

Mattäus 23,26

Katzen haben alles, was sie brauchen, um ihren eigenen Waschsalon zu aktivieren. Sie lecken ihr Fell, um sich zu reinigen, und das funktioniert sehr gut. Der Speichel einer Katze enthält eine Art Spülmittel, wodurch das Fell sauber wird und gut riecht. Ihre Zunge ist rau – wenn sie mit ihr über das Fell reibt, werden tote Haare und Schmutz „abgerubbelt“. Doch das Lecken hat auch noch andere Vorteile: Der Speichel ist wie eine Dusche, die bewirkt, dass die Körpertemperatur des Tieres auch bei heißem Wetter nicht zu hoch wird. Wenn die Sonne auf das Fell der Katze scheint, nimmt sie beim Ablecken Vitamin D auf. Außerdem sorgt das Lecken des Fells dafür, dass der natürliche Geruch der Katze verdeckt wird, sodass sie besser jagen kann.

Was hat das mit mir zu tun?

Katzen reinigen nur das Äußere, doch wir Menschen müssen auch über die Reinigung unseres Inneren nachdenken – unseres Herzens, unserer Seele, unserer Gefühle und unserer Persönlichkeit. Es ist wichtig, nach außen hin sauber und gepflegt zu sein, aber es ist noch wichtiger, im Inneren sauber zu sein – Gott sieht unser Herz! Er weiß, ob wir liebevoll, freundlich und ehrlich sind. Wenn er unser Herz reinigt, dann sind wir in seinen Augen glänzend rein. In der Bibel lesen wir:

> Wascht erst einmal die Tasse von innen aus; das Äußere wird dann von selbst sauber. (Matthäus 23,26)

Wenn dein Herz von Gottes Liebe erfüllt ist, wirst du sie ausstrahlen und wundervoll aussehen.

12. Mai

Wie ein Softballspieler ein fliegendes Baby auffing

5. Mose 33,27

Tom Deal war sehr enttäuscht. Eines Nachmittags hatte er Softball gespielt und dabei einen Flugball verpasst, den er eigentlich hätte fangen müssen. Aufgrund dieses Fehlers hatte seine Mannschaft verloren. Als er an jenem Abend zu Bett ging, dachte er immer noch über den missglückten Fang nach. Am nächsten Morgen hörte Tom das Weinen eines Kindes und schaute aus dem Fenster. Er sah, wie ein Baby auf der anderen Straßenseite auf den Balkon einer Wohnung krabbelte. Der Balkon befand sich im dritten Stock und das Kind bewegte sich geradewegs auf das Geländer zu. Tom rannte über die Straße und klingelte stürmisch, doch niemand antwortete. Als er hochsah, entdeckte er, wie das Kleine durch die Balkonbrüstung krabbelte. Er streckte die Arme aus und fing das fallende Baby gerade rechtzeitig auf.

Was hat das mit mir zu tun?

In einigen Jahren wird sich niemand mehr daran erinnern, dass Tom beim Softballspiel jenen Fehler machte. Doch die Familie des Babys wird sich für immer daran erinnern, dass Tom ihr Kind gerettet hat. Oft fühlen wir uns als Versager, weil kleine Dinge nicht so geklappt haben, wie wir wollten. Doch wenn wir an Jesus Christus glauben, brauchen wir nicht über Dinge enttäuscht zu sein, die gar nicht wirklich wichtig sind, denn das Wichtigste haben wir geregelt. In der Bibel lesen wir:

> Der ewige Gott ist eure Zuflucht und unter euch sind seine ewigen Arme. (5. Mose 33,27)

Gott verspricht uns, dass er uns immer auffangen wird.

13. Mai

Vergessliche Fische

Psalm 103,2

Ein guter Platz zum Fischen sind Brücken, denn Fische halten sich gern im Wasser darunter auf, weil es dort schattig ist. Plankton sammelt sich unter Brücken im Wasser an, sodass die Fische jede Menge Nahrung finden. Außerdem werden Brücken in der Regel über den engsten Teil eines Flusses gebaut und die Fische mögen das an dieser Stelle schneller fließende Wasser.

Wenn man einen von ihnen an der Angel hat und ihn herauszieht, sehen die anderen Fische nur zu. Warum schwimmen sie nicht weg, um ihr Leben zu retten? Sehen die Fische, wie ein Artgenosse zappelt und kämpft, versuchen sie sich zu verstecken. Das scheint doch dafür zu sprechen, dass sie klug sind. Sobald der Fisch aus dem Wasser gezogen wird und die anderen ihn nicht mehr sehen können, vergessen sie jedoch die Gefahr und schwärmen wieder zurück zum Ort des Geschehens.

Was hat das mit mir zu tun?

Die Bibel fordert uns auf, uns an Gottes Taten zu erinnern:

> Mit meiner Seele will ich den Herrn loben und das Gute nicht vergessen, das er für mich tut. (Psalm 103,2)

So wie Fische vergesslich sind, so vergessen auch wir manchmal die vielen Gelegenheiten, bei denen wir Gottes Hilfe schon erfahren haben. Dann leben wir so, als wäre er nicht an unserer Seite und wir machen uns unnötige Sorgen um die Zukunft. Darum ist es gut, sich zu erinnern: Schreib doch einmal all die Situationen auf, wo Gott dir zu Hilfe gekommen ist.

14. Mai

Eine gemütliche Höhlenwohnung?

1. Petrus 2,4

Mussten die Höhlenmenschen Felsen und Schmutz abschlagen, bis ein Loch entstand, das groß genug war, um darin zu leben? Nein, so war es nicht. Sie mussten einfach eine Höhle finden, die durch den Regen gebildet worden war. Es gibt ein weiches Gestein namens Kalkstein, in dem sich viele winzige Löcher befinden. Das Regenwasser tropfte über Tausende von Jahren durch diese Löcher und wusch das Gestein zwischen den Löchern hinweg. Irgendwann blieb nur noch ein großes wassergefülltes Loch zurück. Nachdem das Wasser aus der Höhle abgeflossen war, zogen die Höhlenmenschen dort ein.

Was hat das mit mir zu tun?

Es war praktisch für die Höhlenmenschen, ein fertiges „Haus" aus Stein zu finden. Felsgestein ist hart und robust, daher sagt die Bibel:

> Zu ihm kommt als zu dem lebendigen Stein, der von den Menschen verworfen ist, aber bei Gott auserwählt und kostbar. (1. Petrus 2,4; LÜ 84)

Du kannst dich immer felsenfest darauf verlassen, dass Jesus sein Wort hält. Wenn du deine Beziehung zu ihm zur wichtigsten Sache deines Lebens machst, wird Gott dich stark und fest machen.

15. Mai

Hühner mit Kontaktlinsen

Psalm 146,8

Wer würde wohl auf den Gedanken kommen, Kontaktlinsen für Hühner zu kaufen? Normalerweise verstärken Kontaktlinsen die Sicht, doch bei Hühnern wird die Sicht durch Kontaktlinsen getrübt.

Hühner kämpfen oft miteinander, um herauszufinden, wer der Chef ist und um auf die schwächeren Artgenossen einzuhacken. Um das Kämpfen zwischen den Hühnern zu vermeiden, kaufen manche Landwirte Kontaktlinsen, die die Sicht der Hühner beeinträchtigen. Da sie nicht gut sehen können, welches Huhn sich neben ihnen befindet, kämpfen sie nicht miteinander. Außerdem müssen die Hühner wegen der eingeschränkten Sicht ihren Kopf senken und nahe am Boden nach Nahrung suchen. Wenn ein Huhn den Kopf gesenkt hält, bedeutet das, dass es nicht kämpfen will, und die anderen Hühner lassen es in Ruhe.

Was hat das mit mir zu tun?

Kontaktlinsen beeinflussen die Sehfähigkeit von Menschen (und Hühnern!). Doch um mit deinem Herzen besser zu sehen und zu verstehen, brauchst du Gottes Hilfe. Die Bibel verspricht:

> Der Herr macht die Blinden sehend. (Psalm 146,8)

Wenn du verwirrt bist oder an Gottes Versprechen zweifelst, dann ist das so, als ob deine Seele für Gottes Güte blind wäre. Bitte Gott um Hilfe, und er wird dir seine Liebe zeigen. Versuch es und sieh!

16. Mai

Kein Wort mehr!

Prediger 3,1 und 7

Jeder ist schon dann und wann ermahnt worden, still zu sein. Doch eine Französin namens Madame Regnier mochte das ganz und gar nicht. Nachdem ihr Mann einmal zu ihr gesagt hatte: „Sei still, du erzählst Unsinn", wurde Madame Regnier wütend und lief aus dem Zimmer. Tagelang sprach sie kein Wort mehr zu ihrem Mann.

Monsieur Regnier litt unter der Situation und bat seine Frau um Entschuldigung. Doch sie sah ihn nur an und schwieg. Sie sprach auch mit niemand anderem. Als ihre Tochter sie um die Erlaubnis bat, ihren Verlobten zu heiraten, nickte sie nur. Nach einem Augenblick der Wut sprach diese Frau für den Rest ihres Lebens kein Wort mehr.

Was hat das mit mir zu tun?

Madame Regnier verhielt sich nicht richtig. In der Bibel heißt es:

> Alles hat seine Zeit … Schweigen hat seine Zeit wie auch das Reden. (Prediger 3,1 und 7)

Wenn Madame Regnier versucht hätte, freundlich zu sein, hätte sie die Menschen in ihrer unmittelbaren Umgebung nicht so lange unglücklich gemacht. Ihre Familie wollte mit ihr reden, doch sie zeigte nur Egoismus, anstatt ihnen Liebe zu geben. Wenn jemand etwas Verletzendes zu dir sagt, dann antworte nicht mit einer ähnlich verletzenden Bemerkung. Auch Schweigen hat seine Zeit. Versuche so bald wie möglich, etwas Positives zu finden und auszusprechen. Wenn du es lernst, zur rechten Zeit zu schweigen und zu reden, wird es dich glücklich machen und die Menschen in deinem Umfeld ebenso.

17. Mai

Wie man sich und seine Sachen ohne Schlösser absichern kann

Psalm 4,9

Früher, als es noch keine Sicherheitsschlösser gab, war es nicht so einfach, seine Besitztümer zu schützen. Vor langer Zeit versteckten die Menschen ihr Hab und Gut in einem Loch im Baumstamm und vor den Eingang ihrer Höhle rollten sie einen schweren Stein, damit niemand unerlaubt eintreten konnte. Wenn man sein Haus auf einem Felsvorsprung hatte, wie es bei den Pueblo-Indianern der Fall war, dann ließ man tagsüber eine Leiter vor der Tür und holte sie nachts herein. Man konnte auch Häuser auf Stelzen bauen, die für jedermann schwer begehbar waren – auch für den Hausbesitzer selbst!

Irgendwann fingen die Menschen an, in Blockhäusern zu leben. Sie waren kleiner als die meisten Häuser heutzutage, doch ansonsten glichen sie vielen modernen Häusern. Anfangs rollte man einen dicken Holzklotz vor die Tür, um Eindringlinge fernzuhalten, doch es war nicht ganz unproblematisch, den Klotz zu entfernen, wenn man das Haus verlassen wollte. Du kannst dir vorstellen, wie praktisch und beruhigend es war, als es schließlich Schlösser und Schlüssel gab!

Was hat das mit mir zu tun?

Manchmal kommt es vor, dass man übertreibt – vielleicht kennst du Leute, die sehr viel Geld in Sicherheitssysteme investiert haben, um sich und ihren Besitz vor Eindringlingen zu schützen. Egal, wie sehr wir uns bemühen, uns selbst zu schützen, wir werden uns niemals vollkommen sicher fühlen, wenn wir uns nur auf von Menschen geschaffene Sicherheit verlassen. In der Bibel lesen wir:

Ich will mich in Frieden hinlegen und schlafen, denn du allein, Herr, gibst mir Geborgenheit. (Psalm 4,9)

Gott allein kann dich wirklich schützen.

18. Mai

Ein narrensicherer Feueralarm

Jakobus 3,5–6

Jemand aktiviert den Notruf. Die Feuerwehrwagen rollen in Höchstgeschwindigkeit aus der Feuerwache und rasen mit Blaulicht und Martinshorn zu dem Ort, von dem aus der Alarm in Gang gesetzt wurde. Die Feuerwehrmänner springen vom Wagen und stellen fest, dass ein Fehlalarm ausgelöst wurde. Ungefähr jeder vierte Notruf ist ein falscher Alarm. Manchmal steckt ein schlechter Scherz dahinter und Zeit und Geld werden sinnlos vergeudet.

Ein Mann namens Lawrence Hartshorn hatte eine Idee, wie man Fehlalarm vorbeugen könnte. Er baute eine große Kabine, die wie ein riesiger Lippenstift aussah, und installierte darin das Alarmsystem. Wenn jemand Alarm auslösen wollte, musste er in die Kabine hinein und die Tür hinter sich schließen. Ansonsten war es unmöglich, den Alarm auszulösen. Außerdem war das System so ausgefeilt, dass der Alarmgeber fünf Minuten lang in der Kabine eingeschlossen war, bevor sich die Tür selbst entriegelte. Beim Eintreffen von Feuerwehr und Polizei konnte er also nicht ungesehen davonhuschen, wenn es sich um einen Scherz handelte. Die Kabine wurde vor einer Schule in Rhode Island installiert, wo Kinder schon sehr häufig aus Spaß falsche Notrufe ausgelöst hatten. Die Fehlalarme hörten auf und die Kabine hatte ihren ersten Test bestanden.

Was hat das mit mir zu tun?

Ein echtes Feuer kann sich sehr schnell ausbreiten und verheerende Folgen haben. Deshalb sind Feuerwehrmänner derart in Eile, zum Ort des Geschehens zu gelangen, und nehmen sich nicht erst die Zeit, einen möglichen Fehlalarm auszuschließen. In der Bibel steht, dass Klatsch und Tratsch wie Feuer ist:

> So kann auch die Zunge, so klein sie auch ist, enormen Schaden anrichten. Ein winziger Funke steckt einen großen Wald in Brand! Die Zunge ist wie eine Flamme …
> Jakobus 3,5–6

Wenn du ein Gerücht über eine Person weitergibst, dann kann dieses Gerücht schnell außer Kontrolle geraten, ähnlich wie ein Feuer. Schon bald glauben alle, dass das Gerücht wahr ist, und die betroffene Person wird verletzt. Erzähle niemals Geschichten über andere. Gott will, dass du anderen eine Hilfe bist, nicht, dass du sie kränkst.

19. Mai

Wozu man einen Reisepass braucht

Jesaja 6,8

Wenn du in ein nicht europäisches Land reist, brauchst du einen Reisepass. In diesem Dokument befinden sich dein Name und der deines Heimatlands sowie ein Foto und bestimmte Angaben über dich. Für manche Länder, die dies verlangen, wird zusätzlich ein Visum im Pass eingetragen.

Vor langer Zeit – bevor es diese Art Dokument gab – konnte man vom Staatsoberhaupt eine Art Berechtigungsausweis bekommen. Im alten Ägypten zum Beispiel gab der Pharao den Reisenden ein langes Schild mit seinem Namen darauf, sodass alle wussten, dass man mit der

Erlaubnis des Pharao reiste. In anderen Ländern wurden Gesandte mit einem offiziellen Siegelring ausgestattet und in Europa bekam man einen von den Behörden ausgestellten handschriftlichen Brief mit auf den Weg. Reisende waren damals oft Pilger, also Gläubige, die heilige Stätten besuchen wollten. Sie zeigten ihren Brief vor und versprachen denen, die sie durchließen, eine Belohnung. Diese bestand darin, dass der Pilger am Reiseziel für diejenigen, die ihn passieren ließen, Gebete sprach.

Was hat das mit mir zu tun?

Reisedokumente in früheren Zeiten belegten, dass man von einer wichtigen Persönlichkeit gesandt worden war. Wenn du für den allerwichtigsten Herrscher aktiv sein willst, dann kannst du wie der Prophet Jesaja sagen:

> Hier bin ich, sende mich. (Jesaja 6,8)

Gott freut sich über diese Worte. Vielleicht wird er dir Menschen begegnen lassen, die ihn noch nicht kennen, sodass du ihnen von Jesus erzählen kannst. Vielleicht möchte Gott, dass jemand, der sich einsam fühlt, durch dich seine Liebe erfährt. Wo immer Gott dich braucht, dahin wird er dich senden. Und die Menschen, denen du begegnest, werden vielleicht sagen: „Ich weiß, wer dich gesandt hat – es war Gott!“

20. Mai

Warum die Buchstaben auf einer Tastatur nicht nach dem Alphabet geordnet sind

Jakobus 2,8

Wenn wir eine Computer- oder Schreibmaschinentastatur betrachten, dann fällt uns sofort die Anordnung der Tasten auf: ASDF – JKLÖ. Das ist die Grundstellung, die man in einem Schreibmaschinenkurs lernt. Warum sind die Buchstaben so seltsam auf der Tastatur angeordnet?

Auf den allerersten Schreibmaschinen waren die Buchstaben in alphabetischer Reihenfolge angeordnet. Sie waren leicht zu finden, doch beim schnellen Schreiben verhakten sich die Tasten oft. Der Grund: Die Buchstaben, die am häufigsten benutzt wurden, lagen zu nah beieinander, und die kleinen Metallträger, die die Buchstaben auf das Papier stanzten, kamen sich gegenseitig „in die Quere". Also ordnete man künftig die Buchstaben auf der Tastatur so an, dass die am meisten benutzten weiter auseinander lagen. Diese Idee wurde dann auch für Computertastaturen übernommen, damit man auf beiden Maschinen in der gleichen Art und Weise schreiben konnte.

Regeln werden aufgestellt, um das Leben zu vereinfachen. Die ASDL-JKLÖ-Anordnung wird auf sämtlichen deutschen Tastaturen verwendet, damit jedermann auf verschiedenen Geräten damit zurechtkommt. Solche kleinen Regeln sind nicht unwichtig, doch es gibt noch viel wichtigere Regeln.

Was hat das mit mir zu tun?

In der Bibel lesen wir:

> Wirklich gut handelt ihr, wenn ihr dem königlichen Gebot unseres Herrn gehorcht, wie es in der Schrift steht: Liebe deinen Nächsten wie dich selbst. (Jakobus 2,8)

Wenn sich jeder an diese Regel halten würde, wäre die Welt ein Ort des Friedens. Man kann nicht selbstsüchtig oder gierig sein, wenn man zuerst an die Gefühle der anderen denkt. Wenn niemand egoistisch wäre, dann würde es auch keinen Grund mehr zum Streiten und Kämpfen geben. Wenn man sich an die Regel hält, dass man die anderen so behandeln sollte, wie man selbst behandelt werden möchte, dann wird das Leben für alle einfacher. Aber auch wenn du der Einzige sein solltest, der sie befolgt: Halte dich trotzdem daran.

21. Mai

Warum Leute für einen Kugelschreiber Schlange standen

Sprüche 3,3

Lange Zeit war es ein beinahe unlösbares Problem, einen funktionstüchtigen Kugelschreiber herzustellen. Ein Kugelschreiber hat einen winzigen Ball in der Schreibspitze, der die Tinte aus dem Stift aufs Papier rollt. Doch viele der ersten Kugelschreiber funktionierten nicht richtig, weil die Tinte auf dem Papier schmierte oder aus dem Kuli herauslief, und oft kam es vor, dass der Ball stecken blieb und gar nicht rollte.

1945 stellte ein Mann namens Ladislaus Biro einen Kugelschreiber her, mit dem man unter Wasser schreiben konnte. Ein großes Kaufhaus in New York kündigte an, es werde die neuen Kugelschreiber für zwölf Dollar fünfzig pro Stück verkaufen. Die Leute standen Schlange, um die Kugelschreiber zu erstehen, und es wurden insgesamt fünfundzwanzigtausend Stück verkauft. Doch auch diese Kulis funktionierten nicht einwandfrei und viele Leute reklamierten sie. Vier Jahre später verbesserte ein Mann namens Patrick Frawley die Tinte und begann einen Kugelschreiber mit dem Namen *Papermate* zu verkaufen. Viele Leute waren skeptisch, weil sie mit den früheren Kugelschreibern so schlechte Erfahrungen gemacht hatten. Frawley wies seine Verkäufer an, in die Büros von Warenhäusern zu gehen und die weißen Hemden von leitenden Angestellten mit dem Kugelschreiber zu bekritzeln. Sie sollten dann garantieren, ihnen ein neues, hochwertiges Hemd zu kaufen, falls sich die Tinte nicht auswaschen ließe. Doch tatsächlich ging die Tinte heraus, und so begannen die Leute wieder Kugelschreiber zu kaufen.

Was hat das mit mir zu tun?

Die Leute mögen gute Kugelschreiber; denn wenn wir etwas Wichtiges aufschreiben, bleibt es länger erhalten, als wenn wir es nur sagen würden. In der Bibel lesen wir:

Gnade und Treue sollen dir nicht verloren gehen. Trage sie wie eine Kette um deinen Hals und schreibe sie dir tief in dein Herz. (Sprüche 3,3)

Wir haben keinen Schreibblock in unserem Herzen, doch die Bibel gebraucht dieses Bild, um uns zu zeigen, wie wichtig Liebe und Treue für Gott sind und wie viel es ihm bedeutet, dass wir sie in die Praxis umsetzen.

22. Mai

Die Klingelfee

Psalm 34,12

Die Geschichte des Telefons begann 1837, als der US-Amerikaner Samuel Finley Morse den Morsetelegrafen konstruierte. Damit gelang ihm die Übermittlung von Signalen durch elektrische Leitungen; was eine wichtige Vorbedingung für das Telefon war. 1876 erfand Alexander Graham Bell das erste funktionierende Telefon. Es bestand unter anderem aus einem Wandler, der abwechselnd als Mikrofon und als Fernhörer benutzt wurde. Bei dieser Technik wurden Schallwellen in elektrische Signale umgewandelt und über eine Drahtverbindung zum Empfängertelefon weitergeleitet. Geräte dieser Art wurden am 26. Oktober 1877 in Berlin erstmals erfolgreich getestet – zunächst über eine Distanz von sechs, dann sechsundzwanzig und zuletzt einundsechzig Kilometern. Nach diesen ersten Versuchen ließ der Generalpostmeister weitere Bell-Telefone anfertigen, die im Laufe der Zeit ständig verbessert wurden. Anfangs musste ein Telefonat zwischen zwei Gesprächspartnern noch durch das „Fräulein vom Amt“ vermittelt werden. Man konnte seinen Gesprächspartner nicht direkt anwählen – die sogenannte „Klingelfee“ stellte die Verbindung her. Heute brauchen wir keine Klingelfee mehr und können jeden Gesprächspartner direkt telefonisch erreichen, dank des Handys praktisch überall und zu jeder Zeit.

Was hat das mit mir zu tun?

Das Telefon ist nützlich, weil wir uns mit Leuten austauschen können, die nicht in unserer Nähe sind. So erhalten wir wichtige Nachrichten und Informationen auf schnellem Wege. Auch die Bibel übermittelt uns Nachrichten und Informationen, doch sie sind viel wichtiger als das, was uns jemand am Telefon erzählen könnte. Die Bibel ist Gottes Botschaft. Darin lesen wir:

> Kommt her, ihr Kinder, höret mir zu! Ich will euch die Furcht des Herrn lehren. (Psalm 34,12; LÜ 84)

Versuch einmal, so oft zwei oder drei Verse in der Bibel zu lesen, wie du täglich telefonierst – so wirst du wirklich gute Nachrichten erhalten!

23. Mai

Warum Kaninchen mit der Nase wackeln

Matthäus 24,42

Kaninchen können die Muskeln und Nerven in der Nase sehr gut kontrollieren. Sie können ihre Nase bis zur Nasenspitze wackeln lassen, was nur sehr wenige Tiere tun können. Wenn ein Kaninchen mit der Nase wackelt, dann sucht es in allen Richtungen nach dem Geruch der Gefahr. Es ist gut für Kaninchen, dass sie so funktionstüchtige Nasen haben, denn es ist wichtig, Feinde rechtzeitig zu wittern.

Kaninchen haben auch ein sehr ausgeprägtes Gehör und ihre großen Ohren tragen weitgehend dazu bei. Du kannst es selbst ausprobieren – wenn du deine Ohrmuscheln mit den Händen umschließt, kannst du besser hören. Kaninchen können ihre Ohren in Richtung eines Geräusches wenden, ohne den Kopf zu bewegen.

Die Nase und die Ohren eines Kaninchens sind sehr wertvoll für das Tier, denn seine natürlichen Feinde sind Wildkatzen, Wölfe und Kojoten. Da das Kaninchen nicht schneller laufen kann als seine Feinde, ist es lebenswichtig, dass es frühzeitig die Witterung eines Feindes aufnehmen kann, um sich noch rechtzeitig aus dem Staub zu machen.

Was hat das mit mir zu tun?

Gott hat das Kaninchen mit diesen Fähigkeiten der Wachsamkeit ausgestattet – wenn das Kaninchen wachsam ist, bleibt es am Leben. Auch wir sollten als Gottes Kinder nicht leichtsinnig handeln. Wir sollten nicht nachlässig werden und die Gottesdienste versäumen oder uns einreden, es schade schon nicht, hin und wieder mal eine klitzekleine Lüge zu erzählen. Die Bibel ermahnt uns:

> Deshalb haltet euch bereit, denn ihr wisst nicht, wann euer Herr wiederkommt. (Matthäus 24,42)

Wir müssen wachsam bleiben, um Versuchungen zu widerstehen und bereit zu sein, wenn Jesus wiederkommt. Wenn wir regelmäßig in der Bibel lesen und beten, dann hält Gott uns wachsam und wir können Gefahren wittern und umgehen wie das Kaninchen.

24. Mai

Die Erfindung des Sparschweins

1. Timotheus 6,18

Niemand hat das Sparschwein wirklich erfunden und doch ist es das beliebteste Behältnis, um Münzgeld zu sparen. Das hat nichts damit zu tun, dass Schweine womöglich gern Münzen fressen oder dass es besonders teuer ist, sie zu füttern. Ursprünglich hatte ein Sparbehältnis absolut nichts mit einem echten Schwein zu tun.

Im 17. Jahrhundert wurden fast sämtliche Gefäße und Behältnisse in einem Haushalt aus Ton gefertigt, weil Ton billig und robust ist. Um Münzen aufzubewahren, legte man sie in einen Tonkrug oder ein Tonschüsselchen. Der besondere Ton, aus dem Gefäße gemacht wurden, hieß damals auf Englisch *pygg*, und die Leute sagten, sie bewahrten ihr Geld in ihrem *pygg* auf. Viele Jahre später hatte man vergessen, dass der Ton für Gefäße früher *pygg* genannt wurde, und wenn ein Töpfer gebeten wurde, wie in der guten alten Zeit ein „pygg" für ihre Ersparnisse anzufertigen, dann töpferte der ein Gefäß in Form eines Schweins – denn auf Englisch heißt Schwein *pig*. Schon bald wurden diese Sparbehältnisse sehr beliebt, und der Irrtum der Töpfer führte zum noch heute beliebten Sparschwein.

Was hat das mit mir zu tun?

Die Bibel ermahnt uns, nicht jeden Pfennig zurückzulegen:

> Fordere sie auf, ihr Geld zu nutzen, um Gutes zu tun. Sie sollen reich an guten Taten sein, die Bedürftigen großzügig unterstützen und immer bereit sein, mit anderen zu teilen, was Gott ihnen gegeben hat. (1. Timotheus 6,18)

Suche nach Gelegenheiten, dein Geld sinnvoll zu verwenden, anstatt alles in einem Sparschwein zu lassen!

25. Mai

Die Pflanze, die sich selbst ihr Wasser besorgt

2. Korinther 4,14

Jeden Tag stehen Kinder auf und holen sich etwas zu trinken. Wusstest du, dass es eine Pflanze gibt, die sich auch selbst ihr Wasser besorgt?

Wenn der Boden völlig trocken ist, dörrt die Auferstehungspflanze aus, kringelt ihre Blätter um die Frucht in ihrer Mitte und wird braun. Ihre Wurzeln quellen aus dem Boden hervor und die Pflanze sieht völlig abgestorben aus. Doch sie überwintert nur. Da die Wurzeln der Auferstehungspflanze nicht mehr mit dem Boden verbunden sind, wird sie vom Wind fortgeblasen. Manchmal wird sie kilometerweit transportiert. Sie kullert so lange über den Boden, bis sie eine feuchte Stelle findet. Dort gräbt sie ihre Wurzeln in das Erdreich, entfaltet ihre Blätter und wird wieder grün. Wenn sie keine Feuchtigkeit mehr im Erdreich findet, rollt sich die Auferstehungspflanze wieder zusammen und geht erneut auf Reisen, wobei sie ihre Frucht unter ihren zusammengeknüllten Blättern schützt.

Was hat das mit mir zu tun?

Es ist erstaunlich, dass Gott eine Pflanze geschaffen hat, die tot aussieht und doch wieder zum Leben erwachen kann. Doch Gott hat noch etwas viel Erstaunlicheres getan. In der Bibel lesen wir:

> Wir wissen, dass derselbe Gott, der Jesus, unseren Herrn, auferweckt hat, auch uns mit Jesus auferwecken wird und uns zusammen mit euch vor sich hintreten lassen wird. (2. Korinther 4,14)

Gott hat es möglich gemacht, dass wir für immer im Himmel wohnen können, wenn wir im Glauben annehmen, dass Jesus uns unsere Sünden vergibt. Ist das nicht absolut einzigartig? Es ist viel wichtiger und beeindruckender als zu wissen, dass eine ausgedörrte Pflanze wieder grün wird.

26. Mai

Alle Kinder bewegen sich gleichzeitig

Epheser 4,4

Eines Tages gingen fünf Millionen Kinder gleichzeitig auf den Pausenhof. Natürlich nicht auf ein und denselben – es geschah in allen fünfzig Bundesstaaten der USA und in vierzig weiteren Ländern. Sie alle waren dem Aufruf eines Sportlehrers aus New Jersey namens Len Saunders gefolgt.

Len hatte die Idee, dass eine weltweit gleichzeitig praktizierte Unterrichtspause die Wichtigkeit von Sport, Spiel und Bewegung ins Blickfeld rücken würde. Seine Aktion nannte er: „Alle Kinder bewegen sich gleichzeitig." Viele Schulen weltweit nahmen an dem Projekt teil und ließen ihre Schüler zum verabredeten Zeitpunkt auf dem Schulhof spielen. Aber wie konnte das in Australien oder Japan funktionieren, wo es mitten in der Nacht ist, wenn es in Amerika heller Tag ist? Wie konnten Kinder in diesen Ländern an dem Projekt teilnehmen? Ganz einfach: Sie stellten ihren Wecker und gingen im Dunkeln zum Schulhof!

Das Projekt begann 1989 und hat seitdem Jahr für Jahr mehr Teilnehmer.

Was hat das mit mir zu tun?

Christ sein ist so ähnlich wie die Teilnahme am ACES-Projekt. Überall auf der Welt gibt es Christen, die den gleichen Glauben haben, auch wenn sie verschiedene Sprachen sprechen. In der Bibel lesen wir:

> Ihr sollt alle gemeinsam ein Leib sein und einen Geist haben, weil ihr alle zu einer Hoffnung berufen seid. (Epheser 4,4)

Stell dir vor, alle Christen auf der Welt würden im gleichen Augenblick eine Kerze anzünden – welch ein Lichtermeer der Liebe Gottes!

27. Mai

Wie ein Regenschirm die Leute zum Lachen brachte

Psalm 69,8

Als Jonas Hanway im 18. Jahrhundert mit seinem Regenschirm durch London spazierte, sorgte er überall, wo er auftauchte, für einen Menschenauflauf. Manche Leute lachten ihn aus, denn zu jener Zeit trugen nur Damen Schirme mit sich, um sich vor der Sonne zu schützen. Die Schirme waren oft sehr farbig und mit Gold- oder Silberstreifen durchzogen. Die Männer Londons hielten Jonas für einen Spinner.

Andere wiederum ärgerten sich richtig über ihn. Die Fahrer von Mietkutschen fürchteten, dass die Leute lieber zu Fuß gehen würden als ihre Droschke zu nehmen, wenn sie dem Vorbild Jonas' folgten.

Jonas scherte sich nicht um das, was die Leute sagten. Er trug seinen Schirm überall mit sich. Als er einmal Portugal besuchte, erfuhr er, dass Schirme den Mitgliedern des Königshauses als Geschenk übergeben wurden, und wenn portugiesische Seeleute in anderen Ländern vor Anker gingen, sprangen sie über die Reling an Land und hielten einen Schirm über den Kopf ihres Kapitäns, sodass jeder sehen konnte, wer hier das Sagen hatte. Jonas Hanway mochte diese portugiesischen Bräuche und versuchte die Engländer davon zu überzeugen, wie sinnvoll Schirme für jedermann und zu jedem Wetter waren. Doch erst rund dreißig Jahre später begannen die Menschen in England Schirme zu tragen, es wurden immer mehr und niemand lachte Jonas mehr aus.

Was hat das mit mir zu tun?

Jonas war so sehr von der Nützlichkeit seines Schirms überzeugt, dass es ihm ganz egal war, wenn sich die Leute über ihn lustig machten. Manchmal müssen wir als Kinder Gottes uns ähnlich verhalten. Es gibt viele Menschen, die nicht an Jesus glauben, und manche davon

hänseln uns oder machen uns das Leben schwer. Dann müssen wir stark bleiben und versuchen, den Spott nicht an uns heranzulassen. Wir können dann sagen:

> Denn um deinetwillen werde ich verhöhnt und verspottet, gedemütigt und gekränkt. (Psalm 69,8)

Gott wird dich viel besser schützen, als der Schirm Jonas schützen konnte.

28. Mai

Ein gehorsamer Leutnant

Lukas 12,2–3

Den Gehorsam dieses Mannes kann man nur bewundern. Der japanische Leutnant Hiroo Onoda erhielt während des Zweiten Weltkriegs den Befehl, sich unter keinen Umständen dem Feind zu ergeben. Und er gehorchte – selbst 30 Jahre nach Kriegsende! Onoda war von seinen Landsleuten irgendwo auf den Philippinen mit dem Versprechen zurückgelassen worden, sie würden zurückkommen und ihn holen. Der Krieg war aus, Japan ergab sich, und Faltblätter wurden über der Insel abgeworfen, um die noch im philippinischen Dschungel verbliebenen japanischen Soldaten zum Heimkehren aufzufordern. Doch Onoda hielt diese Blätter für einen Propagandatrick und achtete nicht darauf. Er lebte von 1945 bis 1974 im Dschungel, bis ein junger japanischer Forscher dem loyalen Leutnant mitteilte, dass der Krieg vorbei war. Doch Onoda wollte es nicht glauben. Er sagte, er gäbe erst dann seine Stellung auf, wenn sein früherer Befehlshaber ihn dazu aufforderte. Glücklicherweise war jener Mann noch am Leben. Er wurde auf die Insel zu Onoda gebracht und nun erst akzeptierte dieser die Wahrheit.

Was hat das mit mir zu tun?

Da Onoda sich im Dschungel versteckte, verpasste er viele Jahre eines besseren Lebens. Er machte sich das Leben schwerer als nötig. Manchmal glauben wir, es ginge uns besser, wenn wir uns vor Gott versteckten. Wir glauben nicht, dass er es wirklich gut mit uns meint. Doch Jesus sagt:

> Es kommt die Zeit, da wird alles offenbar werden; alles, was jetzt noch geheim ist, wird dann öffentlich bekannt gemacht werden. Alles, was ihr im Dunkeln gesagt habt, wird im Hellen zu hören sein, und was ihr hinter verschlossenen Türen geflüstert habt, wird man von den Dächern rufen, sodass alle es hören! (Lukas 12,2–3)

Es ist unmöglich, sich vor Gott zu verstecken. Er weiß alles über uns, selbst die schlimmsten Dinge, und doch verspricht er, uns zu lieben, egal, was wir getan haben. Wenn du es leid bist, dich zu verstecken, dann komm heraus in Gottes Licht und nimm seine Liebe und Vergebung in Anspruch. Er wird dich annehmen und dir vergeben.

29. Mai

Verspätete Post

Matthäus 7,7–8

Während des Vietnamkriegs war ein Soldat namens George Mellendorf verzweifelt darüber, dass Briefe nach Hause und von zu Hause so lange unterwegs waren. Damals war der Post- und Reiseweg komplizierter als heute. Dennoch beschloss George, Abhilfe zu schaffen. Er wandte sich direkt an die höchste Persönlichkeit der USA, an den damaligen Präsidenten Richard Nixon. Er schrieb ihm einen Brief, in dem es hieß: „Sehr geehrter Herr Präsident. Es sieht so aus, als ob sich niemand da-

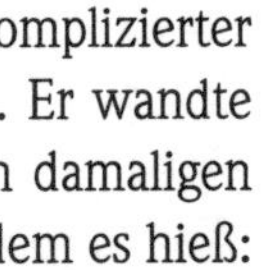

rum kümmerte, wann wir unsere Post erhalten. Mit viel Glück bekommen wir zweimal pro Woche Post ..." George erhielt keine Antwort auf diesen Brief, den er im Januar 1971 abgeschickt hatte. Der Brief kam erst 1978, sieben Jahre nach seiner Abfassung, im Weißen Haus an.

Was hat das mit mir zu tun?

George hatte sicherlich gehofft, eine rasche Antwort auf seinen Brief zu erhalten. Als er keine Antwort bekam, schloss er vermutlich daraus, er sei nicht wichtig genug für den Präsidenten.

Jesus ist die wichtigste und mächtigste Person, die es je gegeben hat. Er bekleidet den absolut höchsten Rang. Doch wir brauchen uns nie zu fragen, ob er wohl auf uns achtet. Wir haben sein Versprechen, auf das wir uns felsenfest verlassen können:

> Bittet, und ihr werdet erhalten. Sucht, und ihr werdet finden. Klopft an, und die Tür wird euch geöffnet werden. Denn wer bittet, wird erhalten. Wer sucht, wird finden. Und die Tür wird jedem geöffnet, der anklopft. (Matthäus 7,7–8)

Du bist für Gott so wichtig, dass er dir immer antworten wird. Wenn du es noch nicht getan hast, dann bitte ihn jetzt, dir die Tür zu seinem Königreich zu öffnen.

30. Mai

Das erste Autokino

1. Timotheus 4,14–16

Was tat Richard Hollingshead in jener Nacht 1932 in seiner Garagenzufahrt in Camden, New Jersey? Er hängte eine Leinwand vor sein Garagentor, befestigte auf seinem Autodach einen Projektor und setzte sich dann vorne ins Auto, um einen Film zu sehen. So entstand das erste Autokino der Geschichte. Hollingshead überlegte, wie er seine Idee vermarkten könnte. Er stellte sein Auto unter einen Rasensprenger, um auszuprobieren, ob man den Film auch bei Regen sehen könnte, und er fasste den Plan, während des Films Snacks zu servieren. 1933 begann er seinen Traum umzusetzen. Sein Autokino hatte Platz für vierhundert Autos auf einem Gelände, das etwa so groß war wie ein Footballfeld. Leitschienen sorgten dafür, dass die Autos auf den sieben abfallenden Reihen sicher stehen blieben.

Das Autokino wurde ein großer Erfolg. Nach der Weltwirtschaftskrise von 1929 schätzten die Leute Kinofilme als Ablenkung von ihren Alltagsproblemen und waren gern bereit, einen Dollar pro Auto für das Autokino zu zahlen. Das größte Problem war die Übertragung des Tons. Anfangs ließ Hollingshead kleine Lautsprecher auf dem Boden unter jedem Auto anbringen, doch das Ergebnis war nicht sehr zufriedenstellend. Danach installierte man große Lautsprecher zu beiden Seiten der Leinwand – doch es gab Probleme mit den Anliegern, die sich dadurch gestört fühlten. Schließlich setzten sich Lautsprecher durch, die an den Fensterscheiben der einzelnen Autos befestigt wurden. In den 50er-Jahren gab es mehr als fünftausend Autokinos. Doch als das Fernsehen aufkam, gingen die Leute kaum noch ins Autokino. Heute gibt es noch ein paar von ihnen hier und dort, doch die Zeit ihres großen Erfolgs ist endgültig vorbei.

Was hat das mit mir zu tun?

Es ist nicht leicht, ein Trendsetter zu sein und neue Dinge zu wagen. Die Leute sind meistens skeptisch und zeigen das auch. Doch wenn du eine gute Idee hast, dann bleib am Ball. Vielleicht spricht Gott zu dir. In der Bibel lesen wir:

> Vernachlässige nicht die Gnadengabe in dir … Bedenke dies sorgfältig; lebe darin, damit deine Fortschritte allen offenbar

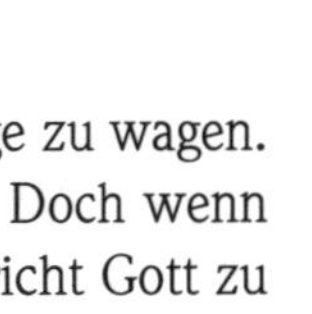

> seien! Habe acht auf dich selbst und auf die Lehre. Beharre in diesen Dingen. Denn wenn du dies tust, so wirst du sowohl dich selbst retten als auch die, die dich hören. (1. Timotheus 4,14–16; ELB)

Arbeite und bete intensiv, dann kannst du mit großen Ergebnissen rechnen.

31. Mai

Eine überraschende Zutat im Müsli

Jeremia 31,3

Wusstest du, dass wir regelmäßig Eisen essen? Unser Körper braucht Eisen, um unseren Muskeln Sauerstoff zuzuführen, und viele Müslis und Frühstücksflocken sind mit Eisen angereichert, und zwar in Form von winzigen Metallspänen. Man kann die Splitter sogar sehen, wenn man einen sehr starken Magnet in die Packung hält, der sie anzieht. Es hört sich vielleicht nicht sehr appetitlich an, doch es ist völlig unschädlich, diese winzig kleinen Eisenteilchen zu verzehren.

Was hat das mit mir zu tun?

Gott hat die Anziehungskraft zwischen Metall und einem Magneten geschaffen. Hätte er es gewollt, dann hätte er uns so schaffen können, dass wir uns wie von einem Magneten unwiderstehlich und gegen unseren Willen von ihm angezogen fühlen. Doch er hat uns ein Herz, eine Seele und Gefühle gegeben, und all das unterscheidet uns von Tieren. Er gab uns auch die Freiheit, zu entscheiden, ob wir zu seiner Familie gehören und ihm folgen wollen oder nicht. Wenn wir uns zu Gott hingezogen fühlen, dann liegt das daran, dass er etwas ganz Besonderes für uns bereithält, wonach wir uns sehnen. Gott sagt:

Ich habe dich je und je geliebt, darum habe ich dich zu mir gezogen aus lauter Güte. (Jeremia 31,3; LÜ 84)

Zögere nicht – lass dich von Gott ziehen und bleibe nah an seinem Herzen. Nur er kann dir die Kraft und Liebe geben, die du zum Leben brauchst.

1. Juni

Als es noch ein Abenteuer war, Post zu befördern

Johannes 20,30–31

1896 begann die ländliche Postzustellung in den Vereinigten Staaten zunächst als Experiment, sechs Jahre später wurde sie dann zu einer offiziellen Dienstleistung der amerikanischen Post. Zu Beginn des 20. Jahrhunderts war es eine echte Herausforderung, als ländlicher Briefträger zu arbeiten. Man wusste nie, wohin man die Post legen sollte, wenn man zu einem Farmhaus fuhr – manchmal lag dafür ein Korb bereit, manchmal eine alte Zigarrenkiste oder eine Ölkanne. Bei jedem Haus musste der Postbote seinen Wagen verlassen, schnell zum „Briefkasten“ eilen und hoffen, dass Regen oder Schnee die ungeschützten Briefe nicht beschädigen würden. 1902 wurde im Kongress die Zulassung eines Standard-Briefkastens beschlossen. Der Leiter der Post musste jedoch in den folgenden dreizehn Jahren viele verschiedene Vorschläge überprüfen, bis ein Postangestellter namens Roy Joroleman das Design vorstellte, das bis heute überall in Amerika verbreitet ist.
Das bedeutet jedoch nicht, dass es die Postboten heutzutage immer leicht haben. Es gibt immer noch Leute, die ihren Briefkasten auf originelle Weise verändern. Lee Patterson aus Montana zum Beispiel brachte seinen Briefkasten in über vier Meter Höhe an. Als Basketballspieler machte es ihm Spaß, in die Luft zu springen, um seine Post zu holen. Der Briefträger dagegen fand es weniger lustig, auf das Dach

seines Wagens klettern zu müssen, um die Briefe in Lees Briefkasten zu werfen.

Was hat das mit mir zu tun?

Wir brauchen Briefträger, damit wir unsere Post bekommen. Manchmal hast du vielleicht ängstlich auf den einen oder anderen Brief gewartet, der sehr wichtig für dich war. Wäre es nicht toll, wenn jeder Mensch genau so gespannt die Botschaft der Bibel aufnehmen würde, die wichtigste Botschaft, die man überhaupt erhalten kann? Die Worte kommen direkt von Gott, der uns und das gesamte Universum geschaffen hat! Dort lesen wir:

> Die Jünger sahen, wie Jesus noch viele andere Wunder tat, die nicht in diesem Buch aufgezeichnet sind. Diese aber wurden aufgeschrieben, damit ihr glaubt, dass Jesus der Christus ist, der Sohn Gottes, und damit ihr durch den Glauben an ihn in seinem Namen das ewige Leben habt. (Johannes 20,30–31)

Gott möchte, dass du sein Wort liebst – seine Botschaft ist seine ganz persönliche Post an dich.

2. Juni

Das Risiko eines Schriftstellers

Matthäus 24,35

Als es noch keine Computer und Kopiergeräte gab, war es ziemlich riskant, Schriftsteller zu sein. Ein eindrucksvolles Beispiel hierfür ist der Fall von Thomas Carlyle. Er schrieb in den 30er-Jahren des 19. Jahrhunderts ein Buch über die Französische Revolution. Er wollte die Meinung eines seiner besten Freunde, John Stuart Mill, zu dem Buch einholen und schickte ihm das Manuskript des Buches. Mill musste sein Haus für einige Zeit verlassen und während seiner Abwesenheit zündete sein Hausmädchen ein Feuer im Kamin an. Welchen Brennstoff benutzte sie wohl? Natürlich das Manuskript, das sie für Altpapier hielt. Thomas Carlyle musste das ganze Buch neu schreiben!

Was hat das mit mir zu tun?

Carlyles Buch war nicht dazu bestimmt, alle Zeiten zu überdauern – es war das Werk eines Menschen, mit allen Schwächen und Fehlern, die allen Menschen und den von ihnen geschaffenen Dingen innewohnen. Nichts kann für immer bestehen, es sei denn, es kommt von Gott. Nur er kann versprechen:

> Himmel und Erde werden vergehen, doch meine Worte bleiben ewig. (Matthäus 24,35)

Nur die Worte der Bibel sind uneingeschränkt verfügbar – sie waren es in der Vergangenheit, sie sind es jetzt und sie werden es in Zukunft sein.

3. Juni

Das Maß aller Dinge

Jesaja 40,12

Wo kann man das eine, einzige, ursprüngliche Metermaß sehen? Es existiert tatsächlich und es wird in Paris aufbewahrt. Es besteht aus einer Platinlegierung, sämtliche Metermaße der Welt werden nach seinen Markierungen ausgerichtet. Das metrische System geht auf Napoleon zurück. Er suchte nach einer Maßeinheit, die in allen von ihm unterworfenen Ländern gültig war. Die in seinem Dienst stehen-

den Wissenschaftler legten den Meter als den zehnmillionsten Teil des Abstands zwischen Nordpol und Äquator fest. Ihre Berechnung war nicht hundertprozentig exakt, doch sie legten eine Längeneinheit fest, die jedermann benutzen konnte.

Der Meter war ein großer Fortschritt in Bezug auf die Maßeinheit „Yard“, die König Heinrich der Achte als den exakten Abstand zwischen seiner (jawohl, nur seiner) Nasenspitze und den Spitzen seiner ausgestreckten Finger definiert hatte. Ein Inch galt als die Breite eines Daumens – egal welches Daumens. Genau so problematisch war es mit der Maßeinheit „Fuß“: Sie war je nach Person unterschiedlich, genau wie die noch ältere Maßeinheit „Elle“, die die Länge zwischen dem Ellbogen einer Person und der Spitze ihres Mittelfingers bezeichnete.

Der Begriff „Meter“ stammt von dem griechischen Wort *metron*, zu Deutsch „Maß“. Der Meter machte das Messen für jedermann einfacher.

Was hat das mit mir zu tun?

Mit moderner Technik können wir heute ganze Kontinente vermessen oder auch mikroskopisch kleine Teilchen. Eins jedoch ist nicht zu messen: Gottes Güte, Liebe und Weisheit. In der Bibel lesen wir:

> Wer hat das Meer mit seiner Hand gemessen und das Maß des Himmels mit seiner Handspanne festgesetzt? Wer hat den Staub der Erde mit einem Scheffel gemessen, wer hat die Berge gewogen und die Hügel auf die Waagschale gelegt? (Jesaja 40,12)

Wir Menschen können nur Dinge messen, die Gott geschaffen hat. Seine Macht jedoch ist unermesslich!

4. Juni

Warum sich Metall kälter anfühlt als Holz

Offenbarung 3,15–18

Hast du schon bemerkt, dass ein Stück Metall sich immer kalt anfühlt? Versuch es, indem du einen Türknauf berührst und anschließend die Holztür selbst. Wie lässt sich die unterschiedliche Temperatur von Holz und Metall erklären? Metall ist ein guter Wärmeleiter, das bedeutet, dass Wärme sehr schnell durch es hindurchgeht. Wenn man Metall berührt, nimmt es sofort die Wärme aus der Hand. Daher fühlt sich die Haut kalt an. Das Metall an sich ist nicht kalt, es entzieht nur der berührenden Hand die Wärme.

Was hat das mit mir zu tun?

Gott benutzt das Beispiel der Temperatur, um uns klarzumachen, wie wir leben sollen:

> Ich weiß alles, was du tust und dass du weder heiß noch kalt bist. Ich wünschte, du wärest entweder das eine oder das andere! Aber da du wie lauwarmes Wasser bist, werde ich dich aus meinem Mund ausspucken! Du sagst: „Ich bin reich. Ich habe alles, was ich will. Ich brauche nichts!“ Und du merkst nicht, dass du erbärmlich und bemitleidenswert und arm und blind und nackt bist. Ich rate dir, von mir Gold zu kaufen, das im Feuer gereinigt wurde. Dann wirst du reich sein. Und kaufe auch weiße Kleider, damit du dich bekleiden kannst und dich wegen deiner Nacktheit nicht schämen musst. Und kaufe Salbe für deine Augen, damit du sehen kannst. (Offenbarung 3,15–18)

Gott möchte, dass wir ganz eng mit ihm leben, sodass wir ein „heißes“ Herz für ihn behalten. Wenn wir behaupten, alles sei in Ordnung und

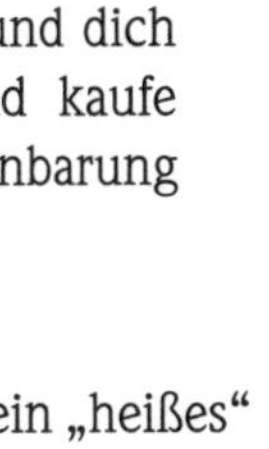

nichts fehle uns – sind aber gleichgültig und lieblos – dann brauchen wir dringend „Augensalbe“ von Gott.

Achte darauf, dich nicht selbst zu belügen. Jesus entzündet dein Herz gern wieder neu und gibt dir den „Brennstoff“, den du brauchst um ihm zu dienen, wenn du ihn aufrichtig darum bittest. Begnüge dich nicht mit einem langweiligen, lauen Leben, das Gott nicht gefällt und dich unglücklich sein lässt.

5. Juni

Fast-Food-Geschäfte

Hebräer 13,5

Ray Kroc verkaufte Pappbecher. Um seinen Umsatz zu steigern, dachte er über neue Möglichkeiten nach, die Becher zu füllen. Er erfuhr von einer Rührmaschine, die Milchshakes herstellte, und begann, solche Maschinen zu verkaufen. Eines Tages begegnete er den McDonald-Brüdern, die ein Hamburgerrestaurant mit acht Rührmaschinen betrieben – genug, um vierzig Milchshakes gleichzeitig zu machen! Ray besuchte das Restaurant in Kalifornien und war sehr beeindruckt.

Anders als bei den meisten Restaurants dieser Art gab es keine Bedienung, die zu den Autos kam, um durchs Fenster hindurch die Bestellung entgegenzunehmen. Außerdem wurde kein Geschirr benutzt, das man hinterher hätte spülen müssen. Das Restaurant bot neun Schnellimbissvarianten zu vernünftigen Preisen an: Hamburger kosteten fünfzehn Cent, Pommes frites zehn Cent und Milchshakes zwanzig Cent. Vierundzwanzig Hamburgerbrötchen konnten gleichzeitig getoastet werden.

1954 übernahm Ray das Konzept von McDonald’s für eigene neue Restaurants, im Gegenzug erhielten die McDonald-Brüder einen bestimmten Prozentsatz seiner Umsätze. Die Brüder beschlossen, selbst keine weiteren Restaurants mehr zu eröffnen. Sie sagten, sie hätten bereits genug Geld und wollten sich den mit einer Ausweitung des

Geschäfts verbundenen Stress ersparen. Unter Rays Leitung wurde 1955 das erste neue McDonald's in Illinois eröffnet. 1961 verkauften die McDonald-Brüder ihre gesamten Rechte an Ray.

Was hat das mit mir zu tun?

Ungeachtet der Tatsache, dass Ray Kroc ein reicher Mann wurde, haben weder Mac noch Dick McDonald je bedauert, ihr Fast-Food-Konzept verkauft zu haben. Sie hatten ein erfolgreiches Konzept auf den Weg gebracht, doch ihre Entscheidung, alles zu verkaufen, war noch einträglicher. Sie hatten gelernt, dass es etwas gibt, das man nicht mit Geld kaufen kann: ein glückliches Leben. In der Bibel lesen wir:

> Hängt euer Herz nicht ans Geld und begnügt euch mit dem, was ihr habt. Denn Gott hat gesagt: „Ich werde dich nie verlassen und dich nicht im Stich lassen." (Hebräer 13,5)

Gott möchte, dass wir uns Zeit nehmen, unsere Segnungen statt unseres Geldes zu zählen.

6. Juni

Die Erfindung von Minigolf

Hebräer 13,8

Wärest du 1926 zu Gast im *Carter's Lookout Mountain Hotel* in Tennessee gewesen, dann hättest du etwas tun können, was niemand sonst in Amerika je zuvor getan hatte. Garnet Carter, der Hoteleigentümer, hatte dieses Spiel gerade für seine Gäste erfunden. Niemand konnte damals ahnen, wie beliebt und einträglich es werden sollte. Es war Minigolf! Als Carter sah, wie viele Leute dieses Spiel spielen wollten, gründete er die *Fairyland Manufacturing Company*, die an verschiedenen Orten innerhalb einer Woche für zweitausend Dollar neue Minigolfplätze baute. 1930 waren zweihunderttausend Menschen in der Minigolf-Industrie beschäftigt. Viele Leute dachten, man könnte mit dem Minigolf schnell und einfach reich werden, und bald gab es so viele Minigolfplätze, dass der Reiz und das Interesse an dem Spiel nachließen.

Was hat das mit mir zu tun?

Die Öffentlichkeit ändert ihre Meinung und ihren Geschmack in Windeseile. Wenn du herausfinden möchtest, welches die wirklichen Bedürfnisse von Menschen sind, dann verlass dich nicht auf das, was momentan wahr zu sein scheint. Dein ganzes Leben hindurch kannst du dich auf nichts hundertprozentig verlassen, außer auf Gottes Liebe zu dir, die sich nie verändern wird. In der Bibel lesen wir:

> Jesus Christus ist gestern, heute und in Ewigkeit derselbe. (Hebräer 13,8)

Gottes Liebe ist unabhängig von Zeitströmungen und Modeerscheinungen. Sie wird sich nie verändern oder gar verschwinden.

7. Juni

Wie Nietnägel entstehen

Micha 7,8

Beim Herauswachsen der Fingernägel wird die Nagelhaut, die an den Nägeln haftet, mitgezogen. Es entsteht eine Spannung und die Hornhaut bekommt Risse. Aus diesen Rissen entstehen sogenannte Nietnägel.

Wird der Rand der Nagelhaut durch regelmäßiges Zurückschieben mehrmals wöchentlich leicht vom Nagel gelöst, so wird der Nagelhaut die Spannung genommen.

Der Fingernagel wächst, ohne die Nagelhaut mit sich zu ziehen und so entstehen keine Risse. Es gibt unterschiedliche Methoden, um die Nagelhaut zurückzuschieben. Es ist wichtig, vorsichtig mit unseren Nägeln umzugehen, damit das Nagelbett hinter der Hornhaut nicht verletzt wird.

Was hat das mit mir zu tun?

Wenn wir einen Nietnagel haben, wissen wir genau, was wir tun müssen. Doch manchmal gibt es kleine Verletzungen, die wir nicht so genau benennen können. Wir spüren einfach nur, dass es wehtut und unser Herz schwer ist. Gott kennt unsere Gefühle, und er weiß, wie wir Heilung finden:

> Ist um mich herum auch alles dunkel, ist doch der Herr selbst mein Licht. (Micha 7,8)

Lass Gott die Wolken der Traurigkeit wegblasen, die manchmal dein Herz verdunkeln. Gott will dein Freund sein und dich trösten, er kann dir wieder Hoffnung und Mut schenken.

8. Juni

Das Nestei

Lukas 12,34

Auf Englisch gibt es die Redewendung, sich ein „Nestei" zu machen, wenn man Geld spart. Was bedeutet dieser Begriff? Landwirte wissen, was ein Nestei ist, aber das hat nun gar nichts mit Geld zu tun. Vor langer Zeit war es üblich, dass Landwirte, die Hühner züchteten, ein falsches Ei (häufig aus Porzellan) in das Nest der Legehenne legten. Man glaubte, dass die Henne dadurch ermutigt würde, mehr eigene

Eier zu legen, als sie es ohne die Attrappe tun würde. Dieser Begriff und die Idee wurden aufs Sparen übertragen – wenn man Geld zur Seite legt, dann wird es immer mehr.

Was hat das mit mir zu tun?

Es ist gut, Geld zur Seite zu legen, doch es wird zum Problem, wenn das Anhäufen von Geld deine wichtigste Sorge wird. Vergiss nicht, wie wertvoll es ist, ein Freund zu sein und zu teilen, zu lieben und zu geben. Solches Handeln führt zu Freude und Segen. Auf lange Sicht gesehen erfahren wir mehr Freude und Zufriedenheit, wenn wir uns um andere kümmern, als wir je durch das Ansparen von Geld erfahren könnten.

Es ist ein guter Rat, sich so sorgfältig Freunde zu sammeln, wie man Geld spart. Die Bibel spricht von einem gesunden Gleichgewicht:

> Wo immer euer Reichtum ist, da wird auch euer Herz sein. (Lukas 12,34)

Wenn du die Liebe, die du anderen gibst und die du von ihnen empfängst, als deinen größten Schatz bewertest, dann wirst du immer innerlich reich sein.

9. Juni

Flucht vor dem singenden Kaiser

Galater 5,22–23

Man sollte meinen, der Kaiser von Rom zu sein wäre in der Antike das höchste zu erreichende Ziel gewesen. Doch dem römischen Kaiser Nero genügte das nicht. Er wollte ein anerkannter Sänger werden. Er nahm Gesangsunterricht und beschloss in Neapel ein Konzert zu geben, jedoch liefen die Dinge für ihn alles andere als gut. Während der Aufführung bebte die Erde ein wenig, und viele Zuschauer verließen noch während des Gesangs den Saal. Nero war offenbar größere Loyalität gewohnt; er sorgte dafür, dass bei künftigen Aufführungen alle Türen verschlossen wurden, sodass das Publikum bis zum Schluss bleiben musste. Einige Zuschauer hielten es nicht mehr aus und sprangen über die Mauern des Freilufttheaters nach draußen. Eine Frau hatte kein Glück – sie bekam Wehen und musste im Theater ihr Baby zur Welt bringen. Drei Männer hatten einen besonders originellen Plan. Einer der drei stellte sich tot und die anderen beiden trugen ihn an den Wachen vorbei hinaus.

Was hat das mit mir zu tun?

Nero wollte die Leute dazu zwingen, seinem Gesang zuzuhören und ihn zu mögen, aber es gelang ihm nicht. Wir können andere nicht dazu zwingen, uns zu mögen. Doch wenn wir nahe bei Gott leben, bewirkt er bei uns Qualitäten, die auf andere anziehend wirken:

> Wenn dagegen der Heilige Geist unser Leben beherrscht, wird er ganz andere Frucht in uns wachsen lassen: Liebe, Freude, Frieden, Geduld, Freundlichkeit, Güte, Treue, Sanftmut und Selbstbeherrschung. (Galater 5,22–23)

Wir alle würden uns über Freunde mit solchen Qualitäten freuen – Gott kann sie in deinem Leben wachsen lassen, wenn du ihm nachfolgst.

10. Juni

Das „Heidi"-Footballspiel

Psalm 91,14–16

Stell dir vor, du wärest der Programmdirektor eines Fernsehsenders. Dein Sender hat soeben ein Footballspiel übertragen und es sind noch

eine Minute und fünf Sekunden zu spielen. Es steht 32 zu 29. In einer Minute soll planmäßig ein Film ausgestrahlt werden. Nun, wofür würdest du dich entscheiden? Für das Ende des Footballspiels oder für den Beginn von *Heidi?* Ein unglücklicher Programmdirektor traf während des Spiels der *Oakland Raiders* gegen die *New York Jets* 1968 die falsche Entscheidung. Viele Zuschauer riefen beim Sender an, um herauszubekommen, warum die Spieler auf dem Bildschirm plötzlich verschwunden waren und stattdessen ein kleines Mädchen aus den Alpen gezeigt wurde. Die Fans waren besonders aufgebracht, als sie erfuhren, was in dieser letzten entscheidenden Minute auf dem Spielfeld passiert war. Die Oakland Riders, die im Rückstand waren, konnten zwei Treffer erzielen und gewannen das Spiel! Viele Jahre später hatten die Fans die Sache noch immer nicht vergessen – was damals passierte, gilt noch heute als größter Schnitzer in der Geschichte der Sportübertragung. Die Zeitschrift *Sports Illustrated* schuf sogar eine besondere Auszeichnung, den *Heidi Award*, um die schlechteste Sportübertragung aller Zeiten zu küren.

Was hat das mit mir zu tun?

Das Schwierige an einer Entscheidung ist die Tatsache, dass man für das Ergebnis geradestehen muss. Wie man sich denken kann, war der damalige Programmdirektor für lange Zeit äußerst unbeliebt. Es gibt eine wichtige Entscheidung, die du treffen musst und die den Rest deines Lebens beeinflussen wird: Du musst dich entscheiden, ob du Jesus nachfolgen willst oder nicht. Wenn du dich für Jesus entscheidest, dann wirst du atemberaubende Ergebnisse sehen. Gott verspricht uns in seinem Wort:

> Ich will den erretten, der mich liebt. Ich will den beschützen, der auf meinen Namen vertraut. Wenn er zu mir ruft, will ich antworten. Ich will ihm in der Not beistehen und ihn retten und zu Ehren bringen. Ich will ihm ein langes Leben schenken und ihn meine Hilfe erfahren lassen. (Psalm 91,14–16)

Die Entscheidung, Jesus nachzufolgen, wird dir dauerhafte Freude bringen, die viel tiefer geht als die Freude über den Sieg einer Footballmannschaft.

11. Juni

Warum Chirurgen nicht Weiß tragen

Jesaja 1,18

Krankenschwestern haben immer schon Weiß getragen. Diese Farbe symbolisiert Reinheit und Hygiene. Ärzte dagegen haben im Laufe der Geschichte schon verschiedene Farben getragen. Chirurgen waren anfangs weiß gekleidet, doch 1914 wechselte man zu spinatgrün, weil man fand, dass rotes Blut auf weißem Hintergrund besonders erschreckend aussah. Das Grün dämpfte die Wirkung des Rots, doch unter der Operationsbeleuchtung, die nach dem Zweiten Weltkrieg benutzt wurde, sah es immer noch zu hart aus. Das Grün wurde zu einer „verwischten" Farbe abgemildert, und 1960 gab es wieder eine Neuerung, diesmal zu einer blauen Färbung. Warum? Das Blau sieht auf dem Fernsehbildschirm besser aus, denn viele Chirurgen zeichnen ihre Operationen für Lehrzwecke auf.

Was hat das mit mir zu tun?

Rot auf weißem Hintergrund bildet einen starken Kontrast. Vielleicht benutzt Gott deshalb diese beiden Farben, um sein Angebot der Vergebung zu illustrieren:

> „Dann lasst uns doch miteinander rechten", sagt der Herr. „Selbst wenn eure Sünden scharlachrot sind, sollen sie schneeweiß werden. Eure Sünden mögen blutrot sein, doch sie sollen werden wie Wolle." (Jesaja 1,18)

Gott wird dich immer lieben, egal, wie sehr du dich mit Sünde beschmutzt hast. Bitte ihn, dich völlig von Schuld zu reinigen und gib ihm dein Herz.

12. Juni

Was Halma und Glückskekse gemein haben

Johannes 1,1–3

Die Amerikaner sind für zwei Produkte verantwortlich, von denen die meisten Menschen annehmen, sie kämen ursprünglich aus China. Das eine ist der Glückskeks und das andere das Spiel Halma (auf Englisch: *Chinese checkers).*

Der Glückskeks mit dem in Teig eingeschlagenen Glückspapier wurde 1916 von George Jung, einem chinesischen Einwanderer, erfunden. Er war Nudelhersteller und hatte die Idee, den Kunden in chinesischen Restaurants etwas Lustiges oder Interessantes anzubieten, während sie auf das bestellte Essen warteten. In China gab es die Tradition, Botschaften – zum Beispiel die Ankündigung einer Geburt – in Gebäck zu verstecken, und es gab auch den flachen Waffelkeks, doch Jung war derjenige, der diese beiden Elemente miteinander verband. Die ersten Glückskekse enthielten Bibelverse, später ließ Jung Vorhersagen und Sprüche auf die Papiere drucken.

Was das Halma-Spiel betrifft, so begann es im späten 19. Jahrhundert in Europa. In den 30er-Jahren des 20. Jahrhunderts spielten die Amerikaner das Spiel mit kleinen Abänderungen. Man glaubt, dass die englische Bezeichnung „*Chinese Checkers*" auf das sternförmige Spielbrett zurückgeht. Anscheinend erinnerte der Stern die Leute an die chinesische Nationalflagge. In China wird übrigens Halma gespielt; die Amerikaner und Japaner haben es den Chinesen beigebracht, die Japaner wiederum hatten es von den Engländern gelernt.

Was hat das mit mir zu tun?

Menschen sind von Natur aus neugierig. Wir wollen wissen, wie Dinge entstanden sind. Du hast bestimmt schon oft verschiedene Antworten auf die Frage gehört, wie unsere Welt entstanden ist. Es gibt im Wesentlichen zwei Strömungen – die eine glaubt, dass alles von allein entstanden ist, die andere glaubt, dass Gott alles erschaffen hat. Bilde dir selbst deine Meinung, indem du das einzige vollkommen vertrauenswürdige Nachschlagewerk zur Hand nimmst. In der Bibel lesen wir:

> Am Anfang war das Wort. Das Wort war bei Gott und das Wort war Gott. Er war am Anfang bei Gott. Durch ihn wurde alles geschaffen, was ist. Es gibt nichts, was er, das Wort, nicht geschaffen hat. (Johannes 1,1–3)

Beginne mit dieser Wahrheit, und dein geistliches Leben steht auf einem festen Grund.

13. Juni

Wie der Name Chop Suey entstand

Prediger 7,1

Niemand scheint wirklich zu wissen, wer das Gericht *Chop Suey* erfunden hat, doch man ist sich allgemein darin einig, dass es zuerst in Amerika gekocht wurde. Eine Geschichte besagt, dass vor langer Zeit ein chinesischer Diplomat die Vereinigten Staaten besuchte. Einige seiner amerikanischen Freunde baten ihn, eine chinesische Mahlzeit für sie zu kochen. Der Chinese konnte in Amerika nicht die Zutaten finden, die er in China zum Kochen benutzte, und so bat er seinen Koch, einige amerikanische Lebensmittel in einen Topf zu geben. Er fügte eine scharfe Sojasoße hinzu, die nur wenige Amerikaner zuvor probiert hatten und sorgte für einen sensationellen Geschmack.

Eine andere Geschichte besagt, dass ein chinesischer Koch Goldsucher beköstigte und sämtliche Reste zusammenmischte, und das Ergebnis war *Chop Suey*.

Doch woher kommt der Name für dieses Gericht? Auch hierauf gibt es verschiedene Antworten. *Chop* könnte von *chopsticks* – Essstäbchen – kommen oder vom englischen Wort *chop*, was so viel bedeutet wie „in kleine Stücke hacken". *Suey* geht vielleicht auf eine falsche Aussprache von Soja zurück. Es könnte aber auch aus dem chinesischen Wort *tsa sui* entstanden sein, das eine Mischung verschiedener Zutaten bedeutet.

Was hat das mit mir zu tun?

Wenn du gerne *Chop Suey* isst, dann hörst du wahrscheinlich auch das Wort gern. Andere Worte wie „Bonbon", „Geschenk" oder „Ferien" lassen ebenfalls dein Herz höher schlagen. Worte wie „Hausaufgaben", „Klassenarbeiten" oder „Strafarbeit" lösen dagegen negative Gefühle in dir aus. Wenn andere deinen Namen hören, wie fühlen sie sich dann? Glücklich oder verärgert? Bewundern sie dich, oder versuchen sie sich von dir fernzuhalten? In der Bibel lesen wir:

> Ein guter Ruf ist mehr wert als ein gutes Parfum …
> (Prediger 7,1)

Wenn du freundlich bist und dich anständig verhältst, dann werden die anderen dich und deinen Namen mögen, weil du ihnen angenehm bist wie ein guter Duft.

14. Juni

Aschenputtel und die gläsernen Schuhe

Prediger 9,10

Das Märchen vom Aschenputtel wird seit Hunderten von Jahren erzählt, und zwar in vielen verschiedenen Ländern, darunter China, England, Deutschland und Frankreich.

1697 schrieb ein Franzose namens Charles Perrault die Geschichte in seiner Muttersprache nieder. In den ältesten Geschichten waren die Schuhe des Aschenputtels aus grauem und weißem Eichhörnchenfell. Fell heißt auf Französisch *vair*, was genauso klingt wie das französische Wort *verre* – zu Deutsch: Glas. Seit der von Perrault niedergeschriebenen französischen Version des Märchens ist der Schuh, den das Aschenputtel auf den Palaststufen zurückgelassen hat, aus funkelndem Glas.

Was hat das mit mir zu tun?

Man weiß nicht, ob Charles Perrault (oder ein anderer französischsprachiger Autor vor ihm) den Begriff *Pelz* absichtlich in *Glas* umgewandelt hat oder ob die ganze Sache auf einen Aussprache- bzw. Übersetzungsfehler zurückgeht. Wie auch immer – niemand konnte ahnen, dass diese kleine Veränderung so berühmt werden würde. Wenn es tatsächlich ein Fehler war, dann wäre das dem betreffenden Übersetzer vermutlich sehr peinlich. Die Bibel sagt:

> Tu alles, was du mit deiner Kraft bewirken kannst.
> (Prediger 9,10)

Die Leute beobachten oftmals dein Verhalten, um zu sehen, was für ein Mensch du bist. Gib dir also besondere Mühe mit deinen Hausaufgaben und mit den kleinen Arbeiten, die du im Haushalt zu erledigen hast. Arbeite so, dass dein Beispiel wie der gläserne Schuh vom Aschenputtel scheint und glänzt.

15. Juni

Wie das Füttern von Babys einfacher wurde

Psalm 71,5

Vor 1900 hatten junge Mütter ziemlich viel Arbeit damit, die Mahlzeiten für ihre noch zahnlosen Babys und Kleinkinder zu bereiten, denn alles musste so zerkleinert und zu Brei verarbeitet werden, dass die Babys das Essen gut schlucken konnten.

Dorothy und Dan Gerber hatten irgendwann keine Lust mehr, für ihr kleines Mädchen Sally ständig babygerechte Mahlzeiten zu bereiten; fertige Babynahrung konnte man damals nur mit einem ärztlichen Rezept kaufen. Sie war außerdem extrem teuer. Sallys Großvater war der Inhaber einer Gemüsekonservenfabrik, und so schlugen Sallys Eltern vor, ihre eigene Babynahrung herzustellen. Sie begannen mit den Sorten Erbsen, Spinat, Dörrpflaumen, Möhren und Gemüsesuppe.

Die Gerbers waren mit den neuen Produkten sehr zufrieden und waren davon überzeugt, dass auch andere Eltern sie kaufen würden, wenn sie darüber Bescheid wüssten. Dan hatte die Idee, in der Zeitschrift *Good Housekeeping* eine entsprechende Werbung abdrucken zu lassen. Um möglichst viele Kunden anzuziehen, gab es ein besonderes Angebot: Man konnte sechs Gläschen Babynahrung für nur einen Dollar kaufen, wenn man den Namen seines Lebensmittelhändlers einsandte. Dan ging dann zu den einzelnen Läden und zeigte dem jeweiligen Inhaber, wie viele Leute seinen Namen eingesandt hatten – alles Kunden, die die Babynahrung kaufen würden, wenn sie in diesem Laden angeboten würde. Dann organisierten die Gerbers einen Zeichenwettbewerb. Die beste Zeichnung eines gesunden, zufriedenen Babys sollte auf den Gläschen abgebildet werden. Eine Frau namens Dorothy Hope Smith beschloss, ihre Zeichnung einzusenden, doch sie führte sie nicht ganz zu Ende. Sie sagte den Gerbers, sie würde noch weiter an dem Bild arbeiten, wenn es ihnen gefiele. Die Gerbers waren von der Zeichnung genau so, wie sie war, begeistert und benutzten sie künftig für ihre Gläschen. Schließlich stellten sie mehr als hundertachtzig verschiedene Mahlzeiten für Babys her.

Was hat das mit mir zu tun?

Babys vertrauen darauf, dass sie von ihren Eltern nur mit Dingen gefüttert werden, die gut für sie sind. Sie stellen keine Fragen oder untersuchen das Essen – sie öffnen einfach nur ihren Mund. Als Gottes Kinder können wir einen solchen Hunger nach Gott haben. Er freut sich, wenn wir ihm sagen:

> Herr, du allein bist meine Hoffnung, dir habe ich vertraut, Herr, von meiner Jugend an. (Psalm 71,5)

Egal, wie alt du bist, Gott möchte, dass du ihm in allem so völlig vertraust wie ein Baby seiner Mutter vertraut.

16. Juni

Wie die Leute rechtzeitig wach wurden, als es noch keine Wecker gab

Jesaja 60,1

Vor langer Zeit gab es noch keine Wecker und viele Erfinder zerbrachen sich den Kopf, womit man Leute zu einem bestimmten Zeitpunkt wecken könnte. Sie probierten alles Mögliche aus, zum Beispiel eine Maschine, die kaltes Wasser auf die Schlafenden spritzte oder ein Bett, das umkippte und den Schläfer hinauswarf. Mönche zündeten früher eine Kerze an und steckten sie zwischen ihre Zehen, bevor sie sich schlafen legten. Wenn die Kerze so weit heruntergebrannt war, dass die Flamme ihre Zehen berührte, dann wussten sie, dass es Zeit war aufzustehen.

1882 dachte ein Mann namens Samuel Applegate, es müsste eine Möglichkeit geben, auf angenehmere Weise geweckt zu werden. Seine Idee bestand darin, eine Schnur an einer Uhr zu befestigen. Zum richtigen Zeitpunkt würde die Uhr die Schnur freigeben, die zu einem über dem Bett hängenden Rahmen führte. An dem Rahmen baumelten sechzig Korken, die auf den Schlafenden herabfielen.

Was hat das mit mir zu tun?

Viele von uns stehen nicht gern früh auf und wenn uns jemand weckt, dann sind wir oft mürrisch, statt uns darüber zu freuen, den Tag mit Gott zu beginnen. In der Bibel lesen wir:

> Steh auf und leuchte! Denn dein Licht ist gekommen und die Herrlichkeit des Herrn erstrahlt über dir. (Jesaja 60,1)

Gott freut sich, wenn wir gut gelaunt und fröhlich sind, denn dann sind wir so von seiner Liebe erfüllt, dass wir etwas davon weitergeben können. Wenn du jemandem durch ein Lächeln den Tagesanfang verschönerst, dann wird auch dein eigener Tag besser werden.

17. Juni

Woher man weiß, wo eine amerikanische Münze geprägt wurde

Apostelgeschichte 3,6

Wenn du herausfinden möchtest, wo eine amerikanische Münze geprägt wurde, dann achte auf Folgendes: Wenn ein kleines D aufgedruckt ist, dann wurde die Münze in Denver geprägt. Ein S steht für San Francisco. Wenn du keinen Buchstaben siehst, dann wurde die Münze in Philadelphia geprägt. Hier noch ein paar weitere interessante Informationen über amerikanische Münzen:

Jedes Gesicht auf jeder Münze der Vereinigten Staaten ist nach links gerichtet, mit einer Ausnahme: Auf dem Penny schaut das Gesicht von Abraham Lincoln nach rechts.

Der Penny und das 5-Cent-Stück haben einen glatten Rand, während das 10-Cent-Stück und das 25-Cent-Stück am Rand Rillen haben. Dafür gibt es einen Grund. Vor langer Zeit wurden Münzen aus wertvollen Metallen wie Gold oder Silber hergestellt. Unehrliche Leute versuchten manchmal, ein wenig von dem Metall einer Münze abzukratzen, bevor sie damit bezahlten. Sie gaben also dem Verkäufer weniger wertvolles Metall als vorgesehen, sie betrogen ihn. Pennys und 5-Cent-Stücke wurden nicht aus wertvollen Metallen hergestellt, doch 10-Cent-Stücke und 25-Cent-Stücke enthielten echtes Silber. So beschloss die Regierung, den Rand des 10-Cent-Stücks und des 25-Cent-Stücks mit Kerben zu versehen. Sollte jemand versuchen, etwas von dem Silber abzukratzen, dann wäre das sofort sichtbar. Falls du es genau wissen willst: 25-Cent-Stücke haben 119 Kerben, 10-Cent-Stücke 118!

Was hat das mit mir zu tun?

Manche Menschen meinen, ihr Geld sei das Wertvollste, was sie im Leben besitzen. Doch das stimmt nicht. Jesus will uns viel mehr geben als Geld. Wenn du ihm gehörst, dann beschenkt er dich jetzt und hier mit seiner Liebe und in der Zukunft mit dem Himmel. Du hast Talente, die Gott dir gab. Und du kannst Freundlichkeit und Fröhlichkeit an andere weitergeben – solche Qualitäten kann man nicht mit Geld aufwiegen. Sie sind vielleicht das Wertvollste, das du jemanden geben kannst, der gerade mutlos und traurig ist. Als ein armer Mann den Apostel Petrus um Geld bat, sagte er:

> Ich habe kein Geld für dich. Aber was ich habe, gebe ich dir. (Apostelgeschichte 3,6)

Was hatte Petrus? Er besaß die Fähigkeit, für kranke Menschen von Gott Heilung zu erbitten. Er heilte einen Gelähmten, indem er den Namen Jesu anrief. Lass dein Herz sprechen und deine Hände helfend aktiv werden – das sind die Besitztümer, die dich wirklich reich machen!

18. Juni

Bunte Blumenpracht

Jesaja 61,11

Wir bewundern die Farbenpracht von Blumen, doch die Farben sind nicht nur da, um unser Auge zu erfreuen. Sie dienen einem wichtigeren Zweck: Um neue Blumen entstehen zu lassen, müssen Pollen von einer Blume zur anderen gelangen. Insekten besuchen die Blumen, wobei die Pollen an ihren Füßen kleben bleiben und zur nächsten Blume getragen werden, auf der die Insekten landen. Die leuchtenden Farben ziehen Insekten an. Bienen mögen gelbe und blaue Blumen. Schmetterlinge fühlen sich von allen hellen Farben angezogen. Über Nacht blühende Blumen haben meistens eher blasse Blüten, sodass Motten sie im Dunkeln sehen können. Nur wenige Insekten oder Vögel werden von der Farbe Grün angezogen, deshalb gibt es kaum grüne Blumen.

Was hat das mit mir zu tun?

Es macht uns Freude, einen blühenden Garten zu sehen. In der Bibel lesen wir:

> Der Herr wird den Völkern der Welt seine Gerechtigkeit und seinen Ruhm offenbaren, wie die Erde Gewächse hervorbringt und ein Garten seine Pflanzen wachsen lässt. (Jesaja 61,11)

Gottes Garten voller Liebe wird mehr Menschen anziehen als ein blühender Garten. Gott benutzt einen Garten, der für etwas Wunderschönes steht, als Bild dafür, wie die Welt eines Tages in der Zukunft sein wird, wenn alle Menschen ihn kennen.

19. Juni

Fühlst du dich heute rot, pink oder gelb?

Psalm 30,12

Du bist dir dessen vielleicht nicht bewusst, doch Farben können deine Gefühle beeinflussen. Wissenschaftler haben die Reaktionen von Versuchspersonen auf Farben getestet, und sie haben einige interessante Dinge herausgefunden. Gelb und Orange sorgen dafür, dass man sich glücklicher, wärmer und aktiver fühlt. Rot gehört ebenfalls zu dieser Farbgruppe und löst noch stärkere Reaktionen aus, die manche Leute sogar nervös machen. Blau und Grün sind Farben, die beruhigend wirken. Sie sorgen für einen langsameren Puls, Herzschlag und Atem. Eine weitere Farbe, die eher Ruhe und Entspannung auslöst, ist Pink.

Wenn du ein Fast-Food-Restaurant ausstatten müsstest, welche Farben würdest du wählen? Wenn du das nächste Mal eine Pizza oder einen Hamburger essen gehst, dann achte auf die Wände und die Dekorationen und auch auf die Schilder vor dem Restaurant. Die meisten Fast-Food-Restaurants verwenden kein Grün, Pink oder Blau, weil diese Farben die Leute und ihren Appetit abbremsen. Orange und Gelb sind die besten Farben, um den Appetit anzuregen. Sie bewirken auch schnelleres Essen, und wenn der Gast bald wieder geht, macht er Platz für neue Kunden und der Umsatz des Restaurants wird gesteigert.

Was hat das mit mir zu tun?

Farben können unsere Laune vorübergehend beeinflussen, doch es gibt etwas viel Beständigeres, das unsere Persönlichkeit verändern kann. Wenn Gott dein Herz erfüllt, siehst du die Welt mit anderen Augen und deine Freude kann dir niemand nehmen. In der Bibel lesen wir:

> Du hast meine Trauer in einen Tanz voller Freude verwandelt. Du hast mir die Trauergewänder ausgezogen und mir Freude geschenkt. (Psalm 30,12)

Wenn du dir Sorgen machst oder ein Problem dich bedrückt, dann geh damit zu Gott. Er wird dir helfen, nicht nur vorübergehend, sondern dauerhaft!

20. Juni

Ein Vogel, der seine Jungen zur Adoption freigibt

Psalm 27,10

Eines Tages sitzt ein Kardinalspechtweibchen auf seinen Eiern im Nest. Es fliegt einen Augenblick davon, und als es in sein Nest zurückkehrt, liegt dort ein zusätzliches Ei. Der Vogel nimmt anscheinend keine Notiz davon, denn er setzt sich auf alle Eier, einschließlich des neuen. Das ist gut für einen anderen Vogel namens Kuhstärling. Diese Vögel bauen nie ein eigenes Nest und ziehen ihre Jungen nie selbst auf. Stattdessen legen sie ihre Eier in den Nestern anderer Vögel ab. Kuhstärlingjunge schlüpfen schneller aus als die meisten anderen Vögel, sodass der kleine Kuhstärling oft das erste Küken ist, das die Adoptiveltern zu Gesicht bekommen. Sie füttern es genauso wie ihre eigenen Jungen, obwohl es ganz anders aussieht.

Was hat das mit mir zu tun?

Kuhstärlinge ziehen ihre Jungen nicht selbst auf, aber sie sorgen dafür, dass andere Vögel es tun. Ein Kuhstärlingjunges wird seine biologischen Eltern nie kennenlernen, doch es wird versorgt wie die anderen Jungen. Diese Vögel zeigen uns etwas von Gottes Liebe. In der Bibel lesen wir:

> Wenn selbst Vater und Mutter mich verlassen, wird doch der Herr mich aufnehmen. (Psalm 27,10)

Vielleicht hat einer deiner Freunde nur einen Elternteil oder lebt gar nicht bei seinen leiblichen Eltern. Gott will ein Vater für uns sein. Er möchte sich um seine Kinder kümmern und ihnen all die Liebe geben, die ihnen gefehlt hat. So wie das Kuhstärlingjunge von Ersatzeltern aufgezogen und versorgt wird, so kann jedes Kind ein glückliches Leben führen, wenn es sich ganz auf Gottes Liebe verlässt.

21. Juni

Warum Golfspieler „Fore" rufen

Jesaja 52,12

Wenn du auf einem Golfplatz bist, wirst du eine Menge Golfspieler das Wort *„Fore“* rufen hören, bevor sie den Ball schlagen. Woher kommt dieser Ausruf? Nun, Golfspieler kopieren damit etwas, was Soldaten vor langer Zeit taten. Früher mussten die Soldaten in Reihen stehen, wenn sie in einer Schlacht auf den Feind schossen. Die hinten stehenden Soldaten mussten die vorderen Reihen warnen, damit sie aus dem Weg gingen, um nicht von den Kugeln ihrer eigenen Leute getroffen zu werden. Die Soldaten riefen von hinten *„Beware before“* – zu Deutsch: „Vorne aufpassen!“ Dann kniete die vordere Reihe nieder, sodass die hintere Reihe über ihre Köpfe hinwegschießen konnte. Doch irgendwann wurde es den Soldaten zu viel, immer *„Beware before“* zu rufen, und sie kürzten den Warnruf zu *„Fore!“* ab. Wenn ein Golfspieler den Schläger schwingt, ruft er *„Fore“*, was so viel heißt wie: „Achtung, aus dem Weg, damit ihr nicht von meinem Ball getroffen werdet!“ Normalerweise ist es nicht sehr höflich, zu schreien, doch in dieser Situation ist das Rufen sogar besonders höflich.

Was hat das mit mir zu tun?

In der Bibel lesen wir:

> Denn der Herr wird vor euch hergehen. Der Gott Israels wird euren Rücken decken. (Jesaja 52,12)

Wenn du ein Kind Gottes bist, dann stehst du unter viel besserem Schutz, als wenn eine Armee von Soldaten hinter dir stünde. Gott liebt uns, deshalb sagt er uns durch sein Wort, wie wir bewahrt bleiben können. Gott braucht nicht zu rufen, sein Wort ist klar und vernehmlich.

22. Juni

Was passiert, wenn du eine Krabbe anfasst

Matthäus 10,29–31

Wenn du am Strand spazieren gehst, findest du meistens leere Krabbenschalen am Ufer. Du fragst dich vielleicht, warum so viele Krabben gestorben sind. Die Antwort lautet: Die Krabben sind gar nicht gestorben. Jede Schale ist wie ein leeres Haus, aus dem die Krabbe ausgezogen ist. Krabben wachsen ständig und ihre Schalen sind zu hart und zu steif, um sich auszudehnen. Irgendwann wird es der Krabbe zu eng – sie entledigt sich ihrer Schale und lässt eine neue wachsen, die ihr besser passt. Doch die Schale ist nicht der einzige Teil der Krabbe, von dem sie sich losmachen kann. Krabben verfügen über einen besonderen Trick, um sich zu schützen. Wenn du eine Krabbe am Bein fasst, dann lässt die Krabbe das Bein in deiner Hand und eilt schnell fort. Das Bein wächst nach.

Was hat das mit mir zu tun?

Gottes Plan für die Krabbe ist faszinierend. Gott hat sie so ausgestattet, dass sie weiß, wie sie am besten überleben kann. Doch Krabben sind für Gott nicht annähernd so wichtig wie wir. Er hat unser Leben sehr sorgfältig geplant. Die Bibel erinnert uns daran:

> Nicht einmal ein Spatz, der doch kaum etwas wert ist, kann tot zu Boden fallen, ohne dass euer Vater es weiß. Selbst die Haare auf eurem Kopf sind alle gezählt. Deshalb habt keine Angst; ihr seid Gott kostbarer als ein ganzer Schwarm Spatzen. (Matthäus 10,29–31)

Wenn Gott so genau darauf achtet, wie ein kleiner Vogel fliegt oder wo eine kleine Krabbe lebt, wie sehr kümmert er sich dann erst um dich, sein Kind! Gott weiß so viel über dich, er kennt sogar die Anzahl der Haare auf deinem Kopf, was du selbst nicht einmal weißt! Da Gott dich so viel besser kennt als du selbst, kannst du darauf vertrauen, dass er immer voller Liebe über dir wacht.

23. Juni

Warum Knetmasse erfunden wurde

Psalm 90,17

In der Regel denken wir nicht im gleichen Atemzug an Spielen und Schule. Doch 1955 wurde etwas Wichtiges zum Spielen erfunden, weil in einer Vorschulklasse ein bestimmtes Material gebraucht wurde. Eine Lehrerin in New Jersey war mit der Knetmasse, mit der ihre Schüler spielen sollten, nicht sehr zufrieden. Sie war zu trocken und zu steif und die Kinder konnten nicht viel damit anfangen. Die Lehrerin sprach mit ihrem Schwager über das Problem, und er begann zu experimentieren. Er schuf eine grauweiße Knetmasse, die weicher

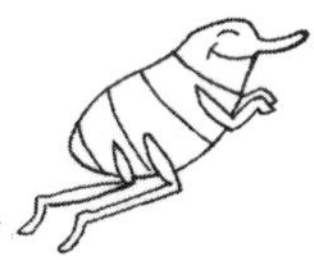

und leichter zu handhaben war. Viele Schulen begannen, diese neue Masse zu verwenden, und eines Tages wurde bei einer Vorführung der Knetmasse das Interesse eines Kaufhauses geweckt. Die Firma kaufte die elastische Knete und verkaufte sie als Spielzeug, nachdem die Farben Rot, Gelb und Blau hinzugefügt worden waren. Kannst du dir denken, wie das neue Produkt hieß? Wenn du in ein Spielwarengeschäft gehst, dann schau dich nach *Play-Doh* um.

Was hat das mit mir zu tun?

Gott hat für jeden von uns einen Plan, egal, wie klein und unbedeutend unsere Aufgaben manchmal aussehen – er verfolgt ein Ziel damit. Es scheint nicht so wichtig zu sein, Knetmasse in Kindergärten zu verwenden, doch vielleicht wird ein Kind, das mit der Knetmasse spielt, später ein Bildhauer. Nur Gott kennt unsere Talente wirklich. Wir sollten beten:

> Der Herr, unser Gott, schaue freundlich auf uns und lasse unsere Arbeit gelingen. Ja, lass unsere Arbeit gelingen! (Psalm 90,17)

Gott wird uns dorthin schicken, wo wir die Arbeit lernen können, die wir nach seinem Plan tun sollen.

24. Juni

Wie ein Lesezeichen zu einem wichtigen Notizzettel wurde

Römer 8,28

Arthur Fry hatte ein Problem. Wenn er in der Kirche sang, fielen die Lesezeichen, die in seinem Liederbuch waren, auf die Erde. Arthur arbeitete in einem Unternehmen, das verschiedene Sorten Klebstoffe herstellte. Einer der Forscher des Unternehmens, Spencer Silver, wollte einen besonders stark haftenden Klebstoff produzieren, doch stattdessen entstand ein sehr schwacher Klebstoff: Man konnte damit Dinge aneinanderkleben, aber auch ganz leicht wieder auseinanderziehen. Arthur musste an diesen Klebstoff denken – vielleicht konnte er sehr nützlich sein. Er trug ein wenig davon auf seine Lesezeichen auf, die er nun einfach und problemlos in seinem Liederbuch anbringen und wieder herauslösen konnte, ohne die Seiten zu beschädigen. Aus einem Misserfolg entstand etwas sehr Nützliches, was wir heute unter dem Namen *Post-it* kennen.

Was hat das mit mir zu tun?

In der Bibel lesen wir:

> Und wir wissen, dass für die, die Gott lieben und nach seinem Willen zu ihm gehören, alles zum Guten führt. (Römer 8,28)

Gott sorgt dafür, dass aus schlechten Dingen Gutes und aus falschen Dingen Richtiges für seine Kinder entsteht. Er hat es in seinem Wort versprochen. Vielleicht ist es im ersten Augenblick nicht leicht für dich, das Gute in einem Problem zu sehen, doch mit der Zeit wirst du erkennen, wie Gott es zu deinem Besten nutzt.

25. Juni

Woher der Begriff Pingpong stammt

1. Korinther 3,8

Die Mitglieder der Familie Gibb langweilten sich an einem besonders verregneten Tag, also beschlossen sie, ein Spiel im Haus zu spielen.

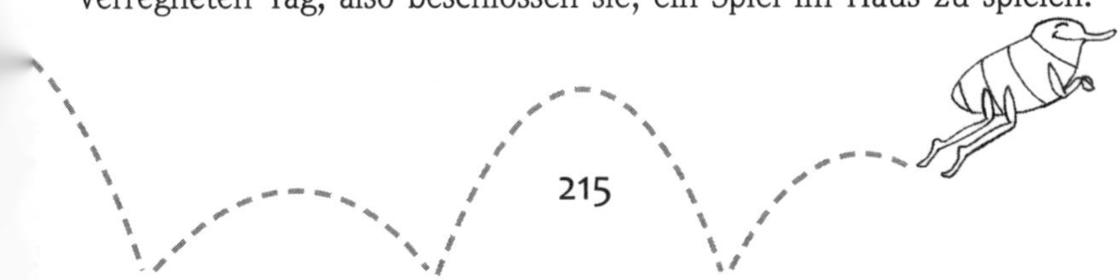

Sie legten mehrere Bücher in der Mitte des Esstisches aufeinander, um eine kleine Mauer zu bilden. Dann nahmen sie die Deckel von Zigarrenschachteln als Schläger und versuchten, eine Rolle Bindfaden über die „Mauer" hin und her zu schlagen.

Die Bindfadenrolle ließ sich nicht besonders gut verwenden, also versuchten sie es mit Flaschenkorken. Aber auch das klappte nicht wirklich. Als Nächstes probierten sie es mit einem kleinen Gummiball, doch er war zu schwer. Schließlich hatte der Vater, James Gibb, die Idee, hohle Bälle zu verwenden; sie waren leicht und sprangen gut.

Als Nächstes mussten die Schläger verbessert werden. Anstelle der schweren Zigarrenschachteldeckel stellte Gibbs einen Schläger her, der wie eine kleine Trommel mit langem Griff aussah. Später wurden die Schläger aus flachem Holz hergestellt, doch sie waren noch immer zu glatt. Schließlich wurde das Schlägerproblem gelöst – der Anlass waren Kopfschmerzen! Ein Mann namens E. C. Goode, der das Spiel mochte, ging in die Apotheke, um ein Medikament gegen Kopfschmerzen zu kaufen. Stattdessen fand er eine Gummimatte mit kleinen Gumminoppen darauf. Er dachte sich, dass dieses Material ideal wäre, um die Griffigkeit der Schläger zu verbessern. Er kaufte die Gummimatte, nahm sie mit nach Hause, schnitt sie passend zum Schläger zu und klebte die Gummipolsterung auf das Holz.

Das Spiel, das von der Familie Gibb *Gossima* genannt wurde, hat sich seither nicht verändert, mit Ausnahme seines Namens. Man nannte es eine Zeit lang *Wick-Wack*, *Whiff-Whaff* und *Click-Clack*, bis sich schließlich *Pingpong* durchsetzte, weil dieser Name an den Klang des hin- und herspringenden Balles erinnert. In Deutschland sagen wir häufiger Tischtennis.

Was hat das mit mir zu tun?

Die Erfinder des Pingpong mussten viele Probleme lösen, bevor das Spiel so gespielt werden konnte, wie wir es heute kennen. Wenn sie aufgegeben hätten, als sich die ersten Probleme zeigten, hätten sie nie Erfolg gehabt. In der Bibel lesen wir:

> Derjenige, der pflanzt, und derjenige, der bewässert: Beide arbeiten zusammen auf dasselbe Ziel hin. Belohnt aber wird jeder für sich, entsprechend seiner Arbeit. (1. Korinther 3,8)

Wenn du ein Ziel vor Augen hast, dann bleib am Ball! Wenn du hinfällst, steh wieder auf und mach weiter. Es lohnt sich, denn Gott wird deine Mühe belohnen.

26. Juni

Teure Spielsachen

Lukas 12,15

Vor langer Zeit mussten die Kinder ihre Spielsachen hauptsächlich selbst herstellen. Große Kaufhäuser hatten noch nicht einmal einen eigenen Bereich für Spielwaren in ihrem Katalog. Ein berühmtes amerikanisches Kaufhaus namens *Sears, Roebuck & Co* führte 1897 jedoch einige Spielwaren in seinem Katalog auf. Hier einige Beispiele: Ein Paar Schlittschuhe kostete zweiundsechzig Cent, eine Mundharmonika zweiundzwanzig Cent, ein Schaukelpferd fünfundsiebzig Cent, ein Baseball neunundsiebzig Cent und eine Spielzeuglokomotive nur ein Dollar fünfzehn. Wäre es nicht prima, heute zu solchen Preisen einzukaufen?

Was hat das mit mir zu tun?

Wenn du nicht alle Spielsachen besitzt, die du dir wünschst, dann sei nicht traurig oder eifersüchtig. Jesus sagt:

> „Begehrt nicht das, was ihr nicht habt. Das wahre Leben wird nicht daran gemessen, wie viel wir besitzen." (Lukas 12,15)

Auch wenn wir arm sind, sind wir in Gottes Augen wertvoll. Es spielt gar keine Rolle, wie viel wir besitzen. Was wirklich zählt ist unsere Liebe zu Gott.

27. Juni

Warum Purpur die königliche Farbe ist

Johannes 19,2–3

Wir müssen in die Vergangenheit blicken, um zu begreifen, warum Purpur eine so spezielle Farbe ist. Im alten Rom gab es nur eine Möglichkeit, die Farbe Purpur herzustellen, die von den Römern *purpura* genannt wurde. Im Mittelmeer lebte ein bestimmtes Schalentier, auf dessen Körper kleine Bläschen wuchsen. In diesen Bläschen befand sich eine winzige Menge der Substanz, mit der die Römer die Farbe Purpur herstellten. Da es so schwierig war, die Zutaten für diese Farbe zu erlangen, wurde nur sehr wenig davon hergestellt und sie war extrem teuer. Man musste also reich sein, um Purpur zu kaufen, und so kam es, dass vor allem Könige und Königinnen Purpur im großen Stil trugen.

Was hat das mit mir zu tun?

Bevor die Soldaten Jesus ans Kreuz schlugen, verspotteten sie ihn. In der Bibel lesen wir:

> Die Soldaten flochten eine Krone aus langen Dornenzweigen, setzten sie ihm auf den Kopf und legten ihm ein purpurfarbenes Gewand um. Dann spotteten sie: „Sei gegrüßt, du König der Juden!“, und sie schlugen ihn mit den Fäusten. (Johannes 19,2–3)

Zur Zeit Jesu glaubten die Leute an die Macht von Königen. Als die Soldaten Jesus einen purpurfarbenen Mantel umlegten, wollten sie ihn lächerlich machen – die Leute sollten sich fragten, warum er nicht seine Macht gebrauchte, um sich zu befreien. Doch wir wissen, dass Jesus freiwillig starb. Er ist nicht nur der Herrscher der Erde, sondern des ganzen Universums und der gesamten Schöpfung. Nicht ein purpurfarbener Mantel machte ihn zu unserem König, sondern sein Vater, der allmächtige Gott selbst.

28. Juni

Die Geschichte der Tupperware

Psalm 31,24

Earl Tupper – kommt dir dieser Name bekannt vor? Wahrscheinlich hast du bereits erraten, dass dieser Mann die berühmte Tupperware erfunden hat, von der in eurer Küche bestimmt einige Teile zu finden sind. Earl Tupper begann seine Karriere als Verkäufer bereits als Junge, indem er Gemüse verkaufte, das andere Kinder gezogen hatten. Er konnte damit mehr Geld verdienen, als wenn er selbst Gemüse angebaut hätte. Als Erwachsener arbeitete er für die Firma DuPont und betrieb nebenbei einen kleinen Versandhandel mit Zahnbürsten und Haarkämmen. Als er mit dieser Tätigkeit genug verdiente, um seinen Job bei DuPont aufzugeben, begann er mit einem Material namens Polyethylen zu experimentieren. 1945 hatte er Erfolg mit der Erfindung des von ihm sogenannten Poly T. Es war im Vergleich zu dem Plastik der späten 30er-Jahre, das aufgrund seiner Steifheit häufig brach, ein großer Fortschritt. Earl Tupper beschloss, aus dem neuen Material Geschirr und Behälter herzustellen und zu vertreiben. Um die Werbungskosten möglichst gering zu halten, entwickelte eine Frau namens Brownie Wise sogenannte „Tupper-Partys“, bei denen die verschiedenen Produkte sehr erfolgreich vorgeführt und verkauft wurden. Hierzu wurden Freundinnen und Nachbarinnen in das Haus einer Tupper-Gastgeberin eingeladen. Das erste Tupperware-Produkt war ein hundertachtundneunzig Gramm leichter Zahnputzbecher.

Es folgten Schüsseln mit luftundurchlässigen Deckeln. Sie hatten enormen Erfolg, jeder wollte solche „Tuppertöpfe" haben, nicht nur Hausfrauen, sondern auch Unternehmen, Einrichtungen aller Art und sogar Museen. Earl Tupper wurde reich und verkaufte sein Unternehmen 1958 für sechzehn Millionen Dollar an Rexall Drugs.

Was hat das mit mir zu tun?

Wenn du etwas in ein Tuppergefäß gibst, dann hast du bereits entschieden, dass diese Sache für dich wert ist, aufgehoben zu werden. Für Gott gibt es auch etwas, was er sehr sorgfältig bewahren möchte. In der Bibel lesen wir:

> Der Herr beschützt die, die ihm treu sind … (Psalm 31,24)

Tupper bewahrt Lebensmittel eine Zeit lang vor dem Verderben, doch Gott erhält unsere Seele für alle Ewigkeit! Lass Gott dein Bewahrer sein!

29. Juni

Hüpfknete

Prediger 7,8

Ein Mann namens James Wright versuchte einen Ersatz für Gummi zu erfinden, doch was dabei herauskam, war nicht so fest wie Gummi. Es ließ sich dehnen und sprang hoch, wenn man es auf eine harte Fläche warf. Es war nicht das perfekte Produkt, aber es machte Spaß, und Wright und seine Forscherkollegen tauften das neue Material *Gooey Gupp*. Wenn man es auf eine Zeitung drückte, bildeten sich die Texte und Fotos darauf ab. Zunächst kaufte niemand Gooey Gupp in den Geschäften, doch dann stieß eines Tages ein Mann namens Peter

Hodgson beim Einkaufen auf dieses Material. Er war so begeistert davon, dass er die Rechte dafür kaufte. Dann änderte er den Namen und die Verpackung; sie sah aus wie ein Fernseher – ein Junge und ein Mädchen schauten auf ein rotes Ei auf dem Bildschirm. Was befand sich wohl in dem Ei? Es war *Silly Putty*, zu Deutsch „Hüpfknete“. Seither haben viele Kinder damit gespielt, und sogar Erwachsene haben sie für ungewöhnliche Zwecke verwendet: Die Astronauten des Raumschiffs Apollo 8 sorgten mit dieser Knetmasse dafür, dass ihre Instrumente nicht in der Luft herumschwebten.

Was hat das mit mir zu tun?

Wenn man Gooey Gupp weggeworfen hätte, weil es nicht wie geplant ein perfekter Gummiersatz war, dann hätten viele Kinder über viele Jahre dieses lustige Spielmaterial nicht nutzen können. In der Bibel lesen wir:

> Das Ende einer Sache ist besser als ihr Anfang. (Prediger 7,8)

Bevor du eine gute Idee oder eine Aufgabe, die dir deine Eltern übertragen haben, fallen lässt, gib dir die größte Mühe. Vielleicht wird etwas Wundervolles daraus entstehen!

30. Juni

Heldenhafte Tiere

Kolosser 1,28

Eines Tages im Jahr 1974 merkten die Menschen in China, dass sich ihre Tiere merkwürdig benahmen. Gänse flogen nicht wie üblich, Hennen liefen nervös herum, Schweine bissen sich gegenseitig in den Schwanz und Schlangen, die eigentlich schon im Winterschlaf

waren, kamen wieder an die Oberfläche. Sogar abgerichtete Hunde widersetzten sich den Befehlen ihrer Besitzer. Schließlich begriffen die Leute, was der Grund hierfür war. Hunderttausende verließen ihre Häuser und suchten anderswo Zuflucht.

Zwei Tage später begriff die ganze Welt, was los war. Die Tiere waren Helden, denn aufgrund ihres auffälligen Verhaltens waren die Chinesen vor einem verheerenden Erdbeben gewarnt worden.

Was hat das mit mir zu tun?

Viele Menschen konnten sich aufgrund der „tierischen Warnung" rechtzeitig in Sicherheit bringen. Als Christen sollen wir ebenfalls warnen – in der Bibel lesen wir:

> Deshalb erzählen wir überall, wo wir hinkommen, von Christus. Wir warnen die Menschen und lehren sie mit aller Weisheit, die Gott uns geschenkt hat. (Kolosser 1,28)

Die Chinesen waren ihren Tieren vermutlich sehr dankbar. Wenn du anderen von Jesus erzählst, dann kannst du womöglich bewirken, dass sie sich Jesus anvertrauen und der Gefahr einer Ewigkeit in der Gottesferne entgehen. Stell dir vor, wie dankbar deine Freunde sein werden, wenn sie durch dein Zeugnis ewiges Leben finden!

1. Juli

Die Rollschuhgeschichte

Matthäus 16,19

Was passiert, wenn man mit Rollschuhen nicht bremsen kann? Genau dieses Problem hatte vor langer Zeit ein Mann namens Josef Merlin. Er war auf einem Kostümball eingeladen und wollte die Aufmerksamkeit der Anwesenden fesseln. Also trug er etwas, was niemand zuvor je gesehen hatte: Rollschuhe! Josef fuhr Geige spielend auf seinen Rollschuhen durch den Ballsaal, doch er bemerkte zu spät, dass es keine Möglichkeit gab, die Metallrollen zu stoppen. Er fuhr geradewegs in einen riesigen Spiegel hinein, der in tausend Stücke zerbrach.

Da Josef bei diesem Vorfall Verletzungen davontrug, hatte lange Zeit niemand mehr Interesse an Rollschuhen. Dann und wann bastelte ein Hobbyerfinder an einer neuen Rollschuhversion, doch erst 1863 gelang einem reichen Mann namens J. L. Plimpton der Durchbruch. Er liebte das Schlittschuhlaufen und vermisste diesen Sport im Sommer, also arbeitete er an Rollschuhen, mit denen man an Land gleiten konnte. Seine Rollschuhe hatten vorn und hinten am Schuh zwei nebeneinanderliegende hölzerne Rollen mit Gummifedern. Später verbesserte ein anderer Erfinder sie – er stellte Rollschuhe her, die man mithilfe eines Schlüssels verstellen und so an jeden Fuß anpassen konnte. Wenn man damals ein Kind mit einem ganz besonderen Schlüssel an einer Halskette sah, dann wusste man, dass dieses Kind gerne Rollschuh lief!

Was hat das mit mir zu tun?

Die Kinder fanden es toll, ihre Schlüssel für jeden sichtbar zu tragen, denn sie waren sehr stolz darauf, Besitzer von Rollschuhen zu sein. Wenn du ein Kind Gottes bist, dann gehört dir etwas, auf das du noch viel mehr stolz sein kannst. Gott verspricht:

> Ich will dir die Schlüssel des Himmelreichs geben.
> (Matthäus 16,19)

Als Jesus am Kreuz starb, machte er für uns den Weg zum Himmel frei. Wenn jemand ein Kreuz trägt, kann das bedeuten, dass diese Person stolz darauf ist, den Schlüssel zum Himmel zu besitzen.

2. Juli

Gefährlicher Treibsand

Psalm 27,5

Bist du schon einmal in Treibsand getreten? Er ist dick und suppig und scheint an deinen Beinen hinaufzukriechen. Du stellst dir vor, wie du innerhalb weniger Minuten völlig davon verschlungen wirst, wie man es manchmal in Filmen sieht. Du beginnst, dagegen anzukämpfen, doch du sinkst nur noch tiefer ein. Bist du nun dem Tod ausgeliefert? Nicht, wenn du weißt, was Treibsand wirklich ist.

Treibsand findet sich vor allem in der Nähe von Flüssen, deren Ufer aus Lehm oder weicher Erde bestehen. Wenn du auf eine Stelle mit Treibsand trittst, dann meinst du zunächst, es sei ganz normaler Sand, denn der Unterschied ist nicht sichtbar. Er besteht darin, dass Treibsand keinen festen Untergrund hat, sondern tatsächlich auf dem Wasser treibt. Wenn du darauf trittst, dann kann der Sand dich nicht halten, sondern er gibt nach, sodass du nach unten einsinkst. Nur wenigen Menschen ist bewusst, dass man sich auf dem Treibsand – ebenso wie auf Wasser – einfach treiben lassen kann. Wenn du also einmal in diese Situation gerätst, bleib einfach ruhig und versuche dich auf den Rücken zu legen. Dann kannst du langsam ans Ufer rollen.

Was hat das mit mir zu tun?

Auch wenn man weiß, dass man aus Treibsand wieder herauskommen kann, ist man zunächst erschrocken und ängstlich, wenn man unerwartet einsinkt. Man fühlt sich nicht sicher. Gott versteht das und erinnert uns in der Bibel:

> Er birgt mich im Schutz seines Zeltes und erhöht mich auf einen Felsen. (Psalm 27,5; LÜ 84)

Wenn du auf einen Felsen trittst, dann hast du festen Boden unter den Füßen. Gott möchte wie ein Fels für dich sein. Er möchte dich tragen und dir Sicherheit geben.

3. Juli

Wie sich eine Mücke ihre Opfer aussucht

Philipper 2,14–16

Du machst gerade ein tolles Picknick, und plötzlich hörst du ein vertrautes Summen an deinem Ohr. Die Mücken haben dich gefunden!

Forscher haben ein paar interessante Fakten über Mücken herausgefunden. Zunächst weiß man, dass Mücken von der Farbe Blau angezogen werden, und zwar mehr als von jeder anderen Farbe. Wenn man Bananen isst, wird man besonders attraktiv für Mücken, denn sie lieben den Geruch von Bananen auf der Haut. Mücken stechen besonders gern Kinder und hellhäutige Personen. Wenn du blond bist, Blue Jeans trägst und Bananen isst, solltest du dich also ganz besonders vor Mücken in Acht nehmen!

Es gibt noch eine interessante Tatsache in Verbindung mit Mücken – sie stechen eher Schweine, Kühe, Hunde und Pferde als Menschen. Wenn du in der Nähe eines Bauernhofes lebst, dann solltest du dein nächstes Picknick auf einer Wiese in Nähe der Scheunen planen. Dann wirst du vielleicht vor den Angriffen dieser kleinen, lästigen Tierchen verschont.

Was hat das mit mir zu tun?

Wenn man das Summen von Mücken hört, ist man alles andere als begeistert. Wir wollen lieber nicht in der Nähe dieser kleinen Insekten sein. Manchmal beschweren und beklagen wir uns über irgendetwas – und unser Nörgeln klingt in Gottes Ohren dann vielleicht genauso lästig wie das Summen von Mücken. Wir sollten uns lieber an all das Gute erinnern, das Gott uns schenkt, anstatt uns auf das zu konzentrieren, was wir nicht so angenehm finden. In der Bibel lesen wir:

> Was ihr auch tut, tut es ohne zu klagen und zu zweifeln, damit niemand euch irgendetwas vorwerfen kann. Als Kinder Gottes sollt ihr ein reines, vorbildliches Leben führen in einer dunklen Welt voller verdorbener und verirrter Menschen, unter denen euer Leben wie ein helles Licht leuchtet. Haltet am Wort des Lebens fest, damit ich mich, wenn Christus wiederkommt, freuen kann, dass ich das Rennen nicht verloren habe und meine Arbeit nicht vergeblich war. (Philipper 2,14–16)

4. Juli

Wie eine fünf Kilometer lange Malerei verloren ging

Psalm 8,4–5

Um die Mitte des 19. Jahrhunderts beschloss ein Maler namens John Banvard, die Landschaft des Mississippi-Flusses zu malen. Er wollte alles darauf abbilden, was er entlang des über zweitausend Kilometer langen Ufers des Mississippi sah. Ein ganzes Jahr verbrachte er damit, den Fluss entlangzurudern, an seinem Ufer zu zelten und Skizzen anzufertigen. Dann baute er in Kentucky ein Atelier, das genug Platz bot für seine langen Leinwände, die er um große Spulen herumwickelte. Banvard benötigte fünf Jahre, um sein Bild zu vollenden, auf dem unter anderem Indianersiedlungen, Boote, ein Schiffswrack und befestigte Forts zu sehen waren. 1846 war das Bild fertig und wurde in ganz Amerika und in England ausgestellt. An jedem Ausstellungsort brauchte Banvard rund zwei Stunden, um seine Leinwände auszurollen. Das Kunstwerk erhielt den Titel „Panorama des Mississippi“ und wurde im Laufe der Jahre ständig aktualisiert. So fügte der Maler beispielsweise 1862 einen

Teil hinzu, auf dem der amerikanische Bürgerkrieg zu sehen war. Durch die häufigen Transporte wurde das Bild immer stärker abgenutzt und beschädigt und schließlich wurden Teile aus der Leinwand ausgeschnitten und als Bühnenbilder für Theateraufführungen benutzt. Banvard starb 1891, doch niemand weiß, was aus den Resten seines riesigen Gemäldes geworden ist. Nicht ein einziges Bild ist übrig geblieben, um Banvards Beitrag zur amerikanischen Kunst zu zeigen.

Was hat das mit mir zu tun?

Die Leute waren damals verblüfft über die Größe des Gemäldes und die realitätsnahe Darstellung. Doch es war nur eine Kopie der Wirklichkeit, die sich ständig verändert. Ist es nicht interessanter, einen Baum zu betrachten, der Knospen bildet, als einen gemalten Baum, der unverändert bleibt? Und was könnte größer und erhabener sein als der Himmel bei Sonnenuntergang? In der Bibel lesen wir:

> Wenn ich den Himmel betrachte und das Werk deiner Hände sehe – den Mond und die Sterne, die du an ihren Platz gestellt hast – wie klein und unbedeutend ist da der Mensch und doch denkst du an ihn und sorgst für ihn! (Psalm 8,4–5)

Gott sorgt nicht nur für uns, sondern gibt uns auch zu verstehen, dass wir seine wichtigsten Geschöpfe sind! Welch eine Ehre, der Mittelpunkt im Kunstwerk der Schöpfung Gottes zu sein.

5. Juli
Das unvollkommene Buch

Psalm 94,16–19

Ein schottisches Verlagshaus von sehr gutem Ruf hatte sich das Ziel gesetzt, ein Buch herauszugeben, in dem kein einziger Fehler zu finden wäre. So wurden sechs Lektoren beauftragt, die den ganzen Tag lang damit beschäftigt waren, den Text auf Fehler hin zu untersuchen. Sie nutzten ihre jahrelange Erfahrung und untersuchten wieder und wieder jede einzelne Seite. Danach wurden die Seiten des Buches einzeln an die örtliche Universität geschickt, und eine Belohnung wurde für die Studenten oder Lehrkräfte in Aussicht gestellt, die einen Fehler entdecken würden. Nach zwei Wochen und zahlreichen Korrekturen druckte der Verlag schließlich das Buch und wiegte sich in der Sicherheit, ein fehlerfreies Manuskript in Händen zu halten. Doch das stimmte nicht! Als das Buch schließlich gedruckt und herausgegeben war, wurden mehrere Fehler entdeckt. Der erste Fehler wurde bereits auf der ersten Seite im ersten Satz gefunden!

Was hat das mit mir zu tun?

Ist es dir schon so ergangen? So sehr du dich auch bemühst, dass die Dinge reibungslos über die Bühne gehen, irgendwo ist der Wurm drin. Dein Wecker klingelt nicht rechtzeitig. Das T-Shirt, das du anziehen wolltest, hat einen großen Fleck. Du verpasst den Bus. Der Hund hat dein Aufsatzheft zerfetzt. Man könnte die Liste endlos fortsetzen. Bist du all diesen Problemen hilflos ausgeliefert? Auch König David in der Bibel hatte so manchen Kampf durchzustehen. Er berichtet uns davon, aber wir lernen auch von ihm, wie er damit umging. Und schließlich können wir uns sein Gebet zu eigen machen, wenn wir voll Angst und Sorge sind. Lies selbst:

> Wer wird mich vor den Bösen beschützen, wer rettet mich vor den Übeltätern? Hätte der Herr mir nicht geholfen, wäre ich schon längst tot. Als ich schrie: „Ich falle“, hielt mich doch deine Gnade, Herr, aufrecht. Herr, als mich viele Sorgen quälten, gab dein Trost mir neue Hoffnung und Freude. (Psalm 94,16–19)

Gott hilft uns, mit unserem unvollkommenen Leben fertig zu werden – er kennt den besten Weg und die beste Lösung!

6. Juli

Wie man Karten duften lässt

Sprüche 27,9

Wenn eine Frau ein Parfum kaufen möchte, probiert sie gern zunächst eine Duftprobe aus, die ihr im Geschäft in Form einer Duftkarte gegeben wird oder die sie in einer Illustrierten findet. Der technische Begriff, der hinter solchen Duftproben steckt, lautet „Mikroverkapselung“. Wie funktioniert es?

Zunächst wird der Duftstoff in einer winzigen Plastikkapsel, die mit dem Auge nicht wahrgenommen werden kann, eingeschlossen. Dies geschieht, indem Duftöl mit Wasser vermischt wird, um winzige Tröpfchen zu formen. Diese Tröpfchen werden auf eine Oberfläche gesprenkelt und mit Plastik überzogen. Manchmal werden die Tröpfchen erhitzt und manchmal einfach so gelassen, bis sie sich in dem Plastik festgesetzt haben. Darüber wird dann eine Harzschicht aufgetragen, die das Ganze auf einer Papierkarte festklebt. Wenn man nun über das Papier kratzt oder ein klebriges Siegel aufbricht, geben die Kapseln ihren Duft frei.

Diese Idee wurde in den Sechzigerjahren von der Firma 3M entwickelt. Es gab sogar einen darauf ausgelegten Kinofilm, bei dem die Zuschauer Bögen mit nummerierten Duftproben bekamen. Wenn im Film zum Beispiel die Nummer drei gezeigt wurde, dann kratzten alle die Probe Nummer drei auf und rochen Rosen, Popcorn oder was auch immer gerade auf dem Bildschirm gezeigt wurde.

Was hat das mit mir zu tun?

Gott hat uns unsere fünf Sinne geschenkt und er weiß, wie gern wir etwas Angenehmes riechen. In seinem Wort benutzt er folgenden Vergleich, um uns dazu zu ermuntern, freundlich miteinander zu reden:

Duftendes Öl und Weihrauch erfreuen das Herz, aber noch angenehmer und wertvoller ist der gute Rat eines Freundes. (Sprüche 27,9; Hfa)

Du solltest nicht kritisch oder streng, rechthaberisch oder gehässig reden, wenn du jemandem einen Rat geben oder etwas deutlich machen willst. Versuche stattdessen, freundliche, ruhige und ermutigende Worte für dein Gegenüber zu finden – Worte, die hilfreich sind und Hoffnung geben. Wenn du dich darum bemühst, werden die Leute dir gern zuhören. Sie werden von deiner Freundlichkeit angezogen werden wie von einem angenehmen Duft.

7. Juli

Warum im Mittelalter Tausende von Katzen auf einmal getötet wurden

Jesaja 42,16

Von 1334 bis 1351 wütete weltweit die Pest, auch bekannt als der „Schwarze Tod". Fünfundsiebzig Prozent der asiatischen und europäischen Bevölkerung wurden durch diese Krankheit hinweggerafft. Wie konnte das passieren? Das größte Problem bestand darin, dass man nicht wusste, wie die Krankheit verbreitet wurde. Zunächst glaubte man, Katzen würden die Krankheit übertragen. Also ließ man Tausende von Katzen töten, in der Hoffnung, die Ausbreitung der Pest damit zu bremsen. Doch es wurde nur noch schlimmer. Irgendwann begriff man, dass das Töten der Katzen das Schlimmste war, was man tun konnte. Denn die Krankheit wurde durch die Bisse von Flöhen übertragen, die sich auf Ratten befanden. Als man die Katzen massenweise tötete, konnte die Rattenpopulation und damit die Anzahl der Flöhe sehr schnell anwachsen, weil ihr wichtigster Feind nicht mehr existierte. Man beschloss schließlich, täglich sämtliche Abfälle zu verbrennen. So wurden die Ratten ferngehalten und die Pest konnte schließlich langsam abklingen.

Was hat das mit mir zu tun?

Während der Pest wussten die Menschen nicht, was sie tun sollten. Sie gerieten in Panik und handelten völlig falsch. Vielleicht ist dir schon dasselbe passiert. Vielleicht bist du von einer Sache dermaßen überfordert, dass du keine Ahnung hast, wie es weitergehen soll. Du hast schon alles Mögliche versucht, aber es wird nur schlimmer, und du siehst keinen Ausweg. Lies einmal, was Gott dazu sagt:

> Ich führe Blinde einen neuen Weg, einen Weg, den sie nicht kannten, lasse ich sie gehen. Ich werde die Dunkelheit vor ihnen hell machen und den holprigen Weg vor ihnen ebnen. Diese Dinge werde ich ausführen und nicht davon ablassen. (Jesaja 42,16)

Wenn ein Mensch so reden würde, müsstest du erneut mit Enttäuschung rechnen. Doch diese Worte kommen von Gott und nur er kann sich dafür verbürgen, so zu handeln. Bitte Gott, dein Führer und Beschützer zu sein. Er will dich durch dunkle Zeiten hindurch begleiten und in sein Licht führen, wo er dich mit seiner Liebe heilen kann.

8. Juli

Warum Barbiere früher eine rot-weiße Stange am Eingang hatten

Psalm 19,2–5

Die mit einer rot-weißen Spirale versehene Stange am Hauseingang eines Barbiergeschäfts war nicht einfach nur Dekoration. Sie hatte eine besondere Bedeutung für die Menschen, die im Mittelalter zu einem Barbier gingen. Damals schnitten die Barbiere nicht nur Haare, sondern fungierten auch als Ärzte und Zahnzieher. Außerdem ließen sie ihre Kunden „zur Ader" – sie setzten kleine Blutsauger auf ihre Haut, denn im Mittelalter glaubte man, auf diese Weise vergiftete Körpersäfte ausscheiden zu können. Die Stange des Barbiers ist ein Symbol für den Aderlass. Der Barbier brauchte dazu Becken – eines zum Auffangen des Blutes und eines für die Blutegel – sowie eine Stange, an der sich der Patient festhalten konnte. Außerdem jede Menge weißes Leinen, um ihn anschließend zu verbinden. Nach dieser Prozedur hängte der Barbier die Leinenstreifen vor dem Geschäft auf die Stange.

Die Historiker sind sich nicht darüber einig, woher die Farben Rot und Weiß kommen. Einige meinen, es hinge mit der Farbe des Blutes auf den Bandagen und der weißen Stange zusammen. Andere meinen, die Bandagen seien gewaschen und dann zum Trocknen auf die Stange gehängt worden, die rot gestrichen war, damit noch zurückbleibende rote Flecken nicht zu sehen waren. Wie auch immer – die Streifen wurden vom Wind bewegt und bildeten rot-weiße Wirbel. Um 1700 herum konnten nur wenige Leute lesen und so war die Stange des Barbiers ein für jedermann verständliches Zeichen. Ursprünglich wurde die Schale mit den Blutsaugern oben auf die Stange gesetzt, doch im Laufe der Jahre wurde sie durch eine Kugel repräsentiert.

Was hat das mit mir zu tun?

Barbiere im Mittelalter benutzten die rot-weiße Stange, um für ihre Dienste zu werben. Gott hat eine ganz eigene Werbung. Die Bibel erinnert uns daran:

> Der Himmel verkündet die Herrlichkeit Gottes und das Firmament bezeugt seine wunderbaren Werke. Ein Tag erzählt es dem anderen, und eine Nacht teilt es der anderen mit. Ohne Sprache und ohne Worte, lautlos ist ihre Stimme, doch ihre Botschaft breitet sich aus über die ganze Erde und ihre Worte über die ganze Welt. (Psalm 19,2–5)

Stell dir vor, du gingest an einem Schaufenster vorbei, in dem Sonnenuntergänge und leuchtende Sterne ausgestellt sind. Du hättest wahrscheinlich große Lust, in das Geschäft zu gehen und diese und andere erstaunliche Dinge zu bewundern. Du hast jeden Tag die Gelegenheit, die Schönheit der Schöpfung Gottes zu bewundern und Gott dafür zu preisen. Gottes Universum ist seine beste Werbung!

9. Juli

Warum man die Seiten eines Bootes „Backbord" und „Steuerbord" nennt

Psalm 107,23–31

Die rechte Seite eines Bootes heißt „Steuerbord". Vor langer Zeit hatten die Wikingerschiffe ein breites Steuerruder, das stets an der rechten Seite der Bordwand angebracht wurde, weil die meisten Leute Rechtshänder waren. Die linke Seite eines Schiffes heißt „Backbord", doch die Herkunft dieser Bezeichnung ist nicht eindeutig geklärt. Es könnte damit zusammenhängen, dass der Steuermann, dessen Blick auf das an der rechten Bordseite befindliche Steuerruder gerichtet war, die linke Bordseite im Rücken hatte (Rücken heißt auf Englisch *back).*

Vielleicht hast du dir noch andere Fragen in Bezug auf Schiffe gestellt – zum Beispiel, warum die Bullaugen – die Fenster eines Schiffes – rund sind. Das hat mit dem Druck zu tun, dem ein Schiff durch das Hin- und Herschaukeln auf den Wellen ausgesetzt ist. Die Ecken von Fenstern würden den größten Teil dieses Drucks auffangen und die Schiffswände oder das Fensterglas zum Bersten bringen. Ein rundes Fenster dagegen verteilt den Druck gleichmäßig.

Was hat das mit mir zu tun?

Wir verlassen uns darauf, dass Schiffe robust genug sind, um uns über Wasser zu halten. Doch unsere Sicherheit hängt nicht von Metall oder Holz ab. Die Bibel erinnert uns daran:

Manche befuhren mit Schiffen das Meer, um Handel zu treiben auf den Ozeanen der Welt. Auch sie sahen die Taten des Herrn, seine Wunder in den Tiefen des Meeres. Er sprach ein Wort, und Stürme tobten und die Wellen türmten sich auf. Die Schiffe wurden zum Himmel emporgehoben und wieder hinab in die Tiefe geschleudert, dass die Seeleute vor Angst zitterten. Sie torkelten und taumelten wie Betrunkene und wussten nicht mehr aus noch ein. Da schrien sie zum Herrn in ihrer Not, und er rettete sie aus ihrer Verzweiflung. Er verwandelte den Sturm in Stille und beruhigte die Wellen. Da freuten sie sich, dass es still geworden war und er führte sie sicher zum ersehnten Hafen. Sie sollen dem Herrn für seine Gnade danken und für die Wunder, die er an ihnen getan hat. (Psalm 107,23–31)

Gott umgibt uns ständig von allen Seiten mit seinem Schutz.

10. Juli

Die Stadt, die nach dem Wurf einer Münze benannt wurde

Sprüche 16,33

Zwei Männer waren dabei, in Oregon eine Siedlung zu gründen, doch sie konnten sich nicht auf einen Namen einigen. Es ging um einen sechshundertvierzig Morgen großen, stark bewaldeten Grundbesitz an der Mündung des Flusses *Williamette.* Asa Lovejoy und Francis Pettygrove planten bereits die Straßen und Gebäude der neuen Stadt, doch sie hatte noch immer keinen Namen. Lovejoy wollte sie *Boston* nennen, als Ehrenerweisung für seinen Heimatstaat Massachusetts. Pettygrove hatte eine andere Idee. Schließlich kamen sie überein, eine Münze zu werfen, und Pettygrove gewann. Er wollte den neuen Ort nach einer Stadt in seinem Heimatstaat *Maine* benennen und so bekam er den Namen *Portland.*

Was hat das mit mir zu tun?

Vielleicht ist es dir dann und wann auch schon so gegangen – du wusstest nicht, was zu tun ist, und hättest am liebsten eine Münze geworfen, um zu einer Entscheidung zu gelangen. Doch als Gottes Kind bist du nie allein, wenn es darum geht, welche Wahl du treffen sollst. Du brauchst kein Stück Metall, um dies herauszufinden. In der Bibel lesen wir:

> Die Würfel können wir werfen, aber wie sie fallen, bestimmt der Herr. (Sprüche 16,33)

Nicht der Zufall hat die Kontrolle über dein Leben, sondern Gott. Sprich zu ihm und bitte ihn vertrauensvoll um Rat, dann wird er dich bei jeder Entscheidung leiten.

11. Juli

Die „Lächel-Prinzessin", die nicht lächelte

Johannes 15,9–11

Moya Ann Church war glücklich. Sie war gerade zur „Nationalen Lächel-Prinzessin“ gewählt worden, doch das Lächeln fiel ihr in jener Woche schwer. Als Erstes verlor sie ihre Krone eine Minute nach der Wahl. Ohne dass sie eine Erklärung dafür erhielt, wurde die Krone später in einem Papierkorb gefunden. Doch damit fingen ihre Probleme erst an. Jemand verschüttete Kaffee auf ihr teures Kleid und die Schärpe, wodurch beides unwiderruflich verdorben war. Dann wurde sie aus Versehen aus ihrem Haus ausgesperrt. Als Nächstes hatte sie eine Panne mit ihrem Wagen. Sie lief zu einer Telefonzelle, um Hilfe zu rufen. Als sie zum Auto zurückkehrte, fand sie einen Strafzettel vor. Schließlich war die Woche der „Nationalen Lächel-Prinzessin“ vorüber. Moya wurde ein letztes Mal fotografiert und auf dem Heimweg verpasste sie ihren Zug.

Was hat das mit mir zu tun?

Wenn deine Zufriedenheit von dem abhängt, was dir den Tag über zustößt, dann kann sie in Sekundenschnelle verschwinden. Der Schlüssel dazu, ein glückliches Herz zu behalten, ist deine Beziehung zu Jesus:

> Ich habe euch genauso geliebt, wie der Vater mich geliebt hat. Bleibt in meiner Liebe. Wenn ihr mir gehorcht, bleibt ihr in meiner Liebe, genauso wie ich meinem Vater gehorche und in seiner Liebe bleibe. Ich sage euch das, damit meine Freude euch erfüllt. Ja, eure Freude soll vollkommen sein! (Johannes 15,9–11)

Nimm Jesu Liebe an und liebe ihn deinerseits, und dein Tag wird voll Freude sein.

12. Juli

Warum einem Pflanzenschädling ein Denkmal gesetzt wurde

Joel 2,25

Es hätte nicht schlimmer kommen können. 1915 verloren die Landwirte der Stadt Enterprise im Staat Alabama ein Drittel ihrer Baumwollpflanzen. Dies geschah durch einen Schädling, den mexikanischen Baumwollkapselkäfer. Ihre Lebensgrundlage war zerstört und man könnte meinen, die Leute von Enterprise hätten nie wieder einen Baumwollkapselkäfer zu Gesicht bekommen wollen. Doch drei Jahre nach der Katastrophe errichteten sie ein bronzenes Denkmal zu Ehren dieses Insekts auf dem Marktplatz der Stadt. Warum? Die Landwirte hatten durch diese Erfahrung begriffen, dass sie nicht von einer einzigen Pflanze abhängig sein durften. Sie begannen, verschiedenartige

Kulturen anzubauen, darunter Mais, Kartoffeln, Erdnüsse und Zuckerrohr. Diese neue Anbauweise führte zu allgemeinem Wohlstand und letzten Endes waren die Leute dem Baumwollkapselkäfer dankbar, der das Ganze ausgelöst hatte.

Was hat das mit mir zu tun?

Nichts ist zu schwierig für Gott. Er kann jede Niederlage in etwas Gutes verwandeln. Er sagt:

> Ich will euch zurückgeben, was die Heuschrecken, die Grashüpfer, die Raupen und Käfer gefressen haben. (Joel 2,25)

Egal, wie groß deine Probleme derzeit sind – rechne fest damit, dass Gott in der Lage ist, daraus etwas Gutes entstehen zu lassen!

13. Juli

Die Erfindung der Kartoffelchips

Matthäus 4,4

Alle Welt schien die dick geschnittenen Pommes frites zu mögen, die Thomas Jefferson in den 90er-Jahren des 18. Jahrhunderts aus Frankreich nach Amerika einführte. Alle bis auf einen: In einem Restaurant in Saragota Springs, New York, war ein Gast gar nicht zufrieden mit diesen Pommes frites, sie waren ihm nämlich nicht dünn genug geschnitten. Chefkoch Crum machte sich also daran, eine neue Portion zuzubereiten, doch der Kunde lehnte auch diese ab. Schließlich beschloss Crum, es zu übertreiben: Er schnitt die Kartoffeln in so dünne Scheiben, dass man sie nicht einmal mit der Gabel aufspießen konnte. Dann tauchte er sie eine halbe Stunde lang in eiskaltes Wasser, bevor er sie frittierte und großzügig salzte. Der Kunde war begeistert! Der

Leckerbissen wurde 1835 zunächst „Saragota Chips“ getauft, später wurde er als „Kartoffelchips“ bekannt. Crum konnte schließlich sein eigenes Restaurant eröffnen, das auf Kartoffelchips spezialisiert war.

Was hat das mit mir zu tun?

Manche Leute sind – ähnlich wie der Kunde in Crums Restaurant – sehr anspruchsvoll, wenn es ums Essen geht: Sie überprüfen alles auf Frische, Fettgehalt, Nährwert, Farbe und Geschmack. Essen ist ein angenehmer Teil unseres Lebens, doch wenn es zu wichtig für uns wird, kann es uns von den wirklich wichtigen Dingen ablenken. Wenn du dich ausgiebiger mit Kochbüchern als mit der Bibel befasst, dann lies einmal folgenden Bibelvers, in dem Jesus eine Stelle aus dem Alten Testament zitiert:

> Der Mensch braucht mehr als nur Brot zum Leben. Er lebt auch von jedem Wort, das aus dem Mund Gottes kommt. (Matthäus 4,4)

Wenn du zuallererst deine Seele füllst und danach deinen Magen, wird es dir an Leib und Seele gut gehen!

14. Juli

Das weit geöffnete Auge

Psalm 130,6

Allan Pinkerton machte das Ausspähen zu seinem Geschäft. Im Zuge seines ersten erfolgreich gelösten Falls konnte er eine Fälscherbande zur Strecke bringen, worauf er 1850 seine eigene Detektivagentur gründete. Auf ihn geht die Bezeichnung „Privatermittler“ zurück. Als Logo für seine Agentur wählte Pinkerton ein weit geöffnetes Auge und als Werbeslogan „Wir schlafen nie“. Pinkerton machte Karriere und wurde Bodyguard von Präsident Lincoln, außerdem wurde er Leiter des Geheimdienstes während des amerikanischen Bürgerkriegs.

Was hat das mit mir zu tun?

Wenn du dich für etwas interessierst, dann bist du viel aufmerksamer, als wenn dich etwas langweilt. Das stets geöffnete Auge der Detektivagentur von Pinkerton sollte symbolisieren, dass er immer neugierig und wachsam war – so wachsam, dass er sogar nachts die Augen offenhielt. In der Bibel lesen wir von jemandem, der vor lauter Erwartung einer wichtigen Sache nicht schlafen konnte:

> Ich warte auf den Herrn, mehr als die Wachen auf den Morgen,
> ja, mehr als die Wachen auf den Morgen. (Psalm 130,6)

Ein solcher Eifer und eine solche Wachsamkeit gefallen Gott. Wenn du stets freudig darauf wartest, was Gott als Nächstes für dich plant, dann wirst du reichen Segen empfangen.

15. Juli

Das älteste Puzzle der Welt

Römer 2,6–7

Arbeiter, die 1954 in der Nähe einer der großen Pyramiden eine neue Straße bauten, entdeckten etwas Ungewöhnliches. Unter einem Sandhügel fanden sie eine Vielzahl von Steinblöcken. Unter den Blöcken war eine „Kiste“ in den Kalkstein gemeißelt. Darin lagen 1224 Holzteile, jede Menge Seil und einige Schilfmatten. Die Holzteile waren in dreizehn Schichten gestapelt. Was hatten die Arbeiter da entdeckt? Ahmed Youssef, ein anerkannter ägyptischer Restaurator, hatte die Antwort. Auf jedem Holzteil befanden sich Hieroglyphen, die angaben, wohin das Teil

gehörte. Das älteste Puzzle der Welt wartete darauf, zusammengestellt zu werden. Ahmed verbrachte anderthalb Jahre damit, das Holz aus der Kiste zu holen und die verfaulten oder verkrümmten Teile zu restaurieren. Weitere vier Jahre waren nötig, um alle Teile an den richtigen Platz zu bringen, denn sie wurden nur durch Stricke oder Dübel zusammengehalten. Schließlich wurde das Bild einer Bestattungsbarke sichtbar. Das mehr als viertausend Jahre alte Puzzle war komplett!

Was hat das mit mir zu tun?

Der Weg zum Himmel ist vergleichbar mit Ahmeds Sehnsucht, das Puzzle fertigzustellen. Wir wissen, dass das Ziel großartig ist, und wir freuen uns sehr darauf, doch in der Zwischenzeit müssen wir Geduld haben. Ahmed wurde mit einem vollständigen Puzzle belohnt. Gott hält die allergrößte Belohnung für dich bereit, wenn du das, was er dir sagt, nicht aus den Augen verlierst. In der Bibel lesen wir:

> Er wird denen das ewige Leben schenken, die beharrlich das tun, was gut ist, und sich nach der Herrlichkeit, Ehre und Unvergänglichkeit sehnen, die Gott gibt. (Römer 2,6–7)

Grabe in der Bibel, und du wirst finden, was du für die Reise zum Himmel brauchst.

16. Juli

Die Bedeutung der Symbole auf dem Ein-Dollar-Schein

Sprüche 15,3

Hattest du schon einmal einen Ein-Dollar-Schein in der Hand? Wenn ja, ist dir vielleicht aufgefallen, wie viele Symbole darauf abgebildet sind? Da ist zum einen eine Pyramide im Kreis – sie steht für die Stärke und Dauerhaftigkeit der Vereinigten Staaten. Wenn du genau hinschaust, wird dir auffallen, dass die Pyramide unvollendet ist. Damit soll ausgedrückt werden, dass die USA in die Zukunft schauen und weiter nach Größe und Vervollkommnung streben. Auf der Spitze der Pyramide befindet sich ein Auge – es soll das allsehende Auge Gottes darstellen. Die lateinischen Worte *Annuit Coeptis* bedeuten: „Er hat das Begonnene gesegnet." Unten in dem Kreis stehen die lateinischen Worte *Novus Ordo Seclorum*, zu Deutsch „Eine neue Ordnung der Zeitalter". Damit soll Hoffnung bezüglich der neuen amerikanischen Ära ausgedrückt werden. Schließlich befindet sich am Fuß der Pyramide die römische Zahl MDCCLXXVI – sie steht für das Jahr 1776, den Beginn des „neuen Zeitalters" der amerikanischen Unabhängigkeit.

Auch der zweite Kreis ist sehr interessant. Der Adler hält in seinen Fängen einerseits einen Olivenzweig mit dreizehn Blättern und dreizehn Früchten, die für die ursprünglich dreizehn Kolonien stehen, und andererseits ein Pfeilbündel. Der Olivenzweig symbolisiert die Bereitschaft zum Frieden, das Pfeilbündel die Bereitschaft zum Kampf. Der Kopf des Adlers ist in Richtung des Olivenzweigs gerichtet, um Amerikas Hoffnung auf Frieden auszudrücken.

Was hat das mit mir zu tun?

Die Gestalter der Dollar-Banknote haben offenbar in der Bibel gelesen. Dort steht:

> Die Augen des Herrn sind überall, er blickt auf den Bösen und auf den Guten. (Sprüche 15,3)

Gott sieht alles – deine Sorgen, deine Freuden, deine Ängste, dein Lachen. Er möchte heute und in Zukunft bei dir sein. Er ist absolut vertrauenswürdig und will dein Trost und deine Zuflucht sein. Übergib ihm alles, was auf dir lastet, und er wird deine Sorgen und Lasten nicht nur mit dir, sondern auch für dich tragen.

17. Juli

Ein falscher Name

Lukas 19,10

Sir Thomas Royden wählte seine Worte nicht sorgfältig genug. Es war im Jahr 1934. Sir Thomas war der Direktor der britischen „Cunard"-Ozeandampfer-Gesellschaft. Ein neuer Ozeandampfer stand kurz davor, in See zu stechen. Er brauchte nur noch einen Namen. Sir Thomas hatte beschlossen, das neue Schiff *Queen Victoria* zu taufen, nach der früheren, sehr beliebten englischen Königin. Doch Sir Thomas musste zunächst die Erlaubnis des regierenden Königs einholen. So besuchte er König Georg den Fünften und fragte ihn, ob er den Dampfer nach „der größten Königin" benennen dürfe, „die unser Land je gesehen hat". König Georg war entzückt – er dachte an seine Frau, Mary, und erwiderte: „Das ist das größte Kompliment, das man meiner Frau je gemacht hat. Ich werde sie fragen." Sir Thomas begriff sofort, dass er besser nicht erwähnen sollte, an welche Königin er ursprünglich gedacht hatte, und so wurde das Schiff *Queen Mary* getauft.

Was hat das mit mir zu tun?

Sir Thomas war wahrscheinlich sehr froh, dass man seinen Fehler nicht aufdeckte. Vielleicht ist dir schon einmal etwas Ähnliches passiert: Du bist aus einer unangenehmen Situation entwischt, ohne dass jemand etwas bemerkte. Oder du hattest es mit jemandem zu tun, der dir aus Güte deinen Fehler nicht ankreidete. Es ist eine große Erleichterung, wenn man nicht so bestraft wird, wie man es eigentlich verdient hätte.

So ergeht es uns, wenn wir Jesus in unser Leben einladen. Der allmächtige, große und erhabene Gott hätte die Macht, jeden von uns in einem einzigen Augenblick für unsere Sünden zu zerstören. Doch Gott ist anders. In der Bibel lesen wir:

Der Menschensohn ist gekommen, um Verlorene zu suchen und zu retten. (Lukas 19,10)

Wahrscheinlich weißt du, dass es einen Unterschied gibt zwischen Fehlern und Sünden. Wir alle machen Fehler und Gott hat Verständnis dafür. Doch wir tun ebenfalls alle Dinge, die gegen Gottes Gebote verstoßen. Diese falschen Dinge werden auch Sünde genannt, und sie haben mit unserer Beziehung zu anderen Menschen und zu Gott zu tun. Unsere Sünden können vergeben werden. Dafür hat Gott seinen Sohn, Jesus Christus, auf diese Erde gesandt. Er kam, um uns vor dem Verderben zu retten. Du kannst Gott dafür danken, dass er deine Fehler versteht, und du kannst ihn um Vergebung für deine Sünden bitten.

18. Juli

Wie das Fragezeichen seine seltsame Form bekam

Jakobus 1,5

Wer beschloss eigentlich, wie das Fragezeichen aussehen sollte – und warum? Dafür müssen wir in der Geschichte zurückblicken bis in die Antike, eine Zeit, in der Latein die Standardsprache war. An jeden Fragesatz hängte man damals das lateinische Wort *questio* (Frage). Das war eine Menge Arbeit und so begann man, die Abkürzung QO zu verwenden. Doch das führte zu Verwirrung, denn die Leser meinten oft, dass die Buchstaben QO zum davor stehenden Wort gehörten. Um dies zu verhindern, schrieb man irgendwann das Q über das O, so wie man eine Bruchzahl schreibt. Mit der Zeit wurde das Q immer schlanker und vom O blieb nur noch ein Punkt übrig. Das Ergebnis dieser Entwicklung ist das Fragezeichen, wie wir es heute kennen.

Was hat das mit mir zu tun?

Durch Fragen lernt man. Eine ganz entscheidende Frage, die wir uns stellen sollten, lautet: „Wie kann ich Gottes Willen tun?“ Die Bibel gibt uns die Antwort:

> Wenn jemand unter euch Weisheit braucht, weil er wissen will, wie er nach Gottes Willen handeln soll, dann kann er Gott einfach darum bitten. Und Gott, der gerne hilft, wird ihm bestimmt antworten, ohne ihm Vorwürfe zu machen. (Jakobus 1,5)

Jede Frage, die du an Gott richtest, ist gut, denn als der Schöpfer des Universums ist er die höchste Instanz für jede Antwort.

19. Juli

Der am schnellsten wachsende Pilz der Welt

Jakobus 5,7

Hast du schon einmal bei der Gartenarbeit geholfen? Dann weißt du sicherlich, wie viel Geduld man braucht, die Pflanzen heranwachsen zu sehen. Stell dir vor: In Brasilien gibt es einen Pilz, der in nur zwanzig Minuten vollständig ausgewachsen ist. Dieser Pilz wird „Stinkmorchel“ genannt. Er beginnt sein Wachstum, indem er extrem schnell Wasser aufnimmt. Das Wasser füllt den ausgetrockneten Pilz so schnell, dass man ein Knistern hören und alle fünf Minuten ein Wachstum von ungefähr fünfundzwanzig Millimetern feststellen kann. Doch das ist nicht die einzige Besonderheit dieses Pilzes. Sobald das Wachstum abgeschlossen ist, verfault die Stinkmorchel. Auf diese Weise verstreut sie ihren Samen. Der unangenehme Geruch zieht Fliegen an, die auf den Pilz krabbeln. Dort heften sich die Sporen an ihre Füße und wo die Fliegen sich als Nächstes niederlassen, wird eine neue Stinkmorchel zu wachsen beginnen.

Was hat das mit mir zu tun?

Es ist aufregend und macht Spaß, wenn man nicht zu lange auf etwas warten muss. Doch in der Regel brauchen die Dinge im Leben mehr Zeit, sich zu entwickeln, als die Stinkmorchel zum Wachsen benötigt. Meistens brauchen wir Geduld und es ist gut, sich in Geduld zu üben. In der Bibel lesen wir:

> Liebe Brüder, habt Geduld, während ihr auf die Wiederkehr des Herrn wartet! Denkt an die Bauern, die im Herbst und im Frühling eifrig nach Regen Ausschau halten. Geduldig warten sie darauf, dass die Ernte heranreift. (Jakobus 5,7)

Ob du auf die Wiederkehr Jesu wartest oder auf die Antwort Gottes auf ein Gebet – du brauchst Geduld. Wenn du für etwas betest, warte auf Gottes Antwort. Du wirst sie erhalten, auch wenn es nicht so schnell geschieht, wie du vielleicht möchtest. Gott weiß, welche Antwort du brauchst. Du kannst darauf vertrauen, dass er dich immer hört und immer zum besten Zeitpunkt und auf die beste Weise antworten wird.

20. Juli

Froschregen

1. Timotheus 4,14

Wenn es hagelt, ist es nicht leicht, sich vor den niederprasselnden Eisbrocken zu schützen. Doch stell dir vor, du müsstest vom Himmel fallenden Fröschen ausweichen! Genau das passierte eines Tages im Jahr 1882 in Iowa.

Während eines Hagelsturms ist die Luft oben in den Wolken sehr kalt, sodass die Regentropfen gefrieren und als Eiskörner herunterfallen, die wir Hagel nennen. Dabei wehen starke Winde zwischen

Himmel und Erde. An jenem Tag wehte ein so starker Wind, dass einige kleine Frösche in die Luft gewirbelt wurden. Die Regentropfen begannen auf den Fröschen zu gefrieren, sodass sie von Eis bedeckt wurden und als zwölf Zentimeter große „Hagelkörner" auf die Erde fielen. Die Einwohner von Iowa waren sehr verblüfft, als sie die ungewöhnlichen Eisklumpen fanden.

Die armen Frösche waren vermutlich ganz durcheinander, sich dort oben in den Wolken wiederzufinden. Frösche springen zwar, doch ganz bestimmt nicht so hoch! Manchmal sind wir wie jene Frösche. Wir sind es gewohnt, alles so zu machen wie jeder andere auch. Wenn wir die Gelegenheit haben, etwas Besonderes zu tun oder wenn wir eine Idee haben, die niemand vor uns gehabt hat, dann denken wir: *Ach, das schaffe ich sowieso nicht. Das hat ja noch niemand vor mir getan.* Und dann geben wir auf, bevor wir es überhaupt ausprobiert haben.

Was hat das mit mir zu tun?

Wenn du eine ungewöhnliche Idee hast, dann könnte es sein, dass Gott dir diese Herausforderung schickt, damit du deine Gaben auf neue Weise nutzen kannst. Wenn Gott diese Frösche in die Luft wirbeln konnte, dann kann er auch dir helfen, eines Tages der erste Mensch zu sein, der auf dem Mond lebt. Oder der eine Eiscreme erfindet, die nicht gefrieren muss. Oder … was immer du dir vorstellen kannst. In der Bibel lesen wir:

> Lass nicht außer Acht die Gabe in dir … (1. Timotheus 4,14; LÜ 84)

Vielleicht hat bisher kein anderer diese besondere Idee umgesetzt, weil niemand die speziellen Fähigkeiten hatte, die Gott dir gab!

21. Juli

Warum ein Ventilator nicht wirklich die Luft kühlt

Psalm 65,7

An einem heißen Tag finden wir es sehr angenehm, in der Nähe eines elektrischen Ventilators zu sitzen. Es scheint, als ob er uns Erfrischung verschafft, indem er die Lufttemperatur senkt, doch das stimmt nicht. Ein Ventilator kann aufgrund des laufenden Motors einen Raum sogar noch mehr aufheizen. Er kühlt die Luft überhaupt nicht ab, sondern sorgt lediglich dafür, dass die gleiche warme Luft im Raum zirkuliert. Warum haben wir dann aber den Eindruck, sein Luftstrom bringe uns Kühlung? Der Ventilator bläst gegen unsere Haut, sodass der Schweiß darauf verdunstet. Durch die Verdunstung verliert der Körper überschüssige Wärme. Hätten wir nicht die Fähigkeit zu schwitzen, würde unsere Körpertemperatur so hoch ansteigen, dass wir sterben würden. Unsere Haut ist voller Schweißdrüsen – die größten befinden sich in unseren Handflächen, auf der Stirn, unter den Achseln und unter den Fußsohlen. An diesen Stellen schwitzen wir besonders stark. Ein Ventilator kühlt also nicht die uns umgebende Luft ab, sondern bringt unsere Körpertemperatur zum Sinken.

Was hat das mit mir zu tun?

Wenn uns heiß ist, freuen wir uns auf die Kühlung, die uns ein Ventilator bringen kann – genau so können wir uns auf die Erfrischung unserer Seele freuen, wenn wir Gottes Nähe suchen. Wenn du dich danach sehnst, dem Alltagsstress zu entfliehen und „herunterzuschalten“, dann lass dich von Gottes Atem berühren und beruhigen. David schreibt in den Psalmen:

Du hast die Ozeane mit ihren tosenden Wellen besänftigt und die Völker zum Verstummen gebracht. (Psalm 65,7)

Wenn du jeden Morgen einige Minuten mit Gott sprichst, wird er dir den Frieden geben, den du für deinen Tag brauchst. Er wird dir helfen, gelassen und zuversichtlich durch den Tag zu gehen.

22. Juli

George Washingtons Zahnproblem

Sprüche 25,19

Stell dir vor, du hättest nur einen einzigen Zahn. Für ein Baby wäre das kein Problem, doch wenn man älter wird und immer noch nur einen Zahn hat, wird es schwierig. George Washington hatte dieses Problem. Mit zweiundzwanzig Jahren fielen ihm nacheinander sämtliche Zähne aus. Als er Präsident wurde, hatte er nur noch einen einzigen Zahn. Er probierte verschiedene Prothesen aus. Es gibt auch die Legende, er habe Zähne aus Holz gehabt, aber das entspricht nicht der Wahrheit, doch er hatte eine Zeit lang welche, die aus Elfenbein gefertigt waren. Zwischen dem oberen und dem unteren Gebiss befanden sich Scharniere und der Präsident musste seine Kiefer ständig zusammenpressen, damit sein Mund nicht aufging. Das Sprechen und Essen war für ihn nicht ganz unproblematisch. Eine Zeit lang hatte er ein Gebiss, das mit einem Loch versehen war, damit sein einziger noch verbliebener Zahn zur Geltung kam. Um für die Hygiene seines Gebisses zu sorgen, legte er es in Wein, doch statt der erhofften Reinigung stellte sich eine dunkle Verfärbung ein. 1796 musste er seinen letzten Zahn ziehen lassen. Präsident Washington bewahrte ihn in einem goldenen Medaillon auf, das er um den Hals trug. Wenn er porträtiert werden sollte, stopfte man ihm Tücher unter die Lippen und in die Wangen, damit es so aussah, als hätte er Zähne. Dadurch erhielt sein Mund allerdings einen recht verkniffenen Zug, wie man auf seinem Porträt auf der Dollar-Note sehen kann.

Was hat das mit mir zu tun?

Was können wir von George Washingtons Problem lernen? In der Bibel lesen wir auch von schlechten Zähnen:

> Einem unzuverlässigen Menschen zu vertrauen ist, als versuchte man, mit Zahnschmerzen zu kauen oder mit einem gebrochenen Fuß zu gehen. (Sprüche 25,19)

Wenn wir jemandem vertrauen, der nicht vertrauenswürdig ist, dann können wir verletzt oder enttäuscht werden. Und selbst auf Menschen, die eigentlich vertrauenswürdig sind, können wir nicht immer zählen. Auch sie können manchmal unzuverlässig wie wackelnde Zähne sein. Gottes Treue und Verlässlichkeit dagegen wankt niemals.

23. Juli

Der „lustige Knochen"

Sprüche 17,22

Der „Musikantenknochen" ist gar kein Knochen, sondern ein Nervenstrang am Ellbogen, der sehr empfindlich ist. Wenn er von einem Stoß getroffen wird, entladen sich alle Nerven gleichzeitig und es fühlt sich an wie ein elektrischer Schlag. Die merkwürdigen Empfindungen werden hervorgerufen, weil unser Gehirn in dem Moment nicht weiß, was es denken soll und aus dieser Fehlinterpretation entstehen Kribbeln, Taubheit und Schmerz. Wusstest du, dass dieser Nervenstrang auf Englisch *„funny bone"* heißt – lustiger Knochen? Das kommt daher, dass ein großer Knochen im Oberarm, wo sich der Nerv befindet, *humerus bone* heißt. Diese Bezeichnung klingt genauso wie *humerous*, also lustig, und so entstand der Begriff *funny bone*. In Österreich hört man auch die Bezeichnung *„narrisches Bein"*, was dem englischen *lustigen Knochen* ziemlich ähnlich ist.

Was hat das mit mir zu tun?

Vielleicht kennst du das Gefühl, das man hat, wenn man sich den *lustigen Knochen* anstößt. In der Bibel lesen wir:

> Ein fröhliches Herz tut dem Leibe wohl; aber ein betrübtes Gemüt lässt das Gebein verdorren. (Sprüche 17,22; LÜ 84)

Es tut uns gut, fröhlich zu sein und zu lachen. Wir sind gern glücklich und Gott hat es so vorgesehen, dass unsere Fröhlichkeit unserer Gesundheit guttut. Du darfst also ruhig oft und viel lachen – aber stoß dir dafür lieber nicht den Ellbogen!

24. Juli

Vierbeinige Tischgenossen

Sprüche 12,10

Wenn du je zu einem Abendessen bei dem reichen Lord Egerton in Paris eingeladen worden wärst, hättest du eine Überraschung erlebt: Er hatte stets zwölf Gäste am Tisch und jeder davon hatte vier Beine!

Lord Egerton liebte seine Hunde und bestand darauf, dass sie mit ihm am Tisch saßen. So saßen jeden Abend zwölf Hunde mit Servietten um den Hals auf zwölf Stühlen. Die Hunde waren sehr gut erzogen, man hatte ihnen beigebracht, sich bei Tisch zu benehmen. Wenn einer der Hunde seine guten Manieren vergaß, musste er am nächsten Abend allein in einem Nebenraum essen. Sein Stuhl blieb so lange leer, bis er Reue für sein Fehlverhalten zeigte. Nach dem Abendessen ließ sich Lord Egerton immer mit der Kutsche ausfahren und seine Hunde begleiteten ihn. Für diese Spazierfahrt wurden ihnen kleine Stiefelchen angezogen, damit sie ihre Pfoten nicht beschmutzten.

Was hat das mit mir zu tun?

Die Geschichte von Lord Egerton ist lustig, weil er übertrieben und seine Hunde wie Menschen behandelt hat. In der Bibel lesen wir:

> Der Gerechte erbarmt sich seines Viehs; aber das Herz der Gottlosen ist unbarmherzig. (Sprüche 12,10)

Gott erwartet, dass wir allen seinen Geschöpfen freundlich und fürsorglich begegnen. Achte darauf, dein Haustier immer gut zu behandeln und es nicht zu vernachlässigen. Du brauchst ihm allerdings nicht das Essen mit der Gabel beizubringen. Es ist mit einem leckeren Hundekuchen sicher mehr als zufrieden.

25. Juli

Was Pappbecher mit Puppen zu tun haben

Jesaja 58,11

Vor langer Zeit war es in Amerika üblich, im Zentrum einer Stadt einen großen Bottich mit Wasser aufzustellen. Dort konnte jeder, der vorbeikam und durstig war, mit einer Schöpfkelle Wasser schöpfen und trinken. Allerdings benutzte jedermann die gleiche Kelle, was nicht sehr hygienisch war. Ein junger Mann namens Hugh Moore hatte eine Idee: Er erfand eine Maschine, die für einen Penny jeweils einen sauberen Becher Wasser anbot. Doch die Leute benutzten Hughs Maschine kaum. Sie sahen nicht ein, warum sie für einen Schluck Wasser zahlen sollten, den sie aus dem großen öffentlichen Bottich kostenlos bekamen. Schließlich wurde es gesetzlich verboten, aus Schöpfkellen zu trinken, weil damit Keime und Krankheiten verbreitet wurden.

Hugh Moore erkannte, wo der wirkliche Bedarf war: Er begann, an Restaurants und Betreiber von Soda-Fontänen und sogar an Eisverkäufer Pappbecher zu verkaufen. Seine Becher wurden immer bekannter und Hugh begann nach einem einprägsamen Namen dafür zu suchen. Neben seinem Geschäft befand sich eine Puppenfabrik. Er fragte den Eigentümer, ob er seine Pappbecher nach dem Namen der Puppenfabrik – *Dixie Doll Company* – nennen dürfte, und der Eigentümer gab grünes Licht. So entstand der Begriff „*Dixie cup*", der noch heute in den USA geläufig ist.

Was hat das mit mir zu tun?

Unser Körper braucht Wasser zum Leben. Wenn wir jeden Tag nach einer neuen Wasserquelle suchen müssten, würden wir uns ständig Sorgen machen. Gott weiß, wie wichtig es für uns ist, genug Wasser zu haben. In der Bibel lesen wir:

> Dann wird dich der Herr beständig leiten und dir selbst in Dürrezeiten innere Zufriedenheit bewahren. Er wird deinen Körper erfrischen, sodass du einem soeben bewässerten Garten gleichst und bist wie eine nie versiegende Quelle. (Jesaja 58,11)

Wenn wir uns auf Gott verlassen, brauchen wir uns keine Sorgen zu machen. Er sorgt vollkommen für unsere Bedürfnisse.

26. Juli

Die Sache mit der Schwerkraft

Hebräer 12,1

Wir alle wissen, dass eine Bowlingkugel schwerer ist als eine Murmel. Doch wenn man beide gleichzeitig aus gleicher Höhe von einer schiefen Ebene hinunterrollen lässt, welche von beiden wird wohl zuerst unten ankommen? Ein italienischer Wissenschaftler namens

Galileo Galilei befasste sich mit dieser Frage. Er beschloss, Versuche durchzuführen, um die Antwort zu finden. Zu seiner Zeit gab es noch keine Stoppuhren. Es gab keine Möglichkeit, die Geschwindigkeit eines fallenden Objekts zu messen. Also beschloss Galilei, eine Rampe zu benutzen, über die er Gegenstände nach unten rollen ließ. Er beobachtete, welches Objekt zuerst unten ankam. Galilei hatte begriffen, dass die Schwerkraft schwere und leichte Dinge gleich schnell beschleunigt. Um dies zu beweisen, zählte er Wassertropfen, die in ein Gefäß fielen, während die beiden Objekte die Rampe hinunterrollten. Welcher Gegenstand gewann das Rennen? Die Antwort lautet: Gleichstand. Beide kamen gleichzeitig unten an und das gilt für alle Gegenstände zu allen Zeiten. So funktioniert die Schwerkraft.

Was hat das mit mir zu tun?

Als Christen leben wir auch in einer Art Wettlauf, allerdings treten wir nicht gegen eine Bowlingkugel oder eine Murmel an. Wir rennen auch nicht einen Hang hinunter. Wir laufen auf das Ziel zu, Jesus ähnlicher zu werden und schließlich für immer mit ihm im Himmel zu leben. In der Bibel lesen wir:

> Da wir von so vielen Zeugen umgeben sind, die ein Leben durch den Glauben geführt haben, wollen wir jede Last ablegen, die uns behindert, besonders die Sünde, in die wir uns so leicht verstricken. Wir wollen den Wettlauf bis zum Ende durchhalten, für den wir bestimmt sind. (Hebräer 12,1)

Wenn wir das schwere Gepäck der Sünde und der Zweifel ablegen und uns stattdessen an Gott freuen, können wir unbeschwert weiterlaufen, bis wir die Ziellinie – den Himmel – erreicht haben.

27. Juli

Das größte Puppenhaus aller Zeiten

Johannes 14,2

Queen Mary spielte als kleines Mädchen leidenschaftlich gern mit Puppenhäusern. Doch erst im Alter von siebenundfünfzig Jahren bekam sie das allerschönste Puppenhaus geschenkt. Ihre Untertanen, die Engländer, hatten vier Jahre Arbeit und umgerechnet eine Million Dollar in den Bau des Puppenhauses investiert. Es ist fast zweieinhalb Meter lang und etwa anderthalb Meter tief. Es hat drei Stockwerke. Alle Gegenstände in dem Puppenhaus sind winzig klein, doch sie funktionieren. Warmes und kaltes Wasser fließt aus silbernen Wasserhähnen, heiße Kohlestückchen heizen die Öfen in der Küche, ein Aufzug fährt hinauf und hinunter. Das Licht wird mit Lichtschaltern an- und ausgeschaltet und man kann jede Tür mit einem Schlüssel richtig verschließen. Nachahmungen der berühmten Kronjuwelen werden in einem Safe aufbewahrt, den man nur öffnen kann, wenn man die Kombination kennt. Ein Plattenspieler spielt Schallplatten mit einem Durchmesser von zweieinhalb Zentimetern ab. In der Garage stehen Autos, die wirklich fahren können, darunter ein Rolls Royce, und öffnet man eine Schublade unter dem Puppenhaus, so kommt daraus ein Garten hervor. Viele Arbeiter waren mit der sorgfältigen Herstellung dieses Puppenhauses beschäftigt; es kann noch heute in Windsor Castle bewundert werden.

Was hat das mit mir zu tun?

Jesus sagt:

> Es gibt viele Wohnungen im Haus meines Vaters, und ich gehe voraus, um euch einen Platz vorzubereiten. (Johannes 14,2)

Jesus spricht hier über den Himmel, das Haus Gottes. Wenn das Puppenhaus von Queen Mary, das hier auf der Erde gebaut wurde, schon so großartig ist, wie muss erst Gottes himmlisches Haus aussehen! Queen Mary regierte über England, ein kleines Land auf dieser kleinen Welt. Gott ist der Herrscher über das gesamte Universum, einschließlich aller Länder, der Ozeane und sogar der Sterne! Male dir einmal den schönsten Platz aus, den du dir vorstellen kannst.– Der Himmel ist so wundervoll, dass er alle deine Träume noch weit übertrifft!

28. Juli

Ein tierischer Postbote

1. Thessalonicher 5,14

Postboten nehmen sich in aller Regel vor Hunden in Acht, um nicht von ihnen gebissen zu werden, wenn sie die Post austragen. Doch was passiert, wenn ein *Hund* Postbote ist?

Es geschah im 19. Jahrhundert in Calico, Kalifornien. Der Postmeister der Stadt fand einen schwarz-weiß gestreiften Hirtenhund, der herrenlos umherirrte. Er adoptierte das Tier und nannte es Dorsey. Der Hund folgte dem Postmeister von Haus zu Haus, wenn er die Post austrug. Als der Postmeister einmal krank wurde, kam ihm eine Idee. Er band zwei Satteltaschen um den Rücken des Hundes und befestigte an seinem Halsband ein Papier. Darauf war zu lesen, die Leute sollten ihre Post aus der einen Tasche herausnehmen und die Briefe, die sie aufgeben wollten, in die andere Tasche stecken. Dann schickte der Postmeister Dorsey auf die Straße und der Hund lief tatsächlich zu den richtigen Adressen. Nach dieser Begebenheit bekam Dorsey eine eigene Postroute. Er war ein freundlicher, zugänglicher Hund, doch er nahm seine Aufgabe ernst und ließ sich nie zum Spielen verleiten, bevor nicht alle Briefe ausgetragen waren.

Was hat das mit mir zu tun?

Wir können eine Menge von Dorsey lernen. Er liebte sein Herrchen, deshalb wollte er ihm helfen. Wenn du Jesus liebst, willst du ihm dienen und auch anderen Menschen helfen. In der Bibel lesen wir:

> Geht behutsam mit den Schwachen um und habt mit allen Geduld! (1. Thessalonicher 5,14)

Wenn du einer schwachen oder kranken Person eine Aufgabe abnehmen kannst, dann tu es. Biete dich auch dazu an, wenn man dich nicht dazu aufgefordert hat. Manche Menschen trauen sich nicht, andere um Hilfe zu bitten. Anderen zu helfen ist eine wunderbare Möglichkeit, Jesus deine Liebe zu zeigen.

29. Juli

Die Erfindung des Regenmantels

Matthäus 5,40

Bevor ein Mann namens Charles Macintosh den Regenmantel erfand, gab es nichts Vergleichbares. Man trug Mäntel, die aus Baumwolle gefertigt waren. Doch bei Regen wurden diese Mäntel nass und auch die Kleidung darunter blieb nicht verschont. Macintosh wusste, dass Gummi Wasser abweisend ist und dass man Gummi in einen flüssigen Stoff namens Latex umwandeln kann. Wenn man einen Baumwollmantel in Latex eintauchen könnte, dann wäre der Mantel wasserdicht. Allerdings wäre er unbequem zu tragen, denn wenn Latex trocknet, wird es ganz steif. Stell dir vor, du müsstest einen Mantel tragen, der weich ist, wenn du ihn anziehst, und dann plötzlich hart wie ein Autoreifen wird!

Macintosh suchte einen Weg, Latex weich zu halten, und entdeckte ihn schließlich durch Zufall. Er ließ versehentlich Latex auf einen kleinen Schrank tropfen. Auf dem Schrank befand sich bereits etwas Terpentin und zu Macintoshs Erstaunen blieb das Latex nach der Berührung mit dem Terpentin weicher. Er mischte ein wenig Terpentin und Latex zusammen und testete seine Entdeckung, indem er Mäntel in die Mischung eintauchte. Das war die Lösung: Fortan gab es den Regenmantel – manchmal auch Ölmantel genannt – der Wasser abweisend und zugleich bequem zu tragen ist.

Was hat das mit mir zu tun?

Wir sind froh, wenn wir einen Regenguss trocken überstehen! Haben wir erst einmal so einen praktischen Regenmantel, würden wir ihn nur ungern wieder hergeben. Doch manchmal möchte Gott, dass wir freiwillig auf etwas Liebgewordenes verzichten:

> Wenn ihr vor Gericht erscheinen müsst und euer Hemd wird euch abgenommen, gebt euren Mantel noch dazu. (Matthäus 5,40)

Gott benutzt hier Hemd und Mantel als Beispiele. Er will damit sagen: Sei großzügig und gib ohne Sorge mehr, als von dir verlangt wird. Halte deinen Besitz nicht ängstlich fest, auch wenn es nur wenig ist, denn ich will dein Versorger sein.

30. Juli

Wie die Kröte die Haut wechselt

Epheser 4,23-24

Vielleicht überrascht es dich, zu erfahren, dass Kröten und Frösche die Haut, mit der sie geboren wurden, nicht behalten. Wenn wir wachsen, dehnt sich unsere Haut, doch bei Amphibien ist das nicht der Fall. Werden sie größer, wächst bei ihnen innerhalb der alten Haut eine neue heran. Doch wie geht der Wechsel vonstatten, wenn die alte Haut so straff geworden ist, dass sie entfernt werden muss? Es ist ja nicht so, als könnte eine Kröte die Haut wie einen Mantel ausziehen – es gibt keine Knöpfe und keinen Reißverschluss dafür! Doch die Kröte verfügt über einen schlauen Trick. Sie atmet mehrmals hintereinander sehr tief ein und pumpt ihren Körper sozusagen voll mit Luft. Dann lässt sie alle Luft heraus und beginnt das Manöver von Neuem. Schließlich platzt die Haut entlang des Rückens auf und dann wackelt die Kröte so lange hin und her, bis die Vorderfüße von der Haut befreit sind. Sobald die Vorderfüße frei sind, benutzt die Kröte sie, um den Rest der alten Hülle abzustreifen. Wie kommt es nun, dass man nicht ständig auf alte Krötenhaut stößt? Ganz einfach – die Kröte frisst sie auf!

Was hat das mit mir zu tun?

Wenn du ein Kind Gottes wirst, bist du ein neuer Mensch. Deine Sünden und Fehler zählen nicht mehr. So wie sich die Kröte von ihrer alten Haut befreit, kannst du die Vergangenheit hinter dir lassen und mit Gottes Vergebung ganz neu beginnen. In der Bibel lesen wir:

> Erneuert euch aber in eurem Geist und Sinn und zieht den neuen Menschen an, der nach Gott geschaffen ist in wahrer Gerechtigkeit und Heiligkeit. (Epheser 4,23–24; LÜ 84)

Die neue Haut der Kröte passt ihr besser und sie fühlt sich wohl damit. So ist es auch mit dem „neuen Menschen“, der „neuen Natur“, die Gott dir schenkt – du fühlst dich befreit und erleichtert und brauchst keine Schuldgefühle oder Ängste mehr zu haben!

31. Juli

Die Ratte mit der Sammelwut

1. Korinther 14,40

Wenn dein Zimmer eine einzige Ansammlung von Krempel ist, dann hast du etwas gemeinsam mit einem anderen Lebewesen: der Waldratte. Dieser kleine Nager bewahrt alles Mögliche auf und trägt es in sein Nest: Münzen, Knöpfe, Glassplitter, Fetzen von Alufolie – einfach alles, was seine Aufmerksamkeit erregt. Wenn er in ein bewohntes Haus gelangen könnte (was nur sehr selten vorkommt), dann würde er Brillengläser oder Besteck oder andere Dinge wegtragen. Der Hausbesitzer würde das Fehlen dieser Dinge bemerken, ohne zu ahnen, dass sie sich im Nest einer Waldratte befinden. Das kleine Tier ist ständig auf der Suche nach interessanten Gegenständen. Es kann sein, dass er gerade irgendeinen Schatz wegträgt und gleichzeitig etwas Besseres entdeckt – dann wird er die erste Sache fallen lassen und die neue in aller Eile an sich nehmen und in sein Nest bringen. Nun schau dich einmal in deinem Zimmer um: Sieht es dort aus wie im Nest einer Waldratte? Dann ist es wohl an der Zeit, einmal gründlich aufzuräumen!

Was hat das mit mir zu tun?

Überlege einmal, wie viel einfacher du es morgens beim Anziehen hättest, wenn dein Schrank besser aufgeräumt wäre. Oder wie schwierig es ist, ein bestimmtes Buch in der Bibliothek zu finden, wenn es nicht auf dem richtigen Platz im Regal steht.

Gott hat die Welt und das ganze Universum nach einem System erschaffen, sodass alles an seinem Platz ist und so läuft, wie er es geplant hat. Gott ist sozusagen der Erfinder der Ordnung. Auch unsere Gottesdienste sollen nicht planlos und chaotisch ablaufen. In der Bibel lesen wir dazu:

> Doch achtet darauf, dass alles angemessen und geordnet geschieht. (1. Korinther 14,40)

Wir können überall Gottes weise Ordnung entdecken und von ihm lernen. Würde jeder seine Sachen irgendwo hinstopfen, wo gerade Platz ist, und jeden Krempel nach Hause schleppen, hätten wir ein großes Durcheinander. Wenn wir keine Ordnung in unseren Sachen halten, dann herrscht wahrscheinlich auch in unserem Innern Unordnung. Schaffe Ordnung in deinen Sachen, und in deinem Kopf wird Ordnung und Platz für die wichtigen Dinge entstehen!

1. August

Die Erfindung der Einweg-Rasierklinge

Judas 1,20

Zu allen Zeiten waren die Männer darum bemüht, sich ordentlich zu rasieren. In einer bestimmten Epoche benutzten sie dazu geschliffene Steine als Rasierer und Muschelschalen als Pinzetten. Später, im Mittelalter, waren „Barbiere" dafür zuständig, Bärte mit Rasiermessern zu scheren. Doch im 19. Jahrhundert gelang einem Mann die entscheidende Wende in der Geschichte des Rasierens.

Er hieß King Gillette und war ein sehr ehrgeiziger Geschäftsmann. Er wollte etwas auf den Markt bringen, das jedermann brauchte; ein Produkt, das man eine Zeit lang benutzen, dann wegwerfen und erneut kaufen würde.

Eines Morgens fand er unerwartet die Lösung. Er war gerade dabei, sich zu rasieren, doch sein Rasiermesser war so stumpf, dass es nicht ordentlich funktionierte. Er würde es zu einem Barbier bringen müssen, um es schleifen zu lassen. Doch Gillette dachte sich: *Wäre es nicht schön, ein Rasiermesser zu haben, das man einfach wegwerfen kann, wenn es stumpf geworden ist?* Diese Idee gefiel ihm so gut, dass er sofort daran zu arbeiten begann. Er brauchte sechs Jahre, um die richtigen Bestandteile zu finden. Schließlich erfand und produzierte Gillette die Einweg-Rasierklinge und wurde damit berühmt und reich, genau so, wie er es sich erträumt hatte.

Was hat das mit mir zu tun?

Gillette fand eine gute Möglichkeit, das Rasieren zu verbessern. Man kann Dinge immer weiter vervollkommnen. Sogar wir können im Laufe unseres Lebens bessere Menschen werden, denn niemand von uns ist schon perfekt. Allerdings: Gute Vorsätze allein helfen hier nicht.
In der Bibel lesen wir:

> Ihr dagegen, liebe Freunde, sollt euer Leben auf dem Fundament eures heiligen Glaubens aufbauen. Bleibt im Gebet und lasst euch darin vom Heiligen Geist leiten. (Judas 1,20)

Bete und glaube, dass Gott dich mehr und mehr verändert – er freut sich über dein offenes Herz und tut es gern.

2. August

Was Zitronenkerne und Trinkhalme miteinander zu tun haben

Johannes 17,3

Die ersten Trinkhalme hatten einen so kleinen Durchmesser, dass ein Zitronenkern nicht darin stecken bleiben konnte. Das war nicht unwichtig, denn Zitronenwasser war 1888, als Marvin Stone den ersten Papiertrinkhalm produzierte, ein sehr beliebtes Getränk.

Stone bevorzugte seine Getränke eisgekühlt, was jedoch den Nachteil hatte, dass das Glas nicht sehr angenehm in der Hand zu halten war. Er hatte versucht, zum Trinken einen hohlen Grashalm zu benutzen, doch der Halm verdarb den Geschmack des Getränks. Und sobald er trocken wurde, brach er auseinander oder wurde staubig.

Stone dachte über eine Lösung für dieses Problem nach. Er nahm ein langes, sehr dünnes Blatt Papier, legte es um einen Bleistift, betupfte die Kante des Papiers mit Klebstoff und zog den Bleistift heraus. Er stellte mehrere dieser Röhrchen für seinen eigenen Gebrauch her. Doch andere Leute wollten ebenfalls solche Trinkröhrchen haben. Stone besaß eine Fabrik und so gab er seinen Arbeitern Anweisung, Trinkhalme zu drehen. Sie benutzten mit Wachs beschichtetes Papier, damit die Halme nicht feucht wurden. Stone verkaufte eine große Anzahl dieser einfachen Trinkhalme. Seitdem wurden jede Menge ausgefallenerer Varianten produziert. Stone selbst erfand einen Halm aus zwei aneinandergeklebten Röhrchen, mit denen man doppelt so viel auf einmal trinken konnte. Weitere Erfindungen waren: ein Becher mit eingearbeitetem Trinkhalm, ein in sich verschlungener Trinkhalm und Trinkhalme mit Schokoladen-, Vanille- oder Erdbeergeschmack. Doch die einfache Ausführung hat sich bis heute durchgesetzt.

Was hat das mit mir zu tun?

Wenn du dir gerade jetzt einen Lieblingstrinkhalm aussuchen dürftest – wäre es der doppelte, der in sich verschlungene oder der mit Geschmack versehene? Hättest du morgen erneut die Wahl, dann würdest du wahrscheinlich einen anderen Trinkhalm ausprobieren wollen. Es kann manchmal verwirrend und schwierig sein, unter vielen Möglichkeiten zu wählen. Die Bibel hilft und berät uns in wichtigen Fragen: Was ist richtig oder falsch, was gefällt Gott und was nicht? Es gibt allerdings eine Entscheidung, bei der man wirklich nicht lange überlegen muss, denn Jesus sagt uns, dass es nur einen Weg zum Himmel gibt:

> Und das ist der Weg zum ewigen Leben: Dich zu erkennen, den einzig wahren Gott, und Jesus Christus, den du in die Welt gesandt hast. (Johannes 17,3)

3. August

Redensarten

Jesaja 57,15

Es gibt viele Redensarten, die uns vertraut sind und die wir verwenden, ohne immer genau zu wissen, wie sie ursprünglich entstanden sind.

Kennst du zum Beispiel die Redensart „Man hat uns kräftig zur Ader gelassen“? Man will damit sagen, dass man etwas sehr teuer bezahlen musste. Eigentlich geht dieser Begriff auf das Mittelalter zurück, als kranke Menschen „zur Ader gelassen“ wurden, weil man glaubte, durch das Absaugen von Blut würden schlechte Körpersäfte ausgeschieden.

Und wie steht es mit der Redewendung „jemandem einen Bären aufbinden“? Man meint damit, dass man einer anderen Person etwas Unwahrscheinliches oder Unwahres erzählt. Eine mögliche Erklärung für die Entstehung bietet folgende Geschichte: Sie handelt von Jägern, die in einer Gaststätte einkehren, die verzehrten Speisen und Getränke jedoch nicht bezahlen können. Schließlich überreden sie den Gastwirt, einen Bären als Pfand anzunehmen. Erst nachdem die Jäger schon das Weite gesucht haben, bemerkt der Wirt den schlechten Tausch und fragt sich, was er mit einem lebenden Bären soll.

Kennst du auch die Redewendung „etwas wie sauer Bier anbieten“? Dabei geht es um die schwierige Aufgabe, Dinge, die nicht mehr gefragt oder aus der Mode gekommen sind, an den Mann zu bringen. Diese Redewendung geht auf die mittelalterliche Sitte zurück, das fertig gebraute Bier „auszurufen“ und öffentlich anzupreisen.

Was hat das mit mir zu tun?

Wir sagen oft Dinge, wie solche Redensarten, ohne genau zu wissen, was dahinter steckt. Wir sagen auch manchmal Dinge, ohne zu wissen, warum wir sie sagen. Vielleicht ist dir das erst kürzlich passiert – du warst wütend und hast einem anderen etwas Gemeines gesagt, obwohl du diesen Jemand sehr gern hast. Du hast es nicht wirklich so gemeint, aber die Worte sind eben herausgerutscht. Was kannst du nun tun, um die Sache wieder in Ordnung zu bringen? Du kannst dich entschuldigen. Wenn du dazu zu stolz bist, wird es Gott nicht erfreuen. Wenn du dich jedoch entschuldigst, wirst du dich besser fühlen. Gott verspricht uns:

> Ich wohne an der hohen, heiligen Stätte und bei denen, die einen zerschlagenen und gedemütigten Sinn haben, um die Gedemütigten neu zu beleben, und die zerschlagenen Herzen wieder aufleben zu lassen. (Jesaja 57,15)

Bitte Gott um Mut und entschuldige dich dann aufrichtig.

4. August

Die Erfindung der Rikscha

Hiob 29,15

Es war im Jahr 1869 in Japan. Ein amerikanischer Missionar namens Jonathan Scobie erfand die Rikscha – einen kleinen Laufwagen, der von einer Person an zwei langen Griffen gezogen wird. Der Wagen hat zwei Räder und eine Haube, die bei Regen oder Wind aufgezogen werden kann.

Scobie erfand die Rikscha aus persönlichen Gründen – seine Frau war gehbehindert und er musste einen Weg finden, wie sie gut durch die Stadt kommen konnte. Nachdem Scobie und seine Frau ihre Rikscha benutzten, begannen auch andere Leute ihrer Gemeinde, ihre eigenen Rikschas zu bauen. Schon bald fanden viele Japaner einen neuen Job: Sie zogen Rikschas durch die Stadt Yokohama. Scobies Idee war äußerst erfolgreich geworden!

Was hat das mit mir zu tun?

Gott möchte, dass wir anderen helfen, so wie Jonathan Scobie seiner Frau half. Wenn du gute Augen hast, kannst du jemandem vorlesen, der nicht mehr gut sehen kann. Wenn dein Gehör in Ordnung ist, kannst du die Zeichensprache lernen, um schwerhörigen oder tauben Menschen Gespräche zu übersetzen. Wenn dir das Schreiben leichtfällt, kannst du für jemanden einen Brief schreiben, dessen Hände zittern. Gott freut sich jedes Mal, wenn wir unsere Gaben für andere nutzen. Suche nach Gelegenheiten, anderen zu helfen, damit du sagen kannst:

> Ich ersetzte den Blinden die Augen und den Lahmen die Füße. (Hiob 29,15)

Auch kleine Dinge können im Leben eines Menschen einen großen Unterschied machen. Scobie und seine Rikscha sind ein Beispiel dafür.

5. August

Man lernt nie aus!

Sprüche 24,5

Vielleicht überrascht es dich zu erfahren, dass Jungen und Mädchen unterschiedlich lernen und dass die Tageszeit einen großen Einfluss auf das Lernen hat. Ein Psychologe der Universität Ohio hat sich gründlich mit diesem Thema befasst und er fand einige interessante Dinge heraus: Jungen können in der Regel gut lernen, wenn im Hintergrund geredet wird. Je älter sie werden, desto besser können Jungen mit einem Hintergrundgeräusch lernen. Mädchen dagegen brauchen in der Regel Ruhe, um gut zu lernen. Das liegt daran, dass Mädchen sensibler für Sprache sind, und so können sie sich weniger konzentrieren, wenn in ihrer Umgebung gesprochen wird.

Was die Tageszeit betrifft – kurz vor dem Schlafengehen ist die beste Zeit zum Lernen, denn so erinnert man sich am nächsten Tag am besten an das, was man am Abend zuvor gelernt hat.

Was hat das mit mir zu tun?

Wenn du viel für die Schule lernst, ist das noch keine Garantie dafür, dass du klug und verständig sein wirst. Doch je mehr du lernst, desto mehr Wissen eignest du dir an, und je mehr Wissen du besitzt, desto besser kannst du weise Entscheidungen treffen. In der Bibel lesen wir:

> Ein weiser Mann ist mächtiger als ein starker, und ein Mann, der Erkenntnis hat, ist stärker als einer, der große Kraft hat. (Sprüche 24,5)

Etwas im Kopf zu haben kann dich weiter bringen als kräftige Muskelpakete.

6. August

Warum ein Mann mit Taucherausrüstung an einer Kirche arbeitete

1. Korinther 3,11

Ein solcher Mann war sechs Jahre lang in der berühmten *Winchester Cathedral* zu sehen. Was tat er dort?

Unter der Kathedrale befand sich ein Torfmoor, also in gewisser Weise ein riesiges Schlammloch. Im Laufe der Jahre war die Kathedrale ganz allmählich abgesunken und ihre Fundamente befanden sich mittlerweile unter Wasser. William Walker, ein Tiefseetaucher, wurde angestellt, um unter der Kathedrale zu tauchen und das Gebäude vor dem weiteren Absinken zu bewahren. Er grub das Torfmoor Stück für

Stück ab und ersetzte es durch fünfzehntausend Betonblöcke, fünfundzwanzigtausend Betonsäcke und fast eine Million Ziegel. Walker rettete die Kathedrale und als seine Arbeit beendet war, sprach ihm der englische König höchstpersönlich seinen Dank aus.

Was hat das mit mir zu tun?

Fundamente, auf denen ein Gebäude ruht, bestehen aus Stein oder Zement. Sie mögen solide gebaut sein und dennoch halten sie nicht ewig, sondern können bröckeln wie bei dieser Kathedrale. In der Bibel steht:

> Denn niemand kann ein anderes Fundament legen als das, das schon gelegt ist – Jesus Christus. (1. Korinther 3,11)

Du kannst dich auf Jesus verlassen – er ist ein Fundament, das niemals rissig oder brüchig wird. Mache ihn zur Grundlage deines Lebens und er wird dir festen Stand geben.

7. August

Die Erfindung des Einkaufswagens

Sprüche 24,27

Sylvan Goldman war der Eigentümer einer Kette von Lebensmittelgeschäften in Oklahoma. Er beobachtete oft die Kunden, die in seinen Geschäften einkauften. Dabei bemerkte er, dass es für sie ein Problem war, ihre Einkäufe bis zur Kasse zu tragen. Manche Kunden trugen Körbe, doch die Körbe wurden schnell zu schwer. Eines Tages sah Goldman auf dem Weg zur Arbeit zwei Klappstühle auf dem Rasen eines Hauses. Dabei kam ihm eine Idee: Man könnte unter den beiden Stühlen Räder anbringen, die beiden einander gegenüber befindlichen Sitze mit Holz verbinden und das Ganze rundherum mit Holz verklei-

den wie ein Kinderbett. Das wäre dann so ähnlich wie ein Kinderwagen, den die Kunden mit ihren Einkäufen füllen könnten.

Goldman ließ nach diesem Vorbild Einkaufswagen bauen, die er den Kunden in seinen Geschäften zur Verfügung stellte. Doch ein neues Problem trat auf: Junge Mütter mit Kleinkindern konnten nicht ihren Kinderwagen und den Einkaufswagen gleichzeitig schieben. Also stellte Goldman ein paar Frauen ein, die die Einkaufswagen für die Kunden durch das Geschäft schoben. Irgendwann hatten sich alle Kunden daran gewöhnt, die Einkaufswagen zu benutzen.

Was hat das mit mir zu tun?

Goldman war ständig darum bemüht, seine Geschäfte noch kundenfreundlicher zu gestalten. Er dachte viel über mögliche Verbesserungen nach, selbst in seiner Freizeit. In der Bibel lesen wir:

> Bau dir erst ein Geschäft auf, bevor du dir ein Haus baust. (Sprüche 24,27)

Wenn du eine Arbeit für jemanden erledigst und nicht dein Bestes gibst, dann kannst du nicht damit rechnen, Geld zu verdienen. Wenn du dir beim Lernen nicht viel Mühe gibst, dann wirst du kaum gute Noten bekommen. Setz dich ganz ein und gib dein Bestes, dann wirst du viel Segen erfahren.

8. August

Warum der Regenmacher seinen Job verlor

Hesekiel 34,26

Wie weiß man, wann etwas des Guten zu viel ist? Die Stadt San Diego fand dies auf schmerzliche Weise heraus, als Charles Hatfield

1915 dem Stadtrat anbot, den Wasserspeicher der Stadt zu füllen, der nie mehr als ein Drittel voll war. Hatfield bezeichnete sich selbst als Regenmacher und machte der Stadt ein besonderes Angebot: Wenn er es schaffte, Regen hervorzurufen, sollte ihm die Stadt zehntausend Dollar zahlen; andernfalls würde er leer ausgehen. Der Stadtrat erklärte sich einverstanden. Hatfield baute einen Turm in der Nähe des Wasserspeichers und ließ von der Turmspitze einige seiner speziell zusammengemischten Chemikalien in die Luft steigen. Vier Tage später begann es zu regnen. Fünf Tage danach regnete es immer noch ununterbrochen im gesamten Landkreis und der Regen hörte auch nach zehn Tagen nicht auf. Die Flüsse traten über die Ufer, Straßen wurden völlig überschwemmt und sogar Häuser von den Fluten fortgerissen.

Der Regen hörte schließlich auf, als der Wasserspeicher kurz vor dem Überfließen stand. Einen Monat später konnten noch immer keine Züge fahren, mehr als zweihundert Brücken waren zerstört und fünfzig Menschen starben infolge der Überflutungen.

Hatfield war der Meinung, er habe seinen Teil des Vertrags erfüllt und war schockiert, als der Stadtrat sich weigerte, ihm die vereinbarte Summe zu zahlen. Er sollte beweisen, dass der Regen wirklich durch ihn verursacht worden war. Das war jedoch nicht möglich und so bekam Hatfield keinen Penny zu sehen.

Konnte man damals wirklich mit wissenschaftlich seriösen Mitteln Regen provozieren? Nicht wirklich. Früher glaubten die Menschen, man könnte durch Explosionen Regen hervorrufen, denn man hatte häufig erlebt, dass nach einem Gefecht ein Regenguss herunterkam. Doch erst Ende der 40er-Jahre wurde die „Wolkenimpfung“ entwickelt: Ein Pilot sprüht Kohlendioxid oder pulverisiertes Trockeneis in flauschige Quellwolken – nur diese Wolkenart zeigt darauf eine Reaktion. Da sich um diese Partikel herum Feuchtigkeit ansammelt, werden sie zu schwer, um in den Wolken zu bleiben, und fallen schließlich in Form von Regen oder Schnee auf die Erde.

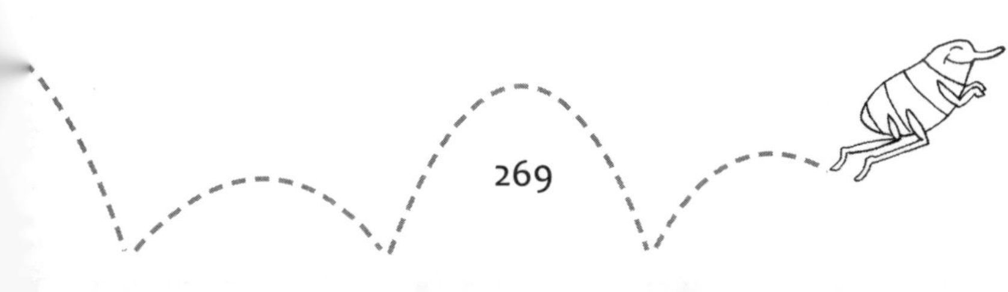

Was hat das mit mir zu tun?

Bei sehr trockenem Boden ist Regen mehr als willkommen. Gott benutzt das Beispiel des Regens, um uns seinen Segen zu verdeutlichen:

> Ich werde ihnen und allem, was meinen heiligen Hügel umgibt, Segen schenken. Und ich werde den Regen schicken, segensreichen Regen, der immer zur rechten Zeit kommt. (Hesekiel 34,26)

Richte deinen Blick nach oben und lass die guten Dinge, die Gott für dich bereithält, wie einen segnenden Regen auf dich herabströmen.

9. August

Wie ein im Meer verloren gegangener Ehering wiedergefunden wurde

Psalm 49,15

Prinz Urussof war jung verheiratet und machte sich große Sorgen. Er befand sich mit seiner Frau auf Hochzeitsreise auf dem Schwarzen Meer. Der Prinz kannte die seit Generationen überlieferte Familiengeschichte über einen verlorenen Ehering – sie besagte, dass man seine Frau verlor, wenn diese den Ehering verlor. Und tatsächlich war der Ring seiner jungen Frau von ihrem Finger gerutscht und ins Meer gefallen. Wie sollte er ihn je wiederfinden? Es schien völlig aussichtslos zu sein. Also reiste er beide Küsten des Schwarzen Meeres entlang und kaufte sämtliche dort angrenzenden Grundstücke. Er gab vierzig Millionen Dollar aus und kaufte Grundstücke von Hunderten Besitzern. Nun gehörte ihm das Schwarze Meer und alles, was darin war – einschließlich des Eherings seiner Frau. Nach seinem Tod brauchten seine Erben den Ehering nicht mehr. Sie verkauften sämtliche Grundstücke für achtzig Millionen Dollar – und machten einen hundertprozentigen Gewinn!

Was hat das mit mir zu tun?

Der Prinz nahm viel Mühe auf sich und investierte große Summen, um den verlorenen Ehering wieder in seinen Besitz zu bekommen. Es ist eine schöne Geschichte, denn wir alle hören gern von Liebe, die so stark ist, dass man dafür bis ans Ende der Welt geht. Doch es gibt eine noch viel schönere Liebesgeschichte, die jeden von uns betrifft. Wenn du stirbst, wird zwar dein Körper mit Erde bedeckt, so wie der Ring von Wasser bedeckt wurde. Doch deine Seele wird in den Himmel emporgehoben zu Jesus. Weil du ihm so wertvoll bist, hat er sein Leben gegeben, um dich zurückzugewinnen. Er zögerte nicht, den höchsten Preis für dich zu zahlen. In der Bibel lesen wir:

> Aber Gott wird mich erlösen aus des Todes Gewalt; denn er nimmt mich auf. (Psalm 49,15; LÜ 84)

Das ist die allergrößte Liebe.

10. August

Ein Blick auf die Straße

Jesaja 35,8–10

Wir wollen heute einmal über Straßeninstandsetzung nachdenken. Wir alle haben schon einmal Straßenmarkierer gesehen, z. B. die sogenannten „Katzenaugen“. Es handelt sich dabei um kleine Glaskörper, die in die Straße eingelassen sind. Sie markieren den Verlauf der Straße, indem sie das Licht der Autoscheinwerfer reflektieren. Eine andere Art von in die Straße eingelassenen Markierern funktioniert mit Strom. Diese „Roadmarker“ werfen das Licht nicht zurück – wie die Katzenaugen –, sondern leuchten mithilfe von Solarzellen.

Wir alle kennen auch Schlaglöcher. Sie entstehen hauptsächlich durch Feuchtigkeit, die vom Asphalt aufgenommen wird. Dazu

kommt das wiederholte Einfrieren im Winter und das anschließende Auftauen, der Straßenverkehr und der Einfluss von Chemikalien. Irgendwann zerbröckelt der Asphalt von innen. Man kann sich leicht vorstellen, wie solche Schlaglöcher wieder gefüllt werden, doch was passiert mit dem Asphalt, der ursprünglich in den Schlaglöchern war? Der zerbröckelte Asphalt wird von vorbeifahrenden Fahrzeugen, vom Regen und vom Wind nach und nach abgetragen.

Und wie sieht es mit Kanalschächten aus? Warum sind die Deckel rund und nicht etwa quadratisch oder rechteckig? Egal, wie man ihn dreht und wendet – ein runder Schachtdeckel kann nicht durch die kreisförmige Schachtöffnung fallen, im Gegensatz zu einem quadratischen, wenn dieser über die Diagonale eingeführt wird.

Was hat das mit mir zu tun?

Wenn du über „geflickte" Straßen und Schlaglöcher fährst, denke an folgende Beschreibung der Straße zum Himmel:

> Durch die Wüste führt dann eine Straße, die die heilige Straße genannt werden wird. Kein unreiner Mensch wird darauf wandern, denn sie ist nur für sein Volk bestimmt. Wer auch immer auf diesem Weg geht, wird sich nicht verirren. Selbst der Einfältige wird darauf nicht fehlgehen. Löwen wird es dort nicht geben. Kein wildes Raubtier wird diesen Weg betreten. Nur die Erlösten werden darauf gehen. Diejenigen, die vom Herrn erlöst wurden, werden zurückkehren und jubelnd nach Jerusalem kommen. Ihr Gesicht spiegelt unendliche Freude wider. Freude und Glück werden bei ihnen einkehren, Kummer und Seufzen aber werden vor ihnen fliehen. (Jesaja 35,8–10)

Behalte Jesus als Ziel im Auge und du kannst deinen Weg sicher und vertrauensvoll fortsetzen!

11. August

Fehlalarm

Kolosser 1,20–23

Täglich gehen unzählige Menschen zur Bank, füllen ein Formular aus und heben Bargeld von ihrem Konto ab. Stell dir die Überraschung eines Mannes namens Ron Schatz vor, der genau das eines Tages tat und sich auf einmal in großen Schwierigkeiten befand. Die Polizei war von einem lautlosen Alarm herbeigerufen worden und wollte Ron festnehmen. Er hatte keine Ahnung, was er falsch gemacht hatte. Es dauerte eine Weile, bevor die Sache geklärt werden konnte.

Der Kassierer hatte den Alarmknopf gedrückt, nachdem er auf der Rückseite des von Ron ausgefüllten Abhebungsformulars die Worte „Dies ist ein Überfall“ gelesen hatte. Doch Ron hatte diese Worte gar nicht geschrieben. Man prüfte den gesamten Stapel von Barabhebungen auf dem Kassenschalter und stellte fest, dass irgendein Spaßvogel auf die Rückseite aller Formulare „Dies ist ein Überfall“ geschrieben hatte.

Was hat das mit mir zu tun?

Welch eine Kettenreaktion wurde von diesen wenigen Worten auf einem Stück Papier ausgelöst! Aber das, was Jesus getan hat und die gute Nachricht von seinem Opfer am Kreuz können noch viel mehr bewirken – sie können dein ganzes Leben verändern! In der Bibel lesen wir:

> Durch ihn hat er alles mit sich selbst versöhnt. Durch sein Blut am Kreuz schloss er Frieden mit allem, was im Himmel und auf der Erde ist. Darin seid auch ihr eingeschlossen, obwohl ihr früher so weit von Gott entfernt wart. Ihr wart seine Feinde, und eure bösen Gedanken und Taten trennten euch von ihm, doch nun hat er euch wieder zu seinen Freunden gemacht.

Durch seinen Tod am Kreuz in menschlicher Gestalt hat er euch mit sich versöhnt, um euch wieder in die Gegenwart Gottes zurückzuholen und euch heilig und makellos vor sich hinzustellen. Ihr müsst allerdings an dieser Wahrheit festhalten und euren Glauben bewahren. Weicht nicht von der Hoffnung ab, die euch geschenkt wurde, als ihr die Botschaft von Jesus Christus gehört habt. (Kolosser 1,20–23)

Warte nicht länger, wenn du diese Worte liest – du wirst deine Seele für die Ewigkeit retten!

12. August

Die wandernden Steine im Tal des Todes

Matthäus 28,2

Das Tal des Todes ist ein Ort der Extreme, denn es ist die trockenste, heißeste und niedrigste Stelle in Amerika. Im Tal des Todes gibt es ein fast fünf Kilometer langes ausgetrocknetes Flussbett. Hier hinterlassen Felsen und Steine, über das Flussbett verstreut, kleine zickzackförmige, kurvige oder gerade Spuren. Natürlich sind die Steine nicht lebendig, doch sie „wandern" über das Flussbett. Wie ist das möglich?

Der Geologie-Professor Dr. Robert Sharp beschloss, diesem Phänomen auf den Grund zu gehen. Er bestrich dreißig Steine verschiedener Größe und Form mit Farbe. Dann schlug er mit einem Hammer Stifte an der Stelle in den Boden, wo sich diese Steine befanden und beobachtete in den folgenden sieben Jahren, was geschah. Achtundzwanzig der Steine bewegten sich tatsächlich, einige von ihnen mehr als hundertachtzig Meter weit. Sharp untersuchte die Bewegungen mit Blick auf die Wetterbedingungen und stellte fest, dass die Steine durch Wind und Regen bewegt wurden. Zwar fallen im Tal des Todes weniger als fünfzig Millimeter Regen pro Jahr, doch die wenigen Regentropfen sorgen dafür, dass der weiche Lehm im Flussbett glatt wird; der Wind bläst die Steine dann über diese glatte Oberfläche, manchmal mit einer Geschwindigkeit von neunzig Zentimetern pro Sekunde.

Was hat das mit mir zu tun?

Der Anblick dieser „wandernden“ Felsen ist erstaunlich, denn wir wissen, dass große Steine normalerweise nicht beweglich sind. Genau aus diesem Grund wurde ein Felsblock vor das Grab Jesu gewälzt, nachdem er gestorben war. Zusätzlich wurden Wachen neben das Grab gestellt, damit die Jünger das Grab nicht öffneten. Der Felsblock sollte als Beweis dafür dienen, dass Jesus im Grab blieb. Doch Gott hält seine Versprechen. In der Bibel lesen wir:

> Plötzlich gab es ein starkes Erdbeben, weil ein Engel des Herrn vom Himmel herabkam, den Stein beiseite rollte und sich darauf niederließ. (Matthäus 28,2)

Wüstensteine, die „wandern“, sind faszinierend, doch ein Engel, der auf einem fortgewälzten Felsblock sitzt und verkündet, Jesus sei auferstanden, ist ein wahres Wunder!

13. August

Wie ein Feueralarm für die Erfindung von vorgebackenen Brötchen sorgte

Matthäus 7,9–11

Wenn es an einem bestimmten Tag im Jahr 1949 nicht einen überraschenden Feueralarm gegeben hätte, würdest du wahrscheinlich heute nicht sehr oft ofenfrische Brötchen zu essen bekommen. Beinahe jeder mag Brötchen, die noch warm und knusprig sind. Nur wenige Leute haben jedoch die nötige Zeit, um den Teig dafür zu kneten und zu backen. Joe Gregor befasste sich ausgiebig mit diesem Problem. Er hatte viele Stunden lang ausprobiert, wie man die Herstellungszeit von Brötchen verkürzen könnte, doch ohne Erfolg. Eines Tages war Joe, ein Angehöriger der Freiwilligen Feuerwehr, mit dem Backen von Brötchen beschäftigt, als die Sirene losging. Schnell nahm er das Blech aus dem Ofen, stellte es auf der Anrichte ab und eilte zum Ort des Geschehens. Als er zurückkam, betrachtete er den weißen, kalten, gipsähnlichen Teig, der zurückgeblieben war. Anstatt alles fortzuwerfen, beschloss Joe, den Ofen erneut zu heizen und die angefangenen Brötchen fertig zu backen. Zu seiner Überraschung wurden die Brötchen perfekt. Er experimentierte noch eine Weile, um die genauen Zeiten und Temperaturen herauszufinden. Dann verbreitete er die Neuigkeit, wie der Bäcker all die Vorarbeiten und das Vorbacken erledigen und dann dem Kunden den letzten, angenehmen Teil des Brötchenbackens überlassen kann.

Was hat das mit mir zu tun?

Wir fragen uns oft, ob Gott unsere Gebete erhört. Manchmal zweifeln wir auch daran, ob er uns wirklich bedingungslos liebt, weil wir selbst es so schwierig finden, auf diese Weise zu lieben. Jesus versteht unsere Ungeduld und unsere Zweifel. Und übrigens, er kennt auch unser Verlangen nach Brot. Lies einmal folgenden Vers der Bibel:

> Wer ist unter euch Menschen, der seinem Sohn, wenn er ihn bittet um Brot, einen Stein biete? Oder, wenn er ihn bittet um einen Fisch, eine Schlange biete? Wenn nun ihr, die ihr doch böse seid, dennoch euren Kindern gute Gaben geben könnt, wie viel mehr wird euer Vater im Himmel Gutes geben denen, die ihn bitten! (Matthäus 7,9–11)

Gott kennt das perfekte Rezept für unser Leben, und sein Zeitplan ist immer genau richtig. Er lässt uns nie zu lange warten und was er uns gibt, ist nur das Beste – und das ist noch vorzüglicher als ein ganzer Ofen voll frischer Brötchen!

14. August

Woher Samen wissen, in welche Richtung sie wachsen müssen

Epheser 3,17–19

Wenn du etwas pflanzt, kannst du nicht wissen, auf welcher Seite des Samens die Wurzeln wachsen werden. Und doch hast du bestimmt noch nie eine Pflanze gesehen, deren Wurzeln in die Höhe und deren Blätter in den Boden wachsen. Wie kommt es, dass eine Pflanze immer richtig herum wächst? Im Boden bringt der Samen zunächst eine Wurzel hervor, danach einen Stängel, der wie ein Haken geformt ist. Die Wurzel zeigt nach unten; der Stängel zeigt nach oben. In der Fachsprache heißt die Entwicklung der Wurzel „positiver Geotropismus“ und die Entwicklung des Stängels „negativer Geotropismus“. Wenn der Stängel aus der Erde hervorbricht und der Sonne entgegenwächst, richtet er sich gerade auf, und diesen Vorgang nennt man „Phototropismus“. Doch das Geheimnis des Samens hat einen viel einfacheren Namen als diese wissenschaftlichen Begriffe, nämlich: Schwerkraft.

Die Wurzel wächst zum Mittelpunkt der Erde hin, wobei sie von der Schwerkraft angezogen wird. Der Stängel dagegen bewegt sich vom Mittelpunkt der Erde weg in Richtung Erdoberfläche. Auf der Erde wachsen Samen immer auf die gleiche Weise und nach dem gleichen Muster. Deshalb bekommen wir niemals Gärten zu sehen, in denen die Pflanzen verkehrt herum wachsen. Im Weltall, wo es keine Schwerkraft gibt, könnte ein Samen theoretisch in alle möglichen Richtungen wachsen.

Was hat das mit mir zu tun?

Die Wurzeln einer Pflanze wachsen immer in die richtige Richtung, damit die Pflanze leben kann. Wir müssen zu Gott hin wachsen, damit unsere Seele lebt. In der Bibel lesen wir:

> Und ich bete, dass Christus durch den Glauben immer mehr in euren Herzen wohnt und ihr in der Liebe Gottes fest verwurzelt und gegründet seid. So könnt ihr mit allen Gläubigen das ganze Ausmaß seiner Liebe erkennen. Und ihr könnt auch die Liebe erkennen, die Christus zu uns hat; eine Liebe, die größer ist, als ihr je begreifen werdet. Dadurch wird euch der Reichtum Gottes immer mehr erfüllen. (Epheser 3,17–19)

Alle Kinder Gottes zusammen bilden einen unvorstellbar prachtvollen Garten!

15. August

Was die Französische Revolution mit Restaurants zu tun hat

5. Mose 30,19–20

Wenn du mit deiner Familie darüber nachdenkst, in welches Restaurant ihr gehen wollt, dann verdankst du es der Französischen Revolution, dass du diese Wahl hast. Vor der Französischen Revolution konnte man auch in sogenannten Tavernen essen, doch es gab immer nur ein bestimmtes Gericht pro Tag. Man konnte auch in einer Bäckerei eine vorbereitete Mahlzeit kaufen und zu Hause aufwärmen. Eines Tages hatte ein Franzose namens Boulanger die Idee, verschiedene Suppen zu verkaufen. Er nannte sein Geschäft „Restaurant“, was ursprünglich auf Französisch bedeutet: „aufbauend, wiederherstellend“. Damit sollte ausgedrückt werden, dass man sich durch den Verzehr seiner Suppen stärken konnte. Boulanger bot verschiedene Suppen an und sein „Restaurant“ war somit das erste Lokal, in dem ein Menü zur Auswahl stand.

Schließlich sorgte jedoch die Französische Revolution dafür, dass „auswärts essen“ für immer ein anderes Gesicht bekam. Vor der Revolution hatten reiche Franzosen hochtalentierte Köche in ihren

Häusern. Danach jedoch hatten die vormals Reichen kein Geld mehr, um Köche zu beschäftigen, und die vielen arbeitslosen Köche begannen, für lokale Restaurants zu arbeiten oder ihre eigenen Restaurants zu eröffnen. Um 1804 gab es mehr als fünfhundert Restaurants in Frankreich.

Was hat das mit mir zu tun?

Wir haben die freie Auswahl, in welches Restaurant wir gehen und was wir dort essen wollen. Wir haben auch die freie Wahl, ob wir Gott folgen wollen oder nicht. Moses sagte:

> Heute stelle ich euch vor die Wahl zwischen Leben und Tod, zwischen Segen und Fluch … Wählt doch das Leben, damit ihr und eure Nachkommen am Leben bleiben! Entschließt euch, den Herrn, euren Gott, zu lieben, ihm zu gehorchen und euch ihm ganz anzuvertrauen, denn er ist euer Leben … (5. Mose 30,19–20)

Du kannst dein Leben lang suchen, doch du wirst nie eine bessere Wahl treffen können als diese.

16. August

Warum der Ozean so salzig ist

Psalm 119,117

Wie sammelt sich das Salz im Meerwasser? Nun, es beginnt in den Flüssen. Auf ihrem Weg zum Meer strömen sie gegen die Ufer, wodurch Mineralien aus dem Boden gezogen werden. Regen, der auf das Land fällt, wäscht noch mehr davon in die Flüsse. Weitere Mineralien gelangen in das Flusswasser, wenn Flüsse über Felsgestein

hinwegströmen. Doch nicht alle Gewässer verfügen über den gleichen Salzgehalt. Wenn sich in Ufernähe ein Fluss befindet, ist das Meerwasser dort weniger salzhaltig, weil ständig frisches Wasser nachfließt. Wo das Meer nicht sehr tief ist, enthält es mehr Salz aufgrund der Verdunstung. Wenn die Sonne ein Gewässer austrocknet, bleiben Salzablagerungen zurück.

Das Tote Meer zum Beispiel hat einen sehr hohen Salzgehalt, weil es von einer Wüste umgeben ist und sehr viel Verdunstung stattfindet. Der Salzgehalt des Toten Meeres ist so hoch – etwa fünfundzwanzig Prozent –, dass man dort praktisch nicht untergehen kann. Das Salz macht das Wasser „schwer", und der Körper eines Menschen ist im Vergleich dazu leicht, sodass er auf der Wasseroberfläche getragen wird. Durchschnittlich weisen die Ozeane einen Salzgehalt von dreieinhalb Prozent auf, doch es ist immer noch leichter, auf dem Ozean zu treiben als in einem Süßwassersee oder einem Swimmingpool. Wie kommt es übrigens, dass Regenwasser nicht salzhaltig ist, obwohl es aus salzhaltigem Wasser gewonnen wird? Das liegt daran, dass Salz zu „schwer" ist, um mit dem Wasserdampf, der aus dem Ozean aufsteigt, in die Luft zu steigen.

Was hat das mit mir zu tun?

So wie du von stark salzhaltigem Wasser getragen wirst und nicht Gefahr läufst, unterzugehen, kann Gott dich durch die Gefahren des Lebens hindurchtragen. Du kannst wie der Psalmdichter beten:

> Erhalte mich, dann werde ich gerettet, und ich will deine Ordnungen immer in meinem Herzen bewegen. (Psalm 119,117)

Wenn dich jemand aus einer Gefahr rettet, dann spürst du ganz automatisch den Wunsch, dieser Person zu danken oder etwas Besonderes für sie zu tun. Deine Treue gegenüber Gott, der dich rettet und schützt, ist für ihn sehr wertvoll.

17. August

Warum man keine frischen Sardinen kaufen kann

Matthäus 4,19

Hast du je versucht, an der Fischtheke im Supermarkt frische Sardinen zu kaufen? Versuche es erst gar nicht, denn es gibt keine frischen Sardinen zu kaufen! Warum? Nun, es gibt keinen Fisch mit diesem Namen. Wir kaufen zwar Dosen, auf denen „Sardinen“ steht, doch so wird der Fisch erst bezeichnet, nachdem er in die Dose verpackt wurde.
Sardinendosen sind in Wirklichkeit mit einer Auswahl von einundzwanzig Arten von Kleinfischen gefüllt. Jedes Land darf selbst definieren, welche Fische hinter der Bezeichnung „Sardinen“ stecken.

Was hat das mit mir zu tun?

Jedes Land hat Fischer, die den Kleinfisch fangen, der als Sardinen verkauft wird. Jesus nahm auf die Arbeit des Fischers Bezug, um uns zu verdeutlichen, wie wichtig unsere Arbeit für ihn ist:

> Kommt mit und folgt mir nach. Ich will euch zeigen, wie man Menschen fischt! (Matthäus 4,19)

Stell dir vor, wie großartig es ist, Menschen zu „fischen“, damit sie eines Tages im Himmel ankommen!

18. August

Revanche für die eigene Rettung

Lukas 6,38

Es war im Jahr 1965. Es dauerte nur einen kurzen Augenblick. Der vierjährige Roger Lausier spielte am Strand und plötzlich war er verschwunden. Er war ins Meer gewatet und mit einem Mal in tiefes Wasser gekommen. Es schlug über seinem Kopf zusammen und als er den Mund öffnete, um zu schreien, bekam er keine Luft mehr – er begann zu ersticken. In diesem Moment griff jemand zu und hob ihn aus dem Wasser. Alice Blaise rettete Rogers Leben, nachdem sie gesehen hatte, wie sein kleiner Körper verschwand. Die Eltern des kleinen Jungen waren nur einen Augenblick lang unaufmerksam gewesen. Sie waren Alice unendlich dankbar, weil sie ihren Sohn gerettet hatte.

Die Familie fuhr weiterhin Jahr für Jahr an den gleichen Strand. Neun Jahre später, im Alter von dreizehn Jahren, war Roger ein hervorragender Schwimmer geworden. Eines Tages während jenes Sommers bemerkte er einen Mann, der draußen auf dem Meer wild mit den Armen ruderte und schrie. Roger nahm seine Luftmatratze und hielt sie neben sich über Wasser, während er auf den Mann zuschwamm. Mit Rogers Hilfe konnte der Mann sich auf die Luftmatratze legen und zum Ufer gezogen werden. Erst nach der erfolgreichen Rettungsaktion erfuhr Roger, wen er da gerettet hatte: Es war der Ehemann von Alice Blaise!

Was hat das mit mir zu tun?

Als Alice den kleinen Roger aus den Wellen fischte, konnte sie nicht ahnen, dass ihre Tat Jahre später belohnt werden würde, indem derselbe Junge ihren Mann vor dem Ertrinken bewahrte. Doch bei Gott funktioniert es genau so. Er verspricht:

> Wenn ihr gebt, werdet ihr erhalten. Was ihr verschenkt, wird zusammengepresst und gerüttelt, in einem vollen, ja überreich-

lichen Maß zu euch zurückfließen. Nach dem Maß, mit dem ihr gebt, werdet ihr zurückbekommen. (Lukas 6,38)

19. August

Warum Vögel keine Angst vor Vogelscheuchen haben

Psalm 145,13

Man kann auf Feldern häufig Vogelscheuchen sehen, auf deren Armen sich Vögel niedergelassen haben. Da fragt man sich doch, warum der Landwirt so viel Mühe auf sich genommen und die Vogelscheuche aufgestellt hat, wenn die Vögel doch offenbar keine Angst vor ihr haben.

Vor vielen Jahren wurden Vogelscheuchen aufgestellt, weil die Landwirte Angst hatten – vor bösen Geistern! Sie glaubten, ihr Korn und ihre Feldfrüchte schützen zu können, indem sie zwei Stöcke in Form eines Kreuzes aneinanderbanden und dieses Kreuz in den Ackerboden rammten. Um das Kreuz zu tarnen, hängten sie Kleider darüber.

Andere Landwirte benutzten Vogelscheuchen, weil sie tatsächlich Ärger mit Vögeln hatten. Manchmal war es so schlimm, dass sie vier Samenkörner in jedes Loch legten – zwei für die Vögel, eines für die Würmer und ein Korn zum Wachsen. Die Ureinwohner Amerikas, die Indianer, stellten manchmal einen Mann auf die Felder, der mit den Armen ruderte und Steine nach den Vögeln warf. Wahrscheinlich stammt daher die Idee, eine Vogelscheuche herzustellen, die wie ein Mensch aussieht.

Vogelscheuchen vertreiben tatsächlich eine Weile lang die lästigen Krähen, doch das liegt nicht etwa am Anblick der Vogelscheuche. Es hängt vielmehr mit dem menschlichen Geruch zusammen, der noch an den Kleidern der Vogelscheuche haftet und die Vögel fernhält. Wenn der sich der Geruch infolge von Wind, Regen und frischer Luft verflüchtigt hat, erkennen die Vögel, dass sich die Vogelscheuche nie bewegt und verlieren ihre Scheu.

Was hat das mit mir zu tun?

Alles, was sich Menschen zum Schutz ausdenken, ist begrenzt. Kein Gesetz, keine Waffe und kein Gitter bleibt für immer bestehen. Nur auf Gottes Schutz können wir uns in alle Ewigkeit verlassen. In der Bibel lesen wir:

> Denn dein Reich bleibt ewig und deine Herrschaft besteht von Generation zu Generation. (Psalm 145,13)

Nichts kann dich von Gottes Liebe trennen, wenn du ihm dein Herz gibst.

20. August

Eine saubere Angelegenheit

Psalm 91,11–13

Ein Sportschuh ist mitverantwortlich dafür, dass dein Lieblingssofa lange sauber bleibt.

Eines Tages im Jahr 1953 trug eine Mitarbeiterin der Firma 3M Turnschuhe, als sie an einem Labortest teilnahm. Die Forscher experimentierten mit bestimmten Chemikalien, die sie für Flugzeuge verwenden wollten. Dabei tropfte ein Teil der chemischen Mischung auf den Turnschuh besagter Mitarbeiterin und blieb dort haften. Egal, wie schmutzig der Schuh wurde – die Stelle mit der Chemikalie blieb sauber. Patsy Sherman sah, was da geschah, und war fasziniert. Gemeinsam mit einem Kollegen, Sam Smith, arbeitete sie an der Entwicklung einer Fluorchemikalie, die bewirkt, dass Stoffe Öl und Wasser abweisend werden. So wurde das Imprägniermittel *Scotchgard* erfunden. Es existiert seit 1956 auf dem Markt und wird für Materialbeschichtung und als Mittel zur Fleckenimprägnierung benutzt. Und es trägt dazu bei, dass Stoffe, auch Möbelstoffe, länger sauber bleiben.

Was hat das mit mir zu tun?

Wenn deine Schuhe mit diesem Mittel imprägniert sind, kannst du bedenkenlos überall damit herumgehen. Du brauchst dir keine Sorgen zu machen, dass du deine Schuhe womöglich nicht mehr sauber bekommst. Als Kinder Gottes verfügen wir auch über ein „Imprägniermittel“ für unser Herz und für unsere Füße. Gott bewahrt unsere Seele vor Schaden und hält unsere Füße in der richtigen Spur. In der Bibel lesen wir:

> Denn er hat seinen Engeln befohlen, dass sie dich behüten auf allen deinen Wegen, dass sie dich auf den Händen tragen und du deinen Fuß nicht an einen Stein stoßest. Über Löwen und Ottern wirst du gehen und junge Löwen und Drachen niedertreten. (Psalm 91,11–13)

Nur Gottes Macht kann unsere Schritte bewahren und uns rein erhalten!

21. August

Was es bedeutet, jemandem die kalte Schulter zu zeigen?

Sprüche 25,17

Wenn man uns die kalte Schulter zeigt, dann werden wir ignoriert oder abgewiesen. Es ist fast so, als würde man uns den Rücken zukehren. Doch der Begriff „Schulter“ in dieser Redewendung bezieht sich nicht auf eine menschliche Schulter, sondern auf die Schulter eines Tieres.

Im Mittelalter galt die Schulter eines Tieres als das schlechteste Stück Fleisch; es war der Teil, den man am ehesten übrig ließ. Wenn arme Leute um eine Mahlzeit bettelten, gab man ihnen oft ein Stück Schulter, das noch nicht einmal aufgewärmt war. Doch auch reichen Leuten

konnte es passieren, dass sie ein Stück kalte Schulter aufgetischt bekamen. Wenn man das Schloss eines reichen Mannes besuchte und der Hausherr fand, es sei für den Gast an der Zeit, wieder abzureisen, dann ließ er ihm bisweilen ein Stück Lammschulter servieren. Das war dann der eindeutige Hinweis, dass man sich besser verabschieden sollte.

Was hat das mit mir zu tun?

In der Bibel finden wir einen deutlichen Ratschlag zu diesem Thema:

> Halte deinen Fuß zurück vom Hause deines Nächsten; er könnte dich satt bekommen und dir gram werden. (Sprüche 25,17)

Gott ist der Einzige, der nie genug von dir bekommt. Er lädt dich ein, mit ihm Gemeinschaft zu haben und für immer bei ihm zu bleiben. Wenn du beständig mit Gott sprichst, dann wirst du deine Freundschaft zu ihm vertiefen. Je mehr du dich in seiner Nähe aufhältst, desto stärker wirst du spüren, wie sehr du in Gottes Haus willkommen bist.

22. August

Ganz schön haarig: Koteletten

Hebräer 6,11–12

Koteletten sind die Haare an beiden Gesichtshälften, die vom Haaransatz der Haupthaare bis zum Bart reichen. In den USA heißen Koteletten *sideburns* und wurden vermutlich nach Ambrose Burnside, einem General im Sezessionskrieg, benannt. Im Laufe der Zeit hat sich die Form der Koteletten je nach Mode verändert. Viele bekannte Persönlichkeiten trugen Koteletten, darunter der Rock-'n'-Roll-Star Elvis Presley, der Komponist Richard Wagner und der Deutsche Kaiser Wilhelm der Erste.

Was hat das mit mir zu tun?

Wir kopieren Modeerscheinungen oder zeigen, wie sehr wir einen bestimmten Stil bewundern, um uns mit einer bestimmten Gruppe zu identifizieren. Es kann Spaß machen, sich nach der Mode zu richten, aber es ist letztlich sehr oberflächlich. Die Bibel ermutigt uns, unseren Lebensstil sorgfältig zu überdenken. Dabei sollten wir nicht jedem Trend folgen, sondern prüfen, was von Dauer ist.

> Wir wünschen aber, dass jeder von euch denselben Eifer beweise, die Hoffnung festzuhalten bis ans Ende, damit ihr nicht träge werdet, sondern Nachfolger derer, die durch Glauben und Geduld die Verheißungen ererben. (Hebräer 6,11–12)

Du kannst ruhig mit deiner äußeren Erscheinung experimentieren und Freude daran haben, aber sorge vor allem dafür, dass dein „innerer Mensch“ ganz nah bei Gott bleibt.

23. August

Warum Vögel keinen Stromschlag bekommen, wenn sie auf einer Stromleitung sitzen?

1. Chronik 29,11

Elektrizität nimmt immer den kürzesten Weg zwischen zwei Punkten. Normalerweise fließt sie durch ein Kabel zum Haushaltsgerät und durch ein anderes Kabel wieder zurück. Elektrizität kann nur fließen, wenn dieser „Stromkreis“ geschlossen ist. Doch wenn sich der Elektrizität etwas in den Weg stellt, wird der Elektrizitätsfluss eine Abkürzung nehmen. Wenn du zum Beispiel in einer Pfütze stehst und eine Stromleitung berührst, wird die Elektrizität durch dich hindurch über die Pfütze in den Boden fließen. Wenn Strom durch deinen Körper fließt, kannst du sterben. Deshalb ist es so wichtig, sehr vorsichtig damit umzugehen.

Wie steht es nun mit den Vögeln auf der Stromleitung? Die Vögel berühren nicht Wasser oder etwas anderes, durch das die Elektrizität eine Abkürzung nehmen könnte. Deshalb nimmt der Strom seinen normalen Weg durch die Leitung und die Vögel können so lange sie wollen darauf sitzen blieben, ohne dass ihnen ein Leid geschieht.

Was hat das mit mir zu tun?

Wir wissen, wie viel Kraft die Elektrizität in sich birgt. Sie kann eine ganze Stadt in einem Augenblick erhellen. Doch diese Kraft ist noch unendlich weit von der Macht Gottes entfernt. König David sagte:

> Dein, Herr, ist die Majestät und Gewalt, Herrlichkeit, Sieg und Hoheit. Denn alles, was im Himmel und auf Erden ist, das ist dein. Dein, Herr, ist das Reich, und du bist erhöht zum Haupt über alles. (1. Chronik 29,11)

Gott treibt nicht einfach nur Licht, Fernsehgeräte oder Mikrowellengeräte an. Er lenkt die Sonne, den Mond, die Sterne, die Wasserfälle, die Planeten, das Universum. Und gleichzeitig wacht er über jeden einzelnen Menschen auf der Erde. Gott ist unvorstellbar groß!

24. August

Simon hat das Sagen

5. Mose 5,32–33

Ein amerikanisches Kinderspiel hat den witzigen Namen *„Simon says“*, also „Simon sagt“. Es ähnelt unseren Spielen „Alle Vögel fliegen hoch“ und „Kommando Pimperle“. Der Spieler, der am Zug ist, übernimmt die Rolle des Simon, der den anderen Spielern Anweisungen gibt. Er sagt also zum Beispiel: „Spring hoch“ oder „Berühre deine Zehen". Die anderen Spieler müssen diese Anweisungen befolgen, allerdings nur – und das ist das Entscheidende – wenn vorher gesagt wird: „Simon sagt". Ein Spieler, der eine Anweisung ausführt, ohne dass „Simon sagt" ausgesprochen wurde, ist aus dem Spiel. Wer trotz „Simon sagt" gar nichts oder das Falsche tut, ist ebenso raus. Auch wer sich mit seiner Reaktion zu viel Zeit lässt, muss ausscheiden.

Die Person Simon gab es tatsächlich – es war der Leiter eines Erholungsheims in den frühen Jahren des 18. Jahrhunderts, der dieses Spiel als Zeitvertreib für seine Gäste erfand.

Was hat das mit mir zu tun?

Bei diesem Spiel gewinnt derjenige, der am besten zuhört und am besten gehorcht. Wie viel wichtiger ist es, auf Gott zu hören und seine Anweisungen zu befolgen. In der Bibel lesen wir:

> So habt nun Acht, dass ihr tut, wie euch der Herr, euer Gott, geboten hat, und weicht nicht, weder zur Rechten noch zur Linken, sondern wandelt in allen Wegen, die euch der Herr, euer Gott, geboten hat, damit ihr leben könnt und es euch wohl geht und ihr lange lebt in dem Lande, das ihr einnehmen werdet. (5. Mose 5,32–33)

Nutze deine Ohren und deinen Verstand, um jeden Tag „Gott sagt" zu spielen, und du wirst immer gewinnen.

25. August

Warum Giraffen einen langen Hals haben

Epheser 3,12

Eine Giraffe kann einen Feind schon von Weitem erkennen, weil sie aus ihrer Höhe ein sehr großes Sichtfeld hat. Sie kommt an die Blätter heran, die hoch in den Bäumen wachsen, wohin die meisten Tiere nicht gelangen können. So hat sie in der Regel immer genug Nahrung. Der einzige Nachteil des langen Halses besteht darin, dass die Giraffe ihn tief herunterbeugen muss, um trinken zu können. Sie streckt ihre Vorderbeine weit auseinander und beugt ihren Kopf dazwischen. Da sie sich sehr vor Feinden in Acht nehmen muss, legt sie sich selten nieder. Sie schläft nur rund zwanzig Minuten pro Nacht, und zwar in mehreren Etappen von fünfminütiger Dauer. Bei der Geburt fällt das Giraffenbaby fast anderthalb Meter tief auf den Boden, ohne sich jedoch dabei zu verletzen. Es steht schon etwa eine halbe Stunde nach der Geburt auf seinen vier Beinen und rennt nach etwa zehn Stunden mit den anderen Giraffen herum! Eine kleine Giraffe wächst erstaunlich schnell, manchmal bis zu fünfundzwanzig Millimeter in nur zwei Stunden!

Was hat das mit mir zu tun?

Gott gab der Giraffe die Möglichkeit, die schmackhaften Blätter an Baumspitzen zu essen. Wir brauchen keine Blätter, um uns zu ernähren, aber wir brauchen Gottes Liebe. Sein Sohn, Jesus Christus, sorgte dafür, dass Gott für uns nicht unerreichbar fern ist. In der Bibel lesen wir:

> Durch Christus und unseren Glauben an ihn können wir nun ohne Furcht und voller Zuversicht zu Gott kommen.
> (Epheser 3,12)

Wenn Jesus in unserem Herzen wohnt, dann ist das so, als ob uns jemand zu den Baumwipfeln emporheben würde, und sogar noch höher bis in den Himmel, damit wir Gott nahe kommen können!

26. August

Wie ein Comic-Heft ein sinkendes Schiff gerettet hat

Psalm 93,4

Es geschah 1964. Ein Schiff lief in den Hafen von Kuwait ein, um sechstausend Schafe an Land zu bringen. Plötzlich begann das Schiff zu sinken. Die Leute an Land machten sich Sorgen, dass die Schafe ertrinken und das Wasser verschmutzen könnten. Es schien keine Möglichkeit zu geben, dieses Unglück abzuwenden. Auf einmal musste ein dänischer Ingenieur namens Karl Kroyer an ein Comic-Heft von 1949 denken, in dem Donald Duck und seine drei Neffen eine gesunkene Yacht gefunden und sie an die Wasseroberfläche geholt hatten, indem sie das Schiff mit Tischtennisbällen füllten. Karl beschloss, es zu versuchen. Er ließ siebenundzwanzig Milliarden Plastikbälle in den Bauch des Schiffes füllen. Zur allgemeinen Überraschung hörte das Schiff auf zu sinken und glitt sicher an Land. Donald Duck hatte den Tag gerettet!

Was hat das mit mir zu tun?

Karl Kroyer wurde wahrscheinlich sehr dafür bewundert, dass er das sinkende Schiff unter Kontrolle gebracht hatte. Doch stell dir vor, was es bedeuten würde, über den gesamten Ozean zu bestimmen! In der Bibel lesen wir:

> Doch mächtiger noch als das Wüten des Meeres, mächtiger als die Wellen am Ufer ist der Herr in der Höhe! (Psalm 93,4)

Nur Gott kann das Meer beherrschen. Und nicht nur das – er hat es geschaffen! Er schuf jedes einzelne Sandkorn am Ufer und er weiß sogar, wie viele Sandkörner sich dort befinden. Das ist viel erstaunlicher als die Sache mit den Tischtennisbällen!

27. August

Rasenpflege

Jesaja 40,8

Nachdem du einen Sommer lang regelmäßig den Rasen gemäht hast, fragst du dich vielleicht: Wer ist eigentlich auf die Idee gekommen, rund ums Haus herum Gras zu pflanzen? Seit 400 v. Chr. gab es bereits Gärten, doch Gras wurde eigentlich nur als Hintergrund benutzt, um die Blumen besser zur Geltung zu bringen. Bis ins 19. Jahrhundert bewunderten die Leute langes Gras mit Wildblumen. Das Rasenmähen kam erst im frühen 19. Jahrhundert in Europa auf. Damals begann man Rasenspiele wie Golf und Bowling zu mögen, sodass schon bald sowohl die Schlösser der Reichen als auch die bescheideneren Häuser der weniger Reichen von hübschen Spielfeldern umgeben waren. Außerdem konnte man über niedriges Gras besser in die Ferne sehen und mögliche Eindringlinge rechtzeitig erkennen.

Viele Jahre später, als die Menschen in die Vororte der Großstädte zu ziehen begannen, wurde Rasen zum Statussymbol. In der früheren Geschichte musste man Gras – sofern man keine Schafe hatte, die es abfraßen – mit einer Sense schneiden. 1830 erfand ein Mann namens Edwin Budding einen handbetriebenen Spindelmäher. Für große Flächen wurde ein entsprechend größeres Gerät von Pferden gezogen, doch es war nicht sehr beliebt, weil die Pferde zu viel Erde lostraten und den Rasen verdarben. Nach und nach setzte sich der kleine, handbetriebene Spindelmäher durch. Erst beinahe hundert Jahre später, nach dem Ende des Ersten Weltkriegs, wurde der erste gasbetriebene Rasenmäher erfunden: Edwin George entfernte den

Motor aus der Waschmaschine seiner Frau und befestigte ihn an seinem Rasenmäher.

Was hat das mit mir zu tun?

Wenn wir uns nicht um unseren Rasen kümmern würden, wäre irgendwann vielleicht nichts mehr von ihm übrig, er würde mit der Zeit verkommen und absterben. Der Regen würde die Erde hinwegwaschen und der Wind den Staub fortblasen. In der Bibel lesen wir:

> Das Gras verdorrt und die Blumen welken; aber das Wort des Herrn hat für immer Bestand. (Jesaja 40,8)

Manchmal kümmern wir uns mehr um unseren Rasen als um unsere Seele. Unsere Seele ist viel wichtiger, und wir sollten sie keinesfalls der Gefahr aussetzen, auszutrocknen und zu verkümmern.

28. August

Wie ein Gesellschaftsspiel getestet wird

1. Johannes 4,1–2

Es ist mitten im Winter und du sitzt schon seit Tagen im Haus fest, weil es regnet oder schneit. Weihnachten kam und ging und du bist deiner neuen Spielzeuge schon überdrüssig. Du hast Langeweile. Plötzlich siehst du im Fernsehen einen Werbespot für ein neues Gesellschaftsspiel und du hast große Lust, es zu kaufen. Nun, das ist nicht zufällig so gekommen.

Die Spielzeugfirmen wissen, dass es nach Weihnachten sehr schwierig ist, Spielzeug zu verkaufen. Also konzentrieren sie sich darauf, Gesellschaftsspiele anzupreisen, wobei sie die winterliche Langeweile ausnutzen. Doch es darf nicht irgendein beliebiges Gesellschaftsspiel sein. Das Unternehmen *Milton-Bradley* lässt jedes Gesellschaftsspiel auf folgende Merkmale testen, bevor es auf den Markt gebracht wird: Macht das Spiel Spaß? Gibt es am Ende des Spiels eine Belohnung? Ist es nicht zu leicht, ist es anspruchsvoll genug? Ist es zu schwer, sodass die Spieler frustriert sind und die Lust am Spiel verlieren? Bekommt man Lust, es mehr als einmal zu spielen? Wenn ein Spiel alle diese Anforderungen erfüllt, dann testet das Unternehmen deine Willenskraft und versucht dich davon zu überzeugen, dass du gerade dieses Spiel brauchst.

Was hat das mit mir zu tun?

Nicht nur Spiele müssen überprüft werden. In der Bibel lesen wir, dass wir prüfen sollen, ob etwas von Gott kommt oder nicht:

> Liebe Freunde, glaubt nicht jedem, der behauptet, was er sagt, käme vom Heiligen Geist. Ihr müsst die Menschen prüfen, um festzustellen, ob der Geist, durch den sie reden, wirklich der Geist Gottes ist. Denn es gibt zahllose falsche Propheten in der Welt! Und so erkennt ihr den Geist Gottes: Jeder, der bekennt, dass Jesus Christus wirklich als Mensch auf die Erde gekommen ist, hat den Geist Gottes. (1. Johannes 4,1–2)

Lies sorgfältig in der Bibel und wenn du sie gut kennst, wird dich niemand täuschen können.

29. August

Wie eine Brücke über die Niagarafälle gebaut wurde

Amos 5,24

Ein Drachen half einst, eine Brücke zu bauen. Wirklich, das stimmt! Zwischen Kanada und den USA gibt es einen riesigen Wasserfall, bekannt als die „Niagarafälle“. Das Wasser fließt dort so schnell, als ob fünfzehn Millionen Wasserschläuche gleichzeitig Wasser hinausspritzen würden. Vor langer Zeit, als es noch nicht so viele Häuser und viel weniger Verkehr gab, konnten die Leute das Donnern des Wasserfalls in bis zu über dreißig Kilometern Entfernung hören! Um 1848 beschlossen die Menschen, eine Möglichkeit zu suchen, die Niagarafälle zu überqueren. Doch wie sollten sie eine Brücke bauen, wenn sie nicht das andere Ufer erreichen konnten? Ein Boot würde nicht von einer Seite zur anderen gelangen können, sondern über die Stromschnellen in die Tiefe gerissen werden. Schließlich organisierte man einen Wettbewerb – einen Drachen-Wettbewerb! Ein Junge namens Homan Walsh schaffte es, seinen Drachen über die Niagarafälle fliegen zu lassen (er bekam dafür eine Belohnung von fünf Dollar).

Ein schweres Seil und einige Kabel wurden an der Drachenschnur befestigt und dann wurde der Drachen über den Wasserfall zurückgezogen; und zugleich mit ihm die ersten Materialien für die neue Brücke.

Was hat das mit mir zu tun?

Die Niagarafälle sind sehr beeindruckend. Wie wir wissen, hat das Wasser dort eine solche Kraft, dass wir darin umkommen würden. Gott benutzt das Bild fließenden Wassers in seinem Wort:

> Stattdessen will ich Recht fließen sehen wie Wasser und Gerechtigkeit wie einen Fluss, der niemals austrocknet. (Amos 5,24)

Gott will durch seine Kinder so viel Gutes wirken, dass alle Welt deutlich sein gerechtes Wesen und seine große Macht erkennt.

30. August

Wie ein Feuerwehrwagen blockiert wurde

Psalm 24,7

Die Feuerwehrmänner in Stratford, Connecticut, hatten ein großes Problem. Es war tatsächlich ein Rätsel. Jedes Mal, wenn der Alarm losging und der Feuerwehrwagen losfuhr, um aus der Kaserne zu rollen, schloss sich das Rolltor, sodass der Wagen nicht hinauskonnte. Die Feuerwehrmänner mussten vom Wagen springen, das Tor eigenhändig öffnen und dann weiterfahren. Irgendetwas war da nicht in Ordnung.

Die Firma, die das Rolltor installiert hatte, wurde angerufen, um es zu überprüfen. Schließlich wurde das Rätsel gelöst: Das Radio des Feuerwehrwagens ging jedes Mal automatisch an, wenn der Motor angelassen wurde. Dabei sandte es ein Signal, das genau mit dem der Fernbedienung für das Rolltor übereinstimmte. Da das Tor die beiden Signale nicht unterscheiden konnte, ging es jedes Mal herunter, wenn der Feuerwehrwagen ansprang.

Was hat das mit mir zu tun?

Feuerwehrmänner können Leben retten. Wenn ihnen ein Tor vor der Nase zufällt und sie an einem schnellen Einsatz hindert, dann ist das eine schlimme Sache. Wenn du zu Jesus rufst, kann nichts ihn daran hindern, dir zu Hilfe zu eilen. In der Bibel lesen wir:

> Öffnet euch, ihr ehrwürdigen Tore und ihr uralten Türen, damit der König der Herrlichkeit einziehen kann. (Psalm 24,7)

Keine Tür, kein Riegel und kein Schloss kann Jesus daran hindern, in deiner Nähe zu sein. Bei dir zu sein ist das, was er sich am meisten wünscht.

31. August

Eine gute Knolle

Psalm 104,14

Mach einmal folgenden Versuch: Reibe ein Stück Knoblauch über deine Fußsohle. In nur wenigen Minuten wird dein Atem nach Knoblauch riechen. Wie ist das möglich? Das im Knoblauch enthaltene Öl gelangt über die Haut in deinen Blutkreislauf und in deine Lunge. Wenn die Luft aus deiner Lunge durch den Mund ausgeatmet wird, bringt sie den „Duft“ der Knolle mit sich.

Warum aber gebraucht man eine Pflanze, die so fürchterlich riecht? Im Laufe der Geschichte wurde Knoblauch für verschiedene Dinge benutzt. Er wurde zum Beispiel über Fleisch gerieben, um es haltbarer zu machen. Er wurde auch als Heilmittel für über sechzig Krankheiten verwendet. Manchmal setzte man ihn sogar nach einem Schlangenbiss ein. Man glaubte früher, Knoblauch könnte die Grippe vertreiben. Man kochte ihn in Wasser und atmete seine Dämpfe ein, um die Nase frei zu bekommen. Tatsächlich hat Knoblauch viel Gutes bewirkt. Es stimmt, dass Knoblauch Keime tötet, manchmal sogar wirkungsvoller als ein Antibiotikum. Im Ersten Weltkrieg benutzten die Ärzte ihn häufig, um die Wunden verletzter Soldaten zu desinfizieren. Doch Knoblauch ist nicht nur für den Menschen nützlich – Katzen und Hunde lieben seinen Geschmack und in fast allen Futterdosen für Hunde oder Katzen ist Knoblauch enthalten.

Was hat das mit mir zu tun?

Gott hat viele Pflanzen geschaffen, die zu unserem Wohlergehen beitragen. Der Psalmdichter schrieb:

> Du lässt Gras für das Vieh wachsen und Pflanzen sprießen, zum Nutzen für die Menschen, damit die Erde ihnen Nahrung gibt. (Psalm 104,14)

Knoblauch ist nur ein kleines Beispiel für die vielen Dinge, die Gott zu unserem Nutzen geschaffen hat.

1. September

Wie eine Fliege an der Zimmerdecke krabbelt

Psalm 17,5

Wenn du dir bisher vorgestellt hast, dass Fliegen Saugnäpfe an den Füßen haben, dann liegst du falsch. Wenn das so wäre, könnte sie nicht so schnell fortfliegen. Und du weißt bestimmt aus Erfahrung, dass Fliegen extrem schnell sind – deshalb ist es auch so schwierig, sie zu fangen. In Wirklichkeit hat die Fliege an jedem ihrer sechs Beine winzige Zangen, ähnlich denen eines Hummers. Mit diesen Zangen kann sich die Fliege an der rauen Oberfläche der Decke festhalten. Das Insekt hat außerdem kleine flauschige Polster am Ende seiner Beine, die mit einer Art Klebstoff versehen sind, sodass es ihm möglich ist, auf glatten Flächen wie Metall oder Glas entlangzukrabbeln.

Was hat das mit mir zu tun?

Menschen können nicht an Wänden oder Zimmerdecken entlanglaufen, so wie die Fliegen. Wir sind nicht dafür ausgerüstet, doch das heißt nicht, dass Gott sich mit unseren Füßen weniger Mühe gegeben hätte. Er wacht über jeden unserer Schritte. Wenn wir uns dazu entschließen, ihm zu folgen und seinen Geboten zu gehorchen, dann können wir wie David in den Psalmen sagen:

> Ich habe mich an deinen Weg gehalten und bin nicht davon abgewichen. (Psalm 17,5)

Gott hat die Fliege mit klebrigen Füßen erschaffen, um ihr Halt zu geben. Was uns betrifft: Unsere Füße werden von Gott selbst bewahrt, damit wir auf seinem guten Weg bleiben.

2. September

Warum Alufolie eine glänzende und eine matte Seite hat

Markus 13,37

Wenn du ein aufmerksamer Beobachter bist, hast du bestimmt schon festgestellt, dass Aluminiumfolie eine glänzende und eine matte Seite hat. Manche Leute sagen, die glänzende Seite sollte um das Essen gewickelt werden, andere meinen, es sei die matte Seite. Wer hat recht? Niemand. Es spielt überhaupt keine Rolle. Tatsächlich wurden die beiden unterschiedlichen Seiten nicht absichtlich so gemacht, sondern sie entstehen bei der Herstellung der Alufolie.

Es beginnt mit einem großen Aluminiumblock. Er wird mit einer Walze so lange bearbeitet, bis er lang und dünn geworden ist. Bei der Herstellung dünnerer Alufolien, wie sie zum Beispiel im Haushalt benötigt werden, kommt das Doppelwalzverfahren zum Einsatz. Hierbei laufen zwei Alufolienbänder gleichzeitig, Rücken an Rücken, zwischen zwei Walzen hindurch. Hier liegt auch der Grund, wieso eine Seite der Alufolie glänzt und die andere matt ist. Die außen liegenden Seiten kommen mit der polierten Walzrolle in Berührung und werden

dadurch glänzend. Die aufeinanderliegenden Seiten hingegen polieren sich nicht gegenseitig und bleiben dadurch stumpf.

Was hat das mit mir zu tun?

Wenn du bemerkt hast, dass die beiden Seiten einer Alufolie unterschiedlich aussehen, hast du eine gute Beobachtunggabe. Gott freut sich, wenn wir den Dingen auf den Grund gehen. Er möchte, dass wir aufmerksam sind und verstehen, was um uns herum vor sich geht. Und er will, dass wir wachsam sind und auf seine Rückkehr warten. Er erinnert uns:

> Was ich euch hier sage, das sage ich allen: Seid bis zu seiner Rückkehr wachsam! (Markus 13,37)

Wer etwas mit Spannung und Freude erwartet, kann nicht gleichzeitig gelangweilt und gleichgültig sein. Wir warten auf Jesus und unser Warten wird belohnt werden. Aus Liebe zu Jesus können wir Nein sagen zu den Dingen, die ihm nicht gefallen und uns nicht guttun.

3. September

Auf den Hund gekommen

2. Timotheus 1,13

Wir benutzen oft Redewendungen, ohne zu wissen, wie sie entstanden sind. Nimm zum Beispiel den Spruch „jemand ist auf den Hund gekommen“. Damit meint man, dass jemand verarmt ist. Aber was hat das mit einem Hund zu tun? Früher wurden Wertsachen in Truhen aufbewahrt. Auf dem Boden der Truhe waren meistens Schutzsymbole eingraviert, sehr häufig ein Hund. Wenn nichts mehr in der Truhe war, (weil der Besitzer nichts mehr besaß), konnte man den Hund auf dem Truhenboden sehen.

Oder wie steht es mit der Redewendung „Jemandem zeigen, was eine Harke ist“? Damit meint man, dass man einen hochmütigen Menschen zur Räson bringt. Die Redewendung ist schon im 16. Jahrhundert in der Anekdote „Der ungeratene Sohn“ belegt. Da ist die Rede von einem Bauernsohn, der hochnäsig in seine Heimat zurückkehrt, nachdem er eine Lateinschule besucht hat. Er gibt vor, die Sprache seines Heimatortes nicht mehr zu kennen, nicht einmal mehr die Bezeichnung für einfachste Gegenstände wie eine Harke. Sein Gedächtnis kehrt aber schnell zurück, als er auf eine Harke tritt und – am Kopf getroffen – ausruft: „Verfluchte Harke!“

Was hat das mit mir zu tun?

Es spielt wirklich keine Rolle, ob die Leute vergessen haben, woher Redewendungen ursprünglich kommen. Doch andere Dinge darf man auf keinen Fall vergessen – zum Beispiel, wie man den Weg nach Hause findet oder dass es wichtig ist, sich von einer heißen Herdplatte fernzuhalten. Die Bibel sagt uns, woran wir uns immer erinnern sollen:

> Halte dich an das Vorbild der gesunden Lehre, die ich dir weitergegeben habe, und führe dein Leben in dem Glauben und in der Liebe von Christus Jesus! (2. Timotheus 1,13)

Nichts ist so wichtig festzuhalten wie die Tatsache, dass Jesus kam, um uns zu erretten. Wir dürfen ihm vertrauen und seine Liebe annehmen. Und dann können wir auch dafür sorgen, dass andere diese Liebe kennenlernen und nie wieder vergessen.

4. September

Was die Pizza mit der italienischen Nationalflagge zu tun hat

Matthäus 4,4

Pizza ist das italienische Wort für „Pastete“ oder „Kuchen“. Eine Pizza wird aus Hefeteig hergestellt, der beim Backen aufgehen würde wie ein Brotlaib, wenn die darauf verteilten Garnierungen den Teig nicht unten hielten. In Italien wird seit dem 15. Jahrhundert Pizza gebacken, doch erst 1889 wurden Tomaten und Käse hinzugefügt. Ein Bäcker namens Raffaele Esposito stellte eine Pizza für die Königin von Italien her und beschloss, Zutaten zu verwenden, die die Farben der italienischen Nationalflagge aufwiesen. Also belegte er den Pizzateig mit roten Tomaten, weißem Mozzarella-Käse und grünen Basilikumblättern.

1905 wurde die erste Pizzeria Amerikas in New York City eröffnet und fünfundzwanzig Jahre später begannen die Pizzabäcker damit, den Teig in der Luft herumzuwirbeln und dabei zu formen. Schmeckte die Pizza dadurch besser? Nein, aber es sah für die Kunden, die beim Herstellen der Pizza zusahen, spektakulärer aus.

Was hat das mit mir zu tun?

Jesus war einmal vierzig Tage lang in der Wüste und hatte in dieser Zeit nichts gegessen. Er war also sehr hungrig. Der Teufel wollte dies ausnutzen und versuchte Jesus zu überreden, die herumliegenden Steine in Brot zu verwandeln. Doch Jesus erwiderte:

> Nein! Die Schrift sagt: „Der Mensch braucht mehr als nur Brot zum Leben. Er lebt auch von jedem Wort, das aus dem Mund Gottes kommt.“ (Matthäus 4,4)

Frisches Brot schmeckt köstlich und Gott weiß, dass dein Körper regelmäßig Nahrung braucht. Du kannst immer darauf vertrauen, dass er dir gibt, was du zum Leben brauchst. Verlass dich nicht auf deine eigenen Möglichkeiten, sondern verlass dich auf sein Wort. Gott bietet dir mehr an als Nahrung für den Körper – er will dein Herz satt machen.

5. September

Warum wir im Laufe eines Tages schrumpfen

Epheser 6,1

Die Schwerkraft zieht uns nach unten und sie drückt das Knorpelgewebe zwischen unseren Gelenken zusammen. Dieses Gewebe ist biegungselastisch – wenn wir aufstehen, drückt es sich zusammen, sodass unsere Knochen gegeneinander drücken, doch wenn wir uns hinlegen, dehnt sich das Knorpelgewebe wie ein Schwamm aus, sodass sich unsere Knochen ein wenig strecken können. Deshalb sind wir morgens ein wenig größer als abends – der Unterschied beträgt ungefähr sieben Millimeter.

Astronauten im Weltraum passiert genau das Gleiche. Da es im Weltraum keine Schwerkraft gibt, sind die Knochen der Astronauten ein wenig mehr gestreckt. Wenn sie auf die Erde zurückkehren, sind die Raumfahrer eine Zeit lang rund fünfzig Millimeter größer als vor ihrem Ausflug ins Weltall. Nach und nach sorgt jedoch die Schwerkraft dafür, dass sie schließlich ihre normale Größe wiedererlangen.

Was hat das mit mir zu tun?

Im Alter von ungefähr vierzig Jahren beginnt etwas Interessantes zu passieren und jeder von uns ist davon betroffen: Wir beginnen zu schrumpfen – das Knorpelgewebe zwischen unseren Knochen nimmt

ab. Alle zehn Jahre werden wir etwa zehn Millimeter kleiner. Während du wächst, werden deine Eltern kleiner!

Aber auch wenn du eines Tages größer als deine Eltern sein solltest: Gott will, dass du ihnen nach wie vor Respekt erweist. In der Bibel lesen wir:

> Ihr Kinder sollt euren Eltern gehorchen, weil ihr dem Herrn gehört, denn so handelt ihr richtig. (Epheser 6,1)

6. September

Ein teurer Fisch

Lukas 24,38–39

Ein elfjähriger Junge angelte mit seinem Vater an einem See in Florida. Plötzlich hatte Jackie einen Barsch am Haken und zog ihn an Land. Als sie den Fisch wogen, waren sie überrascht: Der Barsch wog etwas über zehn Kilo! Was für ein dicker Fisch! Jackie und sein Vater aßen den Barsch mit Genuss.

Später erfuhr Jackie, dass der größte jemals in diesem See gefangene Fisch genau neun Kilo und neunhundert Gramm gewogen hatte und beinahe fünfzig Jahre zuvor dort gefangen worden war. Seitdem war ein Preis für jedermann ausgesetzt worden, der diesen Rekord schlagen würde. Doch Jackie konnte den Fisch nicht mehr vorzeigen und wiegen lassen. Er und sein Vater hatten nicht ahnen können, wie teuer ihre Mahlzeit war, als sie den Barsch verspeisten!

Was hat das mit mir zu tun?

Gott weiß, dass Menschen oft erst etwas glauben, wenn sie Beweise haben. Das ist einer der Gründe für die Auferstehung Jesu. Er erschien seinen Jüngern, um ihnen zu zeigen, dass er wirklich lebte. Er fragte sie:

> Warum fürchtet ihr euch so? Warum zweifelt ihr, wer ich bin? Seht euch meine Hände an. Seht euch meine Füße an. Ihr könnt doch sehen, dass ich es wirklich bin. Berührt mich und vergewissert euch, dass ich kein Geist bin; denn ein Geist hat keinen Körper, und ich habe einen, wie ihr seht! (Lukas 24,38–39)

Gott möchte uns davon überzeugen, dass Jesus Christus wirklich Gottes Sohn ist.

7. September

Wie ein Käfer in der Wüste Wasser findet

Johannes 4,14

Wenn du Durst hast, kannst du dir einfach in der Küche ein Glas Wasser holen. Doch die meisten Tiere und Insekten müssen sich sehr anstrengen, um Wasser zu finden. Ein afrikanischer Käfer hat eine besondere Methode gefunden, an Wasser zu gelangen: Er trinkt vom Nebel!

Der in der namibischen Wüste lebende Käfer kann nicht fliegen. Die meiste Zeit vergräbt er sich im Sand, damit es ihm tagsüber nicht zu warm und nachts nicht zu kalt wird. In der namibischen Wüste fällt nur sehr wenig Regen. Doch ungefähr einmal pro Woche hängt ein schwerer Nebel vom nahe gelegenen Meer über der Wüste. Dann krabbelt der Käfer hervor, klettert auf den höchsten Sandhügel, den er finden kann, und wartet ab, dass sich Wassertropfen auf seinem Panzer sammeln. Auf dem Panzer des Käfers befinden sich kleine Furchen, durch die die Wassertropfen herabfließen und im Mund des Käfers landen.

Was hat das mit mir zu tun?

Wir alle brauchen Wasser. Egal, wie oft wir trinken, früher oder später werden wir wieder durstig. Jesus sprach von einer ganz anderen Art Wasser:

> Wer aber von dem Wasser trinkt, das ich ihm geben werde, der wird niemals mehr Durst haben. Das Wasser, das ich ihm gebe, wird in ihm zu einer nie versiegenden Quelle, die unaufhörlich bis ins ewige Leben fließt. (Johannes 4,14)

Wenn Jesus uns etwas gibt, dann gibt er immer im Übermaß. Er gibt uns nicht nur ein bisschen Liebe, sondern Liebe wie aus einer nie versiegenden Quelle. Niemand kann uns so reich beschenken wie er!

8. September

Der Ohrfeigen-Wettbewerb

Lukas 6,29

Es gibt Gegenden, in denen man es als Spaß betrachtet, sich gegenseitig Ohrfeigen zu verpassen. Es ist eine Art Sport, so seltsam das klingt. Einer der „Spieler" gibt seinem Gegenspieler eine Ohrfeige und der andere schlägt zurück. Das Spiel ist zu Ende, wenn einer der beiden „Stopp!" ruft oder hinfällt. 1974 wurde in Los Angeles ein Ohrfeigen-Wettbewerb im Rahmen der „Komik-Olympiade" durchgeführt. Bei diesem Wettbewerb gaben sich zwei Männer einunddreißig Stunden lang Ohrfeigen.

Was hat das mit mir zu tun?

Auch in der Bibel ist von Ohrfeigen die Rede:

Wenn jemand dich auf die eine Wange schlägt, dann halte ihm auch die andere hin. (Lukas 6,29)

Die Bibel schlägt jedoch nicht vor, einen Ohrfeigen-Wettbewerb durchzuführen. Was bedeutet „die andere Wange hinhalten“? Nun, wenn dich jemand kränkt oder traurig macht, dann solltest du nicht versuchen, ihn ebenfalls zu verletzen, um dich zu rächen. Stell dir vor, ein Freund erzählt eine Lüge über dich. Anstatt nun deinerseits eine Lüge über ihn zu verbreiten, kannst du ihm eine Chance geben, beim nächsten Mal die Wahrheit zu sagen. Gott möchte, dass wir vergeben und Kränkungen nicht zurückgeben. Versuche, die anderen besser zu behandeln, als sie es möglicherweise verdienen, denn so macht Jesus es auch mit uns.

9. September

Die Chance des Lebens verpasst

Sprüche 24,17

Hast du schon einmal verschlafen? Dann weißt du, was für ein furchtbares Gefühl es ist, wenn man wach wird und feststellt, dass man zu spät zur Schule kommen wird. Ein Athlet namens Wim Esajas fühlte sich noch viel schlechter. Er war der einzige Sportler seines Landes, Niederländisch-Guyana (heute Surinam), der an den Olympischen Spielen 1960 teilnahm. Er sollte das Achthundert-Meter-Rennen bestreiten und am Tag des Wettkampfs beschloss er, sich morgens gründlich auszuruhen, um am Nachmittag in Topform zu sein. Er verließ sein Zimmer im Olympischen Dorf, um an den Start zu gehen, doch als er im Stadion eintraf, stellte er fest, dass er einen riesigen Fehler gemacht hatte. Der Lauf hatte bereits am Morgen stattgefunden und da er nicht am Start gewesen war, war er disqualifiziert worden. Er musste in sein Heimatland zurückkehren, ohne einen einzigen Wettkampf ausgetragen zu haben.

Was hat das mit mir zu tun?

Wim muss sich ganz schrecklich gefühlt haben, einen solch schwerwiegenden Fehler begangen zu haben. Vielleicht haben sich seine Konkurrenten gesagt: „Wie gut, dass er nicht am Start ist, so haben wir eine größere Chance zu gewinnen." In der Bibel lesen wir dagegen:

> Freu dich nicht, wenn dein Feind ins Unglück gerät. Sei nicht fröhlich darüber, dass er stürzt. (Sprüche 24,17)

Wenn jemand einen Fehler macht, solltest du dich nicht darüber freuen, selbst wenn du dadurch einen Vorteil hast. Du solltest versuchen, die Gefühle des anderen zu verstehen und ihm gegenüber freundlich zu sein. Vielleicht wirst du eines Tages einen Fehler machen und dann wünschst du dir, dass die anderen dich freundlich behandeln. Freundlichkeit ist immer die beste Methode, ein Gewinner zu sein.

10. September

Telefonische Zeitansage

Markus 13,32

Wenn du eine ganz bestimmte Telefonnummer wählst, um die Uhrzeit und die Temperatur zu erfahren, dann hörst du eine aufgenommene Ansage ab. Doch das war nicht immer so. Vor langer Zeit, als noch nicht viele Leute ein Telefon hatten, konnte man eine Telefonistin anrufen, die die gewünschten Angaben machte. Als immer mehr Leute ein Telefon bekamen, wurde es für die Telefonistinnen zu viel. Also engagierte die Telefongesellschaft Leute, die speziell für die Zeitansage zuständig waren. Eine solche Person saß eine halbe Stunde lang vor einem Mikrofon und sagte alle fünfzehn Sekunden die Zeit an, dann wurde sie von einer anderen abgelöst, die das Gleiche tat, und so fort.

Schließlich wurde das Tonbandgerät erfunden. Jetzt war nur noch eine einzige Aufnahme notwendig – eine dafür vorgesehene Person sprach alle Zahlen für die Stunden und danach alle Zahlen für die Minuten auf Band. Anschließend wurden die Zahlen in allen denkbaren Kombinationen auf dem Band zusammengestellt. Wählt nun jemand diese spezielle Nummer der Telefonauskunft, wird die Ansage ausgelöst und der Anrufer erfährt die korrekte Uhrzeit.

Was hat das mit mir zu tun?

Die Menschen sind wissbegierig – sie wollen nicht nur wissen, was sich gegenwärtig zuträgt, sondern würden am liebsten auch wissen, was in Zukunft passieren wird. Doch niemand kann voraussagen, wann das Ende der Welt eintreffen wird. Gott allein kennt die Zukunft. Jesus sagt:

> Niemand kennt jedoch den Tag oder die Stunde, zu der all diese Dinge geschehen werden, nicht einmal die Engel im Himmel oder der Sohn selbst. Nur der Vater weiß es. (Markus 13,32)

Verlass dich nicht auf Leute, die meinen, alles zu wissen. Nur Gott weiß alles. Vertraue ihm und er wird dich wissen lassen, was du wissen sollst.

11. September

Wie eine Sprungfeder zum Spielzeug wurde

Jeremia 20,9

Richard James befand sich während des Kriegs auf einem großen Schiff. Er sollte testen, ob das Schiff korrekt arbeitete. Plötzlich fiel eine Spiralfeder auf den Boden und hopste auf und ab. Dachte Richard

nun, das Schiff würde auseinanderbrechen? Nein, er dachte vielmehr, wie interessant das Hüpfen der Feder war.

Als er wieder zu Hause war, musste er immer noch an die springende Feder denken. Gemeinsam mit seiner Frau Betty stellte er einige solcher Spiralen aus Draht her und brachte sie in ein Spielzeuggeschäft. Doch niemand fand, dass sie sehr lustig aussahen. Also baten Richard und Betty, zeigen zu dürfen, wie die Spiralen funktionierten. Sie stellten aus einem Holzbrett eine Rutsche her, setzten eine der Spiralen oben auf die Rutsche und ließen sie herunter bis auf den Boden purzeln, wobei sie sich immer und immer wieder überschlug. Die Zuschauer waren fasziniert und in weniger als zwei Stunden wurden vierhundert Spiralen verkauft. Richard und Betty mussten jede Menge neuer Spiralen herstellen; während Richard seiner täglichen Arbeit nachging, kümmerte sich Betty zu Hause um die Kinder, verpackte die Spiralen und lieferte sie an Geschäfte. Du hast wahrscheinlich schon selbst mit diesem Spielzeug gespielt – wie heißt es so schön in der Reklame: „Alle lieben *Slinky.*“

Was hat das mit mir zu tun?

Richard und Betty waren so begeistert von ihrem „Slinky“, dass sie es unbedingt zeigen mussten, auch wenn die Leute zuerst skeptisch waren. Wenn du ein Kind Gottes wirst, dann brennst du ebenfalls darauf, allen sofort von deinem Glauben zu erzählen. Man will dieses Glück einfach nicht für sich behalten. In der Bibel lesen wir:

> Manchmal will ich aufgeben und sage mir: „Ich will meinen Auftrag vergessen, ich will nicht mehr im Namen des Herrn reden!“ Dann aber brennt es in mir wie ein rasendes Feuer. Und so sehr ich mich mühe, es zu ertragen: Ich kann es einfach nicht! (Jeremia 20,9)

Gottes Botschaft verbreitet sich schnell – schneller als ein Slinky die Treppe heruntertaumelt!

12. September

Ein ganz besonderer Kunstschnee

Hiob 37,6

Es gab einst einen König, der im sonnigen Spanien lebte. Er wusste, dass seine Frau noch nie in ihrem Leben Schnee gesehen hatte. Er liebte sie sehr und beschloss, ihr zu zeigen, wie Schnee aussah. Was meinst du – hat er sie nach Alaska, in die Schweiz, zum Nordpol oder zu den Bergen seines eigenen Landes gebracht, um Schnee zu sehen? Nein, denn damals war es sehr mühsam, weite Reisen zu unternehmen. Stattdessen beschloss der König, an Ort und Stelle Schnee „herzustellen".

Er befahl einigen Arbeitern, einen Hügel mit Mandelbäumen zu bepflanzen. Im Frühling blühten weiße Blüten an den Mandelbäumen. Als die Blüten von den Bäumen fielen, sah es so aus, als sei der Hügel mit Schneeflocken bedeckt.

Was hat das mit mir zu tun?

Der König hatte zwar eine sehr schlaue Idee, doch er konnte nicht echten Schnee herstellen, auch wenn er es zu gern getan hätte. Menschen können die Natur imitieren, aber sie niemals erschaffen – so wie Gott es tut. Gott erdachte den Schnee, der sogar noch interessanter ist als Mandelblüten. Man kann Schneebälle daraus formen, man kann einen schneebedeckten Hügel mit dem Schlitten hinunterfahren, und Schnee schmilzt auf der Zunge. Mit Mandelblüten kann man all das nicht machen! Sie können auch nicht aus den Wolken herabfallen wie Schneeflocken, die wir bewundern, wenn sie langsam zur Erde schweben. In der Bibel lesen wir:

> Er befiehlt dem Schnee, auf die Erde zu fallen. (Hiob 37,6)

Der Schnee gehorcht Gottes Befehl! Freust du dich über Gottes schöpferische Kraft, die so viel besser ist als die Idee des spanischen Königs?

13. September

Warum das Größte nicht immer das Beste ist

Johannes 14,27

Wir alle lieben Geschenke – je größer, desto besser! Doch es gab einmal einen Wettbewerb, bei dem es darum ging, das *kleinste* Geschenk zu machen!

Indien ist bekannt für seine winzigen Kunstwerke. Es gab Schulen in Indien, in denen man die Herstellung von Miniaturkunst lernen konnte. Die Schüler mussten teilweise zehn Jahre lang zusehen und lernen, bevor sie es selbst versuchen durften. Manche Kunstwerke wurden mit einem Pinsel bemalt, der nur eine Borste hatte.

Eines Tages wollte Indien der Sowjetunion sieben Elefanten schenken. Das wäre ein sehr großes Geschenk gewesen, doch die Elefanten waren nicht echt. Sie waren in eine Nähnadel eingeritzt. Die Sowjetunion revanchierte sich mit einem noch kleineren Geschenk. Es war ein einziges menschliches Haar, das man ausgehöhlt und poliert hatte und in dessen Innenseite dreihundert Elefanten eingeritzt waren.

Miniaturkunst ist eine Herausforderung für jeden, der sich daran versucht, und ein Wunder für jeden, der sie sieht. Auf der Weltausstellung von 1939 zeigte ein Amerikaner, wie er die Worte des Vaterunsers auf einem Reiskorn aufmalen konnte.

Was hat das mit mir zu tun?

Ungewöhnliche Geschenke sind interessant – doch nichts kann mit den Geschenken konkurrieren, die Gott uns gegeben hat. Er sagt in seinem Wort:

> Ich lasse euch ein Geschenk zurück – meinen Frieden. Und der Friede, den ich schenke, ist nicht wie der Friede, den die Welt gibt. Deshalb sorgt euch nicht und habt keine Angst. (Johannes 14,27)

Alle Länder dieser Welt, die sich gegenseitig beschenken, können jederzeit zu Feinden werden, doch Jesu Liebe zu dir wird sich niemals verändern. Was er schenkt, hat ewig Bestand.

14. September

Wie ein Hund zur Rettung einer Stadt beitrug

Epheser 2,14

Im Jahr 1925 bedrohte die Diphtherie, eine todbringende Krankheit, die Stadt Nome in Alaska. Die Stadt hatte nicht genügend Medikamente für ihre Einwohner. Zusätzliche Medikamente waren in einer Entfernung von rund eintausendfünfhundert Kilometern verfügbar, und Nome war vom Schnee eingeschlossen. Man hätte die Medizin nur mit einem Hundeschlitten transportieren können und es hätte zwei Wochen gedauert, bis sie angekommen wäre. So viel Zeit blieb nicht mehr. Bill Shannon, ein rauer Pelzjäger, dachte über eine Lösung nach. Wenn jede Stadt auf dem Weg ein frisches Hundegespann und einen ausgeruhten Schlittenführer zur Verfügung stellen könnte, wäre es möglich, die Transportzeit auf neun Tage zu verkürzen. Innerhalb weniger Stunden machte sich Shannon in Anchorage mit der Medizin auf den Weg.

Vier Hundegespanne mit Schlittenführer gaben ihr Äußerstes und die kostbare Ladung wurde an das fünfte Gespann unter Leitung von Gunnar Kaasen übergeben. Kaasen sollte die Medizin an ein sechstes und letztes Gespann weitergeben, doch aufgrund eines heftigen Schneesturms fand er die Hütte nicht, die zur Übergabe vereinbart worden war. Er war sich selbst überlassen. Sein Leithund, ein sibirischer Husky namens Balto, war als außergewöhnlich leistungsfähiger Schlittenhund bekannt. Im heftigen Schneesturm konnte Kaasen den Weg nicht mehr erkennen und musste sich ganz auf Baltos Instinkt verlassen. Später sagte er: „Er ist nicht ein einziges Mal gestrauchelt. Ihm verdanken wir alles.“

Balto rannte die nächsten achtzig Kilometer weiter. Als sie in Nome ankamen, war Kaasen fast bewusstlos, vorübergehend erblindet und hatte von den Eispartikeln schwere Schnitte im Gesicht. Man musste ihn regelrecht aus dem Schlitten „heraushauen", und das Serum war zu einem Eisblock gefroren. Die Medizin war schließlich innerhalb von nur sechs Tagen angekommen und alle Kranken mit Ausnahme von zweien konnten gerettet werden; andernfalls wäre eine ganze Stadt ausradiert worden.

Was hat das mit mir zu tun?

Man kann sich gut vorstellen, wie angespannt die Leute in Nome auf Hilfe warteten. Sie haben sich vermutlich schrecklich hilflos gefühlt. Vielleicht hast du dich schon ähnlich gefühlt. Doch Gott will nicht, dass du angespannt und verzweifelt bist. In der Bibel lesen wir:

> Denn er ist unser Friede. (Epheser 2,14; ELB)

Vertraue dein Leben Jesus an und sprich mit ihm über deine Not – sei es Sorge, Einsamkeit oder Schuld. Weder ein Schneesturm noch eine Feuersbrunst könnten ihn daran hindern, dir zu Hilfe zu kommen. Er wird dir die rettende Medizin – seinen Frieden – für deine Seele bringen.

15. September

Wie das Sammeln von Briefmarken begann

Johannes 6,12

Erst 1840 wurden die ersten Briefmarken gedruckt – vorher mussten die Leute ihre Briefe zum Postamt bringen und bar bezahlen, damit sie versandt wurden. Auf den Briefumschlag wurde der Vermerk „Bezahlt" angebracht und dann kam der Brief in den Versand. Die erste Briefmarke wurde in England verkauft, sie erhielt den Namen *Penny Black*. Darauf war ein Bild der Königin Viktoria abgebildet. 1841 begann eine junge Frau, aus einem ungewöhnlichen Grund Briefmarken zu sammeln. Sie gab in der Zeitung *London Times* eine Anzeige auf, in der sie die Leute bat, ihr benutzte Briefmarken zuzusenden. Was wollte sie mit den Briefmarken anfangen? Sie wollte ihr Zimmer verändern – sie wollte die Briefmarken an die Wand kleben, sodass sie als neue Tapete dienten!

Was hat das mit mir zu tun?

Die Idee, benutzte Briefmarken als Tapete wiederzuverwenden, könnte als eines der ersten Recyclingprojekte betrachtet werden. Auch Jesus machte sich Gedanken über Reste. Er hatte gerade durch ein Wunder eine große Volksmenge mit Nahrung versorgt – einige wenige Brote und Fische wurden unter seinen Händen zu einer üppigen Mahlzeit für alle. Nachdem die Menschen satt geworden waren, sagte er zu seinen Jüngern:

> Sammelt die Reste wieder ein, damit nichts umkommt. (Johannes 6,12)

Wenn wir Gottes Gaben und Segnungen mit Respekt nutzen und nicht verschwenden, dann zeigen wir damit, dass wir dankbar sind für alles, was Gott uns schenkt.

16. September

Die geheime Botschaft eines Denkmals

Psalm 23,4

Wenn du das Denkmal eines Mannes auf einem Pferd siehst, dann ist dir wahrscheinlich nicht klar, dass der Bildhauer dir in seinem Kunst-

werk einen Hinweis darauf gegeben hat, wie dieser Mann gestorben ist. Es gilt zwar nicht für jedes Denkmal, doch es gibt eine weit in die Geschichte zurückreichende Tradition, das Pferd nach einem bestimmten Code darzustellen. Wenn das Pferd mit seinen vier Beinen auf dem Boden steht, dann ist der Reiter eines natürlichen Todes gestorben. Ist einer der Hufe angehoben, dann bedeutet das, der Reiter ist an Wunden gestorben, die ihm in einer Schlacht zugefügt wurden. Wenn das Pferd beide Vorderhufe in die Luft streckt, dann starb der Reiter direkt auf dem Schlachtfeld.

Was hat das mit mir zu tun?

Der Tod ist ein bedeutsames Ereignis. Wir interessieren uns dafür, wie Menschen gestorben sind. Vielleicht liegt das daran, dass wir uns unserer eigenen Sterblichkeit bewusst sind und so viel wie möglich darüber wissen wollen. Für ein Kind Gottes ist das Versprechen Gottes entscheidend, uns niemals, auch nicht in der Stunde unseres Todes, allein zu lassen. Deshalb können wir vertrauensvoll sagen:

> Auch wenn ich durch das dunkle Tal des Todes gehe, fürchte ich mich nicht, denn du bist an meiner Seite. (Psalm 23,4)

Ein Christ braucht kein Denkmal von sich errichten zu lassen, damit die Leute wissen, wie er gestorben ist – jeder weiß, dass Gott seine Kinder sicher in seinen liebenden Armen in den Himmel trägt.

17. September
Ein guter Begleiter

Hiob 31,4

Die Straße ist ein bedrohlicher Ort. Autos können schmutziges Wasser auf unsere Kleider spritzen oder gefährlich nah am Bordstein entlangfahren. Die Rinnsteine sind oft mit unangenehmen Abfällen gefüllt. Die Tradition, dass Männer auf dem Bordstein in Straßennähe laufen, geht auf eine Epoche zurück, in der die Leute den Inhalt ihrer Nachttöpfe durch das Fenster in den Rinnstein kippten. Fußgänger liefen Gefahr, dann und wann von einer solchen „Dusche“ getroffen zu werden. Ein Gentleman wählte beim Spazierengehen die Nähe des Rinnsteins, um die Frau an seiner Seite vor Schmutz oder möglichen Verletzungen zu schützen.

Was hat das mit mir zu tun?

Es ist gut, wenn jemand auf unsere Schritte achtet und uns beschützt. Wenn wir mit Gott leben, beobachtet er jeden unserer Schritte und bewahrt uns vor Schaden. Wir können unsere Sorgen auf ihn werfen und ihm vertrauen, denn die Bibel sagt uns:

> Sieht er nicht meine Wege und zählt er nicht jeden meiner Schritte? (Hiob 31,4)

Ist es nicht großartig, dass Gott dich so sehr liebt, dass er dich überallhin begleitet und über dir wacht?

18. September

Wie das Abdeckband erfunden wurde

Apostelgeschichte 4,12

Würden die Leute nicht gern schicke Wagen fahren, wäre vielleicht nie das Abdeckband erfunden worden. 1902 wurde in Minnesota das Bergbau- und Fertigungsunternehmen „3M“ gegründet. Das Unternehmen wollte ein Mineral namens „Korund“ fördern und an Unternehmen verkaufen, die es zur Herstellung von Schmirgelpapier verwenden wollten. Doch 3M machte zwei Fehler. Während die Mitarbeiter noch versuchten, Korund zu fördern, wurde eine bessere Methode zur Produktion von Schmirgelpapier erfunden. Korund wurde nicht mehr gebraucht. Außerdem musste 3M feststellen, dass in der Mine, die sie gebaut hatten, gar kein Korund vorhanden war.

Das Unternehmen wäre damals fast pleitegegangen, doch es beschloss, eine eigene Schmirgelpapierproduktion zu beginnen. Die größten Abnehmer dieses Produkts würden Autohersteller sein und so verbrachte 3M viel Zeit mit diesen künftigen Kunden. Die Kontakte brachten ein großes Problem zutage: Die neuesten Autos in den Zwanzigerjahren sollten zwei verschiedene Farblackierungen erhalten. Die Lackierer schafften es jedoch nicht, saubere, klare Linien zwischen den beiden Farben zu ziehen. Sie hatten versucht, eine Fläche mit Zeitungspapier abzudecken, bevor die andere besprüht wurde, doch die Zeitung klebte am Auto fest und beschädigte beim Abziehen die Farbe. Um dieses Problem zu lösen, erfand 3M ein hellbraunes Klebeband, das man nach dem Lackieren entfernen konnte, ohne die frische Farbe zu ruinieren.

Doch 3M macht erneut einen Fehler. Um Geld zu sparen, verwendete das Unternehmen nicht genug Klebstoff, sodass das Abdeckband ständig vom Auto herunterfiel. Die Lackierer sagten deshalb, 3M wäre den Schotten ähnlich, die für ihre Sparsamkeit berühmt sind. Schotte heißt auf Englisch *Scotch*. Schließlich stellte das Unternehmen ein Abdeckband mit mehr Klebstoff her, und die Arbeiter begannen das Produkt *Scotch* zu nennen. Die Firma 3M behielt künftig diesen Namen für alle ihre Produkte bei.

Was hat das mit mir zu tun?

Wenn wir Klebeband brauchen, denken wir an Namen wie *Scotch* oder *Tesa*. Wenn wir Hoffnung brauchen, dann kommt uns sofort der Name *Jesus* in den Sinn. In der Bibel lesen wir:

In ihm allein gibt es Erlösung! Im ganzen Himmel gibt es keinen anderen Namen, den die Menschen anrufen können, um errettet zu werden. (Apostelgeschichte 4,12)

19. September

Die Erfindung des Teebeutels

Markus 2,22

Teekochen war früher eine ziemlich vertrackte Angelegenheit. Der zu Beginn des 20. Jahrhunderts aktive Kaufmann Thomas Sullivan versuchte, eine Lösung für dieses Problem zu finden. Er handelte mit Tee und sandte seinen Kunden Teeproben in kleinen Dosen oder Papierpäckchen zu. Die losen Teeblätter fielen jedoch nach dem Auspacken auseinander und die Kunden versuchten in den meisten Fällen gar nicht erst, den Tee auszuprobieren. Sullivan beschloss, seine Proben in kleinen, handgenähten Seidenbeuteln zu verschicken. Die Kunden brauchten den Beutel nur noch in kochendes Wasser zu halten und zu trinken. Schon bald erhielt Sullivan jede Menge Bestellungen – doch die Kunden wollten nur Tee, der in den kleinen Beutelchen verpackt war. Sie liebten die damit verbundene Bequemlichkeit, und Thomas Sullivan wurde der überraschte Erfinder des Teebeutels.

Was hat das mit mir zu tun?

Jesus sprach über eine andere Art von Behältnis, um uns klarzumachen, wie sehr sich unser Leben verändert, wenn wir ihn als Herrn unseres Lebens annehmen:

Es füllt auch niemand neuen Wein in alte Weinschläuche. Sie würden platzen, der Wein würde auslaufen und die Schläuche wären verdorben. Neuer Wein gehört in neue Weinschläuche. (Markus 2,22)

Alte Weinschläuche sind stabil genug, um alten Wein zu fassen. Neuer Wein hingegen perlt und dehnt sich aus, weil er noch gärt. Der junge Weinschlauch ist elastisch genug, um diesen Druck auszuhalten und nicht aufzuplatzen. Wenn Jesus in dein Herz kommt, bringt er Frische und Veränderung mit. Die alten Regeln, der alte Lebensstil – alles kommt auf den Prüfstand und manche Gewohnheit gehört nun der Vergangenheit an. So wie nach der Erfindung des Teebeutels niemand mehr die losen Teeblätter haben wollte, so willst auch du nicht mehr dein „altes" Leben zurück.

20. September

Warum Männer Krawatten tragen

5. Mose 30,11–14

Heutzutage dienen Krawatten eigentlich keinem echten Zweck – sie unterstreichen ein wenig die Persönlichkeit des Trägers, je nach Farbe und Muster. In der Antike trugen die römischen Soldaten Schals um den Hals, die bei kaltem Wetter den Hals wärmten und bei Hitze den Schweiß aufsogen. Im ausgehenden Mittelalter trugen Männer einen lustigen Kragen namens „Halskrause", doch 1660 kam ein neuer Stil auf: Er wurde von kroatischen Soldaten eingeführt, die in Paris in einer Parade marschierten. Die Soldaten trugen ein helles Halstuch, das schon bald von den Franzosen kopiert wurde. Es wurde *cravat* genannt – das damalige französische Wort für „kroatisch". Einige Krawatten waren mit einem Draht versehen, um sie steifer zu machen, andere wurden mit kleinen Kissen ausgepolstert, damit sie bauschiger aussahen. Manche Krawatten wurden so eng gebunden, dass der Träger kaum seinen Kopf drehen konnte.

Im Zuge der Französischen Revolution wurde die Krawattenmode erneut verändert. Die Engländer griffen die Franzosen überraschend an. Zu dieser Zeit ähnelten die Krawatten der Franzosen einem

Halstuch der Pfadfinder, sie wurden mit einem Metallring vorne zusammengehalten. Als der Überraschungsangriff erfolgte, hatten die Franzosen keine Zeit, ihre Krawatten durch den Metallring zu ziehen und korrekt zu binden. Also knoteten sie ihre Halstücher einfach zusammen und legten damit den Grundstein für eine neue Mode. Die Franzosen gewannen den Kampf, und Krawatten wurden allgemein beliebt. Die Farbe, die man trug, zeigte die politische Anschauung. Danach wurden Krawatten gewissermaßen ein Muss. Die enger geschnittene, geknotete Krawatte hielt 1920 ihren Einzug.

Was hat das mit mir zu tun?

Eine Krawatte ist ein Zeichen dafür, dass ein Mann die „Regeln" angemessener Kleidung respektiert. Gott fordert uns auf, unseren Respekt für ihn zu zeigen, indem wir seine Gebote befolgen. In der Bibel lesen wir:

> Dieses Gesetz, das ich euch heute gebe, ist nicht zu schwer für euch, als dass ihr es nicht verstehen und befolgen könntet. Es ist nicht hoch oben im Himmel, so unerreichbar, dass ihr fragen müsstet: Wer soll für uns in den Himmel hinaufsteigen und es herabholen, damit wir es hören und befolgen können? Es ist nicht auf der anderen Seite des Meeres, so weit entfernt, dass ihr fragen müsstet: Wer soll übers Meer fahren, um es zu holen, damit wir es hören und befolgen können? Nein, seine Botschaft ist euch ganz nah; sie liegt auf euren Lippen und in eurem Herzen, sodass ihr sie befolgen könnt. (5. Mose 30,11–14)

Gottes Gebote sind so einfach zu verstehen wie die Kleiderregeln. Wenn du dich morgens anziehst, dann halte Gottes Wort in deinem Herzen fest und denk daran, ihm zu gehorchen.

21. September

Warum an einer Mautstelle Eheringe gesammelt wurden

1. Petrus 1,18–19

Auf manchen Straßen muss man für das Befahren eine Mautgebühr zahlen und dieser Geldbetrag wird an einem Automaten, der Mautstelle, entrichtet. Stell dir vor, du würdest an einer Mautstelle vor der *Golden Gate Bridge* in San Francisco stehen und feststellen, dass du kein Geld dabei hast. Was nun? Zum Glück darfst du anstatt des Geldes etwas anderes geben, das dem Wert der Mautgebühr entspricht. Aus diesem Grund hat die Mautstelle an der Golden-Gate-Brücke mit der Zeit eine seltsame Sammlung von Gegenständen angehäuft, darunter einen Kanister Motoröl, eine Bratpfanne, Besteck, ein neues Buch und Rock-'n'-Roll-Musik. Manche Autofahrer, vor allem Männer, lassen auch ihren Ehering an der Mautstelle. Ein älterer Herr gab sein Gebiss ab, doch am darauffolgenden Tag kehrte er zurück und wollte es wiederhaben. Eine mit Diamanten besetzte Armbanduhr im Wert von siebentausend Dollar wurde auch Jahre später nicht abgeholt. Sie wurde schließlich bei einer Versteigerung für fünf Dollar veräußert. Tiere, frische Lebensmittel oder Kleidungsstücke werden nicht akzeptiert. Ein Mann wollte einmal seinen Hund an der Mautstelle lassen, doch der Schrankenwärter nahm nur das Halsband. Dann gab es da einen jungen Mann, der mit Drogen bezahlen wollte. Er kam nicht dazu, über die Brücke zu fahren; stattdessen wanderte er ins Gefängnis.

Was hat das mit mir zu tun?

Wir verstehen, wie die Mautstelle funktioniert: Wir geben etwas Wertvolles, um die Brücke überqueren zu dürfen. Genau das hat Jesus für uns getan: Er zahlte den Preis, damit wir in den Himmel gelangen können. In der Bibel lesen wir:

Denn ihr wisst, dass Gott euch nicht mit vergänglichen Werten wie Silber oder Gold losgekauft hat von eurem früheren Leben, das ihr so gelebt habt wie schon Generationen vor euch. Er bezahlte für euch mit dem kostbaren Blut von Jesus Christus, der rein und ohne Sünde zum Opferlamm Gottes wurde. (1. Petrus 1,18–19)

22. September

Der Schiefe Turm von Pisa

Matthäus 7,24–27

Der Schiefe Turm von Pisa ist ein berühmtes Wahrzeichen Italiens. Er wurde als Teil einer Kirche kurz vor der Epoche der Renaissance erbaut, in der ein großer kultureller Aufschwung stattfand. Der Turm ist rund und vierundfünfzig Meter hoch. Er begann, sich zur Seite zu neigen, weil er in Nähe eines Flussbettes errichtet worden war, wo der Boden nicht fest genug war. Schon während der Bauphase begann der Turm abzusacken. Der Baumeister versuchte die oberen Stockwerke an einer Seite höher zu bauen, doch dadurch neigte sich der Turm sogar noch mehr zur Seite, weil das zusätzliche Gewicht auf ihm lastete. Ein Jahrhundert lang wurden die Bauarbeiten eingestellt, während man eine Lösung für das Problem des Absinkens suchte.

Viele Leute haben sich mit dem Problem des Schiefen Turms von Pisa befasst. Ein Vorschlag bestand darin, Luftballons an der Spitze des Turms festzumachen, um den Turm in die Höhe zu ziehen. Einmal wurden Löcher unterhalb der niedrigsten Seite des Turms gegraben und mit neunhundert Tonnen Zement gefüllt. Doch das Gebäude neigte sich noch stärker zur Seite.

1990 setzte die italienische Regierung einen Sonderausschuss zur Klärung des Problems ein. Die Experten erklärten, der Turm sei für Touristen eine Gefahr und ließen ihn für die Öffentlichkeit schließen. Nach vielen Jahren wurde auf Anweisung des Bodenexperten John Burland die höhere Seite des Fundaments mit neunhundert Tonnen

Blei beschwert. Dreißig Millionen Dollar wurden für diese Maßnahme ausgegeben, mit dem Ergebnis, dass die Neigung um rund vier Meter verringert werden konnte. Seit 2001 ist der Turm wieder für Touristen geöffnet. Nachdem einige weitere Maßnahmen ergriffen wurden, gilt der Turm für die nächsten dreihundert Jahre als sicher.

Was hat das mit mir zu tun?

Jesus benutzte ein gut verständliches Beispiel dafür, wie wichtig es ist, ihm zu vertrauen und zu gehorchen. Er sagte:

> Wer auf mich hört und danach handelt, ist klug und handelt wie ein Mann, der ein Haus auf massiven Fels baut. Auch wenn der Regen in Sturzbächen vom Himmel rauscht, das Wasser über die Ufer tritt und die Stürme an diesem Haus rütteln, wird es nicht einstürzen, weil es auf Fels gebaut ist. Doch wer auf mich hört und nicht danach handelt, ist ein Dummkopf; er ist wie ein Mann, der ein Haus auf Sand baut. Wenn der Regen und das Hochwasser kommen und die Stürme an diesem Haus rütteln, wird es mit Getöse einstürzen. (Matthäus 7,24–27)

Sorge dafür, dass du dein Leben auf festen Grund baust – verlasse dich einzig und allein auf Gott und sein Wort!

23. September

Warum Streifenwagen Blaulicht benutzen

Psalm 19,8–12

Vor vielen Jahren hatten sämtliche Einsatzfahrzeuge rote und weiße Lichter. Warum hat die Polizei Blaulicht hinzugefügt? Nun, die Polizisten hatten immer wieder Probleme, wenn sie ein Auto zum Halten aufforderten. Oft passierte es, dass das Auto einfach weiterfuhr. Der Fahrer glaubte, es mit einem Krankenwagen zu tun zu haben und versuchte ordnungsgemäß den Weg frei zu machen, anstatt anzuhalten. Seitdem Polizeiwagen Blaulicht haben, kann es keine Verwechslung mehr geben. Blau wurde übrigens ausgesucht, weil man diese Farbe besonders gut sehen kann.

Was hat das mit mir zu tun?

Gesetze werden für unser Wohlergehen erlassen. Ohne Gesetze würde das Chaos herrschen. Vielleicht hast du schon einmal so ein Chaos erlebt und kennst das Gefühl, ohne Plan, Ziel und Ordnung zu leben. Wie gut, dass Gott in seinem Wort eine „Gebrauchsanweisung" für unser Leben gegeben hat. Es ist nicht schwer, sie zu verstehen, wenn wir eng mit Gott gehen und die Bibel kennen. Darin heißt es:

> Das Gesetz des Herrn ist vollkommen, es erfrischt die Seele. Die Ratschlüsse des Herrn sind zuverlässig und schenken den Unverständigen Weisheit. Die Gebote des Herrn sind richtig und erfreuen das Herz. Die Vorschriften des Herrn sind klar und schenken Einsicht. Die Ehrfurcht vor dem Herrn ist echt und hat für immer Bestand. Die Gesetze des Herrn sind Wahrheit, jedes einzelne ist gerecht. Sie sind wertvoller als das feinste Gold und süßer als der beste Honig. Sie sind eine Mahnung an jeden, der sie hört, und wer ihnen gehorcht, den erwartet eine reiche Belohnung. (Psalm 19,8–12)

Richte dich nach seinen guten und weisen Geboten – sie werden dich vor Schaden bewahren, wenn du sie befolgst.

24. September

Besser als ein Personalausweis

Lukas 10,20

Es kann von Vorteil sein, Finanzminister der Vereinigten Staaten zu sein. Das fand Michael Blumenthal 1979 heraus, als er sich in einer großen Verlegenheit befand. Er hatte ein sehr teures Essen in einem Restaurant in San Francisco genossen und gab dem Kellner seine Kreditkarte, um die Rechnung zu bezahlen. Doch der Kellner stellte fest, dass die Gültigkeitsdauer der Kreditkarte abgelaufen war. Also wollte Blumenthal mit einem Scheck bezahlen. Das Restaurant verlangte jedoch einen Beweis für die Richtigkeit der Unterschrift, da der Scheck von einer Bank aus einer andern Stadt stammte. Nun konnte sich Blumenthal beruhigt zurücklehnen. Es war leicht, seine Unterschrift zu überprüfen. Er zog einen Dollarschein aus seiner Brieftasche und zeigte dem Kellner die Unterschrift in der Ecke der Dollarnote – *W. M. Blumenthal*. Sein Name stand auf allen Banknoten, die damals in den USA gedruckt wurden. Der Kellner verglich die Unterschriften und da sie völlig übereinstimmten, wurde der Scheck des Finanzministers ohne weitere Fragen akzeptiert.

Was hat das mit mir zu tun?

Wenn jemand deinen Namen kennt und weiß, wer du bist, dann ist das ein sehr schönes Gefühl! Wie viel mehr bedeutet es jedoch, dass du im Himmel anerkannt wirst! In der Bibel lesen wir:

> … sondern freut euch, dass eure Namen im Himmel aufgeschrieben sind. (Lukas 10,20)

Es ist viel wichtiger, Zugang zum Himmel zu haben, als zu einem teuren Restaurant. Wenn du Jesus Christus nachfolgst, wird Gott einmal sagen können: „Ja, ich kenne diesen Namen. Diese Person gehört zu mir und darf alle Vorrechte des Himmels für sich beanspruchen."

25. September

Spannender als eine Rede des amerikanischen Präsidenten

Matthäus 13,44

Die meisten von uns kennen den Abenteuerroman „Die Schatzinsel" von Robert Louis Stevenson. Der Autor beschrieb sein Buch als eine Geschichte über „eine Landkarte, einen Schatz, eine Meuterei, ein schrottreifes Schiff … und einen Schiffskoch mit einem Holzbein …" Wie kommt ein Schriftsteller auf so einen fantasiereichen Roman und was hat das alles mit dem Sohn eines US-Präsidenten zu tun? Robert Louis Stevenson war selbst über seine Ideen für sein Buch überrascht. Er war an einem regnerischen Tag damit beschäftigt, seinen Stiefsohn zu unterhalten, indem er eine Schatzkarte für ihn zeichnete. Als das Kind um Erklärungen bat, erfand Stevenson ein paar Geschichten. Die Geschichten gefielen ihm selbst so gut, dass er sie niederschrieb. Mit einigen geringfügigen Änderungen wurde aus diesen Geschichten der Roman „Die Schatzinsel". Eine besondere Auszeichnung erhielt das Buch durch Charlie Taft, den Sohn des US-Präsidenten William Taft. Als dieser seine Antrittsrede halten sollte, brachte Charlie – der an der Zeremonie teilnehmen musste, aber damit rechnete, sich zu langweilen – eine Ausgabe der Schatzinsel mit. Er fand das Buch interessanter als die Vereidigung und Antrittsrede seines Vaters.

Was hat das mit mir zu tun?

Charlie mochte Abenteuergeschichten, in denen es um einen Schatz geht. Der wertvollste Fund, auf den wir jemals stoßen können – viel kostbarer als Gold oder Silber – ist die Liebe Gottes. In der Bibel, unserer „Schatzkarte", ist davon die Rede:

> Das Himmelreich ist wie ein Schatz, den ein Mann in einem Feld verborgen fand. In seiner Aufregung versteckte er ihn wieder und verkaufte alles, was er besaß, um genug Geld zu beschaffen, damit er das Feld kaufen konnte – und mit ihm den Schatz zu erwerben! (Matthäus 13,44)

Das ist ein Schatz, den zu suchen sich wirklich lohnt!

26. September

Wie früher Wäsche gewaschen wurde

2. Korinther 5,17

Deine Kleider werden wahrscheinlich viel öfter gewaschen, als es bei deinen Vorfahren der Fall war. Im 17. Jahrhundert machte man nur vier- bis fünfmal pro Jahr große Wäsche. Etwa einhundert Jahre später wurde es üblich, alle fünf bis sechs Wochen zu waschen.

Es war schwierig, die Kleider sauber zu bekommen. Man rieb sie über Steine oder Sand im Fluss und legte sie zum Trocknen aus. Später wusch man seine Wäsche im Haus. Dafür musste Wasser herbeigeholt und über dem Feuer erhitzt werden, bevor es in mehrere Behältnisse geschüttet wurde. Das Ausspülen erforderte noch mehr Wasser. Man schrubbte die Kleider auf einem Waschbrett und musste jedes einzelne Kleidungsstück sorgfältig auswringen.

Im frühen 19. Jahrhundert kam eine mit einem Schwengel betriebene Wäschemangel auf. 1859 hatte ein Mann namens Hamilton E. Smith eine noch bessere Idee. Er meldete ein Patent für einen Waschbottich an, der mit Schaufeln funktionierte, die durch eine Handkurbel bewegt wurden. 1874 brachte Bill Blackstone sechs Dübel auf dem Boden des Waschbottichs an, die er mit einem Drehmechanismus verband – damit erfand er die erste Waschmaschine. Blackstone schenkte die Maschine sogar seiner Frau zum Geburtstag (obwohl sie sich vielleicht über Schmuck mehr gefreut hätte!). Um 1922 wurden in den

USA elektrische Waschmaschinen produziert, die auch in anderen Ländern Anklang fanden. Während des Zweiten Weltkriegs benutzten holländische Hausfrauen die Waschmaschinen zum Buttern, und isländische Frauen klopften damit Tintenfische für Mahlzeiten weich.

Was hat das mit mir zu tun?

Früher war es richtige Knochenarbeit, Wäsche zu waschen – für die Hausfrauen war es jedes Mal eine große Erleichterung, wenn alles vorbei war und die Kleider sauber und frisch waren. Wenn du alle Fehler der Vergangenheit auswaschen könntest, würdest du dich auch sehr erleichtert fühlen. Jesus bietet dir an, ganz neu zu beginnen:

> Das bedeutet aber, wer mit Christus lebt, wird ein neuer Mensch. Er ist nicht mehr derselbe, denn sein altes Leben ist vorbei. Ein neues Leben hat begonnen! (2. Korinther 5,17)

Wer Jesus noch nicht als Erretter angenommen hat, lebt noch in der Sünde wie mit einem Haufen Schmutzwäsche. Wenn man Jesus sagt: „Herr, ich will dir mein Leben geben“, erfährt man völlige Vergebung. Willst du nicht diesen Tag zum „Waschtag“ deines Lebens machen?

27. September

Jahr für Jahr dasselbe Geburtstagsgeschenk

2. Petrus 1,19

Jeder bekommt gern Geschenke, doch das vielleicht ungewöhnlichste Geschenk aller Zeiten war das, das der Engländer Isambard Kingdom Brunel sich selbst schenkte. Brunel war im 19. Jahrhundert als Konstrukteur tätig. Er arbeitete an Plänen für einen Eisenbahntunnel, der in England gebaut werden sollte. Dabei kam ihm die Idee, die

Vorgaben geringfügig zu verändern, um sich ein kleines persönliches Vergnügen zu gönnen: Nur einmal im Jahr befand sich die Sonne am richtigen Platz, um morgens bei Sonnenaufgang das Innere des Tunnels hell zu erleuchten. Dieser Tag war der neunte April – Brunels Geburtstag!

Was hat das mit mir zu tun?

Brunel wartete jedes Jahr an seinem Geburtstag gespannt auf den Sonnenaufgang, denn in diesem Moment erhielt er sein ganz spezielles Geburtsgeschenk. Auch wir können ein besonderes, leuchtendes Geschenk empfangen und wir sollten uns ebenso gespannt darauf freuen. In der Bibel lesen wir:

> Aus diesem Grund setzen wir noch größeres Vertrauen in die Botschaft der Propheten. Achtet auf das, was sie geschrieben haben, denn ihre Worte sind wie ein Licht, das an einem dunklen Ort leuchtet – bis zu dem Tag, an dem Christus erscheint und sein helles Licht in unseren Herzen aufgeht. (2. Petrus 1,19)

Stell dir das glänzende Morgenlicht vor, das auf dich scheint – wenn du an Jesus Christus glaubst, sieht dich Gott in diesem alles überstrahlenden Licht.

28. September

Warum sich die Leute zur Begrüßung die Hände schütteln

Jakobus 1,22

Vor langer Zeit trugen die Männer häufig eine Waffe in der rechten Hand. Wenn zwei von ihnen sich trafen, streckten sie einander die leere rechte Hand entgegen. Damit wollten sie zeigen, dass sie unbewaffnet waren und freundliche Absichten hegten.

Um den anderen daran zu hindern, nach einer versteckten Waffe zu greifen, hielten sie sich gegenseitig einen Moment lang die Hand, bis sie überzeugt waren, dem Gegenüber gefahrlos vertrauen zu können. Man nimmt außerdem an, dass man sich die Hand schüttelte, um eine möglicherweise im Ärmel versteckte Waffe zu entdecken.

Händeschütteln ist eine angenehme Art, einander zu begrüßen – jedenfalls im Vergleich zum tibetischen Brauch, sich zur Begrüßung gegenseitig den Kopf zu stoßen.

Was hat das mit mir zu tun?

Wenn wir unsere Hand freundschaftlich ausstrecken, machen wir Jesus Freude. Er möchte, dass wir freundlich auf andere Menschen zugehen. In der Bibel lesen wir:

> Aber es reicht nicht, nur auf die Botschaft zu hören – ihr müsst auch danach handeln! Sonst betrügt ihr euch nur selbst. (Jakobus 1,22)

Es ist besser, Liebe zu *zeigen*, als nur darüber zu reden. Wenn zum Beispiel ein neuer Schüler ganz allein in deiner Klasse sitzt, solltest du nicht sagen „Keine Sorge, du wirst schon bald Freunde finden“ und dann weggehen; du solltest vielmehr fragen: „Willst du mit uns zusammen in die Cafeteria gehen?“ Biete so oft wie möglich eine helfende Hand an, nicht nur ein hilfreiches Wort.

29. September

Warum Venen blau sind

1. Johannes 1,7

Das Blut in unserem Körper folgt einem erstaunlichen Kreislauf. Er beginnt in der Lunge, wo das Blut viel Sauerstoff bekommt. In den roten Blutzellen vermischt sich der Sauerstoff mit einem Protein namens Hämoglobin, das ebenfalls rot ist. Das Blut, dessen rote Farbe durch den Sauerstoff und das Hämoglobin noch verstärkt wurde, wandert nun durch die Arterien. Das sind dicke, robuste Schläuche, die das Blut in den restlichen Körper leiten und den mitgeführten Sauerstoff liefern. Auf dem Weg durch die Arterien lagert das Blut in unserem Gewebe Sauerstoff an. Wenn der gesamte Sauerstoff die verschiedenen Teile des Körpers versorgt hat, ist das Blut bereit, den Rückweg zu den Lungen anzutreten, um wieder mit frischem Sauerstoff gefüllt zu werden. Während das Blut zum Herzen und zurück zur Lunge wandert, fließt es durch Venen. Venen sind dünner und transparenter als Arterien, deshalb kann man das Blut darin sehen. Es sieht blau oder violett aus, weil kein Sauerstoff mehr darin ist. Der kräftige Rotton verblasst, bis wieder mehr Sauerstoff hinzukommt.

Was hat das mit mir zu tun?

Jesus hatte das gleiche Blut wie wir und doch war es einzigartig. Es hat eine ganz besondere Kraft. In der Bibel lesen wir:

> Doch wenn wir wie Christus im Licht Gottes leben, dann haben wir Gemeinschaft miteinander, und das Blut von Jesus, seinem Sohn, reinigt uns von jeder Schuld. (1. Johannes 1,7)

Nur das Blut Jesu kann alle Schuld abwaschen.

30. September

Die Erfindung der Frisbee-Scheibe?

Prediger 11,9

Einen Pappteller, der als Unterlage für einen Kuchen dient, als Spielzeug zu benutzen, scheint nicht besonders lustig zu sein – doch die Studenten der Universität Yale waren da anderer Ansicht. Sie warfen einander die Pappteller auf dem Universitätsgelände zu, nachdem sie die von der *Frisbie Pie Company* produzierten Kuchen aufgegessen hatten. Um andere vor dem fliegenden Geschoss zu warnen, riefen sie „Frisbie!"

Das erste Plastikspielzeug in Form eines Kuchentellers wurde 1948 von Fred Morrison auf den Markt gebracht. Er nannte es *Pluto Platter* – Pluto Teller. Damals sprach man viel über das Weltall und die Plastikscheibe sah aus wie eine fliegende Untertasse. Doch dieser Name war eher ein Problem – zu viele Leute dachten, das Spielzeug sei nach dem Hund Pluto aus dem Disney-Zeichentrickfilm benannt. Schließlich wurde es in *Frisbee* umbenannt – der Name unterscheidet sich in der Schreibweise nur geringfügig von dem der Kuchenfirma.

Morrison dachte darüber nach, wie er sein Spielzeug am besten verkaufen könnte. Er mietete einen Stand auf einem Jahrmarkt. Dann ging er über den Jahrmarkt und gab vor, ein Kabel aufzuhängen, wobei er rief „Platz, bitte! Platz für das Kabel!" Damit versuchte er, die Aufmerksamkeit der Leute auf sich zu ziehen. Er erzählte den Menschen, die sich zu einer Traube angesammelt hatten, er würde die Frisbee-Scheibe hochwerfen, die dann wie von Zauberhand über den Draht zu seinem Assistenten schweben würde. Und genau so sah es auch aus. Morrison sagte seinen Zuschauern, er würde jedem eine Frisbee-Scheibe schenken, der neunzig Meter des imaginären Drahts kaufen würde – für ein Cent pro neunzig Zentimeter. Natürlich wussten die Leute, dass der Draht gar nicht existierte, aber sie wollten die Frisbee-Scheibe auf jeden Fall haben.

Was hat das mit mir zu tun?

Die Studenten, die zuerst mit den Kuchentellern spielten, hatten keine Ahnung, dass sie damit ein Spiel erfanden, das sich großer Beliebtheit erfreuen sollte. Sie spielten einfach so, um ein bisschen Spaß zu haben. Gott sieht es gern, wenn Kinder spielen und sich amüsieren. In der Bibel lesen wir:

> So freue dich, Jüngling, in deiner Jugend und lass dein Herz guter Dinge sein in deinen jungen Tagen. (Prediger 11,9; LÜ 84)

Gott will, dass wir unsere Kindheit genießen.

1. Oktober

Erfolglose Erfindungen

1. Timotheus 4,7

Die Menschen versuchen ständig, neue und bessere Ideen zu entwickeln. Manche Erfindungen werden berühmt. Andere geraten schnell in Vergessenheit. Du findest hier eine Liste von Erfindungen, die zu keinem Erfolg führten. Warum wohl?

Die Kauzahnbürste: Das ist eine kleine Zahnbürste ohne Griff, die man in den Mund steckt, um darauf herumzukauen. Sie ist für besonders beschäftigte Leute gedacht, die sich nicht die Zeit nehmen wollen, sich für ein paar Minuten an ein Waschbecken zu stellen und mit einer normaler Zahnbürste die Zähne zu putzen. Das Problem mit dieser Erfindung ist nur: Man kann sie ungewollt herunterschlucken.

Umgedrehte Schuhe: Über dem Fuß sieht der Schuh ganz normal aus, doch die Sohle unter dem Fuß ist verkehrt herum angebracht – der Absatz befindet sich unter den Zehen. Warum? Wenn jemand den Fußspuren nachgeht, wird er irregeführt. Die Schuhe machen bei jedem Schritt einen Abdruck in die falsche Richtung. Das Problem dieser Erfindung ist: Sie funktioniert nicht auf einem Gehsteig. Und außerdem brauchen die wenigsten Leute solche Schuhe.

Ein Nagel im Fahrradsattel: Wenn jemand versuchen sollte, das Fahrrad zu stehlen, würde er eine sehr unangenehme Erfahrung machen. In der Mitte des Sattels befindet sich ein Nagel, der aufgerichtet oder im Polster versenkt werden kann. Wenn man sein Fahrrad abstellt und fortgeht, kann man den Nagel aufstellen. So wird niemand in Versuchung kommen, auf das Fahrrad zu springen und damit wegzufahren. Das Problem: Der Dieb könnte das Fahrrad einfach an der Lenkstange führen und daneben herlaufen.

Der Daumendreher: Das ist ein kleiner Zylinder, der beide Daumen umschließt. Man dreht die Daumen in diesem „Rad“, wobei das Rad zählt, wie oft man die Daumen gedreht hat. Problem: Wen interessiert es schon, wie oft er die Daumen dreht?

Was hat das mit mir zu tun?

Die Leute, die diese Dinge erfunden haben, haben möglicherweise jede Menge Zeit in die Entwicklung investiert. Doch was dabei herauskam, war nicht besonders nützlich. In der Bibel lesen wir, wie wir unsere Zeit klug nutzen können:

… nutze deine Zeit und Kraft, um im Glauben immer stärker zu werden. (1. Timotheus 4,7)

Wie kannst du deine Zeit und Kraft nutzen, um im Glauben immer stärker zu werden? Indem du in der Bibel liest und dir Zeit zum Beten nimmst. Denk über all das Gute nach, das Gott dir geschenkt hat. Versuche jemandem eine Freude zu machen. So ein geistliches „Training“ wird deinen Glauben stärken und du nutzt deine Zeit sinnvoll.

2. Oktober

Wie eine sportliche Übung zum Spiel wurde

Psalm 125,2

Es gibt Spielgeräte, die gut für deine körperliche Gesundheit sind. Dazu gehört auch der Hula-Hoop-Reifen. 1958 machten Kinder in Australien mit einem Reifen aus Bambusrohr Übungen im Sportunterricht. Die Eigentümer der amerikanischen Gesellschaft *Wham-O-Toy* sahen diese Reifen und kamen auf den Gedanken, dass amerikanische Kinder an solchen Reifen Spaß haben könnten. Also produzierten sie einige hölzerne Reifen und stellten sie auf Spielplätzen in Kalifornien vor. Sie zeigten den Kindern, wie man den Reifen um die Taille schwingen kann. Jedes Kind, dem es gelang, den Reifen um die Hüfte kreisen zu lassen, ohne dass er herunterfiel, durfte den Reifen behalten. Schon bald wollten alle Kinder mit diesem neuen Spielzeug spielen. Das Unternehmen dachte über verschiedene Namen nach und beschloss schließlich, den Reifen nach dem hawaiianischen Tanz „Hula-Hoop“ zu benennen. Sie stellten Reifen aus Plastik in leuchtenden Farben her und brachten kleine Kügelchen daran an, damit der Reifen beim Schwingen Geräusche machte. In den beiden ersten Jahren wurden einhundert Millionen Hula-Hoop-Reifen verkauft.

Was hat das mit mir zu tun?

So ein Hula-Hoop-Reifen hat keinen Anfang und kein Ende. Wenn du ihn um deine Hüften hältst, bist du von allen Seiten von ihm umgeben. Genau so will Gott uns umgeben. In der Bibel lesen wir:

> So wie die Berge Jerusalem umgeben und schützen, so umgibt und schützt der Herr sein Volk, jetzt und für alle Zeit. (Psalm 125,2)

Wenn Gott dich mit seinem Schutz umgibt, brauchst du keine Angst mehr zu haben. Er geht vor dir her und umgibt doch von allen Seiten.

3. Oktober

Die Zahl „Googol"

Psalm 139,18

Jede Zahl hat einen Namen – etwa vier oder zwölf oder zwei Millionen. Wenn man dich auffordern würde, einer neuen Zahl einen Namen zu geben, welchen Namen würdest du dann wählen? Der neunjährige Milton Sirotta kam auf einen sehr merkwürdigen Namen.

Sein Onkel war Mathematiker, also jemand, der eine ganze Menge über Zahlen weiß. Er sagte seinem Neffen, es gäbe eine Zahl, die so groß sei, dass man sie kaum begreifen könne. Schreib einmal eine eins auf ein Blatt Papier und füge einhundert Nullen an. Bis dahin hatte noch niemand über eine so große Zahl nachgedacht, und deshalb gab es auch keinen Namen für sie. Schließlich kam Milton auf einen merkwürdigen Namen – er nannte die Zahl *Googol* (gesprochen: Gugol), nur so aus Spaß. Miltons Onkel erzählte seinen Mitarbeitern von Miltons Schnapsidee, und schon bald begannen sie, die Zahl ebenfalls *Googol* zu nennen. 1940 schrieb Miltons Onkel ein Buch über Mathematik und verwendete darin ebenfalls den Namen *Googol*. Seitdem ist Miltons merkwürdige Bezeichnung allgemein bekannt, doch niemand findet sie mehr merkwürdig. Wie groß ist nun aber ein Googol? Miltons Onkel sagte, wenn man alle Worte zählen könnte, die seit Beginn der Menschheit gesprochen wurden, dann würden sie alle zusammen nicht ausreichen, um ein Googol zu ergeben.

Was hat das mit mir zu tun?

Das ist tatsächlich eine fantastisch große Zahl. Doch selbst mit einem Googol kann Gottes Liebe nicht gemessen werden. In der Bibel lesen wir:

> Wollte ich [deine Gedanken über mich] zählen, so sind sie zahlreicher als der Sand! Und wenn ich am Morgen erwache, bin ich immer noch bei dir! (Psalm 139,18)

Der klügste Mathematiker mit dem leistungsstärksten Computer der Welt könnte niemals auf genug Zahlen kommen, um Gottes Güte zu messen. Gott ist unermesslich groß!

4. Oktober

Die Feldflasche, die ein Kaktus war

Jesaja 55,1

Stell dir vor, du müsstest durch die Wüste reisen, die Feldflasche oder die Thermoskanne wäre noch nicht erfunden und es gäbe auch keine Tankstellen, an denen man Getränke kaufen kann – was würdest du tun, um nicht zu verdursten? Ein bestimmter Indianerstamm, nämlich der der Pima-Indianer, hatte eine Lösung für dieses Problem. Diese Indianer transportierten Wasser in einem alten Kaktus. Nicht in irgendeinem Kaktus – es war ein ganz spezieller Kaktus namens Saguaro.

Der Saguarokaktus ist die bevorzugte Behausung des Gilaspechts. Der Gilaspecht pickt so lange in den Kaktus, bis ein Loch entsteht, das groß genug ist, um ein Nest darin zu bauen. Der Kaktus versucht, sich nun selbst zu „reparieren“, indem er an der Wand der so entstandenen Höhle eine Gewebeschicht wachsen lässt. Dieses Gewebe sieht aus wie Kork. Irgendwann verlässt der Gilaspecht den Kaktus wieder; der Kaktus verblüht und vermodert. Alles, was übrig bleibt, ist die harte Schale, die der Kaktus in der Höhle in seinem Innern hat wachsen lassen. Die Indianer sammelten diese Schalen, füllten sie mit Wasser und machten sich damit auf den Weg durch die Wüste.

Was hat das mit mir zu tun?

Gott weiß, dass wir Durst haben und zum Leben Wasser brauchen. Er hat dafür gesorgt, dass die Indianer ein natürliches Behältnis fanden, um Wasser zu transportieren. Weil Wasser so wichtig für uns ist, vergleicht die Bibel Gott mit Wasser:

> Auf, ihr Durstigen, kommt zum Wasser! (Jesaja 55,1)

Gott wird dir immer geben, was du am allermeisten brauchst – er selbst stillt all deine Bedürfnisse.

5. Oktober

Von einem Walfisch verschlungen

Jona 2,6–7

Es gab einmal einen Seemann namens James Bartley, dem im Jahr 1891 etwas nahezu Unglaubliches passierte. James arbeitete auf einem Walfangschiff; er und seine Kollegen jagten Wale und töteten sie mit Harpunen, um an ihren Speck zu gelangen. Eines Tages warf ein Mann auf James' Schiff eine Harpune auf einen Wal, doch anstatt davonzuschwimmen und zu fliehen, griff das Tier das Schiff an. Alle Männer sprangen über Bord, nur James nicht. Er hoffte, das Schiff aus der Gefahr retten zu können. Doch das gelang ihm nicht. Vielmehr geriet er in das riesige Maul des Wals – und weg war er.

Seine Schiffskollegen waren vor Entsetzten wie gelähmt; sie beschlossen, einige Stunden zu warten, um zu sehen, ob einer der von ihnen getroffenen Wale tot an die Meeresoberfläche kommen würde. Und tatsächlich: Schließlich tauchte der Körper eines Wals auf. Die Männer zogen das Tier auf das Schiff und begannen, den Walspeck abzuschneiden. Als sie zum Magen gelangten, sahen sie einen Klumpen in der Größe eines Menschen. Es war James!

Sie öffneten den Magen und stellten fest, dass James noch atmete. Sie schütteten Wasser über ihn, um ihn zu sich zu bringen, und flößten ihm Getränke ein. Anfangs war er natürlich noch ziemlich durcheinander, doch nach und nach erinnerte er sich, dass er an etwas „Schwammigem“ hinuntergeglitten und schließlich in einem großen „Sack“ gelandet war. Das war der Magen des Wals. James erinnerte sich auch daran, dass seine Hände im Dunkeln Fische berührt hatten, die ihm durch die Finger geglitten waren. Obwohl es vollkommen dunkel im Magen des Wals gewesen war, hatte er genug Luft und Wärme gehabt, um am Leben zu bleiben.

Was hat das mit mir zu tun?

In der Bibel wird von einem Mann namens Jona berichtet, der ebenfalls von einem Walfisch verschlungen wurde. Später befahl Gott dem Wal, Jona wieder auszuspucken. Jona sagte daraufhin:

> Ich versank in den Wellen und kämpfte mit dem Tod. Wasser umgab mich und Algen schlangen sich um meinen Kopf. Ich sank zu den Wurzeln der Berge hinab und die Tore der Erde waren für mich auf ewig geschlossen. Doch du, Herr, mein Gott, hast mein Leben aus der Grube herausgezogen! (Jona 2,6–7)

Gott rettet viele Menschen aus Gefahren. Wenn du ihn darum bittest, wird Gott dafür sorgen, dass das Böse dich nicht verschlingen kann. Wenn dein Herz Gott gehört, dann ist er stets an deiner Seite und wacht über dir.

6. Oktober

Kann ein Pferd rechnen?

Psalm 40,6

Professor Van Osten war ganz aufgeregt. Sein Pferd Hans konnte rechnen! Immer wieder stellte er ihm verschiedene Rechenaufgaben, und jedes Mal stampfte Hans mit der Hufe die Lösung auf den Boden – wenn die Lösung zwei war, stampfte Hans zweimal auf, wenn die Lösung sechs war, sechsmal und so weiter. Nun war der Professor davon überzeugt, dass Hans nicht nur rechnen, sondern auch lesen konnte. Er hatte das gescheiteste Pferd der Welt!

Schließlich beschloss ein anderer Wissenschaftler, herauszufinden, was es mit Hans' Fähigkeiten auf sich hatte. Er beobachtete sorgfältig den Professor im Umgang mit seinem Pferd und konnte so schließlich erkennen, was los war. Hans konnte nicht wirklich rechnen. Er beobachtete das Gesicht des Professors, wenn er eine Rechenaufgabe stellte. Der Professor machte es nicht absichtlich, doch sein Gesichtsausdruck veränderte sich, wenn Hans oft genug mit dem Huf gestampft hatte. Der Professor gab dem Pferd durch seinen Gesichtsausdruck gewissermaßen die Antwort vor. Dieser Verdacht wurde bestätigt, als der Professor hinter einem Wandschirm verschwand. Eine andere Person stellte Hans eine Rechenaufgabe, doch das Pferd kam nicht auf die Lösung, weil es nicht das Gesicht des Professors sehen konnte. Der Professor war sicherlich traurig, dass Hans nicht wirklich rechnen konnte, doch Hans war trotzdem ein sehr kluges Pferd – er konnte immerhin allein am Gesichtsausdruck seines Halters erkennen, was von ihm erwartet wurde.

Was hat das mit mir zu tun?

Wir können sprechen, lesen und rechnen und sind intelligenter als Tiere. Doch wir sind längst nicht so klug wie Gott. In der Bibel lesen wir:

> Herr, mein Gott, du hast so viele wunderbare Taten getan und deine Vorhaben sind so zahlreich. Du bist mit niemandem zu vergleichen. Wenn ich versuchen wollte, all deine wunderbaren Taten aufzuzählen, würde ich kein Ende finden. (Psalm 40,6)

Wir könnten viele wunderbare Dinge aufzählen, die Gott getan hat und würden nie fertig werden damit. Es gibt nicht genug Worte, um seine Größe zu beschreiben, auch wenn wir ein ganzes Wörterbuch zu Hilfe nehmen würden. Die gesamte auf der Welt existierende Papiermenge würde nicht ausreichen, um aufzuschreiben, wie großartig Gott ist. Gott erschuf den Menschen als klügste Kreatur der Erde, doch er ist unendlich viel klüger als wir.

7. Oktober

Was haben ein Helmfrosch, eine Ameise und ein Warzenschwein gemeinsam?

Epheser 6,17

Alle drei gebrauchen ihren Kopf, um sich zu schützen! In Mexiko gibt es einen Laubfrosch mit Namen Helmfrosch. Dieser Frosch hat auf seinem Kopf eine Art Höcker. Wenn es sehr trocken ist, kriecht er in eine Baumhöhle und verschließt das Loch mit seinem Kopf. Der Höcker ist gewissermaßen die Tür des Lochs, und so kann der Frosch innerhalb der Baumhöhle feucht bleiben, selbst wenn draußen Dürre herrscht.

Es gibt auch Ameisen, die in Bäumen leben. Auch sie benutzen ihre Köpfe als Türen. Ameisen, die ebenfalls in dem Baum leben, dürfen ein- und ausgehen, doch fremde Ameisen werden aufgehalten, indem die Baumameise das Loch mit ihrem Kopf verschließt.

Warzenschweine, die in der freien Natur leben, haben ebenfalls ein ganz besonderes Köpfchen. Wenn sie sich ausruhen wollen, kriechen sie unter Felsen, in ein Bodenloch oder in eine Höhle. Sie lassen ihren Kopf in der Öffnung, sodass sie gleich mitbekommen, wenn andere

Tiere sich ihnen nähern, und darüber hinaus auch andere Tiere durch den Anblick ihrer Stoßzähne abgeschreckt werden.

Was hat das mit mir zu tun?

Die Bibel sagt uns, dass auch wir uns mit unserem Kopf schützen können, doch nicht so wie die oben beschriebenen Tiere. Wir brauchen unseren Kopf, um nachzudenken und die Entscheidung zu treffen, Jesus Christus nachzufolgen:

> Setzt den Helm eurer Rettung auf … (Epheser 6,17)

Ein Helm, wie du ihn zum Skateboard- oder Fahrradfahren aufsetzt, soll deinen Kopf vor Verletzungen schützen. Der „Helm der Rettung" soll dich davor schützen, an Gott und dem, was er für dich getan hat, zu zweifeln.

8. Oktober

Was steckt hinter dem Wort „Ketchup"?

Apostelgeschichte 4,12

Der Ketchup wurde von den Chinesen erfunden. Ursprünglich bestand diese Sauce aus Fisch und Gewürzen; Seeleute brachten sie nach England, wo man Walnüsse, Gurken und Pilze hinzufügte; die Amerikaner schließlich veränderten das Rezept mit Tomaten, und so kennt man es heute auf der ganzen Welt. Ebenso wie das Rezept änderte sich der Name dieser Sauce bzw. seine Schreibweise. Ursprünglich hieß die Tunke *ketsiap*, was auf Chinesisch „eingelegter Fisch" bedeutet. Später wurde die Schreibweise zu *kechap* abgewandelt, denn so sprach man das Wort auch aus. Schließlich führte ein Druckfehler zur Schreibweise *ketchup*, und so wird das Wort im Allgemeinen noch heute geschrieben.

Die Geschichte des Ketchup begann im 17. Jahrhundert in China, von dort kam die rote Sauce im 18. Jahrhundert nach England, und 1876 wurde sie in abgewandelter Form in Amerika von einem Koch, dessen Namen wir alle kennen, zum ersten Mal in Flaschen abgefüllt. Sein Name war Henry Heinz.

Was hat das mit mir zu tun?

Auch wenn Ketchup manchmal unterschiedlich geschrieben oder ausgesprochen wird, weiß doch jeder, was gemeint ist: Es handelt sich um die rote Sauce. Wenn es jedoch darum geht, wie man in den Himmel gelangt, so gibt es nur eine Möglichkeit, nur einen Weg: Jesus. In der Bibel lesen wir:

> In ihm allein gibt es Erlösung! Im ganzen Himmel gibt es keinen anderen Namen, den die Menschen anrufen können, um errettet zu werden. (Apostelgeschichte 4,12)

Wenn du nach Ketchup fragst, bekommst du eine leckere Sauce. Wenn du nach Jesus fragst, bekommst du sinnerfülltes Leben, das in alle Ewigkeit andauert!

9. Oktober

Was man tun muss, wenn jemand zu ersticken droht

Apostelgeschichte 16,30–31

Früher wusste niemand so recht, was zu tun ist, wenn jemand zu ersticken droht. Man glaubte, dass man der betreffenden Person auf den Rücken klopfen sollte, doch manchmal wird es dadurch noch schlimmer. Ein Arzt namens Harry Heimlich fand schließlich heraus, was man in dieser Situation am besten tun sollte. Er war Lungenspezialist und wusste, dass selbst ein Mensch, der verzweifelt nach Luft ringt, noch Luft in den Lungen hat. Also dachte er darüber nach, wie man diese verbleibende Luft schnell und kräftig genug herausdrücken kann, um den Fremdkörper, der die Luftröhre der betroffenen Person verstopft, hinauszubefördern. Er probierte verschiedene Methoden aus und fand schließlich eine, die gut funktionierte.

Vielleicht kennen deine Eltern oder einer deiner Lehrer den sogenannten „Heimlich-Handgriff" und können dir zeigen, wie er funktioniert. Wenn du schon älter bist, kannst du auch lernen, ihn selbst im Notfall bei jemand anderem anzuwenden. Wenn der Griff beim ersten Mal nicht gleich funktioniert, versucht man es einfach noch einmal. Eins sollte man nicht vergessen: Wenn jemand stark hustet und nicht blau wird, dann bekommt er noch genug Luft und braucht keine Hilfe. Wenn du jedoch siehst, dass jemand nicht mehr sprechen, husten oder atmen kann, dann braucht er die lebensrettende Soforthilfe in Form des Heimlich-Handgriffs.

Was hat das mit mir zu tun?

Wenn du keine Luft mehr bekommen würdest und niemand wüsste, wie er dir helfen soll, dann würdest du dir verzweifelt wünschen, dass jemand in Windeseile zu Dr. Heimlich läuft, um den rettenden Handgriff zu erlernen. Zur Zeit der ersten Christen waren zwei Jünger Jesu, Paulus und Silas, im Gefängnis. Ihr Aufseher begriff, dass er Rettung für seine Seele brauchte; er lief zu Paulus und Silas und fragte sie:

> „Ihr Herren, was muss ich tun, um gerettet zu werden?" Sie erwiderten: „Glaube an Jesus, den Herrn, dann wirst du gerettet, zusammen mit allen in deinem Haus." (Apostelgeschichte 16,30–31)

Wenn du verstanden hast, dass du Erlösung von deinen Sünden brauchst, dann kann Jesus dich retten.

10. Oktober

Wie eine Spinne ihr Netz spinnt

Psalm 91,3

Eine Spinne sucht den Platz für ihr Netz sehr sorgfältig aus. Es muss ein stabiler Standort sein, damit das Netz nicht hinunterfällt. Der Wind muss aus der richtigen Richtung kommen, und unter dem Netz sollte Gras sein, in dem viele Insekten leben. Wenn die Spinne einen idealen Platz gefunden hat, beginnt sie, ihr Netz zu weben.

Spinnen verfügen über kleine Drüsen, die Spinnenseide produzieren. Die Spinne drückt ihre Spinnendrüsen gegen etwas Hartes, sodass die flüssige Seide zu fließen beginnt. Sobald die Flüssigkeit die Luft berührt, wird sie zu einem Faden, den die Spinne hinter sich herzieht, wenn sie sich fortbewegt. Zuallererst produziert die Spinne einen ganz langen Faden. Dann bläst der Wind diesen Faden bis zu einem zweiten Ankerpunkt, wo die Spinne ihn festmacht. Nun kann die Spinne ihn als Brücke verwenden, während sie das Netz fertigstellt. Die Mitte des Netzes wird mit jeder Menge zusätzlicher Spinnenseide ausgepolstert, denn dort hält sich die Spinne auf, bis sich Insekten im Netz verfangen. Wenn das Netz allerdings nass geworden ist, bleiben keine Insekten darin kleben, denn die Klebrigkeit wurde mit der Feuchtigkeit weggespült. Eine Spinne verfängt sich niemals im eigenen Netz, weil sie ihre Beine mit einem Öl aus ihrem Mund bedeckt, das verhindert, dass sie selbst festklebt.

Was hat das mit mir zu tun?

Wenn eine Fliege in ein Spinnennetz gerät, versucht sie zu kämpfen, doch dadurch wird sie nur immer mehr von den Fäden eingewickelt. Vielleicht ist dir schon einmal etwas Ähnliches passiert. Vielleicht hast du einen Fehler gemacht – zum Beispiel hast du Fruchtsaft über einen neuen, weißen Teppich geschüttet. Wenn du versuchst, den Saft herauszureiben, wird es nur noch schlimmer. Nun gerätst du in eine noch größere Falle, indem du versuchst, dein Missgeschick zu vertuschen oder gar zu lügen. Lass es nicht so weit kommen – bitte Gott um Hilfe. In der Bibel lesen wir:

> Du kannst dich darauf verlassen: Der Herr wird dich retten vor den Fallen ... (Psalm 91,3; GN)

Die beste Art, mit einem Problem umzugehen, ist immer, die Wahrheit zu sagen, um Vergebung zu bitten und dein Bestes zu geben, damit dir der gleiche Fehler nicht noch einmal passiert. Wenn du das Gefühl hast, dich in einem klebrigen Netz verfangen zu haben, dann rufe Gott um Hilfe an.

11. Oktober

Welches medizinische Gerät geht auf eine Flöte zurück?

Jesaja 55,3

Dieses nützliche Gerät wurde von einem Arzt erfunden, der in seiner Freizeit Flöte spielte. Er hieß René Laënnec und arbeitete in Paris.

Eines Tages saß Dr. Laënnec am Bett eines kleinen Mädchens mit Herzproblemen. Er hatte immer wieder versucht, ihre Herztöne zu hören, doch ohne Erfolg. Er fragte sich, warum er die auf der Straße spielenden Kinder besser hören konnte als das Herz des kleinen Mädchens. Er sah aus dem Fenster, um den spielenden Kindern zuzusehen. Diese hielten sich einen hohlen Ast vor den Mund und sprachen durch ihn hindurch. Als Kind hatte er das auch öfter gemacht, und er erinnerte sich daran, wie der hohle Ast den Klang der Stimmen verstärkt hatte. Da kam ihm eine Idee. Er rollte ein Blatt Papier zu einer Art Röhre zusammen und legte das eine Ende an die Brust des Mädchens und das andere Ende an sein Ohr. Es funktionierte! Er konnte den Herzschlag des kleinen Mädchens hören.

Und was hat das jetzt mit einer Flöte zu tun? Dr. Laënnec verstopfte die Löcher einer Flöte und stellte auf diese Weise ein Hörrohr her. Andere Ärzte taten es ihm gleich und schon bald wurde das erste richtige Stethoskop produziert.

Was hat das mit mir zu tun?

Es war ein wichtiger Fortschritt für Ärzte, die Geräusche im Körper eines Patienten hören zu können. Es gibt aber etwas noch viel Wichtigeres, das jeder Mensch hören sollte. Gott sagt:

> Kommt zu mir und sperrt die Ohren auf! Hört mir zu und eure Seele wird leben. (Jesaja 55,3)

Wenn du von Jesus hörst und beschließt, ihm nachzufolgen, dann wird dein Leben für immer verändert. Du kannst deine Ohren für viele gute Dinge öffnen, doch nichts ist so wichtig, wie auf Gottes Wort zu hören.

12. Oktober

Wie haben die Leute früher Brot getoastet?

2. Korinther 1,9

Wenn man im 19. Jahrhundert Brot toasten wollte, brauchte man einen Kohleofen, ein Toastgitter und Zeit, um das Brot beim Rösten zu beobachten, damit es nicht anbrannte. Das Toastgitter wurde aus Draht und Blech hergestellt. Wenn man es über die Öffnung des Kohleofens hielt, wurde das Brot auf einer Seite geröstet. Dann musste das Brot gewendet werden, damit es auch auf der anderen Seite knusprig werden konnte.

Erst 1919 erfand Charles Strite den ersten elektrischen Toaster. Genau wie die heutigen Geräte hatte sein Toaster Schlitze, in die man jeweils eine Brotscheibe stecken konnte. Man konnte wählen, ob man diese stark oder leicht toasten wollte, und man musste einen kleinen Schalter herunterdrücken, der das Brot im Toaster verschwinden ließ. Beide Seiten der Brotschreiben wurden gleichzeitig getoastet. Als die Scheiben braun genug waren, wurden sie nach oben befördert.

Wie konnte das Gerät aber wissen, wann das Brot fertig war? Nun, wenn man den Schalter herunterdrückte, wurde eine Zeitschaltuhr im Inneren des Toasters aktiviert, die das Brot nach der entsprechenden Zeit „hochbefördert". Wenn man seine Brotscheibe leicht getoastet haben wollte, wurde diese Zeitschaltuhr nur ein bisschen aufgezogen, und wenn man sie dunkler haben wollte, etwas länger.

Was hat das mit mir zu tun?

So wie wir wissen, dass ein Toaster unser Brot zur richtigen Zeit nach oben befördert, vertrauen wir darauf, dass Gott uns nach unserem Tod in den Himmel bringt. In der Bibel lesen wir:

> … wir haben gelernt, nicht auf uns selbst zu vertrauen, sondern auf Gott, der die Toten auferweckt. (2. Korinther 1,9)

Wenn ein Toaster schon zuverlässig ist, wie viel mehr können wir dann auf Gott zählen! Ein Toaster kann Brot nur ein paar Zentimeter in die Höhe werfen, doch Gott kann uns nach dem Tod auferwecken und direkt in die himmlische Welt heben!

13. Oktober

Wusstest du, dass sich in deinem Magen Säure befindet?

Hiob 10,8

Unser Körper passt aber ganz gut auf sich selbst auf. Wenn du dich zum Beispiel übergeben musst, füllt sich dein Mund mit Speichel, damit dein Zahnfleisch und deine Zähne vor der ätzenden Säure geschützt werden, die dabei aus deinem Magen in deinen Mund gelangt. Normalerweise bleibt die Säure im Magen, um bei der Verdauung mitzuhelfen. Der Magen schützt sich vor der Säure mit einer Schleimschicht, die die Magenwände bedeckt. Manchmal entzündet sich die Magenschleimhaut aber und es entsteht ein Magengeschwür. Wenn ein wenig Säure aus dem Magen durch die Speiseröhre in den Mund gelangt, spricht man von Sodbrennen. Die sogenannte Hydrochloridsäure ist so stark, dass sie ein Loch in ein Taschentuch ätzen kann.

Was hat das mit mir zu tun?

Die Bibel spricht oft von unserem Körper. Im Buch Hiob lesen wir:

> Du hast mich mit deinen Händen geschaffen, du hast mich gemacht … (Hiob 10,8)

Als Gott unseren Körper erschuf, dachte er an jedes Detail. Alle einzelnen Teile fügen sich wie ein wundervolles Puzzle zusammen und jeder einzelne Teil ist erstaunlich. Wir könnten niemals einen Körper schaffen, der so gut funktioniert wie der, den Gott geschaffen hat. Wenn unser Körper krank wird, kann Gott ihn heilen.

14. Oktober

Wie Tiere sich vor der Sonne schützen

Matthäus 17,2

Wenn Tiere zu lange einer starken Sonneneinstrahlung ausgesetzt sind, kann das sehr unangenehm für sie werden. Kamele haben gelernt, sich der Sonne so zuzuwenden, dass die Sonne vor allem auf ihre Höcker trifft, die die Wärme nicht so gut weiterleiten; der Rest des Körpers wird auf diese Weise vor zu starker Sonnenstrahlung geschützt.

Tiere ohne Fell haben es in der Sonne noch schwerer. Im Gegensatz zu uns Menschen können sich Säugetiere keinen Sonnenbrand zuziehen, mit Ausnahme von Schweinen und Elefanten. Schweine haben den zusätzlichen Nachteil, dass sie nicht schwitzen können. Wenn es ihnen zu heiß wird, wälzen sie sich im Schlamm, um sich abzukühlen. Auch Elefanten wälzen sich im Schlamm, doch bei ihnen ist das wie das Auftragen einer Sonnenschutzcreme. Wenn sie so richtig vom Schlamm bedeckt sind, spritzen sie sich mit ihrem Rüssel Staub auf den eigenen Körper. Der Staub bleibt an der Schlammschicht haften und schützt die Elefanten vor einem Sonnenbrand. Wenn sich ein Elefant an einem Baumstamm reibt, wirkt der Staub wie Schmirgelpapier und zermalmt Ungeziefer, das sich auf der Elefantenhaut breitgemacht hat.

Eines der wenigen Tiere, die die Sonne genießen, ist der Katta (aus der Gruppe der Lemuren). Er braucht die Wärmewirkung der Sonne, weil sein Blut nur sehr langsam durch seinen Körper fließt. Kattas nehmen jeden Morgen gemeinsam ein Sonnenbad, wobei sie sich aufrecht und mit ausgestreckten Armen der Sonne zuwenden.

Was hat das mit mir zu tun?

Ob man sich nach der Sonne ausstreckt oder Schutz vor ihr sucht, sie ist zweifellos das hellste Element unseres irdischen Lebens. Als Jesus mit dreien seiner Jünger auf einen Berg stieg, um mit seinem himmlischen Vater zu sprechen, beschrieben ihn die drei Jünger wie folgt:

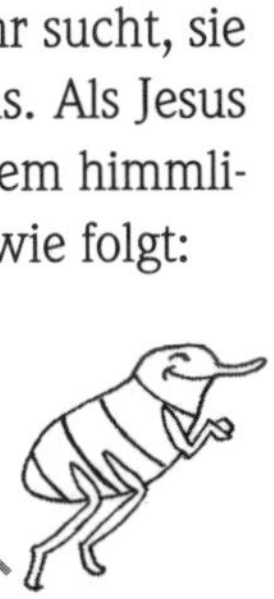

> Plötzlich veränderte sich sein Aussehen. Sein Gesicht leuchtete wie die Sonne und seine Kleidung wurde strahlend weiß. (Matthäus 17,2)

Wir brauchen uns nicht vor Jesus, der leuchtenden Sonne, zu verstecken, denn er würde uns nie Schaden zufügen, wie die echte Sonne es tun kann. Je näher wir bei Jesus leben, desto ähnlicher werden wir ihm. Öffne deine Arme wie der Katta und lass dich von der Wärme der Liebe Gottes einhüllen.

15. Oktober

Auf dein Wohl!

Johannes 7,37–38

Wenn Leute bei einer Feier ihre Gläser heben und anstoßen, sagen sie meisten etwas Nettes wie „Auf Ihr Wohl". Man nennt so etwas einen Toast. Es gab allerdings eine Zeit, in der Toasts eine besondere Bedeutung hatten.

Früher stieß man nämlich an, um herauszufinden, ob jemand versuchte, einen mit Gift umzubringen. Ein Gastgeber zeigte einem Besucher, dass er ihm wohlgesonnen war, indem er ihn einen Teil seines Getränks in das eigene Glas schütten ließ. Dann tranken alle gemeinsam. Wenn der Gastgeber ohne zu zögern trank, dann war dies der Beweis, dass das Getränk nicht vergiftet war. Beim Anheben des Glases sagte man „Auf Ihr Wohl", um dem anderen zu verdeutlichen, dass man ihm nur Gutes wünschte.

Wie konnte ein Gast zeigen, dass er dem Gastgeber vertraute? Anstatt einen Teil seines Getränks in das Glas des Gastgebers zu schütten, hob er einfach nur sein Glas an und trank auf das gemeinsame Wohl.

Was hat das mit mir zu tun?

Früher konnte es gefährlich sein, Durst zu haben. Doch Jesus will den Durst unserer Seele stillen. Er sagt:

> Wenn jemand Durst hat, soll er zu mir kommen und trinken! (Johannes 7,37–38)

Wenn man sehr durstig ist, kann man es kaum abwarten zu trinken. Ein Glas kühles Wasser ist dann eine herrliche Erfrischung. Jesus gebraucht dieses Bild, um uns klarzumachen, dass er unseren tiefsten Lebensdurst, unsere Sehnsüchte und Bedürfnisse stillen kann. Er kann uns glücklicher machen als eine eiskalte Limonade an einem heißen Sommertag oder eine Tasse heiße Schokolade, wenn draußen ein Schneesturm tobt. Vertraue Jesus, dass er dir ein so erfülltes Leben schenken kann, dass du keinen Durst nach etwas anderem verspürst!

16. Oktober

Warum Hunde und Katzen nicht weinen

Offenbarung 7,17

Die Augen der meisten Lebewesen sind mit Tränenflüssigkeit benetzt. Sie reinigt die Augen und schützt vor Infektionen. Unsere Augen werden etwa alle zehn Sekunden automatisch gereinigt, wenn wir blinzeln. Die überschüssige Flüssigkeit gelangt in unsere Tränenkanäle, die so etwas wie ganz feine Röhrchen sind. Die Flüssigkeit sammelt sich dann in den Tränensäcken und in der Nase an. Manchmal produzieren unsere Augen ungewöhnlich viel Flüssigkeit – das passiert, wenn wir traurig sind oder besonders viel lachen. Dann füllen sich unsere Tränensäcke ganz schnell, unser Gesicht zieht sich zusammen und die Gesichtsmuskeln in Augennähe drücken auf die Tränensäcke. Deshalb tropft die Flüssigkeit in Form von Tränen über unsere Wangen. Auch

die Augen von Hunden und Katzen sind mit Flüssigkeit benetzt. Doch Hunde und Katzen besitzen nicht die gleichen Gesichtsmuskeln wie wir, die auf die Tränensäcke drücken, daher weinen sie nicht wie wir.

Was hat das mit mir zu tun?

Wenn einem Tränen über die Wange kullern, liegt das in der Regel daran, dass man sehr traurig ist. Solange Menschen auf der Erde leben, passieren Dingen, die uns traurig machen. Doch aus der Bibel wissen wir, dass Gott eines Tages etwas Wundervolles tun wird:

> […] Gott wird alle […] Tränen abwischen. (Offenbarung 7,17)

Im Himmel gibt es keine Tränen mehr. Doch auch jetzt schon kannst du bei Gott Trost finden, wenn du traurig bist. Er will dich durch deine Sorgen hindurchtragen, denn er weiß genau, wie du dich fühlst.

17. Oktober

Kann ein Vogel Würmer in der Erde hören?

Jesaja 42,20

Wenn man einen Vogel eine Weile beobachtet, stellt man fest, dass er seinen Kopf erst ein paar Mal nach rechts und links neigt, bevor er nach Nahrung pickt. Lauscht der Vogel auf irgendetwas? Kann er womöglich Würmer in der Erde hören?

Nein, das kann er nicht. Er bewegt seinen Kopf ganz einfach deshalb, weil er nicht geradeaus sehen kann. Seine Augen sind seitlich am Kopf angebracht, deshalb muss er den Kopf bewegen, um sehen zu können.

Was hat das mit mir zu tun?

Vögel wissen, wie sie ihr Futter finden, auch wenn es etwas seltsam aussieht, wie sie ihren Kopf von einer Seite auf die andere neigen. Doch Menschen haben manchmal Probleme damit, Gott zu finden, obwohl er ihnen den Weg zeigt. In der Bibel lesen wir:

> Du hast viel gesehen, aber es nicht beachtet. Du spitzt die Ohren und hörst doch nichts. (Jesaja 42,20)

Als Kind Gottes kannst du mit deinen Augen Gottes wundervolle Schöpfung betrachten. Und mit deinen Ohren kannst du auf Gottes Wort hören. Aber auch dein Herz ist wichtig. Wenn Gott in deinem Herzen wohnt, dann weißt du immer, wo du ihn finden kannst.

18. Oktober

Die Geschichte eines Schokoladenkekses

Psalm 119,103

Es war im Jahr 1930, als eine Frau namens Ruth Wakefield Schokoladenkekse backen wollte. Sie hatte allerdings nicht die richtige Schokolade im Haus. In ihrem Küchenschrank befand sich nur noch eine Tafel Zartbitterschokolade von Nestlé, die eigentlich nicht zum Backen von Keksen geeignet war. Sie beschloss, die Schokolade dennoch zu verwenden, und brach sie in kleine Stücke in der Hoffnung, dass diese schmelzen und sich mit dem Teig vermischen würden. Doch als sie nach Ablauf der Backzeit den Ofen öffnete, war sie überrascht: Die Schokolade war in kleinen Splittern erhalten geblieben. Die Kekse schmeckten köstlich!

Ruth hatte damit den ersten Keks mit Schokoladensplittern erfunden! Sie nannte die Kekse „Toll House“ (Wegezollhaus), nach dem Namen des Hauses, in dem sie lebte. Viele Jahre zuvor hatten dort

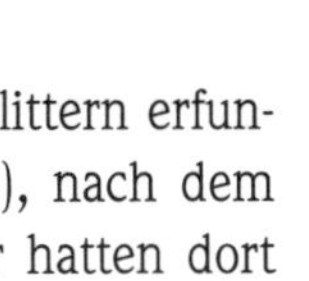

Postkutschen gehalten, um eine Straßengebühr zu entrichten. Ruth und ihr Mann hatten das alte Haus in ein kleines Hotel umgewandelt.

Ruths Gäste und die Einwohner ihrer Stadt – New Bedford in Massachusetts – liebten die neuen Kekse. Jedermann begann, die Zartbitterschokolade von Nestlé zu kaufen. Das Unternehmen Nestlé stellte fest, dass in New Bedford besonders viel Schokolade verkauft wurde, und bemühte sich herausfinden, woran das lag. Vertreter von Nestlé trafen mit Ruth zusammen und fragten sie, ob sie das Keksrezept auf dem Einwickelpapier der Schokolade abdrucken dürften. Sie erklärte sich einverstanden und schon bald waren die Kekse in ganz Amerika beliebt.

In den darauffolgenden zehn Jahren stellte Nestlé seine Schokolade weiterhin nur in Form von Tafeln her, sodass die Leute ihre eigenen „Schokoladensplitter" herstellen mussten. 1939 begann Nestlé schließlich, Schokoladentropfen zu verkaufen, die die Größe der selbst hergestellten Splitter hatten. Die Kekse, die durch einen glücklichen Zufall entstanden waren, bekamen auf diese Weise ihre eigene Schokoladenform.

Was hat das mit mir zu tun?

Wir freuen uns über neue Kekssorten, denn die meisten von uns mögen Süßes. Die Bibel vergleicht Gottes Wort mit Süße:

> Wie süß schmecken mir deine Worte, sie sind süßer als Honig. (Psalm 119,103)

Gottes Verheißungen bringen uns so viel Genuss wie eine Süßigkeit. Wenn uns jemand Kekse oder andere Leckereien gibt, dann weiß er, dass er uns damit eine Freude macht. Gott weiß, dass wir noch glücklicher sind, wenn wir sein Wort lesen und daran glauben, als wenn wir den besten Schokoladenkeks der Welt im Mund zergehen lassen.

19. Oktober

Der größte Schnitzer aller Zeiten

Sprüche 22,1

In den USA gibt es ein berühmtes Nachrichtenmagazin namens *Time*, das von Millionen Menschen gelesen wird. Die Herausgeber von *Time* sind sich bewusst, wie wichtig es ist, korrekte, zuverlässige und pünktliche Informationen zu liefern. Eines Tages unterlief dem Magazin ein Fehler, der auch noch auf dem Titelcover abgedruckt war, der sichtbarsten und damit wichtigsten Stelle des Magazins!

Als der Fehler von Angestellten des Magazins entdeckt wurde, waren bereits 200 000 Exemplare gedruckt. Es fehlte nur ein Buchstabe, aber es war dennoch ein Fehler. Nun standen die Herausgeber vor einem Dilemma: Es würde eine Menge Geld kosten, alles noch einmal neu zu drucken und außerdem würde das Magazin zu spät in den Verkauf kommen. Doch wenn man den Fehler nicht korrigierte, würde zum ersten Mal in der Geschichte der Zeitschrift auf dem Titelcover ein Druckfehler prangen. Wie sollte man dieses Problem lösen?

Die Herausgeber trafen eine schnelle Entscheidung. Sie ließen den Druckvorgang abbrechen, den Fehler korrigieren und alles noch einmal neu drucken. Das führte dazu, dass fast die Hälfte der Exemplare zu spät geliefert wurde, außerdem kostete der Neudruck 100 000 Dollar (das sind umgerechnet knapp 75 000 Euro). Doch das Magazin erschien wie immer ohne Fehler auf dem Titelcover.

Was die Leute von einer Person denken, nennt man den *Ruf* dieser Person. Es ging hier um den *Ruf* des Magazins, korrekt und verlässlich zu sein. Die Herausgeber hatten beschlossen, dass es wichtiger war, den Ruf des Magazins zu wahren, als eine Menge Geld zu sparen.

Was hat das mit mir zu tun?

Die Bibel gibt uns einen guten Rat in Bezug auf unseren Ruf:

> Gib dem guten Ruf den Vorzug vor Reichtum, denn die Anerkennung der Menschen ist besser als Silber oder Gold.
> (Sprüche 22,1)

Es ist wichtiger, einen guten Ruf zu haben, als reich zu sein. Warum? Geld kommt und geht, doch ein Ruf hängt an einem.

20. Oktober

Warum der unterste Knopf einer Herrenweste offen bleibt

1. Korinther 1,25

Männer lassen im Allgemeinen den untersten Knopf einer Weste oder eines Jacketts offen. Es ist eine Tradition, die von den Vätern auf die Söhne übertragen wird. Doch woher stammt diese Gewohnheit? Bis in die späten Jahre des 17. Jahrhunderts schloss man alle Knöpfe an Herrenjacken, bis der *Prince of Wales*, der britische Thronfolger, die unteren Knöpfe seiner Jacken offen ließ. Andere Männer taten es ihm gleich in der Hoffnung, damit adliger zu erscheinen. Der britische Thronfolger hatte nicht etwa die Absicht, die Mode zu beeinflussen. Er wollte es einfach nur bequemer haben. Sein großer Bauch war in den zugeknöpften Kleidern zu eingeengt. So führte das Übergewicht des britischen Thronfolgers dazu, dass die Männer den untersten Knopf ihres Jacketts im Allgemeinen offen stehen lassen.

Was hat das mit mir zu tun?

Wenn ein Mann sein Jackett zuknöpft, denkt er wohl kaum darüber nach, warum er den untersten Knopf offen lässt. Doch es gibt oft Situationen im Leben, in denen wir Gott die Frage stellen: Warum? Warum lässt er es zu, dass traurige Dinge passieren? Warum musste ich einen geliebten Menschen verlieren? Warum habe ich meine Klassenarbeit vergeigt? Warum habe ich nicht so eine Familie wie mein Freund? Wir denken oft, dass es keinen guten Grund für die Dinge geben kann, die uns traurig machen. Doch unser Denken ist beschränkt, weil wir Menschen sind. Nur Gott sieht das ganze Bild. In der Bibel lesen wir:

> Was Gott getan hat, übersteigt alle menschliche Weisheit, auch wenn es unsinnig erscheint; und was bei ihm wie Schwäche aussieht, übertrifft alle menschliche Stärke. (1. Korinther 1,25; Hfa)

Wenn du akzeptierst, dass Gott die Dinge im Griff hat, dass er viel klüger ist und viel mehr weiß als wir und dass wir ihm vertrauen können, dann kannst du Frieden im Herzen haben.

21. Oktober

Eine Lösung, die zu einem noch größeren Problem führte

Johannes 15,1–5

Im Süden der Vereinigten Staaten war die Bodenbeschaffenheit ein echtes Problem – der Boden wurde fortwährend erodiert, das heißt, die oberste Erdschicht wurde vom Regen weggewaschen oder vom Wind weggeweht. Nach vielen Jahren schien sich endlich eine Lösung abzuzeichnen, und zwar in Form der aus Asien stammenden Weinrebe „Kudzu“. Diese Rebe hat sehr tiefe Wurzeln, die den Boden zusammenhalten sollten. Die Rebe wuchs sehr schnell und versorgte den Boden sogar mit Stickstoff. Landwirte bekamen vom sogenannten Bodenschutzdienst kostenlos Ableger der Rebe. Ganze Gemeinschaften taten sich zusammen, um die Kudzuweinrebe in ihren Städten anzubauen. Jedermann war gespannt, wie die Weinreben den Boden bewahren würden. Doch es kam anders als erwünscht. Die Kudzuweinrebe machte alles noch schlimmer.

Sie wuchs pro Tag rund 30 Zentimeter in alle Richtungen. Sie grub sich bis zu 1,20 Meter tief in den Boden. Sie erstickte Gärten und Feldfrüchte und hängte sich an Gebäude und auch sonst an alles, was ihr in den Weg kam. Die Pflanze geriet völlig außer Kontrolle. Weder Kettensägen noch Chemikalien oder Äxte, ja nicht einmal Feuer, konnten die Pflanzen so weit zerstören, dass die unterirdischen Wurzeln abgetötet wurden. In jedem Frühjahr begann die Pflanze neu zu sprießen. Und so findet man Kudzu noch heute im Süden der USA auf einer Fläche von ungefähr drei Millionen Hektar.

Was hat das mit mir zu tun?

Die Landwirte in Amerika wollen heute nicht mehr, dass die Kudzuweinrebe wächst und gedeiht. Doch es gibt eine Weinrebe, die weltweit wachsen und Frucht bringen sollte. Jesus sagt:

> Ich bin der wahre Weinstock und mein Vater ist der Weingärtner. Er schneidet jede Rebe ab, die keine Frucht bringt, und beschneidet auch die Reben, die bereits Früchte tragen, damit sie noch mehr Frucht bringen. Ihr seid schon durch die Botschaft, die ich euch gegeben habe, beschnitten. Bleibt in mir, und ich werde in euch bleiben. Denn eine Rebe kann keine Frucht tragen, wenn sie vom Weinstock abgetrennt wird, und auch ihr könnt nicht, wenn ihr von mir getrennt seid, Frucht hervorbringen. Ich bin der Weinstock; ihr seid die Reben. Wer in mir bleibt und ich in ihm, wird viel Frucht bringen. Denn getrennt von mir könnt ihr nichts tun. (Johannes 15,1–5)

Wenn Jesus die Erde wie einen Weingarten bedeckte, dann wäre das kein Problem, sondern im Gegenteil ein Anlass zu großer Freude – und du kannst an dieser Freude teilhaben.

22. Oktober

Glaskugeln im Feuer

Jakobus 3,5

Wir wissen nicht wirklich, wie die Menschen lernten, Feuer zu verwenden. Wahrscheinlich führten Blitze in einem Wald zu einem Brand und jemand hat ein brennendes Holzstück aufgehoben und damit ein Feuer angezündet. Nachdem die Menschen das Feuer entdeckt hatten, nutzten sie es zum Wärmen und zum Schutz vor wilden Tieren, und sie sorgten dafür, dass das Feuer nicht ausging, weil sie noch nicht wussten, wie sie ein neues Feuer entzünden konnten.

Im Laufe der Geschichte haben wir eine Menge über das Feuer gelernt. Zum Beispiel wissen wir, dass nicht jedes Feuer Rauch produziert. Wenn man Rauch sieht, bedeutet das, dass unverbrannte Substanz in der Luft schwebt. Wenn alles von den Flammen verschlungen wird, entsteht kein Rauch. Wir wissen auch, dass von Kork oder Gummi verursachtes Feuer am schwersten zu löschen ist.

Es war ein langer Prozess zu lernen, wie man Feuer am besten löscht. 1734 goss ein deutscher Arzt eine Salzlösung in Glaskugeln. Er schlug vor, dass man zum Löschen von Hausbränden diese Kugeln in die Flammen werfen sollte. Sie würden in den Flammen bersten und das Feuer löschen. 1816 erfand ein Schotte, der Zeuge eines Hausbrandes geworden war, bei dem alle Menschen, die im fünften Stock und in den Stockwerken darüber lebten, umkamen, einen Kanister, der mit Druckluft, Kaliumkarbonat und Wasser gefüllt war. Dieser Kanister sollte den Leuten helfen, ein Feuer so lange unter Kontrolle zu halten, bis zusätzliche Hilfe kam. Das war der erste Feuerlöscher.

Was hat das mit mir zu tun?

Ein Feuer unter Kontrolle zu bringen ist auch heute noch eine Herausforderung. Manchmal gelingt es nicht, ein Feuer zu löschen, obwohl

alle bekannten Löschmittel eingesetzt wurden. In der Bibel wird unsere Zunge mit einem unkontrollierten Feuer verglichen:

> So kann auch die Zunge, so klein sie auch ist, enormen Schaden anrichten. Ein winziger Funke steckt einen großen Wald in Brand! (Jakobus 3,5)

Wenn man erst einmal etwas gesagt hat, ist es beinahe unmöglich, das Gesagte zurückzunehmen. Wenn man lügt oder über andere tratscht, kann man dem Ruf der betreffenden Person und auch seinem eigenen Ruf schwer schaden. Überlege sorgfältig, bevor du etwas sagst, denn auch die kleinsten Worte können wie Funken angefacht werden und sich zu einem großen Brand entwickeln, den niemand mehr kontrollieren kann.

23. Oktober

Die gebügelten Geldscheine

Hiob 5,12–13

Wenn man in den Jahren 1912 bis 1916 in Amerika eine glatte, saubere Dollarnote in die Hand gedrückt bekam, dann war dieser Geldschein vermutlich gerade frisch gebügelt worden. Ja, wirklich gebügelt, so wie man es mit Kleidern tut! Wer kam auf diese Idee? Nun, das Finanzministerium der USA. Damals herrschte in Amerika eine Versorgungsknappheit, was Banknoten anging. Forschungen ergaben, dass die meisten gebrauchten Dollarscheine einfach nur schmutzig, ansonsten aber unbeschädigt waren. Um Kosten zu sparen, beschloss das amerikanische Finanzministerium, keine neuen Scheine zu drucken, sondern die alten zu waschen. Und so wurde eine Maschine produziert, die täglich 40 000 Banknoten waschen konnte. Zwei Personen bedienten die Maschine. Zwei lange Förderbänder transportierten die Scheine in ein mit keimtötender Seifenlauge versehenes

Wasser. Danach wurden die Scheine getrocknet, gebügelt und wieder in Umlauf gebracht.

Im Ersten Weltkrieg gab es wieder Probleme mit den Zahlungsmitteln. Bis dahin waren amerikanische Geldscheine aus einer Art Leinen hergestellt worden, doch dieses Material wurde plötzlich rar. Das Finanzministerium ließ die Scheine nun aus Baumwolle herstellen, doch dieses Material konnte nicht gewaschen werden, ohne zu verblassen. Nach dem Krieg wurde vorgeschlagen, wieder Banknoten aus Leinen zu produzieren und zu waschen. Da schritt der Geheimdienst auf den Plan und erklärte, dass „gewaschenes" Geld leichter mit Falschgeld verwechselt werden könnte. Also ließ das amerikanische Finanzministerium bis in die 70er-Jahre hinein alte Banknoten verbrennen. Danach verwendete man einen Reißwolf, womit allein in den darauffolgenden drei Jahren mehr als 150 Milliarden Dollarscheine aus dem Verkehr gezogen wurden.

Was hat das mit mir zu tun?

Das amerikanische Finanzministerium gab sich große Mühe, die Herstellung und den Umlauf von Falschgeld zu verhindern. Doch es wird immer Betrüger geben, die sich noch mehr Mühe geben, um den Staat zu überlisten. Vielleicht hat auch schon mal jemand versucht, dich hereinzulegen. Gott wird sich darum kümmern! In der Bibel lesen wir:

> Er vereitelt die Pläne der Hinterlistigen, sodass sie sich umsonst anstrengen. Den Weisen lässt er ihre Klugheit zur Falle werden, und die Listigen lässt er über ihre eigenen Pläne stolpern. (Hiob 5,12–13)

Denke nicht an Rache, denn dadurch wirst du selbst durchtrieben. Gott weiß am besten, wie er mit dem Bösen umgehen und es besiegen kann.

24. Oktober

Der Herrscher des Ozeans

Psalm 89,10

Knut war ein Wikinger, der im elften Jahrhundert Herrscher über England und Skandinavien war. Eines Tages wollte König Knut, der in England lebte, etwas beweisen. Er ging zum Strand am Ufer des Ozeans und befahl den Wellen, sich nicht zu erheben. Er war nicht etwa größenwahnsinnig – im Gegenteil. Er wollte seinen Untergebenen zeigen, dass Gott größer und mächtiger ist als jeder Mensch. Als der König am Ufer stand, stieg das Meer durch die Flut immer mehr an, bis Knut mit den Knöcheln im Wasser stand. Nun verkündete er seinem Volk, dass niemand auf der Erde würdig sei, „König“ zu heißen. Der einzige König sei Gott, „auf dessen Wink Himmel, Erde und Meer nach ewigen Gesetzen gehorchen“. Zur Bekräftigung nahm Knut seine Krone ab und setzte sie nie wieder auf. Stattdessen hing er sie an ein Kruzifix über den Kopf Jesu.

Was hat das mit mir zu tun?

Durch seine Demut wurde Knut ein besserer Herrscher. Er wies seine Untertanen auf Gott hin und forderte sie auf, anzuerkennen, was die Bibel über den Schöpfer sagt:

> Du gebietest über die Meere. Wenn ihre Wellen sich im Sturm turmhoch erheben, so besänftigst du sie. (Psalm 89,10)

Der König beugte sich dem König der Könige. So sollte es sein!

25. Oktober

Der Droschkenfahrer, der zum Lebensretter wurde

Psalm 40,3–4

William Cowper lebte 1763 in London. Er war zu dem Schluss gekommen, dass für ihn alles keinen Sinn mehr hatte, und beschloss, sich das Leben zu nehmen. Er wollte von der Brücke in die Themse springen und rief eine Droschke, damit sie ihn dorthin fuhr. Der Droschkenfahrer fuhr eine Weile herum, bis er sich schließlich beklagte, der Nebel sei so dicht, dass er sich nicht orientieren könne. Es war ihm nicht nur unmöglich, die Brücke zu finden, er wusste auch nicht, wie er William wieder nach Hause bringen sollte. Schließlich war der Fahrer so frustriert, dass er William aufforderte, an Ort und Stelle aus der Kutsche zu steigen.

William gehorchte. Als er sich umsah, um herauszufinden, wo er sich befand, stellte er überrascht fest, dass er vor seinem eigenen Haus stand! Der Gedanke an Selbstmord war wie weggeblasen. Stattdessen ging William Cowper ins Haus, setzte sich an seinen Schreibtisch und schrieb das Kirchenlied *„God Moves in a Mysterious Way“* (dt. „Gott arbeitet auf geheimnisvolle Weise“), das im englischsprachigen Raum sehr bekannt ist.

Was hat das mit mir zu tun?

Gott hat seine eigenen Möglichkeiten, uns zu bewahren, auch wenn wir uns dessen nicht bewusst sind. In der Bibel lesen wir:

> Er rettete mich aus dem Sumpf der Verzweiflung, aus Matsch und Schlamm. Er stellte mich auf festen Boden und gab meinen Füßen festen Halt. Er legte mir ein neues Lied in meinen Mund, mit dem ich unseren Gott loben kann. (Psalm 40,3–4a)

Immer wenn du glaubst, dass es keine Hoffnung mehr gibt, dann wende dich an Gott. Er wartet bereits auf dich und will Wunder in deinem Leben tun.

26. Oktober

Schafe vor dem Weißen Haus

Psalm 23,1–4

Es gibt einige interessante Fakten über Schafe, die du vielleicht noch nicht kennst:

1917 lebte eine kleine Schafherde auf dem Rasen des Weißen Hauses. Es war die Idee des damaligen amerikanischen Präsidenten Woodrow Wilson. Die grasenden Schafe hielten den Rasen schön kurz, und so konnten wertvolle Arbeitskräfte eingespart werden, die für den Ersten Weltkrieg gebraucht wurden. Doch als die Schafe begannen, auch die wunderschönen Büsche und Blumen rund um das Weiße Haus anzuknabbern, beschwerten sich manche Leute. Aber die Frau des Präsidenten kämpfte dafür, dass die Schafe bleiben durften, und argumentierte, die Schafe hätten immerhin fast 45 Kilo Wolle geliefert, die versteigert werden konnte. Der Gewinn der Versteigerung war dem Roten Kreuz zugeflossen.

Schafe sind vor allem Fleisch-, Milch- und Wolllieferanten, doch auch der Darm von Schafen wird genutzt: Unter der irreführenden Bezeichnung Katzendarm verwendet man ihn für Saiten von Musikinstrumenten und Tennisschlägern. In der Medizin wurde er früher als Garn zum Vernähen von Wunden benutzt.

Schafe haben Angst, von fließendem Wasser zu trinken. Selbst wenn ein Schaf sehr durstig ist, wird es nicht aus einem Bach oder Fluss trinken. Das scheint dumm oder zumindest unvernünftig zu sein, doch auch wir Menschen haben oft unvernünftige Ängste.

Was hat das mit mir zu tun?

Gott versteht unsere Gefühle. Er möchte uns an die Hand nehmen und in Sicherheit bringen. Er kennt unsere tiefsten Ängste und Sorgen. Er möchte, dass wir ihm immer mehr vertrauen. Wenn du es zulässt, wird er dich ganz allmählich und auf sanfte Weise lehren zu vertrauen. Stell dir Jesus als guten Hirten vor und dich selbst als ein verängstigtes Schaf. In der Bibel lesen wir, wie Jesus sich um uns kümmern will:

> Der Herr ist mein Hirte, ich habe alles, was ich brauche. Er lässt mich in grünen Tälern ausruhen, er führt mich zum frischen Wasser. Er gibt mir Kraft. Er zeigt mir den richtigen Weg um seines Namens willen. Auch wenn ich durch das dunkle Tal des Todes gehe, fürchte ich mich nicht, denn du bist an meiner Seite. Dein Stecken und Stab schützen und trösten mich. (Psalm 23,1–4)

Wenn Jesus weiß, was ein Schaf braucht und sich um seine Bedürfnisse kümmert, dann denk daran, wie viel wertvoller du in seinen Augen bist. Lass dich von ihm zu stillen Wassern führen, wo deine Seele sich entspannen und Erfrischung finden kann.

27. Oktober

Der mysteriöse Prinz

Matthäus 7,15

Das kleine Land Albanien konnte endlich sein „Stellenangebot" entfernen. Das Volk brauchte einen neuen Herrscher und hatte den Prinzen eines anderen Landes gebeten, nach Albanien zu kommen und das Land zu regieren. Der Prinz hatte zugesagt, und nun warteten alle gespannt auf sein Eintreffen.

Schließlich kam eine geschmückte Kutsche in die Hauptstadt, und ein hochgewachsener schlanker Mann stieg aus und rief: „Macht Platz für den neuen Prinzen!“ Ein kräftig aussehender Mann stieg aus. Hinter ihm erschien der Prinz. Er hielt eine Rede und kündigte an, dass das Land nun eine Woche lang feiern würde. Alle fanden diese Idee ganz wundervoll.

Doch eines Tages kam ein mysteriöser Brief an. Darin stand: „Danke für das Angebot, dass ich Ihr Land regieren solle. Man sagte mir, ich sei bereits in Albanien eingetroffen. Das ist natürlich lächerlich. Ich werde mich bald auf den Weg machen.“

Die Leute fragten sich, wer denn der Mann sei, der mit der Kutsche gekommen war. Es stellte sich heraus, dass der falsche Prinz und seine beiden Begleiter Zirkuskünstler waren.

Was hat das mit mir zu tun?

Manchmal ist es sehr leicht, auf jemanden hereinzufallen, wenn diese Person überzeugend auftritt. Doch in der Bibel werden wir gewarnt:

> Nehmt euch vor falschen Propheten in Acht. Sie kommen daher wie harmlose Schafe, aber in Wirklichkeit sind sie gefährliche Wölfe, die euch in Stücke reißen wollen. (Matthäus 7,15)

Wir sollten uns in Acht nehmen vor Menschen, die sich darum bemühen, mehr bewundert zu werden als Jesus. Sie machen vielleicht einen harmlosen Eindruck, in Wirklichkeit sind sie jedoch böse und gefährlich. Bleibe ganz nah bei Jesus, dann wirst du nicht auf solche Leute hereinfallen.

28. Oktober

Wie man einmal mit einer Schachtel Frühstücksflocken ein Stück Land kaufen konnte

Psalm 24,1–2

1955 konnte man in Amerika jedes Mal, wenn man eine Schachtel Frühstücksflocken öffnete, Landbesitzer werden. Die Firma *Quaker Oats* fügte jeder Schachtel Frühstücksflocken ein Stück Papier mit einem Kaufvertrag bei. Der Clou bestand darin, dass das Land, dessen Eigentümer man mit diesem Papier geworden war, genau sechs Quadratzentimeter groß war! Das Unternehmen *Quaker Oats* unterstützte damit eine Fernsehserie für Kinder namens *Sergeant Preston*. Die Firma hatte sieben Hektar Land des Yukon-Territoriums von Kanada gekauft, damit Kinder dort Land erwerben konnten. Nachdem das Land in lauter kleine Parzellen aufgeteilt worden war, wurden 21 Millionen durchnummerierte Kaufverträge über jeweils sechs Quadratzentimeter Land den Frühstücksflocken beigefügt. Nur eine einzige Person versuchte tatsächlich, Land für sich zu beanspruchen. Sie sagte, sie habe genug Kaufverträge gesammelt, um Eigentümer eines sechs Quadratmeter großen Stückes Land zu werden. *Quaker Oats* überprüfte die Sache und fand heraus, dass die verschiedenen „Quadratzentimeter“ Land noch nicht einmal nebeneinander lagen. Schließlich wurde das Land von Kanada zurückgefordert und zurück blieb die Erinnerung an ein „Meisterstück“ der Werbung.

Was hat das mit mir zu tun?

Mit Ausnahme einer Person hatte jedermann begriffen, dass das Eigentum an dem Yukon-Land nur ein amüsanter Werbegag war. Wenn es jedoch um wirkliches Eigentum im Leben geht, sind wir manchmal sehr besitzergreifend. Wir sind stolz auf unseren Garten oder Grundbesitz. Rechtlich gesehen mag es stimmen, dass er uns gehört, doch die Eigentumsgesetze wurden von Menschen gemacht. Tatsache ist, dass wir das Land nicht erschaffen haben. Letztendlich gehört die Erde einem anderen! In der Bibel lesen wir:

> Die Erde und alles, was darauf ist, gehört dem Herrn. Die Welt und die Menschen sind sein. Denn er hat die Fundamente der Erde in den Meeren verankert und sie auf den Tiefen der Ozeane erbaut. (Psalm 24,1–2)

Wir dürfen Land nutzen, weil Gott großzügig ist – er leiht es uns, so wie wir einem Freund ein Buch ausleihen und ihm dazu sagen, dass er es behalten darf, solange er will. Wir rechnen damit, dass unser Freund in dieser Zeit gut mit dem Buch umgeht, weil es eigentlich uns gehört. Vielleicht wirst du eines Tages Land besitzen. Doch egal, ob du sein Eigentümer bist oder nur auf dem Land wohnst, vergiss nie, den Segen wertzuschätzen, den Gott dir damit zukommen lässt.

29. Oktober

Die Rettung einer Bonbonmarke

1. Johannes 5,12

Obwohl Edward Noble nicht der Erfinder der in Amerika beliebten Bonbons Life Savers (Deutsch: „Lebensretter") ist, ist es doch ihm zu verdanken, dass es diese Bonbons überhaupt noch gibt. Noble arbeitete in der Werbebranche. Er kaufte das Life-Saver-Patent von Clarence Crane, denn er rechnete damit, dass diese Bonbons ein großer Erfolg werden würden. Zunächst schien er sich da gewaltig zu irren. Noble entdeckte, dass die Life Savers aus Minze in ihrer Papierrolle nicht frisch blieben. Noch schlimmer: Die Bonbons begannen nach einer Weile nach Papier zu schmecken. Die Leute hatten bald keine Lust mehr, Life Savers zu kaufen. Noble erfand daraufhin eine

Packung aus Stanniolpapier, doch die Leute sagten nach wie vor: „Nein, danke."

Wie konnte man diesen Bonbons eine zweite Chance geben? Noble bat Ladeninhaber, die *Life Savers* in der Nähe der Kassen aufzustellen und mit einem Schild zu versehen, auf dem „5 Cents" stand. Außerdem bat er sie, bei der Herausgabe des Wechselgeldes immer darauf zu achten, dass wenigstens ein 5-Cent-Stück dabei war. So hatten die Kunden das richtige Geldstück in der Hand, um *Life Savers* zu kaufen, und sie wurden motiviert, diese Bonbons doch noch einmal zu versuchen.

Die Leute aßen wieder *Life Savers*, und darüber hinaus benutzten sie die Bonbons mit dem Loch in der Mitte auch als Dekoration für den Weihnachtsbaum. Noble hatte eine neue Form des Verkaufs eingeführt.

Die Leute kauften *Life Savers* nun in solchen Mengen, dass auch andere Unternehmen ihre Produkte in Nähe der Kasse anbieten wollten. Schon bald verloren sich *Life Savers* inmitten all der anderen Produkte in Kassennähe.

Da hatte Noble eine neue Idee. Er stellte einen speziellen Ständer her, der alle möglichen Süßigkeiten enthalten konnte, und stellte seine *Life Savers* ganz nach vorn.

Was hat das mit mir zu tun?

Der einzige echte „Lebensretter" ist Jesus, und er bietet uns das wunderbare Geschenk des Heils an. Die Bibel stellt ganz klar und einfach fest:

> Wer an den Sohn Gottes glaubt, hat das Leben; wer aber an den Sohn Gottes nicht glaubt, hat auch das Leben nicht. (1. Johannes 5,12)

Wenn du dabei wärst zu ertrinken, und jemand würde dir ein Seil zuwerfen, würdest du dich daran klammern. Gott bietet dir seinen Sohn an. Hänge dich an ihn und lass ihn nie wieder los!

30. Oktober

Warum Vögel in der V-Formation fliegen

Psalm 32,8

Wenn wir an Vögel denken, fällt uns nicht unbedingt als Erstes ihre Fähigkeit ein, sich selbst zu organisieren. Doch sie fliegen häufig in Formationen. Wie kommt es, dass sie schließlich immer eine V-Formation bilden? Das hängt mit den Luftströmungen zusammen. Der Leitvogel bildet die Spitze des Vs; er durchpflügt die Luft und bildet hinter sich eine V-förmige Luftströmung. Die übrigen Vögel werden durch Windstrudel, die sich innerhalb des Vs bilden, vorangetrieben. Die Wissenschaftler glauben, dass Vögel beim Flug in der V-Formation auch besser sehen, da sich ihre Augen seitlich am Kopf befinden.

Was hat das mit mir zu tun?

Wenn Vögel eine größere Strecke zurücklegen müssen, stecken sie ihre ganze Energie in diese Reise. Gott hat sie mit speziellen Instinkten ausgestattet, sodass sie den schnellsten und sichersten Weg finden. Auch wir Menschen brauchen Anleitung, um die richtige Richtung zu wählen. Wir sind für Gott so viel wertvoller als die übrigen Lebewesen, dass er uns bestmöglich beraten und leiten will. Er hat uns die Fähigkeit gegeben, nachzudenken und Informationen zu verarbeiten, und außerdem schenkt er uns in der Bibel die folgende Verheißung:

> Ich will dir den Weg zeigen, den du gehen sollst. Ich will dir raten und dich behüten. (Psalm 32,8)

Wenn wir Vögel in der V-Formation fliegen sehen, dann können wir uns daran erinnern, dass Gott auch uns unseren Weg klar zeigen will.

31. Oktober

Wie eine Weihnachtskarte zu einer einzigartigen Werbekampagne führte

Psalm 119,105

Clinton Odell hörte von einem Chemiker, der krank geworden und nach Arizona gezogen war, um sich dort behandeln zu lassen. Odell sandte dem kranken Mann zu Weihnachten einen Umschlag mit 25 Dollar (ca. 18 Euro) und einer Karte mit ein paar aufmunternden Worten. Ein Jahr später, 1925, stand der Chemiker namens Carl Noren vor Odells Haustür und sagte: „Hier bin ich, mir geht es gut; was kann ich für Sie tun?“ Also fragte Odell den Chemiker, ob dieser sich mit Rasiercremes auskenne, die man ohne Pinsel auftragen könnte. Carl Noren stellte verschiedene Mixturen her. Irgendwann fand Odell ein altes Töpfchen mit Resten einer gemischten Rasiercreme wieder, die schon ein paar Monate alt war. Er probierte sie aus und war sehr zufrieden damit. Er hatte ein neues zu vermarktendes Produkt gefunden: *Burma-Shave.*

Odells Sohn Allan sah einige Straßenschilder entlang der Highways, die auf Tankstellen und Toiletten hinwiesen, und hatte eine Idee: Die Familie malte einfache Werbeschilder, die auf *Burma-Shave* hinwiesen, und brachte sie in einer Reihe entlang zweier Hauptverkehrsstraßen an. Nach und nach kamen immer mehr Aufträge von Drogerien, deren Kunden die Schilder gesehen hatten. Meist standen mehrere Schilder hintereinander, die man so nacheinander lesen konnte. Man brauchte fast 18 Sekunden, um eine solche Serie an Schildern zu lesen, und das war mehr Zeit, als Werbefachleute im Allgemeinen hatten, um ihre Botschaft an den Mann zu bringen. Außerdem schufen die einzelnen Schilder eine gewisse Spannung und die Sprüche darauf waren witzig.

Was hat das mit mir zu tun?

Während man über die Straße des Lebens fährt, wünscht man sich manchmal, da gäbe es Schilder, die einem zeigen, welche Richtung man einschlagen soll. Bisweilen kann die Straße dunkel und holperig erscheinen. Doch Jesus ist immer an deiner Seite. Sprich mit ihm. Glaube daran, dass er dir den Weg zeigen kann. Vertraue ihm. Er wird dich führen. In der Bibel lesen wir:

> Dein Wort ist eine Leuchte für meinen Fuß und ein Licht auf meinem Weg. (Psalm 119,105)

Schalte die Leuchte ein – wende dich an Jesus.

1. November

Die geheimnisvolle Betty Crocker

Johannes 20,29

Betty Crocker war eine berühmte Werbefigur in Amerika. Sie galt als eine fröhliche, sachkundige Hausfrau. Es gab sogar eine Radiosendung: *„The Betty Crocker Cooking School of the Air"* (die Betty-Crocker-Radiokochschule). Sie wurde 1924 zum ersten Mal ausgestrahlt und wurde 24 Jahre lang gesendet. Diese Sendung war sehr erfolgreich und hatte mehr als eine Million Hörer. Betty Crocker war die meistgefragte Beraterin für Fragen rund ums Kochen und hat mehr als 50 Millionen Kochbücher verkauft. Doch eine Zutat in ihrem Erfolgsrezept fehlt: Sie hat nie wirklich existiert. Sie ist eine Erfindung der *Washburn Crosby Company* in Minneapolis.

Die ganze Geschichte begann 1921. Das Unternehmen *Washburn Crosby* erhielt jede Woche Hunderte von Briefen von Hausfrauen, die Ratschläge zum Kochen und Backen suchten. Um den Antworten eine persönliche Note zu geben, erfand das Unternehmen eine Frau, um die Post zu beantworten. Der Nachname „Crocker“ wurde gewählt, um einen pensionierten Direktor des Unternehmens, William Crocker, zu ehren. Der Vorname „Betty“ wurde gewählt, weil er für amerikanische Ohren vertraut und freundlich klingt. Die Handschrift einer Sekretärin gewann einen vom Unternehmen organisierten Wettbewerb und wurde zur Unterschrift der erfundenen Betty Crocker erklärt. Als die Radiosendung begann, musste Betty Crocker eine Stimme erhalten, also stellte man eine Schauspielerin ein. 15 Jahre später brauchte man für die Kochbücher ein Bild von Betty Crocker. Man zeichnete ein Porträt, in dem sich die Züge aller weiblichen Angestellten des Unternehmens wiederfanden. Im Laufe der Jahre wurde das Bild aktualisiert, insgesamt gab es acht verschiedene Bilder von Betty Crocker. Jede neue Version ließ Betty Crocker noch jünger erscheinen als die vorangegangenen!

Was hat das mit mir zu tun?

Vor 1921 hatte niemand je von Betty Crocker gehört. Und danach bekam man immer nur eine Zeichnung zu Gesicht, keine echte Person. Die Leute waren davon überzeugt, dass Betty Crocker wirklich existierte, weil sie ihre Bücher und die Radiosendung kannten.

Es ist erstaunlich, dass die Menschen seit vielen Jahrhunderten wissen, was Jesus in der Bibel sagt, aber nichts mit ihm zu tun haben wollen, weil sie ihn nicht mit eigenen Augen gesehen haben. Warum ist es einfacher, eine erfundene Hausfrau und Köchin zu akzeptieren, als an einen echten Retter zu glauben? Jesus sagt:

> Gesegnet sind die, die mich nicht sehen und dennoch glauben. (Johannes 20,29b)

2. November

Thomas Edison und der Urlaub

1. Timotheus 4,14

Thomas Edison, der Erfinder des elektrischen Lichts und vieler anderer Dinge, war dafür bekannt, dass er sehr hart arbeitete. Im Alter von zwölf Jahren verkaufte er Bahnreisenden Zeitungen und Süßigkeiten. Er verkaufte mehr als alle anderen Jungen und begann, eine eigene Zeitung zu schreiben und zu verkaufen. Gleichzeitig richtete er im Hinterteil eines Gepäckwagens ein kleines Labor ein. Der junge Edison verschüttete dabei einige Chemikalien, die ein Feuer verursachten, und verlor seinen Job.

Als Erwachsener fiel es ihm oft schwer zu begreifen, dass nicht jeder seine Begeisterung für Arbeit teilte. Eines Tages entdeckte Edison, dass die Arbeiter seiner Fabrik ständig auf die Werksuhr schauten. Er wollte ihnen diese Unart abgewöhnen und hatte einen Einfall: Er ließ eine ganze Reihe von Uhren überall in der Fabrik anbringen, doch jede Uhr zeigte eine andere Uhrzeit an. Die Angestellten waren so verwirrt, dass sie es schließlich aufgaben, herauszufinden, wie viel Uhr es denn nun wirklich war, und sich stattdessen ganz auf ihre Arbeit konzentrierten.

Edisons Engagement bei der Arbeit zeigte sich auch bei ihm zu Hause. Eines Tages drängte ihn seine Frau, endlich seinen wohlverdienten Urlaub zu nehmen, doch er antwortete, er wisse gar nicht, wohin er fahren sollte. Also sagte sie ihm, er solle den Platz wählen, an dem er lieber als irgendwo sonst auf der Welt sein wollte. Er nickte zustimmend und sagte: „Morgen gehe ich dorthin." Er hielt Wort und ging am nächsten Morgen schnurstracks in sein Labor.

Was hat das mit mir zu tun?

Thomas Edison war von seiner Arbeit begeistert. Er hatte Talent und konnte es kaum abwarten, seine Fähigkeiten täglich neu zu nutzen. In der Bibel steht:

Setz die Gabe ein, die Gott dir schenkte … (1. Timotheus 4,14a; Hfa)

Wenn du dich für irgendetwas besonders interessierst, dann hat Gott möglicherweise einen Plan für dich, der damit zusammenhängt. Wenn du den Drang verspürst, etwas Handwerkliches zu gestalten, deine Klassenkameraden zu unterstützen, ein Lied zu schreiben oder Dinge zu organisieren – versuche es auf jeden Fall! Bitte Gott, dir dabei zu helfen, deine Talente zu erkennen und herauszufinden, wie du sie für ihn gebrauchen kannst. Er wird dir Dinge über dich selbst zeigen, von denen du noch gar nichts weißt, und er wird dir auch helfen, die Fähigkeiten auszubauen, die du bereits bei dir entdeckt hast.

3. November

Der Kaiser von Amerika

Jesaja 57,15

Ein Kaiser verfügt normalerweise über Reichtum, Macht und Prestige. Joshua Norton hatte nichts von alledem. Er reiste von England nach San Francisco, um dort sein Glück zu machen. Er wurde tatsächlich reich, verlor jedoch innerhalb von zehn Jahren sein gesamtes Vermögen wieder. Er landete schließlich in einem kleinen Wohnheim und arbeitete in einer Reisfabrik. Norton fand, dass Amerika nicht gut regiert wurde. Er war ein liebenswürdiger Zeitgenosse und erzählte vielen Leuten, wie man seiner Meinung nach Amerika zu einem besseren Land machen könnte. Ein Zeitungsverleger beschloss, einen Artikel über Norton zu veröffentlichen. Darin war auch die Rede von Nortons Idee, Kaiser der USA zu werden. 1859 erklärte er sich tatsächlich selbst zum „Kaiser" von Amerika.

Norton trug eine abgelegte Militäruniform und einen Hut mit einer Feder. Jeden Tag spazierte er durch die Straßen von San Francisco, um sein „Reich" zu beaufsichtigen. Er achtete darauf, dass die Gossen

nicht von Abfällen verstopft wurden und dass die Straßenbahnwagen ihre Fahrpläne einhielten. Wenn er etwas sah, was ihm nicht gefiel, „beseitigte“ er es. Wenn man ihn jedoch freundlich darum bat, änderte Kaiser Norton seine Meinung auch schon mal. Die Kaufleute akzeptierten sein eigenes „Geld“, das er selbst drucken durfte. In den Theatern wurde ihm ein besonderer Platz reserviert und er durfte kostenlos in Restaurants speisen. Die Einwohner von San Francisco waren von ihrem Kaiser entzückt. Wenn sie ihm auf der Straße begegneten, verneigten sie sich vor ihm und viele Bürger trugen ohne sein Wissen zu seinem Lebensunterhalt bei. Nach 20 Jahren als „Kaiser“ starb Norton und mehr als zehntausend seiner „Untertanen“ erwiesen ihrem geliebten „Kaiser“ zwei Tage lang die letzte Ehre.

Was hat das mit mir zu tun?

Es ist ziemlich schlimm, sein ganzes Geld zu verlieren. Norton konnte sich nicht damit abfinden, und so erfand er eine Möglichkeit, trotzdem noch Bedeutung zu haben. In der Regel funktionieren solche Spielchen in der realen Welt nicht. Gott liebt Menschen, die Rückschläge mit Würde hinnehmen und ihm weiterhin vertrauen. Er sagt:

> Ich wohne an der hohen, heiligen Stätte und bei denen, die einen zerschlagenen und gedemütigten Sinn haben, um die Gedemütigten neu zu beleben, und die zerschlagenen Herzen wieder aufleben zu lassen. (Jesaja 57,15)

Für Gott spielt es keine Rolle, wie beliebt oder wohlhabend du bist. Er kann dir helfen, mit dem, was du bist und was du besitzt, zufrieden zu sein.

4. November

Der missglückte Ausbruch

Sprüche 14,22

Einige Häftlinge in Mexiko planten einen Ausbruch aus dem Gefängnis, und zwar durch einen Tunnel. Sie berechneten sorgfältig, wie weit sie graben mussten, und begannen heimlich den Tunnel zu bauen. Nach mehreren Monaten war der Fluchtweg fertig und der Zeitpunkt des Ausbruchs war gekommen. 75 Häftlinge krochen durch den Tunnel. Alles verlief planmäßig, bis zur allerletzten Minute. Als die Flüchtenden an die Oberfläche kamen, stellten sie fest, dass ihr Geheimgang direkt in einem Gerichtssaal endete.

Was hat das mit mir zu tun?

Egal, wo sie ausgekommen wären – wahrscheinlich wären die Häftlinge nicht weit gekommen, doch so wurden sie eben unerwartet schnell gefasst. Wir wissen, dass Menschen, die bewusst etwas Böses tun, in der Regel ihr eigenes Unglück heraufbeschwören. In der Bibel lesen wir:

> Wer Böses im Schilde führt, ist verloren; doch wer Gutes im Sinn hat, wird Gnade und Treue ernten. (Sprüche 14,22)

Wenn du sorgfältig in der Bibel liest und dich vom Bösen fernhältst, wirst du den besten Weg finden.

5. November

Warum arbeitet ein Auge mehr als das andere?

Matthäus 6,22–23

Wusstest du, dass eines deiner beiden Augen mehr arbeitet als das andere? Dein Gehirn sucht das Auge aus, das am meisten arbeitet, wenn du beide Augen geöffnet hast. Du kannst sehr leicht herausfinden, welches deiner Augen das andere dominiert. Halte einen Bleistift mit ausgestrecktem Arm in der Hand und lass ihn mit einer geraden Linie in einiger Entfernung verschmelzen (das kann die Ecke einer Wand, eine Tür, ein Fensterrahmen, ein Baumstamm oder sonst etwas Gerades sein). Nun schließe nacheinander erst das eine und dann das andere Auge. Mit einem Auge wirst du den Bleistift so sehen, wie du ihn angeordnet hast – exakt mit der entfernten geraden Linie im Einklang. Beim anderen Auge wirst du feststellen, dass der Bleistift sich anscheinend bewegt hat und zur einen oder anderen Seite „gesprungen" ist. Was bedeutet das? Das Auge, das den Bleistift in Übereinstimmung mit der geraden Linie gesehen hat, ist das dominierende Auge. Dieses Auge wurde von deinem Gehirn ausgewählt, um zu erfassen, was du siehst.

Was hat das mit mir zu tun?

Unsere Augen sind sehr wichtig, und zwar nicht nur in Bezug auf ein makelloses Sehvermögen. In der Bibel lesen wir:

> Dein Auge ist das Fenster deines Körpers. Ein klares Auge lässt das Licht bis in deine Seele dringen. Ein schlechtes Auge dagegen sperrt das Licht aus und stürzt dich in Dunkelheit. Wenn schon das, was du für Licht hältst, in dir Dunkelheit ist, wie dunkel wird dann erst die Dunkelheit sein! (Matthäus 6,22–23)

Wenn dir das Leben verschwommen und verwirrend erscheint, dann konzentriere dich auf Jesus, und sein Licht wird deine Seele erleuchten.

6. November

Der „Landstreicher-Code"

Matthäus 25,40

Während der Weltwirtschaftskrise von 1929 verloren viele Menschen ihre Arbeit und ihr Geld. In Amerika fuhren viele verzweifelte Männer als blinde Passagiere in Güterwaggons von Stadt zu Stadt, in der Hoffnung, bessere Lebensbedingungen zu finden. Diese Männer wurden häufig als „Landstreicher" bezeichnet. Wenn sie aus dem Zug stiegen, machten sie sich sofort auf die Suche nach Arbeit oder nach einer Mahlzeit. Wenn ein Landstreicher an eine Tür klopfte, bekam er oft ein wenig zu essen oder etwas Geld für eine kleine Arbeit oder Reparatur im Haushalt. Doch manche Leute waren auch unfreundlich und abweisend. Die Landstreicher wollten die nach ihnen kommenden Kumpel darüber informieren, wo sie willkommen waren und welche Plätze sie besser meiden sollten. Bevor sie wieder auf einen Zug aufsprangen, ließen sie eine verschlüsselte Botschaft mit mehreren Adressen auf einem Zaun oder einer Mauer zurück. Es waren kleine Zeichnungen, die Botschaften vermittelten, etwa in der Art wie: „Dieser Mann wird dich in seiner Scheune schlafen lassen" oder: „Wenn du krank bist, wird dieser Arzt dir helfen" oder: „Diese Frau ist nicht ehrlich – sie zahlt nicht für deine Arbeit." Diese verschlüsselten Botschaften wurden als „Landstreicher-Code" bezeichnet; Männer, die selbst jede Hilfe brauchten, nutzten diesen Code, um anderen eine kleine Hilfe zu geben.

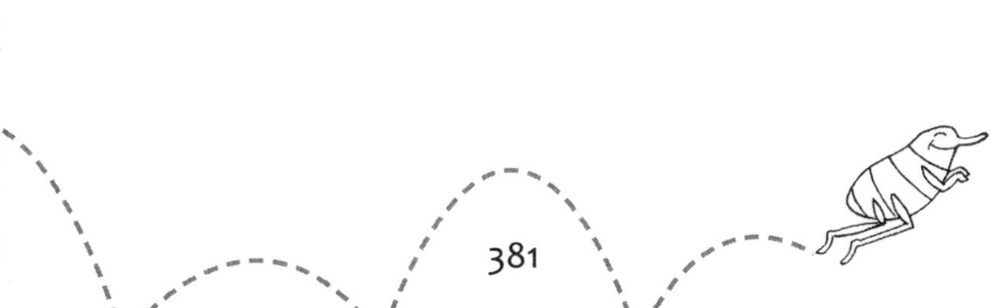

Was hat das mit mir zu tun?

Heutzutage haben viele Leute Angst, einem Fremden zu helfen, vor allem, wenn er ungepflegt und heruntergekommen aussieht. Aber es gibt Dinge, die wir tun können, ohne uns und unsere Familie zu gefährden. Unsere Familie oder die Verantwortlichen unserer Gemeinde können eine bedürftige Person mit einer Wohltätigkeitsorganisation oder einem Obdachlosenheim in Kontakt bringen. Wir können auch in einer Suppenküche oder in einem Secondhandladen mithelfen. Jesus sagt:

> Ich versichere euch: Was ihr für einen der Geringsten meiner Brüder und Schwestern getan habt, das habt ihr für mich getan! (Matthäus 25,40)

Gott will, dass wir jeden Menschen so behandeln, als wäre er Jesus selbst in anderer Gestalt. Sprich doch einmal mit deinen Eltern darüber, wie ihr als Familie Not leidenden Menschen helfen könnt.

7. November

Warum manche Leute Naturlocken haben

Prediger 7,13

Hast du schon einmal versucht, deine Haare so aussehen zu lassen wie die Haare einer anderen Person? Egal, wie sehr man sich bemüht, man sieht letztendlich doch wieder so aus wie man selbst. Nun, das liegt daran, dass Gott deine Haare speziell für dich gestaltet hat. Du kamst mit kleinen Löchern auf deiner Kopfhaut, den sogenannten Haarfollikeln, auf die Welt. Deine Haare wachsen aus diesen Haarfollikeln heraus. Wenn sie rund sind, hat man glattes Haar, wenn sie oval sind, hat man gewelltes Haar, und wenn die Haarfollikel elliptisch, also noch ovaler, geformt sind, wächst lockiges Haar daraus. Die Haarfollikel sind so winzig klein, dass man ihre Form mit bloßem Auge nicht erkennen kann. Doch Gott kennt die Form deiner Haarfollikel, denn er hat sie für dich ausgesucht.

Was hat das mit mir zu tun?

Wenn du versuchst, dein glattes Haar zu locken oder dein lockiges Haar zu glätten und es funktioniert nicht, dann ärgere dich nicht. In der Bibel lesen wir:

> Schau dir die Taten Gottes an: Kann jemand gerade biegen, was er krumm gemacht hat? (Prediger 7,13)

Als Gott dem Schreiber des Predigers diesen Vers eingab, dachte er wahrscheinlich nicht an Haare! Dennoch gilt: Gott ist mit seinem Plan für dich zufrieden, also kannst du mit deinem Haar glücklich sein, egal, wie es beschaffen ist. Es gehört zu den Dingen, die dafür sorgen, dass du ganz du selbst bist!

8. November

Warum Pferde im Stehen schlafen

Jakobus 4,7

Ein Pferd schläft im Stehen, weil es sicherer ist: Wenn eine Gefahr naht, ist es bereits auf den Beinen und kann sofort weglaufen. Außerdem ist das Stehen für das Pferd bequemer: Es ist so schwer, dass es im Liegen oft Schwierigkeiten mit dem Atmen hat. Das Hinlegen und Aufstehen kostet ein Pferd eine Menge Energie. Ein Pferd kann seine Knie in stehender Position „feststellen“, sodass sie nicht wegknicken, wenn das Pferd einschläft. Eine Stute und ihr Fohlen stehen im Schlaf dicht zusammen. Das Fohlen berührt mit den sogenannten Tasthaaren an seinen Nüstern seine Mutter, damit es spürt, wenn sich Mutter bewegt.

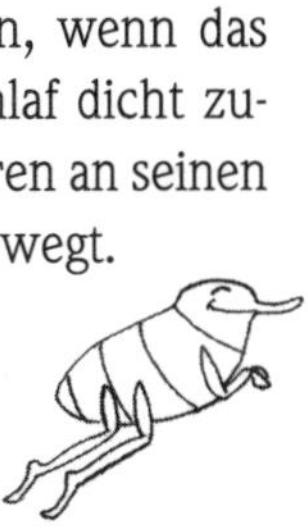

Was hat das mit mir zu tun?

Wenn ein Pferd Gefahr wittert, muss es schnell wegrennen, um sich zu schützen. Wir Menschen brauchen uns nicht auf unsere Beine oder unsere Schnelligkeit zu verlassen, um uns zu schützen. Wir können uns stattdessen auf Gottes Verheißungen verlassen. In der Bibel lesen wir:

> Leistet dem Teufel Widerstand, und er wird vor euch fliehen. (Jakobus 4,7; GN)

Ein Pferd, das stillsteht, kann angegriffen werden. Doch wenn du dich weigerst, zu lügen oder zu betrügen oder zu stehlen, dann ist der Teufel derjenige, der fliehen muss! Er wird nicht in deiner Nähe bleiben, wenn du seine bösen Pläne ablehnst.

9. November

Die Geschichte des Hotdog

Johannes 13,13

Es gibt jede Menge Geschichten über eine Wurst, die in Deutschland erfunden wurde. Einige dieser Geschichten sind vielleicht wahr, andere wohl eher nicht.

Der deutsche Immigrant Antoine Feuchtwanger begann 1880, diese Würste in Amerika zu verkaufen. Sie waren so heiß, dass sich die Kunden die Hände daran verbrannten. Also drückte Antoine jedem Käufer einer Wurst ein Paar Handschuhe in die Hände. Später ging er dazu über, die Würste in ein Brötchen zu legen. Diese Geschichte könnte stimmen, obwohl es sehr wahrscheinlich ist, dass man in Deutschland schon lange vorher Würste mit Brot aß.

Die Wurst bekam mehrere Namen. Zunächst wurde sie „Frankfurter“ genannt, weil sie in Frankfurt erfunden worden war. Später wurde sie wegen ihrer langen, dünnen Form „Dachshund“ genannt.

Eines Tages, Anfang des 20. Jahrhunderts, zeichnete ein Cartoonist ein Bild von der „Dachshundwurst“ für eine Zeitung, doch er wusste nicht, wie man „Dachshund“ schrieb. Stattdessen schrieb er „Hot Dog“ (Deutsch: Heißer Hund) unter die Zeichnung, und dieser Name hat sich bis heute gehalten. Aus anderer Quelle heißt es, die Bezeichnung „Hot Dog“ sei schon in den 90er-Jahren des 19. Jahrhunderts in Collegezeitschriften aufgetaucht.

Was hat das mit mir zu tun?

Namen sind eine Möglichkeit, Dinge und Personen zu beschreiben. Der Hotdog bekam seinen Namen aufgrund seines Aussehens. Unsere Namen für Gott beschreiben seine Bedeutung für uns. Jesus sagte:

> Ihr nennt mich „Meister“ und „Herr“, und damit habt ihr recht, denn das bin ich. (Johannes 13,13)

Welchen Namen würden die Leute wählen, um dich zu beschreiben? Würden sie dich „der Glückliche“ nennen, weil du deine Freude, zu Jesus zu gehören, ausstrahlst? Oder würden sie dich als den „Neugierigen“ bezeichnen, weil du gerne Geschichten über andere erfährst und verbreitest? Überleg dir einen Spitznamen, auf den du stolz wärest, und nutze ihn als Ansporn für dein Verhalten.

10. November

Welche Erfindungen wurden von Kindern gemacht?

1. Timotheus 4,12

Gute Ideen stammen nicht immer nur von Erwachsenen. Ein Junge namens Chris (5. Klasse) erfand einen Wegwerfgriff für Einkaufs-

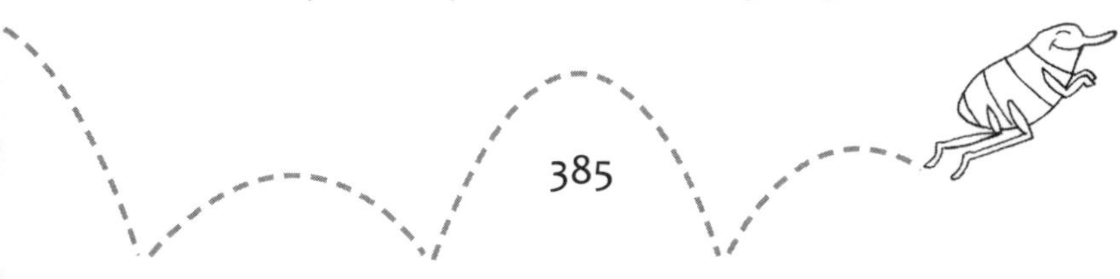

wagen. Man kann ihn auf dem Einkaufswagen einrasten, und nach dem Einkaufen kann man ihn fortwerfen. Warum erfand Chris diesen Griff? Damit sein kleiner Bruder während des Einkaufens an dem Griff lutschen konnte, ohne dass man Sorge wegen irgendwelcher Bakterien haben musste.

Charlie (3. Klasse) erfand eine Bowlingkugel, die überall mit Löchern versehen war – so brauchte man die Kugel nicht erst herumzudrehen, um die Fingerlöcher zu finden.

Alex (3. Klasse) erfand eine Möglichkeit, ganz allein zu wippen. Er brachte eine Sprungfeder unter dem zweiten Sitz an, sodass er allein auf und ab wippen konnte.

Daniel war noch im Kindergarten, als er den Schuhmagneten erfand. Er versah seine Schnürsenkel an den Enden mit Metallköpfen, die von Magneten auf seinen Schuhen angezogen wurden. Auf diese Weise konnte er nicht darüber stolpern, selbst wenn sich die Schnürsenkel lösten.

Ein anderer Daniel (8. Klasse) erfand eine Möglichkeit, wie Menschen mit Krücken auf glatten Gehwegen sicherer gehen können. Er zog jeweils eine Kappe mit kleinen Metallspitzen über den Gummiknauf am Fuß der Krücke.

Ein Mädchen namens April (3. Klasse) stellte fest, dass sein kleiner Bruder jedes Mal weinte, wenn man ihm die Windeln wechselte, weil die feuchten Reinigungstücher, die ihre Mutter dabei benutzte, zu kalt waren. Und so erfand April eine elektrische Box, in der die Babyfeuchttücher erwärmt wurden.

Was hat das mit mir zu tun?

In der Bibel lesen wir:

> Niemand soll dich gering schätzen, nur weil du jung bist. Sei allen Gläubigen ein Vorbild in dem, was du lehrst, wie du lebst, in der Liebe, im Glauben und in der Reinheit. (1. Timotheus 4,12)

Gott möchte, dass du dein Herz und deinen Verstand gebrauchst, um die Welt zu einem besseren Ort zu machen. Es gefällt Gott, wenn du ein gutes Beispiel für andere bist und gute Ideen umsetzt.

11. November

Warum eine 107 Jahre alte Frau eingeschult werden sollte

Sprüche 16,31

Alldora Bjarnadottir lebte in Island. Sie war 107 Jahre alt, als sie eines Tages einen Brief erhielt, in dem stand, wie viel Spaß sie bei der Einschulung haben würde! Alldora war verwirrt – wer kam wohl auf die Idee, dass sie noch einmal zur Schule gehen sollte? Schließlich wurde das Rätsel von Angestellten der isländischen Regierung gelöst. In Island musste jedes Kind im Alter von sieben Jahren eingeschult werden. Der Computer, der die Briefe für die Schulanfänger auswarf, konnte nur bis zum Alter von 100 Jahren zählen. Danach zählte er wieder von vorn, sodass der Computer Alldora für eine Siebenjährige hielt!

Was hat das mit mir zu tun?

Alldora verdiente Respekt für ihr hohes Alter. In der Bibel lesen wir:

> Graues Haar ist eine Krone der Ehre; es ist die Frucht eines gottesfürchtigen Lebens. (Sprüche 16,31)

Wir sollten älteren Menschen zuhören und die Weisheit wertschätzen, die sie sich in ihrem langen Leben erworben haben. Wenn Alldora wirklich wieder zur Schule gegangen wäre, dann hätte sie viel eher eine Lehrerin sein können, die den Kindern aus ihrem reichen Erfahrungsschatz erzählt.

12. November

Wie Tiere ihren Freunden helfen

Jesaja 58,10

Tiere spüren offenbar, wenn ein Freund krank, schwach oder verletzt ist, und versuchen ihm zu helfen. Elefanten zum Beispiel versuchen ein krankes Mitglied der Herde so lange wie möglich aufrecht zu halten. Wenn der kranke Elefant dann aber doch stirbt, bedecken die übrigen seinen Körper mit Blättern und Erde und bleiben mehrere Tage an seiner Seite. Wassertiere versuchen ihren kranken Artgenossen zu helfen, indem sie neben oder unter ihnen herschwimmen, damit sie in Nähe der Wasseroberfläche bleiben und nicht untergehen. Bei den Wildhundrudeln geht der Vater auf die Jagd und lässt die Mutter mit den Welpen zurück. Wenn er zurückkehrt, würgt er die Nahrung aus dem Maul, damit die Mutter und die Welpen fressen können. Manchmal helfen sich Tierfamilien gegenseitig – wenn zum Beispiel ein erwachsenes Tier krank geworden ist, dann kümmert sich ein erwachsenes Tier einer anderen Familie um das kranke Tier und um die Jungen beider Familien.

Was hat das mit mir zu tun?

Wir können von den Tieren lernen. In der Bibel lesen wir:

> Öffne dem Hungrigen dein Herz und hilf dem, der in Not ist. Dann wird dein Licht in der Dunkelheit aufleuchten und das, was dein Leben dunkel macht, wird hell wie der Mittag sein. (Jesaja 58,10)

Wenn wir alles daran setzen, anderen zu helfen, dann lassen wir das Licht der Liebe Gottes scheinen. Freundlichkeit ist für Tiere und Menschen gut!

13. November

Warum Fisch mit Zitrone serviert wird

Psalm 5,12

Wenn man im Restaurant ein Fischgericht bestellt, wird der Fisch in der Regel mit einer Scheibe Zitrone serviert. Die Küche und die Bedienung wissen wahrscheinlich nicht, dass damit eine Tradition befolgt wird, die auf das Mittelalter zurückgeht. Damals servierte man ebenfalls Fisch und Zitrone zusammen, aber nicht etwa, um den Zitronensaft wegen des besseren Geschmacks über den Fisch zu träufeln – vielmehr glaubte man damals, dass Zitronensaft eine eventuell verschluckte Fischgräte in der Speiseröhre lösen würde.

Was hat das mit mir zu tun?

Die Leute vertrauten damals darauf, dass die Zitrone sie schützen würde, doch wir wissen heute, dass eine Zitrone keinerlei Schutz bei Verschlucken bietet. Echter Schutz in allen Lebensbereichen kommt allein von Gott. In der Bibel lesen wir:

> […] die bei dir Zuflucht suchen, sollen sich freuen, sie sollen Loblieder singen in alle Ewigkeit. Du beschützt sie, darum dürfen sich alle freuen, die deinen Namen lieben. (Psalm 5,12)

Es ist weit besser, auf Gottes Macht zu vertrauen, als auf die Wirkung einer Zitrone!

14. November

Ungewöhnliche Reifenspuren

Philipper 4,5

Es gab einmal einen berühmten amerikanischen Filmstar namens Tom Mix, der ein ziemlich ungewöhnliches Auto fuhr. Es war ein schicker Rolls Royce mit einem Hirschgeweih auf der Motorhaube. Außerdem ließ Tom seine Initialen auf den Reifen des Wagens anbringen. Da die Straßen von Hollywood, wo Tom Mix lebte, damals voller Schmutz waren, konnte jeder die Spur „TM, TM, TM" verfolgen, die der Wagen überall hinterließ.

Was hat das mit mir zu tun?

Stell dir vor, deine Initialen befänden sich an deinen Schuhsohlen, sodass jeder nachvollziehen könnte, wo du hergegangen bist. Würden deine Fußabdrücke zeigen, dass du jemandem zu Hilfe gekommen bist, der ein Päckchen fallen gelassen hat, oder würde man daran ablesen können, dass du dich schnell versteckt hast, als irgendwelche Aufgaben anfielen? In der Bibel lesen wir:

> Lasst alle sehen, dass ihr herzlich und freundlich seid.
> (Philipper 4,5a)

Versuche jeden Tag ehrlich und freundlich zu sein, sodass man – wenn man deine Fußspuren sehen könnte – sagen würde: „Hier ist ein Kind Gottes entlanggegangen."

15. November

Das unsichere Gefängnis

Psalm 142,8

1982 wurde in Maryland ein neues Gefängnis gebaut. Es sollte das damals modernste Gefängnis Amerikas sein, eines der ersten, die von Computern betrieben wurden. Der Bau kostete mehr als elf Millionen Dollar (das sind ungefähr acht Millionen Euro). Doch nichts funktionierte wie geplant.

Es gab ferngesteuerte Kameras in den Ecken, um rund um die Uhr über die Häftlinge zu wachen – doch die Kameras liefen nur 30 Minuten und mussten dann erst einmal ausgestellt werden, damit der Motor nicht heiß lief. Die Schlösser an den meisten Türen funktionierten nicht, und so konnte es vorkommen, dass man an unerwarteten Stellen stecken blieb. Eine automatische Schiebetür schnitt einem Aufseher sogar einen Teil seines Fingers ab. Die Aufseher konnten die Häftlinge von ihren Stationen aus nicht sehen, und die Mikrofone, mit denen sie zu den Häftlingen sprechen sollten, funktionierten nicht. Das Dach des Gefängnisses war mit Solarzellenplatten abgedeckt, die Wärme für das Gebäude generieren sollten. Stattdessen froren die Platten zu. Einige Häftlinge konnten sogar fliehen, indem sie die sogenannten „einbruchssicheren“ Glas- und Plastikfenster zerschlugen.

Was hat das mit mir zu tun?

In dieser Geschichte geht es um ein Gefängnis aus Stein und Glas, doch es gibt auch Gefängnisse, die keine Gebäude sind. Unser Verstand kann ein Gefängnis sein. Wenn wir zum Beispiel denken, dass wir niemals erfolgreich sein werden, versuchen wir es gar nicht erst – unsere Gedanken halten uns also gefangen. Auch unsere Gefühle können ein Gefängnis sein. Wenn wir auf jemanden wütend sind, dann verhindern wir unser eigenes Glück, weil wir nicht vergeben wollen. Wir dürfen wie der Psalmist zu Gott rufen:

> Hol mich heraus aus dem Gefängnis, damit ich dir danken kann. Die Gottesfürchtigen werden sich um mich versammeln, wenn du freundlich zu mir bist. (Psalm 142,8)

Du brauchst keinen Tunnel zu graben oder sonst wie zu versuchen, aus deinem Gefängnis zu entkommen. Gott wird die Tür deines Herzens und deines Verstandes öffnen und dich befreien, wenn du ihn darum bittest.

16. November

Warum ein eingebuddelter Autoreifen nicht unter der Erde bleibt

1. Samuel 2,8

Wenn du einen Autoreifen im Garten ungefähr anderthalb Meter tief in die Erde graben würdest, würdest du dann damit rechnen, dass er ganz von selbst wieder an die Oberfläche kommt? Es würde zwar etwa zehn Jahre dauern, aber genau das würde passieren. Die meisten Dinge, die man in der Erde vergräbt, bleiben dort und zerfallen nach und nach. Bei einem Autoreifen ist das anders. Er besteht aus Gummi, und das ist so robust, dass es selbst unter der Erde nicht auseinanderfällt. Doch wie kann es sein, dass der Reifen von selbst an die Oberfläche kommt?

Gummi dehnt sich aus, wenn es warm ist, und zieht sich zusammen, wenn es kalt ist. Da sich der Boden je nach Wetterlage erwärmt oder abkühlt, „bewegt" sich der Reifen entsprechend. Die Erde unterhalb des Reifens ist fest zusammengedrückt, doch die Erde über dem Reifen ist nicht so solide. Wenn sich der Reifen auch nur ein klein wenig bewegt, fallen kleine Erdkrümel von oben nach unten. Diese Erdklümpchen sammeln sich unter dem Reifen an und heben ihn jedes Mal ein wenig nach oben. Eines Tages befindet sich der Reifen dann wieder an der Erdoberfläche.

Was hat das mit mir zu tun?

Vielleicht fühlst du dich manchmal wie so ein Reifen. Du hast das Gefühl, unter einem Haufen von Schulbüchern begraben zu sein. Oder du meinst, in einem tiefen Loch festzustecken, weil du Probleme mit deinen Freunden oder mit deiner Familie hast, ohne etwas bewegen zu können. Eine sehr gute Möglichkeit, wieder „nach oben“ zu gelangen, ist das Gebet. Bitte Gott um Hilfe, und vertraue ihm, dass er dir „aus dem Loch“ helfen wird. Jedes Mal, wenn du dich wie ein in der Erde vergrabener Reifen fühlst, kannst du beten und dich wieder „nach oben wühlen“. In der Bibel finden wir dieses Versprechen:

> Er erhebt die Schwachen aus dem Staub – ja, den Armen aus dem Aschehaufen. (1. Samuel 2,8)

17. November

Das häufigste Wort in der deutschen Sprache

Sprüche 27,2

Die deutsche Sprache ist eine der wichtigsten Kultur-, Wissenschafts- und Verkehrssprachen. Rund 100 Millionen Europäer sprechen Deutsch. Nicht nur in Deutschland, sondern auch in Österreich, in weiten Teilen der Schweiz, in Liechtenstein, Luxemburg sowie in Teilen Norditaliens, Ostbelgiens und Ostfrankreichs wird Deutsch gesprochen. Neben Russisch ist sie die am meisten gesprochene Muttersprache in Europa und gehört zu den zehn am häufigsten gesprochenen Sprachen der Welt. Es gibt Worte in der deutschen Sprache, die äußerst selten benutzt werden, andere hingegen werden sehr oft verwendet. Das am häufigsten benutzte Wort ist „der“, das zweit- und dritthäufigste „die“ und „und“. Bei vielen Menschen hingegen hat man das Gefühl, dass sie besonders oft Worte wie „ich“, „mir“ und „mich“ verwenden.

Was hat das mit mir zu tun?

Beobachte dich einmal selbst – wenn du feststellst, dass die meisten deiner Sätze mit „ich“ beginnen, dann solltest du vielleicht deine Denkweise ändern. Wenn du ständig über dich selbst sprichst, dann bekommen deine Mitmenschen den Eindruck, dass du dich für sehr wichtig hältst. In der Bibel finden wir einen guten Rat:

> Lobe dich nicht selbst, lass das andere tun! (Sprüche 27,2)

18. November

Der Schatz im Werkzeugkasten

Sprüche 12,22

Der Familienvater Charles Dunn kaufte auf dem Garagenflohmarkt einer 64-jährigen Witwe einen Werkzeugkasten. Der Ehemann der älteren Dame war einige Jahre zuvor gestorben, und sie verkaufte alle Gegenstände ihres verstorbenen Mannes, mit denen sie nichts anfangen konnte. Charles war ständig auf der Suche nach „Schnäppchen“, denn er und seine Familie hatten nicht sehr viel Geld. Solche Garagenflohmärkte waren für ihn eine gute Gelegenheit, für wenig Geld Dinge zu erstehen.

Doch diesmal machte Charles das Schnäppchen seines Lebens! Als er später zu Hause den Werkzeugkasten öffnete, entdeckte er darin Geldscheine im Wert von 5500 Dollar (ca. 4000 Euro). Zunächst durchfuhr ihn der Gedanke, das Geld zu behalten. Schließlich hatte er den Werkzeugkasten anständig und ehrlich erworben. Doch dann kam er zu dem Schluss, dass das nicht richtig wäre. Die Frau hätte niemals das Geld in dem Kasten gelassen, wenn sie gewusst hätte, dass es darin war. Also fuhr Charles zu der Witwe zurück und brachte ihr das Geld. Sie war darüber so glücklich, dass sie zugleich lachte und weinte.

Was hat das mit mir zu tun?

Charles hätte sagen können: „Ich habe das Geld gefunden, also gehört es mir.“ Doch er wusste, dass das nicht richtig gewesen wäre. Nachdem er das Geld zurückgebracht hatte, war er zwar noch genau so arm wie vorher, aber dafür bekam er etwas viel Wertvolleres. In der Bibel lesen wir:

> Der Herr […] freut sich über ehrliche Menschen. (Sprüche 12,22; Hfa)

Egal, wie reich du bist, du kannst dir Gottes Wohlgefallen nicht erkaufen. Wenn du dich für das Gute entscheidest und so handelst, wie er es tun würde, dann hat er Gefallen an dir. Seine Belohnung ist viel wertvoller als Geld: Du bist ein Kind des himmlischen Königs.

19. November

Das Trampolin auf dem Autodach

Sprüche 24,16

Als George Nissen jung war, gab es keine Trampoline. Es gab Sicherheitsnetze, und George ging gern in den Zirkus, um die Artisten zu bewundern, die durch die Lüfte flogen und schließlich im Netz landeten, von wo aus sie elegant auf den Boden sprangen. Die Eskimos stellten ein „Sprungtuch“ her, indem sie Stangen in den Boden rammten und eine Walrosshaut darüberspannten. Bei einer Theateraufführung ließ sich ein Schauspieler absichtlich von der Bühne fallen und wurde zur Überraschung des Publikums zurückgeworfen, weil er im Orchestergraben ein solches „Sprungtuch“ versteckt hatte.

George wollte die Sicherheitsnetze und Sprungtücher verbessern. Er wollte etwas herstellen, das von jedermann leicht benutzt werden konnte. George begann zu experimentieren. Er spannte ein Segeltuch

über seinen Bettrahmen und band es am Rand mit Seilen und Schläuchen fest, um es zu einem Sprungtuch zu machen.

George nannte seine Erfindung *trampolin* – das ist das spanische Wort für „Sprung“. Er nahm sein Trampolin mit in eine große Sporthalle, um es dort auszuprobieren. Die Kinder in der Sporthalle ließen alles stehen und liegen, um auf dem Trampolin zu hüpfen. Danach befestigte George ein Trampolin auf seinem Autodach und fuhr durch die Gegend, um an verschiedenen Plätzen den Menschen sein Trampolin vorzuführen. Schließlich wollten immer mehr Leute ein Trampolin – für den Sport oder einfach zum Spaß. George ließ sich noch mehr einfallen, um Werbung für sein Trampolin zu machen. Er führte verrückte Kunststücke auf, zum Beispiel brachte er einem Känguru bei, auf dem Trampolin zu hüpfen. George war ein kluger Erfinder und Verkäufer, und so erlangte er mit seinem 1936 erfundenen Trampolin Berühmtheit.

Was hat das mit mir zu tun?

Es macht Spaß, auf einem Trampolin zu hüpfen, sich fallen zu lassen und wieder nach oben zu schnellen. Wenn man dagegen hinfällt oder scheitert, während man etwas zu tun versucht, ist das weniger lustig. Gott will nicht, dass wir aufgeben, wenn wir bei einem guten Vorhaben nicht sofort Erfolg haben. In der Bibel lesen wir:

> Der Gottesfürchtige kann sieben Mal fallen und wird doch jedes Mal wieder aufstehen. (Sprüche 24,16a)

Gott möchte, dass du wieder aufstehst und weitermachst. Er wird dich bei jedem Schritt begleiten.

20. November

Warum Kinder mit dem Zug verschickt wurden

Psalm 27,4

Im 19. Jahrhundert sammelten Amerikaner im Osten der USA Kinder ein und schickten sie mit Zügen fort. Was hatten die Kinder ausgefressen, dass die Leute so etwas mit ihnen machten? – Nichts! Die Leute versuchten, diesen Kindern zu helfen, denn viele von ihnen hatten kein Zuhause oder lebten in Kinderheimen.

Sie wollten diesen Kindern eine Chance auf ein besseres Leben geben, deshalb wurden sie in den sogenannten wilden Westen geschickt, der noch nicht allzu dicht besiedelt war. Auf dem Weg hielten die Züge in verschiedenen Städten. An jedem Bahnhof stiegen die Kinder aus dem Zug und hefteten sich Namensschilder an. Die Einwohner der jeweiligen Stadt kamen zum Zug, um sich die Kinder anzusehen, und wenn ihnen ein Kind gefiel, adoptierten sie es. Die Kinder, die keine Aufnahme fanden, stiegen wieder in den Zug und fuhren zur nächsten Stadt weiter. Auf diese Weise fanden 50 Jahre lang rund zehntausend Kinder ein neues Zuhause.

Was hat das mit mir zu tun?

Die Kinder wurden mit dem Zug verschickt, damit sie ein neues Zuhause finden konnten. Ein Zuhause und Menschen zu haben, die für uns sorgen und die uns lieben, ist für jeden von uns ganz wichtig. Doch es gibt etwas noch Wichtigeres. In der Bibel lesen wir:

> Eine einzige Bitte habe ich an den Herrn. Ich sehne mich danach, solange ich lebe, im Haus des Herrn zu sein, um seine Freundlichkeit zu sehen und in seinem Tempel still zu werden. (Psalm 27,4)

Egal, in was für einem Zuhause du lebst – ob es aus Stein oder aus Holz ist, ob modern oder alt, klein oder groß –, in Gottes Haus, dem Himmel, bist du auf jeden Fall willkommen. Lies in der Bibel und frage danach, was Gott von dir will – so wirst du den Weg nach Hause finden!

21. November

Übersetzungsfehler

Sprüche 23,12

Wenn man einen Text in eine andere Sprache übersetzt, kommt es manchmal zu seltsamen oder sogar lustigen Fehlern. So wollte ein amerikanisches Unternehmen einen Bohrer für Zahnärzte in Italien verkaufen. Der Bohrer funktionierte mit einem Fußpedal. Das Unternehmen ließ die Bedienungsanleitung aber nicht von italienischen Muttersprachlern, sondern von Amerikanern ins Italienische übersetzen. Dabei kam die folgende Übersetzung zustande: „Der Zahnarzt zieht seine Schuhe und Strümpfe aus und bedient das Pedal mit seinen Zehen." Die italienischen Patienten wären wohl sehr erstaunt gewesen, wenn ihr Zahnarzt tatsächlich seine Schuhe und Strümpfe ausgezogen hätte, um den Bohrer zu bedienen!

Ein anderes amerikanisches Unternehmen sandte einen Computer nach Indonesien; der Übersetzer verwendete in der Begleitbroschüre das Wort „Software"; im Englischen versteht man darunter „Computerprogramm", im Indonesischen jedoch „Unterwäsche".

Der Autohersteller General Motors begann einen neuen Wagen in Lateinamerika zu verkaufen. Der Wagen hieß *Nova*, was im Englischen „neuer Stern" bedeutet, im Spanischen jedoch – und das wird in Lateinamerika gesprochen – bedeutet *Nova* „Es geht nicht". Das war sicherlich kein guter Name für ein neues Auto!

Was hat das mit mir zu tun?

Wenn man einen Fehler gemacht hat, gibt es zwei Möglichkeiten: Man kann ihn entweder ignorieren oder aber korrigieren. In der Bibel steht:

> Nimm die Zurechtweisung an und öffne deine Ohren für Worte der Einsicht. (Sprüche 23,12)

Die Übersetzer hätten ihre Fehler korrigieren können, indem sie einen Muttersprachler zu Hilfe genommen hätten. Es ist auf jeden Fall besser, sich Rat zu holen, wenn man sich bei etwas nicht sicher ist! Das spart Zeit und Unannehmlichkeiten.

22. November

Eine Überraschung im Wandschrank

Hiob 28,17–18

Es macht Spaß, auf Schatzsuche zu gehen! Aber es macht noch mehr Spaß, tatsächlich einen Schatz zu finden! Eines Tages im Jahr 1929 besuchte ein amerikanischer Geschäftsmann namens Ben Jaymin seine Nichten und Neffen und deren Eltern in einem französischen Hotel, wo diese Urlaub machten. Um den Kindern die Zeit zu vertreiben, erfand Ben ein Spiel. Er griff unter Kissen und schaute in Wandschränke, als würde er einen Schatz suchen, und die Kinder beobachteten ihn gespannt. Zu seiner eigenen Überraschung fand Ben, als seine Hand über das oberste Bord eines Wandschranks tastete, eine Schachtel.

Er nahm die Schachtel heraus, und die Kinder kreischten vor Vergnügen, weil die Schachtel sehr ausgefallen war. Noch aufregender war es, die Schachtel zu öffnen. Es war lauter Schmuck darin – Ohrringe, Armbänder, Broschen, Halsketten und Ringe. Ben war davon überzeugt, dass es kein echter Schmuck war, und so ließ er die Kinder eine Weile König und Königin damit spielen.

Später erzählte Ben dem Hoteldirektor von seinem Fund. Dieser war geschockt, denn vor Kurzem hatte ein Hotelgast, eine reiche Dame, den Diebstahl seiner Schmuckschatulle gemeldet, und daraufhin war ein Zimmermädchen entlassen worden, das man des Diebstahls verdächtigt hatte. Die reiche Dame hatte selbst die Schmuckschatulle oben in den Wandschrank gelegt und später vergessen, wo sie sie deponiert hatte. Stell dir vor, was Ben durch den Kopf geschossen sein muss, als er erfuhr, dass seine Nichten und Neffen mit seiner Erlaubnis mit Schmuck im Wert von 100 000 Dollar (knapp 75 000 Euro) gespielt hatten!

Was hat das mit mir zu tun?

Es macht Spaß, davon zu träumen, dass man einen Schatz findet und reich wird – aber vielleicht bist du in Wirklichkeit viel reicher, als du denkst. In der Bibel lesen wir:

> Gold und edles Glas sind nicht mit ihr zu vergleichen. Auch gegen Goldschmuck kann man sie nicht eintauschen, von Korallen und Kristall ganz zu schweigen. Weisheit zu besitzen ist wertvoller als Perlen. (Hiob 28,17–18)

Wenn du auf Gott hörst, dann besitzt du bereits eine Menge Weisheit. Wenn du Gottes Plan für dein Leben suchst, wirst du ein Leben finden, das von Freude, Frieden und Liebe erfüllt ist.

23. November

Eine Teegesellschaft, die beim Putzen zusieht

Psalm 24,3–4

In England wurde die Krönungszeremonie des neuen Königs, Edward VII., vorbereitet. Der Thronsaal wurde gereinigt. Erst in letzter Minute stellte man fest, dass die Teppiche unter den Thronen ganz schmutzig waren. Es war zu spät, die Teppiche zur Reinigung zu schicken. Was konnte man tun?

Ein Mann namens H. C. Booth hatte eine Idee. Er war der Erfinder eines neuen Geräts zur Teppichreinigung, mit dem der Schmutz in einen Beutel gesaugt wurde. Er war auf diese Idee gekommen, nachdem er sich mit einem Tuch vor dem Mund über Schmutz gebeugt hatte. Beim Einatmen hatte der Schmutz an seinem Taschentuch geklebt, und so war er auf die Idee gekommen, eine Maschine zu bauen, die den Schmutz aufsaugen würde – einen „Staubsauger". Die Leute mochten den Staubsauger nicht besonders, denn er war groß und unhandlich und machte viel Lärm. Er musste sogar auf eine Kutsche geladen und außerhalb des Hauses aufgestellt werden. Von dort aus wurden lange Schläuche ins Haus gezogen, um die Teppiche zu saugen.

Doch als der König erfuhr, wie der Thronsaal mithilfe des Staubsaugers gereinigt worden war, lud er Booth ein, sein Gerät vorzuführen. Der König bestellte anschließend einen Staubsauger für den Palast. Danach wollten viele Leute ihre Häuser auf diese Weise gereinigt haben, und Booth hatte alle Hände voll zu tun, mit seinem Gerät von Haus zu Haus zu gehen. Die Leute organisierten Teegesellschaften, wenn Booth kam, damit die Gäste beim Staubsaugen zuschauen konnten. Booth stellte extra durchsichtige Schläuche für sein Gerät her, damit die Leute sehen konnten, wie der Schmutz von der Maschine aufgesaugt wurde.

Was hat das mit mir zu tun?

Heutzutage findet es niemand mehr interessant, jemandem beim Staubsaugen zuzusehen, doch damals fanden die Leute das sehr unterhaltsam. Es ist schön, einen sauberen Fußboden zu haben, doch es ist unendlich viel wichtiger, ein sauberes Herz zu haben. In der Bibel lesen wir:

> Wer darf den Berg des Herrn besteigen und wer an seinem heiligen Ort stehen? Nur die Menschen, deren Hände und Herzen rein sind, die keine Götzen anbeten und keinen falschen Eid schwören. (Psalm 24,3–4)

Die Bibel redet nicht von Schmutz, den man aufsaugen oder abwaschen kann. „Reine Hände" zu haben bedeutet, dass man seine Hände nicht dazu benutzt, um etwas Böses zu tun, zum Beispiel zu stehlen oder seine kleinen Geschwister zu schlagen. Ein „reines Herz" zu haben bedeutet, Gott mehr als alles andere zu lieben. Gott sieht nicht auf deinen Fußboden, sondern auf dein Herz.

24. November

Kälteeinbruch in Florida

Lukas 19,10

Herr und Frau Lewenetz lebten in Russland. Sie wollten Frau Lewenetz' Vater in Florida, dem sogenannten Sonnenscheinstaat der USA, besuchen. Sie kauften zwei Flugtickets und machten sich auf die Reise. Als sie jedoch aus dem Flugzeug stiegen, war es gar nicht so sonnig und warm, wie sie erwartet hatten.

Sie waren zwar etwas irritiert, merkten aber erst, als sie sich auf die Suche nach dem Haus des Vaters machten, dass irgendetwas ganz und gar nicht stimmte. Der Taxifahrer kannte viele Adressen in der Stadt, doch diese Adresse war einfach nicht zu finden. Schließlich wurde jemand zu Hilfe gerufen, der Russisch sprach, und die beiden Reisenden erfuhren, warum sie so froren und so verloren waren. Beim Kauf der Flugtickets hatte sich der Verkäufer vertan und statt „St. Petersburg" nur „Petersburg" auf die Tickets gedruckt. Herr und Frau Lewenetz waren gar nicht nach Florida geflogen, sondern nach Alaska! Sie befanden sich dreitausend Kilometer entfernt von dem Ort, an dem sie eigentlich sein wollten. Schließlich trafen sie am Heiligen Abend in

Florida ein, gerade noch rechtzeitig, um ihrem Vater und Schwiegervater eine Weihnachtsüberraschung zu bereiten.

Was hat das mit mir zu tun?

Als der russische Übersetzer eintraf, konnte die Situation der Lewenetz' geklärt werden. Er konnte ihnen erklären, was passiert war, und sie fühlten sich nicht mehr hilflos verloren. Der Übersetzer war wie ein Retter für sie. Jesus sagt, dass er der Retter der Verlorenen ist:

> Der Menschensohn ist gekommen, um Verlorene zu suchen und zu retten. (Lukas 19,10)

Jesus kam auf die Erde, um uns den Weg zum Himmel zu zeigen. Wir müssen glauben, dass er für unsere Sünden gestorben ist, und ihn bitten, uns von unserer Schuld zu erlösen. Ohne Jesus würden wir immer noch hilflos durch das Leben irren.

25. November

Ameisen mit heilender Wirkung

Hebräer 2,18

Wenn du dich mal verletzen solltest und genäht werden musst, dann frag doch deinen Arzt, ob er Ameisen hat – und hoffe darauf, dass er Nein sagt! Ob du es glaubst oder nicht, in einigen Gebieten Südamerikas benutzten brasilianische Ureinwohner ganz bestimmte Ameisen, um Wunden zu verschließen. Eine Ameise wurde auf eine Wunde gesetzt, sie biss sich in die Haut rund um die Wunde und verschloss diese sozusagen mit ihrem Mund. Nachdem der Kiefer sich um die Wunde geschlossen hatte, wurde der Körper der Ameise abgezwickt. Die „Ameisennaht" blieb so lange auf der Wunde, bis sie verheilt war.

Diese Ameisen, die sogenannten Blattschneiderameisen, sind auch in anderer Hinsicht interessant. Sie beißen Teile von Blättern von den Bäumen und tragen sie auf ihrem Kopf in ihr Nest. Deshalb werden sie auch Sonnenschirmameisen genannt. Schau doch mal nach, ob in der Praxis deines Arztes Ameisen mit Sonnenschirmen herumwandern!

Was hat das mit mir zu tun?

Ein Arzt kann sich um deinen Körper kümmern, doch er kann nicht deine Seele heilen. Aber Jesus kann das. In der Bibel lesen wir:

> Da er selbst gelitten und Versuchungen erfahren hat, kann er denen helfen, die in Versuchungen geraten. (Hebräer 2,18)

Jesus wurde Mensch, um genau zu verstehen, wie wir fühlen. Vielleicht bist du unglücklich, weil du egoistisch oder gierig warst. Vielleicht bist du traurig, weil du dich einsam fühlst oder weil dich jemand links liegen lässt. Rede mit Jesus darüber und bitte ihn um Hilfe. Er weiß, wo es wehtut, und er braucht keine Ameisen oder Nadel und Faden, um deine Wunden zu verschließen.

26. November

Welches Tier kann bis zu fünf Jahre ohne Wasseraufnahme überleben?

Matthäus 6,26

In Australien lebt ein sehr merkwürdiger Laubfrosch, der eine ganz besondere Überlebensstrategie hat. In seinem wüstenartigen Lebensumfeld regnet es nur selten und der Regen ist das größte und wichtigste Ereignis im Leben dieses Frosches. Wenn es zu regnen beginnt, klettert der Frosch aus seiner unterirdischen Höhle und nimmt das Wasser über seine ganz besonders beschaffene Haut auf, wodurch er sich wie ein

Luftballon aufbläht. Dann verschlingt er eine enorme Menge an Insekten. Anschließend legt er Eier in eine Regenpfütze und die nächste Generation wächst heran. Die Kaulquappen können schon nach wenigen Wochen atmen – viel schneller als die Kaulquappen anderer Froscharten, da die Wasserstellen, in denen sie schwimmen, rasch verdunsten. Wenn das gesamte Regenwasser vertrocknet ist, graben sich der erwachsene Frosch und die Jungen im Boden ein. Sie umhüllen sich mit einem Hautsekret*, das ihren Körper bedeckt. Die Hülle sorgt dafür, dass ihre Körper die aufgenommene Flüssigkeit behalten. Sie hat sogar ein Luftloch zum Atmen. Die Frösche bleiben ganz still, um keine Energie zu vergeuden. Sie bewegen sich oft über mehrere Jahre hinweg nicht, bis der nächste Regen einsetzt und der Prozess von vorn beginnt.

Was hat das mit mir zu tun?

Die meisten Leute wissen gar nicht, dass ein solches Geschöpf existiert. Wir machen uns kaum Gedanken über die Überlebensmöglichkeiten solcher Kreaturen. Doch Gott schuf diesen Frosch mit ausreichenden Möglichkeiten, für sich zu sorgen. Wenn wir beginnen, die Welt um uns herum genauer zu betrachten, dann werden wir erkennen, dass Gott das Universum in unendlicher Vielfalt funktionieren lässt, ohne dass wir irgendetwas dazu beitragen. Das Gras blüht, die Wolken ziehen vorbei, das Wasser fließt … Die Liste ist grenzenlos. Doch was bedeutet das für dich? In der Bibel lesen wir:

> Schaut die Vögel an. Sie müssen weder säen noch ernten noch Vorräte ansammeln, denn euer himmlischer Vater sorgt für sie. Und ihr seid ihm doch viel wichtiger als sie. (Matthäus 6,26)

Gott liebt dich, du bist wichtig für ihn, und deshalb will er sich um dich kümmern. Wenn du dich wieder einmal fragst, ob Gott wohl ein Problem lösen kann, und du versuchst, es selbst in die Hand zu nehmen, dann ist

---

* ein Schleim, den die Frösche über die Haut absondern

hier ein Tipp für dich: Sieh dir die Vögel, die Bäume, die Grashalme an. Kannst du den Wind lenken oder den Regen fallen lassen? Du wirst dich wieder daran erinnern, wer sich um alles kümmert – und warum.

27. November

Was Handschuhe über Hände aussagen

Epheser 6,14–17

Du kennst bestimmt Leute, die „mit den Händen reden", die also viele Handbewegungen, sogenannte Gesten machen, um zu unterstreichen, was sie sagen. Aber du weißt vermutlich nicht, dass die Menschen im Laufe der Jahrhunderte Handschuhe benutzt haben, die für sie „sprechen" sollten.

Es begann damit, dass Handschuhe aussagten, dass ihre Träger von königlichem Geschlecht waren, da zunächst nur Höhergestellte Handschuhe trugen. Wie du dir vorstellen kannst, waren diese Handschuhe mit wertvollen Steinen, Juwelen und Gold besetzt. Manchmal überreichten Könige ihre Handschuhe Personen, denen sie ihre Unterstützung zusichern wollten. In Deutschland wurden an Markttagen die Handschuhe des Königs an einem öffentlichen Platz zur Schau gestellt, um eventuelle Diebe abzuschrecken. Edle Damen gaben ihren Handschuh ihrem bevorzugten Ritter als Zeichen ihrer Zuneigung, und der Ritter nahm diesen Handschuh mit in die Schlacht. Als Kriegserklärung zwischen verfeindeten Rittern wurde dem Gegner ein „Fehdehandschuh" vor die Füße geworfen.

Im 16. Jahrhundert wurden Handschuhe parfümiert, weil man glaubte, dass der Duft den Träger vor ansteckenden Krankheiten schützen würde. Zwar stellte sich irgendwann heraus, dass das nicht stimmte, doch die Leute trugen weiterhin parfümierte Handschuhe, weil man damals nur selten badete. Als Schönheitspflege wurden nachts Handschuhe aus Hühnerhaut getragen, die die Haut geschmeidiger machen sollten. Auf vielen Gemälden sieht man, dass die Leute ihre Handschuhe in den Händen halten oder nur einen Handschuh tragen. Was wollen uns diese Handschuhe sagen? Vermutlich dass sie nicht gut gearbeitet waren und dem Besitzer nicht richtig passten. Königin Elizabeth hatte einmal solches Paar Handschuhe: Die Daumen dieser Handschuhe waren ungefähr 12 Zentimeter lang.

Was hat das mit mir zu tun?

Handschuhe wurden im Laufe der Geschichte zum Schutz des Rufes, der Schönheit oder der Macht getragen. Doch wenn wir uns einsam, ängstlich und bedroht fühlen, bietet ein Handschuh keinerlei Hilfe. Wir brauchen die Waffenrüstung Gottes, von der die Bibel spricht:

> Sorgt dafür, dass ihr fest steht, indem ihr euch mit dem Gürtel der Wahrheit und dem Panzer der Gerechtigkeit Gottes umgebt. Eure Füße sollen für die gute Botschaft eintreten, die den Frieden mit Gott verkündet. Setzt den Glauben als einen Schutzschild ein, um die feurigen Pfeile des Satans abzuwehren. Setzt den Helm eurer Rettung auf und nehmt das Wort Gottes, euer Schwert, das der Geist euch gibt. (Epheser 6,14–17)

Wie kannst du diesen umfassenden Schutz bekommen? Du brauchst nur Jesus in dein Leben einzuladen und er wird dich mit dieser Waffenrüstung beschenken.

28. November

Ein Haus mit zweitausend Türen

Johannes 14,2–3

Wenn es einen Preis für das „seltsamste Haus Amerikas“ gäbe, dann wäre wohl die Winchester-Villa in Kalifornien damit ausgezeichnet

worden. Diese Villa gehörte Sarah Winchester, die das Vermögen ihres Schwiegervaters, eines berühmten Waffenlieferanten, geerbt hatte. Sarah Winchester lebte in der abwegigen Angst, die Geister der Menschen, die durch die von ihrer Familie hergestellten und verkauften Waffen getötet worden waren, würden sie heimsuchen. Sie kam auf den Gedanken, dass diese Geister sie nicht finden würden, wenn sie ihr Haus nur verwirrend genug gestalten würde. 38 Jahre lang wurden an dem Haus täglich Bau- und Renovierungsarbeiten vorgenommen. So wurden zum Beispiel Türen eingebaut, die in zugemauerte Zimmer führten, Treppen, die nirgendwohin führten, und Fenster, aus denen man nicht hinaussehen konnte. Das Haus umfasste 160 Zimmer mit 48 offenen Kaminen, es hatte über acht Stockwerke und beinahe zweieinhalb Hektar Grundfläche. Als Sarah Winchester 1922 im Alter von 85 Jahren starb, gab es in der Villa insgesamt 10 000 Fenster und 2 000 Türen.

Was hat das mit mir zu tun?

Die Winchester-Villa wurde aus Furcht und Angst gebaut, doch all die vielen Räume konnten Sarah Winchester weder Ruhe noch Sicherheit oder Trost geben.

Jesus sagte über das Haus seines Vaters:

> Es gibt viele Wohnungen im Haus meines Vaters, und ich gehe voraus, um euch einen Platz vorzubereiten. Wenn es nicht so wäre, hätte ich es euch dann so gesagt? Wenn dann alles bereit ist, werde ich kommen und euch holen, damit ihr immer bei mir seid, dort, wo ich bin. (Johannes 14,2–3)

Wir wissen nicht, wie Gottes Haus aussieht, bevor wir nicht selbst dorthin gelangen, doch wir können ganz sicher sein, dass es aus lauter Liebe gebaut wurde. Im Haus des Vaters wird es niemals Angst, Verzweiflung oder Schrecken geben.

29. November

Warum die reichste Frau der Welt kalten Haferbrei aß

Sprüche 22,1

Was würdest du tun, wenn du zehn Millionen Dollar (das sind ungefähr 7 ½ Millionen Euro) erben würdest? Hetty Green, die Tochter eines Industriemagnaten der Schifffahrt, befand sich in dieser Situation. Sie beschloss, ihr Vermögen sogar noch zu vergrößern, was ihr auch gelang: Als sie 1916 starb, hatte sie ein Vermögen von einhundert Millionen Dollar (knapp 7 ½ Millionen Euro) angehäuft. Doch die reichste Frau der Welt war nicht gerade ein nachahmenswertes Vorbild.

Hetty war sehr hart zu ihren Kindern, so ließ sie diese zum Beispiel nur in Lumpen herumlaufen. Sie schickte ihre Tochter ins Kloster, damit diese Nonne wurde und andere für ihren Lebensunterhalt aufkamen. Als Hettys Sohn eine schwere Entzündung am Bein bekam, brachte sie ihn nicht zum Arzt, sondern in eine Fürsorgeeinrichtung. Als sie von jemandem erkannt wurde, weigerte sie sich, für die Behandlung zu bezahlen, und nahm ihren Sohn wieder mit nach Hause. Später musste sein Bein amputiert werden. Selbst in dieser schlimmen Situation wollte sie Geld sparen, und so bestand sie darauf, dass ihr Sohn zu Hause operiert wurde.

Hetty ernährte sich von kaltem Haferbrei, Zwiebeln und ungekochten Eiern, um die Kosten für das Erwärmen der Speisen zu sparen. Einmal suchte sie mehrere Stunden lang auf der Straße nach einer Münze, die ihr Sohn verloren hatte. Sie wollte kein Geld für ein Büro ausgeben, und so setzte sie sich in einem Bankgebäude auf den Fußboden, umgeben von alten Koffern und Papieren, um ihre Geschäfte zu führen. Sie trug stets ein schmutziges schwarzes Kleid und Gummistiefel, die mit Geld vollgestopft waren. Sie lebte ständig in der Angst, dass jemand ihr Geld stehlen würde. Ihr Verhalten hatte ihr einen unschönen Spitznamen eingebracht: „Die Hexe von der Wall Street."

Was hat das mit mir zu tun?

Die Bibel sagt Folgendes über Geld:

> Gib dem guten Ruf den Vorzug vor Reichtum, denn die Anerkennung der Menschen ist besser als Silber oder Gold. (Sprüche 22,1)

Allem Anschein nach führte Hetty kein angenehmes Leben, obwohl sie so viel Geld besaß. Das Geld war ihr wichtiger als die Gesundheit und das Wohlergehen ihrer Kinder und auch als ihr eigenes. Wir können nur ahnen, wie viel Gutes sie mit diesem Geld für andere Menschen hätte tun können. Hetty hinterließ nach ihrem Tod ein großes Vermögen und einen schrecklichen Spitznamen – das zeigt, dass sie nicht der glückliche Mensch war, der sie hätte sein können, wenn sie ihr Leben auf andere Werte aufgebaut hätte.

30. November

Warum man den Christstollen nicht mehr „Dresdner Stollen" nennen darf

Maleachi 1,11

Sicher kennst du den in Deutschland beliebten „Christstollen", diesen besonderen Kuchen aus schwerem Hefeteig, in dem unter anderem Rosinen, Mandeln und kandierte Früchte enthalten sind und der für viele Familien zu Weihnachten einfach dazugehört. Der Christstollen hat eine lange Tradition. Die erste Aufzeichnung, die man über den Christstollen gefunden hat, stammt aus dem Jahr 1474. Dabei handelt es sich um eine Rechnung an den Dresdner Hof, auf der der Begriff „Christbrod" zu finden ist. Die in Dresden ortsübliche Bezeichnung für den Stollen war damals „Striezel". Im Jahre 1730 ließ August der Starke einen Riesenstollen von 1,8 Tonnen Gewicht backen, der in 24.000

Portionen aufgeteilt wurde. An dieses Ereignis knüpft das jährlich am Samstag vor dem 2. Advent in Dresden stattfindende Stollenfest auf dem „Striezelmarkt“ an. Nachdem der Name „Dresdner Stollen“ von allen Bäckern frei verwendet werden konnte und dies auch üblich war, wurde die Bezeichnung „Dresdner Stollen“ mehrere Jahre nach der Wiedervereinigung Deutschlands als eingetragene Marke geschützt. Dieser Name darf seit 1997 daher nur noch für Stollen verwendet werden, die auch tatsächlich im Raum Dresden gebacken wurden.

Was hat das mit mir zu tun?

Namen von Dingen und Personen sind wichtig. Wir brauchen sie, um miteinander zu kommunizieren. Der wichtigste Name überhaupt ist der Name „Jesus“. In der Bibel lesen wir:

> „Vom Aufgang der Sonne bis zu ihrem Untergang wird mein Name bei den anderen Völkern verehrt. Überall bringen sie mir Rauchopfer und reine Opfer dar. Denn mein Name wird von den Völkern verehrt“, spricht der allmächtige Herr. (Maleachi 1,11)

Der wundervolle Name Jesus wird sich nie verändern oder an Bedeutung verlieren.

1. Dezember

Die Geschichte der Kleenex-Tücher

Matthäus 6,8

Das Unternehmen *Kimberley-Clark* hatte ein Problem. Während des Ersten Weltkriegs hatte es die Soldaten mit Zellwatte, einem Mischgewebe aus Baumwoll- und Holzfasern, versorgt. Es wurde zum Verbinden von Wunden und als Filter für Gasmasken verwendet. 1918, als der Krieg vorbei war, blieb eine große Menge Zellwatte übrig. Was sollte man damit anfangen? *Kimberley-Clark* beschloss, die Zellwattetücher der amerikanischen Öffentlichkeit als „wissenschaftlich" erprobtes Hilfsmittel zum Abschminken schmackhaft zu machen. Viele Berühmtheiten wurden in die Werbekampagne eingespannt, und der Absatz konnte langsam, aber stetig gesteigert werden. Das Unternehmen war überrascht, als es jede Menge Post bezüglich der Zellwattetücher bekam. Darin schrieben zahlreiche Frauen, dass ihre Männer die Tücher als Taschentücher benutzten. Die Männer fragten sich, warum die Tücher in der Werbung nicht als Wegwerftaschentücher angepriesen wurden.

Mittlerweile hatte ein Mann namens Andrew Olsen eine neue Tücherbox entwickelt, die *Kimberley-Clark* nun einsetzte. Die Verkaufszahlen gingen in die Höhe. Einige Verantwortliche des Unternehmens wollten die Zellwattetücher weiterhin als Abschminktücher vermarkten, andere dagegen waren dafür, sie als Wegwerftaschentücher zu verkaufen. Um zu einer Entscheidung zu gelangen, verteilte man in Peoria, Illinois, Coupons für kostenlose Abschminktücher und andere für kostenlose Taschentücher. Die Mehrheit der eingesandten Coupons bezog sich auf die Taschentücher, und so wurde 1924 offiziell das Papiertaschentuch *Kleenex* geboren.

Was hat das mit mir zu tun?

Es ist erstaunlich, wie viele Produkte im Laufe der Zeit äußerst erfolgreich wurden, weil sie ein bestimmtes Bedürfnis erfüllten. Die Leute von *Kimberley-Clark* brauchten sechs Jahre und zahlreiche Hinweise aus der Bevölkerung, um herauszufinden, welchen Bedarf sie decken sollten. Bei Gott sieht das ganz anders aus. In der Bibel lesen wir:

> … denn euer Vater weiß genau, was ihr braucht, noch bevor ihr ihn darum bittet! (Matthäus 6,8)

Kein Mensch kann sich so vollkommen um einen anderen kümmern; Gott ist der Einzige, der wirklich alle unsere Bedürfnisse erfüllen kann.

2. Dezember

Wie der Jeep seinen Namen bekam

Hebräer 13,5

Wir alle kennen das von Ford produzierte Allzweckfahrzeug *Jeep.* Seine Geschichte begann mit einem Wettbewerb, der von der amerikanischen Regierung ausgeschrieben wurde. Die Herausforderung bestand darin, ein allradgetriebenes Fahrzeug zu entwickeln, das praktisch und einfach zu handhaben war und mindestens 250 Kilogramm Lasten tragen konnte. Ein solches Fahrzeug wurde im Zweiten Weltkrieg für das amerikanische Militär benötigt. Das Fahrzeug selbst durfte nicht mehr als 970 Kilogramm wiegen. Drei Autohersteller sandten Pläne für ein solches Fahrzeug ein, darunter das Unternehmen *Willys-Overland.* Allerdings hatten sie ein Problem mit dem Gewicht des Wagens: Er war 125 Kilogramm zu schwer. In letzter Minute wurde der Prototyp so umgewandelt, dass er weniger wog, allerdings konnte nur noch eine statt zwei Lackschichten aufgetragen werden, sonst wäre das Fahrzeug wiederum zu schwer geworden.

Schließlich benutzte die Armee einen *Jeep*, der eine Kombination dreier Prototypen war, nämlich von denen der Firmen *Ford*, *Willys* und *American Bantam.* Seine vielen Einsatzmöglichkeiten führten möglicherweise zu der Bezeichnung *Jeep.* Zunächst wurde das Auto 1940 als Aufklärungsfahrzeug benutzt, wobei die Buchstaben GP (englische Aussprache: Dschi-Pi) für *„General Purpose“* (Deutsch: Mehrzweckfahrzeug) auf der Seite prangten. Man nimmt an, dass die verkürzte Aussprache dieser beiden Buchstaben zu *„Jeep“* führte. Der Jeep erfüllte viele Zwecke. Ein Jeep, der während des Kriegs völlig vom Wüstensand begraben wurde, und ein anderer Jeep, der an ein U-Boot angebunden unter Wasser transportiert wurde, waren beide anschließend noch völlig funktionstüchtig.

Was hat das mit mir zu tun?

Die Leute waren beeindruckt vom Jeep, weil er so verlässlich und so vielseitig einsetzbar war. Wenn wir solche Qualitäten bei einem Auto schätzen, wie viel wertvoller sind sie bei Gott! Wir können uns fest auf ihn verlassen – in diesem Leben und darüber hinaus! Gott selbst verspricht uns:

> Ich werde dich nie verlassen und dich nicht im Stich lassen. (Hebräer 13,5)

Gottes Verheißung steht schwarz auf weiß in der Bibel – lies selbst nach.

3. Dezember

Die Geschichte des Sandwichs

Matthäus 11,28

John Montague war gerade mitten in einem Kartenspiel, als seine Diener das Essen hereintrugen. Er ließ seinen Braten zwischen zwei Brotscheiben legen, damit er gleichzeitig essen und spielen konnte. Montague tat das so oft, dass seine Freunde begannen, diese besondere Mahlzeit nach ihm zu benennen, obwohl er keineswegs ihr Erfinder war. Bereits in der Antike legten die Römer Fleisch und Gemüse zwischen zwei Brotscheiben – sie nannten es *offula.* Montague sorgte dafür, dass das Sandwich sich größerer Beliebtheit erfreute. Sein Geburtstag, der 3. November, wird sogar in manchen Ländern als „Sandwichtag" gefeiert. Bevor die hawaiianischen Inseln ihren heutigen Namen erhielten, hießen sie Sandwichinseln, weil ihr Entdecker, Kapitän James Cook, sie nach Montague benannte. Doch was hat der Name Sandwich mit Montague zu tun? Nun, John Montague war der Graf von Sandwich.

Was hat das mit mir zu tun?

Der *Earl of Sandwich* ging so in seinen Beschäftigungen auf, dass er sich noch nicht einmal Zeit zum Essen nehmen wollte. Möglicherweise geht es dir ähnlich. Hausaufgaben, Musikstunden, Gemeinde, Schule, Sport – manchmal kommt es dir vielleicht so vor, als hättest du gar keine Zeit, einfach nur Kind zu sein, zu spielen und dich zu entspannen. Du würdest das gern ändern, aber du weißt nicht, wie. Jesus kann dich gut verstehen. Er weiß, was es bedeutet, sich überfordert und gestresst zu fühlen. Er hat eine ganz spezielle Einladung für dich:

> Kommt alle her zu mir, die ihr müde seid und schwere Lasten tragt, ich will euch Ruhe schenken. (Matthäus 11,28)

Wann hast du das letzte Mal ein Hilfsangebot von jemandem bekommen, der wirklich die Macht hat, Dinge zu verändern? Probiere es mit Gott und sieh, was geschieht. Nimm dir doch täglich wenigstens ein paar Minuten Zeit, um mit ihm zu sprechen. Wenn du ihm sagst, wie schwierig die Dinge für dich sind, wirst du dich ausgeglichener fühlen, weil Gott dir Weisheit schenken wird. Er wird dich daran erinnern, dass du nicht allein bist – er ist an deiner Seite und wird dich nie fallen lassen. Du wirst neue Möglichkeiten entdecken, deine Zeit zu gestalten. Wenn du zur Ruhe kommst und Gott deine Seele trösten lässt, dann wirst du erfahren, dass du deine Zeit sehr gut investiert hast!

4. Dezember

Wie die Scheibenwischer erfunden wurden

Psalm 146,8

Wenn Regen oder Schnee die Sicht durch die Windschutzscheibe versperrt, dann kann der Fahrer des Wagens einen Knopf drücken oder einen kleinen Hebel bewegen und das Problem wird buchstäb-

lich weggewischt. Doch das war nicht immer so einfach. Die Fahrer der Straßenbahnwagen Anfang des 20. Jahrhunderts mussten bei schlechtem Wetter die Straßenbahn anhalten, aussteigen und die Windschutzscheibe von Hand sauber wischen. Je schlechter das Wetter, desto häufiger musste die Bahn halten, und entsprechend länger dauerte es, bis die Fahrgäste am gewünschten Ziel ankamen. Eine Frau namens Mary Anderson hatte schließlich genug davon. Sie dachte darüber nach, wie man die Scheibe von innen reinigen könnte, sodass der Fahrer nicht ständig aussteigen musste. Ihre eigenen Fenster zu Hause wusch sie immer mithilfe eines Schwamms, den sie an einem Stiel befestigt hatte. Sie fragte sich, ob die Straßenbahnfahrer nicht dieselbe Technik anwenden könnten. Sie probierte ein wenig herum und fand schließlich heraus, dass ein langer harter Gummistreifen, der an eine Stange gebunden wurde, eine Windschutzscheibe hervorragend reinigen konnte. Sie befestigte die Stange an der Windschutzscheibe und verband sie im Innern des Wagens mit einem Hebel, den der Fahrer von seinem Sitz aus betätigen konnte. Der Straßenbahnfahrer, der 1902 den ersten Scheibenwischer ausprobierte, war davon völlig begeistert. Mary Anderson hatte die zündende Idee für eine Erfindung, die nun fester Bestandteil in jedem Bus, jedem Zug, jedem Auto und jedem Flugzeug ist.

Was hat das mit mir zu tun?

Du kannst Gott um „Scheibenwischer“ bitten, die nichts mit der Windschutzscheibe eines Fahrzeugs zu tun haben. Wenn du in der Bibel liest und das Gefühl hast, nicht „durchzublicken“ und nichts zu verstehen, dann kann Gott dir helfen. In der Bibel lesen wir:

> Der Herr öffnet die Augen der Blinden. (Psalm 146,8)

Bitte Gott, dir die Augen dafür zu öffnen, was er von dir möchte, was du tun und wie du jeden Tag leben sollst. Er wird dir den Weg zeigen!

5. Dezember

Die Geschichte des Taj Mahal

Psalm 135,13

Im 17. Jahrhundert ließ der damalige Kaiser von Indien, Shah Jahan, ein riesiges Grab für seine verstorbene Frau errichten, die er sehr geliebt hatte. Sie war nach 20 glücklichen Ehejahren bei der Geburt ihres 14. Kindes gestorben. Sie hieß Mumtaz Mahal, was so viel heißt wie: „Die Auserwählte des Palastes“. Und so gab der Kaiser dem Grab den Namen „Taj Mahal“, abgeleitet von dem Namen seiner geliebten Frau.

Das Monument wurde am Ufer des Flusses Jumna von zweiundzwanzigtausend Männern im Laufe von 22 Jahren erbaut. Der Kaiser plante, sein eigenes Grab aus schwarzem Marmor auf der anderen Seite des Flusses zu errichten und dieses durch eine silberne Brücke mit dem *Taj Mahal* zu verbinden. Doch dieser Plan wurde nie umgesetzt, weil *Shah Jahan* von seinem eigenen Sohn im Zuge eines Aufstandes ins Gefängnis geworfen wurde. Als der Kaiser starb, begrub man ihn neben seiner Frau im *Taj Mahal.*

Das *Taj Mahal* ist ein achteckiger Palast mit sechs Kuppeln, kunstvoll angelegten Gärten, einem langen Wasserbecken, einem großen Portal aus Sandstein und vielen Verzierungen aus Edelsteinen. Allein eine Blume auf einer der Wände wurde mit 60 Edelsteinen gestaltet. Das *Taj Mahal* gilt als eines der kunstvollsten Bauwerke der Welt aus der damaligen Epoche.

Was hat das mit mir zu tun?

Der Kaiser ließ das *Taj Mahal* als Erinnerung an seine Frau errichten. Solange dieses Bauwerk existiert, wird die Erinnerung an sie aufrechterhalten, doch das wird nicht ewig sein. Gott braucht keinen Palast und kein Monument, damit man ihn nicht vergisst. In der Bibel lesen wir:

Herr, dein Name wird nie in Vergessenheit geraten; an dich wird man denken, solange es Menschen gibt. (Psalm 135,13; Hfa)

Alles, was wir über Gott wissen, wird von den Eltern auf die Kinder und Enkelkinder übertragen. Wenn wir mit unserer Familie über Gott, seine Taten und seine Verheißungen sprechen, dann machen wir denen, die wir lieben, das wertvollste Geschenk, das es gibt.

6. Dezember

Stimmt es, dass Spinat Kraft gibt?

Epheser 6,10

Kennst du Popeye, den starken Seemann? Popeye öffnet eine Dose Spinat, verschlingt den Inhalt in einem Zug und bekommt im selben Moment übernatürliche Kräfte. Viele Eltern haben ihren Kindern erzählt, sie sollten Spinat essen, weil darin Eisen enthalten ist, und das würde sie so stark machen wie Popeye. Es stimmt, dass Spinat Eisen enthält, und unser Körper braucht Eisen, um die roten Blutzellen zu bilden. Doch im Spinat ist keine außergewöhnlich große Menge Eisen enthalten, so wie man es jahrelang dachte. Hinzu kommt, dass unser Körper nicht einmal die gesamte Menge Eisen aufnehmen kann, die in einer Portion Spinat enthalten ist.

Andere Nahrungsmittel wie reichhaltiges Brot, fettarmes Fleisch, Vollkornprodukte und Leber liefern genauso viel Eisen für unseren Körper wie Spinat. Um unseren gesamten Eisenbedarf allein durch Spinat zu decken, müssten wir täglich eine Menge Spinat essen, die unserem Körpergewicht entspricht.

Woher kommt es aber, dass dem Spinat so viel Gutes nachgesagt wird? 1870 wurde eine Ernährungstabelle veröffentlicht, in der die zahlenmäßigen Nährwerte verschiedener Nahrungsmittel miteinander verglichen wurden. Dabei wurde das Dezimalkomma für Spinat irrtümlicherweise verschoben, und so schien der Spinat zehnmal mehr Eisen zu enthalten als die übrigen Gemüsesorten. Die Ernährungstabelle wurde von vielen Leuten gelesen, und die falschen Angaben zum Spinat blieben den Leuten im Gedächtnis haften, sodass Spinat noch heute bei vielen irrtümlicherweise als die Gemüsesorte mit dem höchsten Eisengehalt gilt.

Was hat das mit mir zu tun?

Es ist erstaunlich zu sehen, dass die Leute, ohne es zu hinterfragen, daran glauben, dass ein Gemüse sie stark machen kann, es Gott aber nicht unbedingt zutrauen. Dabei ist Gott derjenige, der uns wirklich Kraft schenkt. In der Bibel lesen wir:

> Werdet stark durch den Herrn und durch die mächtige Kraft seiner Stärke! (Epheser 6,10)

Wenn du dich wieder einmal schwach fühlst, dann öffne die Bibel und lass dich von Gott mit Kraft beschenken!

7. Dezember

Das Fußpulver, das eine Bürgermeisterwahl gewann

Josua 24,15

Werbung kann große Auswirkungen haben. 1969 wurde in einer Stadt in Equador eine Bürgermeisterwahl abgehalten. Zur gleichen Zeit begannen die Zeitungen, eine Werbung für ein Fußpulver namens „Pulvapies“ abzudrucken. Die Werbeanzeige sah aus wie ein Wahlzettel, und man hätte meinen können, das Fußpulverfläschchen sei ein Kandidat für das Bürgermeisteramt. Im Werbetext hieß es: „Wählen

Sie Pulvapies“ und: „Wenn Sie Hygiene und Komfort lieben, wählen Sie Pulvapies“. Und genau das taten Leute. Es füllten so viele Leute die falschen Wahlzettel aus, dass das Fußpulver die Wahl gewann!

Was hat das mit mir zu tun?

Bei Wahlen können wir unsere politischen Ansichten zum Ausdruck bringen. Doch die wichtigste Wahl im Leben betrifft die Ewigkeit. In der Bibel lesen wir, wozu sich ein Mann namens Josua entschlossen hat:

> Gefällt es euch aber nicht, dem Herrn zu dienen, so wählt euch heute, wem ihr dienen wollt … Ich aber und mein Haus wollen dem Herrn dienen. (Josua 24,15; LÜ 84)

Wofür wirst du dich entscheiden – für ein Leben mit Jesus, um die Ewigkeit mit ihm zu verbringen, oder für ein Leben ohne Gott, wie es die Welt vormacht? Welche Entscheidung ist wohl die richtige?

8. Dezember

Legt der Schall immer dieselbe Geschwindigkeit zurück?

Jakobus 1,19

Die Geschwindigkeit, mit der sich Schallwellen ausbreiten, hängt davon ab, durch was sie geleitet werden. Vielleicht meinst du, der Schall würde schneller durch die Luft gelangen als durch feste Materie, doch das stimmt nicht. Luftmoleküle sind nicht fest „verpackt“, sodass die Schallwellen mehr Energie verlieren, wenn sie durch die Luft dringen. In einer Sekunde legt der Schall in der Luft 34 Zentimeter zurück. Im Wasser kann der Schall 1,45 Meter pro Sekunde zurücklegen, und durch Stahl oder Glas sogar 4,88 Meter. Mit anderen Worten: Durch feste Körper bewegen sich die Schallwellen am schnellsten, durch flüssige Körper langsamer und noch langsamser durch Gase. Je dichter die Moleküle, desto schneller breiten sich die Schallwellen aus.

Was hat das mit mir zu tun?

So wie der Schall unterschiedliche Geschwindigkeiten zurücklegt, so sollte es auch in unserem Verhalten unterschiedliche Geschwindigkeiten geben. In der Bibel lesen wir:

> Ihr sollt wissen, meine lieben Brüder: Ein jeder Mensch sei schnell zum Hören, langsam zum Reden, langsam zum Zorn. (Jakobus 1,19)

Wenn du dich aufs Zuhören konzentrierst, wirst du eine Menge lernen. Wenn du zweimal überlegst, bevor du redest, dann wirst du es eher vermeiden, etwas Falsches oder Unfreundliches zu sagen. Und wenn du dich darum bemühst, der Wut keinen Raum in deinem Herzen zu geben, dann wirst du mit jedermann besser zurechtkommen. Es wird dir auf lange Sicht besser gehen, wenn du dich an den biblischen Ratschlag der Geschwindigkeiten hältst.

9. Dezember

Woher stammt der seltsame Name der berühmten Turnschuhe?

Psalm 37,23–24

Fast jeder kennt die Sportmarke *Adidas*, doch nur wenige wissen, wem sie ihren Namen verdankt. 1920 rief der deutsche Geschäftsmann Adolph Dassler das Unternehmen ins Leben, das die beliebten

Sportschuhe herstellt. Seine Freunde nannten ihn Adi, und Adolph fügte diesen Spitznamen an den Anfang seines Nachnamens an, sodass der Name ADIDAS entstand.

Was hat das mit mir zu tun?

Wir meinen vielleicht, dass der Sportschuh einer bestimmten Marke unsere Füße besonders schützt oder unser Laufen verbessern kann. Wir können aber auch Gott bitten, unsere Füße zu segnen und sie zu lenken. In der Bibel lesen wir:

> Der Herr freut sich an einem aufrichtigen Menschen und führt ihn sicher. Auch wenn er stolpert, wird er nicht fallen, denn der Herr hält ihn fest an der Hand. (Psalm 37,23–24)

Unsere Mitmenschen werden merken, dass Gott unser „Markenname" ist, wenn unsere Füße seinen Wegen folgen.

10. Dezember

Woher hat der „Weisheitszahn" seinen Namen?

1. Korinther 1,26–28

Die Zähne, die ganz hinten in unserem Kiefer wachsen, heißen Weisheitszähne. Vor sehr langer Zeit brauchten die Leute ihre Weisheitszähne tatsächlich, denn Fleisch war sehr hart und schwer zu kauen, und die Weisheitszähne halfen beim Zermalmen des Fleisches. Doch im Laufe der Jahrhunderte wurde der menschliche Kiefer kleiner, sodass die meisten Menschen heute gar nicht mehr genug Platz im Mund für diese vier Backenzähne haben. Warum aber heißen sie Weisheitszähne? Der Grund dafür ist der, dass sie in der Regel erst aus dem Kiefer herauswachsen, wenn man mindestens 18 Jahre alt ist, und in diesem Alter sollte man eine gewisse Weisheit erlangt haben!

Was hat das mit mir zu tun?

„Weise" zu sein bedeutet nicht einfach, intelligent zu sein. Es bedeutet vielmehr, ein gewisses Verständnis von den Dingen zu haben, die im Leben wichtig sind. Die Bibel sagt uns, was Weisheit wirklich bedeutet:

> Erinnert euch, liebe Brüder, dass nur wenige von euch in den Augen der Welt weise oder mächtig oder angesehen waren, als Gott euch berief. Gott hat das auserwählt, was in den Augen der Welt gering ist, um so diejenigen zu beschämen, die sich selbst für weise halten. Er hat das Schwache erwählt, um das Starke zu erniedrigen. Er hat das erwählt, was von der Welt verachtet und gering geschätzt wird, und es eingesetzt, um das zunichte zu machen, was in der Welt wichtig ist. (1. Korinther 1,26–28)

Wenn du dich dafür entscheidest, Jesus nachzufolgen, bist du in Gottes Augen weise, auch wenn der Rest der Welt sich nach Geld oder Berühmtheit ausstreckt. Nichts kann weiser sein als die Entscheidung, Jesus Christus die Leitung deines Lebens zu übergeben.

11. Dezember

Die Zahl, die immer gleich bleibt

Psalm 40,6

Lass uns einen kleinen Versuch machen. Dafür brauchst du einen Stift und ein Blatt Papier. Du kannst die folgenden Schritte immer neu wiederholen und die Antwort wird jedes Mal die gleiche sein! Mit ein wenig Übung kannst du deine Eltern, Lehrer und Freunde mit diesem Trick überraschen.

1. Such dir eine beliebige dreistellige Zahl aus. Die erste Zahl muss sich von der letzten unterscheiden (z. B. 975).
2. Schreibe die ausgesuchte Zahl in verkehrter Reihenfolge auf (579).
3. Ziehe die kleinere Zahl (579) von der größeren ab (975). (Achtung: Wenn das Ergebnis zweistellig ist wie 99, füge am Anfang eine 0 an – 099)
4. Nimm das Ergebnis aus Schritt 3 (in unserem Beispiel 396) und schreibe es verkehrt herum auf (693).
5. Addiere das Ergebnis aus Schritt 3 (396) und Schritt 4 (693).
6. Das Ergebnis wird immer 1089 sein!

Versuch es noch einmal mit einer anderen Ausgangszahl. Suche eine dreistellige Zahl aus. Schreibe sie verkehrt herum auf. Ziehe die kleinere Zahl von der größeren ab. Schreibe das Ergebnis verkehrt herum auf. Und zu guter Letzt addiere die letzten beiden Zahlen. Du wirst sehen: Es funktioniert wieder und wieder!

Was hat das mit mir zu tun?

Wir können mit Zahlen rechnen, doch niemand kann zählen, welche Taten und Wunder Gott getan hat. In der Bibel lesen wir:

> Herr, mein Gott, du hast so viele wunderbare Taten getan und deine Vorhaben sind so zahlreich. Du bist mit niemandem zu vergleichen. Wenn ich versuchen wollte, all deine wunderbaren Taten aufzuzählen, würde ich kein Ende finden. (Psalm 40,6)

Und das Beste daran: Gott trickst dich niemals aus!

12. Dezember

Warum Ampellichter rot, gelb und grün sind

Micha 7,8

Die ersten Verkehrsampeln wurden nicht für Autos, sondern für Züge eingesetzt. Als man 1830 begann, Bahnsignale zu gebrauchen, stand das grüne Licht für „Halt!“ und das weiße Licht für „Los!“. Doch mit dem weißen Licht gab es jede Menge Probleme. Wenn die Zugführer das weiße Licht von Weitem sahen, konnten sie nicht wissen, ob es nicht einfach das Licht eines Hauses oder das einer Straßenlaterne war. Außerdem kam es manchmal vor, dass das grün getönte Glas von einem Haltsignal herunterfiel und fälschlicherweise weißes Licht ausgestrahlt wurde. Schließlich kam man überein, neue Farben für die Signalgebung zu wählen.

Es war naheliegend, Rot als Haltsignal zu wählen. Rot ist die Farbe des Blutes und erinnert uns an Gefahr. „Los“ wurde durch grünes Licht signalisiert, weil die Farbe Grün unsere Gefühle so gut wie gar nicht beeinflusst. Unser Gehirn meldet uns, dass wir nichts zu befürchten haben, dass wir also nicht abbremsen oder halten müssen. „Gelb“ wurde schließlich die Farbe für das Signal „Achtung!“, denn es ist die Farbe, die neben Rot und Grün am hellsten leuchtet. Das neue System funktionierte einwandfrei im Bahnverkehr, und so wurde es auch für den Autoverkehr übernommen.

Was hat das mit mir zu tun?

Verkehrsampeln helfen uns, sicher zu reisen. Doch es gibt noch ein anderes Licht, das wesentlich wichtiger für uns ist. Es kann uns helfen, unser Leben zu ändern und Schwierigkeiten zu überwinden. Wenn du dieses Licht suchst, wirst du es ganz bestimmt finden. In der Bibel steht:

> Ist um mich herum auch alles dunkel, ist doch der Herr selbst mein Licht. (Micha 7,8)

Gott ist wie ein Licht, das unser Leben erhellt. Du musst noch nicht einmal irgendwohin reisen, um Gottes Licht zu sehen. Wenn du ihn darum bittest, wird er selbst mit seinem Licht zu dir kommen.

13. Dezember

Was Gold, Zelte und ein Hufschmied mit Jeans zu tun haben

Matthäus 6,25

Jedes dieser drei Elemente spielte eine Rolle in der Geschichte der *Levi's Jeans*. Levi Strauss war 17 Jahre alt, als er beschloss, mit dem Schiff nach Kalifornien zu reisen, wo zu der Zeit der große Goldrausch herrschte. Levi war Händler und so nahm er seine Ware mit aufs Schiff. Er konnte alles verkaufen – bis auf ein schweres Leinen. Er beschloss, aus diesem Stoff Zelte und Dächer für Planwagen herzustellen, doch als er in San Francisco eintraf, erfuhr er von den Goldgräbern, dass sie robuste Hosen brauchten, die beim Graben in den Minen nicht kaputtgingen. Also ließ Levi aus dem Tuch Hosen nähen, und schon bald wollten alle solche Hosen haben. Das Tuch wurde in der italienischen Stadt Genua produziert, die auf Französisch „Gênes" heißt. Schon bald wurde die neue Hose „Jeans" genannt. Vor allem die Cowboys liebten sie.

Die Nieten oder Metallknöpfe auf den Taschen waren die Idee eines Hufschmieds namens Jacob Davis. Eines Tages brachte ein Mann namens Alkali ein paar von Levis Hosen zu Jacob; Alkali war es leid, dass seine Hosentaschen zerrissen, wenn er Gesteinsproben hineinstopfte. Jacob löste das Problem, indem er Nieten an den Taschen anbrachte, sodass diese fester hielten. Levi Strauss tat sich mit Jacob zusammen, und so hatten die *Levis's Jeans* bis 1932 Nieten an den Gesäßtaschen; danach brachte man keine Nieten mehr an, weil sich viele Lehrer darüber beschwert hatten, dass die Nieten die Schulbänke zerkratzten.

Ein besonders Markenzeichen der *Levi's Jeans* war und ist die gerundete Naht auf den Gesäßtaschen. Nur während des Zweiten Weltkriegs wurde auf diese dekorative Naht verzichtet, weil man den Faden nicht verschwenden wollte. In jenen Jahren wurde die runde „Naht" lediglich aufgemalt.

Was hat das mit mir zu tun?

Die Geschichte der *Levi's Jeans* ist interessant, aber möglicherweise sind diese Jeans für dich zu teuer. Mach dir nichts daraus. In der Bibel steht:

> Sorgt euch nicht um euer tägliches Leben – darum, ob ihr genug zu essen, zu trinken und anzuziehen habt. Besteht das Leben nicht aus mehr als nur aus Essen und Kleidung? (Matthäus 6,25)

Wenn du dich innerlich mit Gottes Liebe, Freundlichkeit und Großzügigkeit „kleidest", spielt es keine Rolle, wie du äußerlich angezogen bist.

14. Dezember

Woher stammt der Wackelpudding?

Hebräer 7,19

Schon vor vielen Jahren verwendeten die Leute Gelatine zum Kochen, um bestimmte Speisen zusammenzuhalten. Oft wurde die Gelatine mit Wein, Essig oder Mandeln gewürzt. Eine Zeit lang waren Kunstwerke aus Gelatine hochmodern, so wurden beispielsweise Schlösser oder Burgen mit Fenstern, Häuser oder Türme geformt.

Gelatine herzustellen war sehr aufwendig und dauerte bis zu einem ganzen Tag. Das zähflüssige Material, das dafür gebraucht wurde, fand man nur in den Knochen, dem Geweih, den Knöcheln oder Hufen von Tieren. Zunächst musste man alle Tierhaare von den entsprechenden Teilen des Tiers entfernen. Dann musste die zähflüssige Masse stundenlang zusammen mit Eiweiß gekocht werden, um das Fett abzulösen. Danach wurde die Masse gesiebt, um nur den weichen Anteil herauszufiltern. Schließlich wurde das Ganze zu Platten getrocknet. Was für eine Arbeit! Du kannst dir sicher vorstellen, wie froh die Leute waren, als man 1890 zum ersten Mal nur ein Pulver mit Wasser vermengen musste, um Gelatine zu erhalten.

Dann kam eine Frau namens May Wait auf die Idee, diesem Pulver Zucker und Fruchtaromen hinzuzufügen. Sie nannte ihre Mischung „Jell-O“ und verkaufte ihre Idee an einen gewissen Frank Woodward. Um die Leute zum Kaufen des neuen Produkts zu bewegen, zeigte Frank ihnen, was man damit machen konnte. Er sandte Vertreter in auffälligen Kutschen und später in Autos zu den potenziellen Kunden, um Jell-O-Rezeptbücher zu verteilen und Kirchenveranstaltungen und Picknicks zu besuchen, wo sie vorführten, wie man den neuen Nachtisch, den wir heute Wackelpudding nennen, herstellte.

Was hat das mit mir zu tun?

Wenn man dir zeigt, wie du etwas besser machen kannst, kann das deine Meinung beeinflussen. Als die Leute sahen, wie einfach es war, Wackelpudding herzustellen, waren sie davon angetan. Paulus schrieb im Brief an die Hebräer, welche Verbesserung Jesus bewirkt hat:

> Denn in keiner Hinsicht hat das Gesetz es geschafft, dass die Menschen vor Gott vollkommen und untadelig dastehen können. An die Stelle des vom Gesetz verordneten Priestertums tritt deshalb eines, das eine bessere Hoffnung begründet: das uns die Möglichkeit eröffnet, wirklich Gott nahen und vor ihm bestehen zu können. (Hebräer 7,19; GN)

Als Jesus den Menschen einen neuen Weg verkündete, Gottes Kinder zu werden, wollten ihm viele Menschen folgen. Wenn du deinen

Freunden erzählst, wie viel besser dein Leben durch Jesus geworden ist, gibst du ihnen eine Chance, ebenfalls ein besseres Leben zu finden.

15. Dezember

Wer kam durch seine Fehler zu Reichtum?

Matthäus 22,29

Manchmal kann man reich werden, wenn man aus seinen Fehlern lernt. So erging es jedenfalls einer Frau namens Bette Graham in den 50er-Jahren in Amerika. Sie arbeitete als Sekretärin, aber sie war eine miserable Schreibmaschinenkraft. Sie machte so viele Tippfehler, dass sie eine kleine Flasche mit weißer Farbe in ihrer Schreibtischschublade hatte, um die Fehler damit zu übermalen. Ihre Kolleginnen fanden die Idee sehr gut und baten sie, ihnen auch solche kleinen Fläschchen mit weißer Farbe zu geben.

Bette ging in die Bibliothek, um in Büchern nachzulesen, wie man eine bessere Farbe herstellen könnte. Schon bald füllte sie jede Menge Flaschen mit dem „Fehlerlöscher" in ihrer Garage ab. Ihr Sohn half ihr dabei. Sie füllten leere Ketchup- und Senfflaschen mit der neuen Farbe. Bette beschloss, ihr Produkt „Liquid Paper" zu nennen, was auf Deutsch so viel heißt wie „Flüssiges Papier". 1975 hatte Bette bereits 200 Angestellte und vier Jahre später verkaufte sie ihr Unternehmen für 47 Millionen Dollar (über 34 Millionen Euro). In Deutschland und Europa ist das vergleichbare Produkt der Marke *Tipp-ex* bekannter.

Was hat das mit mir zu tun?

Die Fehler, die Bette machte, waren kleine Tippfehler, die man leicht korrigieren konnte. Es gibt jedoch einen Fehler im Leben, den wir um jeden Preis vermeiden sollten, weil er sich auf unser ganzes Leben und die Ewigkeit auswirkt. Jesus sagte:

> Ihr denkt ganz falsch. […] Ihr kennt weder die Heiligen Schriften noch wisst ihr, was Gott in seiner Macht tun kann. (Matthäus 22,29; GN)

Es gibt nur einen Weg, diesen Fehler zu korrigieren: Lies die Bibel und lerne Gott kennen. Finde heraus, was er von dir erwartet und was er dir verspricht. Dann kannst du Gott für all die wundervollen Dinge danken, die er getan hat. Danke ihm dafür, dass er dir deine Sünden vergibt. Freue dich darüber, dass Gott dir deine Sinne geschenkt hat, um Parfüm zu riechen, Süßigkeiten zu schmecken und das weiche Fell eines Kätzchens zu fühlen. Wenn du Gottes Willen durch sein Wort kennst, bist du wirklich reich!

16. Dezember

Die Geschichte des Puzzles

Jeremia 29,13–14

Um 1760 herum lebte in London ein Erdkundelehrer namens *John Spilsbury*. Er dachte über eine Möglichkeit nach, seinen Schülern das Erlernen der Landkarte Englands spielerisch beizubringen. Er klebte eine Landkarte aus Papier auf ein flaches Holzstück. Dann sägte er das Holz mit einer Stichsäge in kleine Teile. Als seine Schüler zum Unterricht kamen, standen sie vor einer interessanten Aufgabe: Sie sollten das erste „Puzzle" der Geschichte zusammensetzen, um die Landkarte Englands zu erhalten.

Was hat das mit mir zu tun?

Du hast bestimmt schon dann und wann ein Puzzle zusammengesetzt, und du weißt, wie enttäuschend es ist, wenn ein Teil fehlt und du es einfach nicht finden kannst. Das Puzzle ist dann nicht vollständig. Ohne

Jesus ist unser Leben unvollständig. Doch Gott verspricht, dass er diese große Lücke ausfüllen wird, wenn wir ihn darum bitten. Er hat gesagt:

> Wenn ihr mich sucht, werdet ihr mich finden; ja, wenn ihr ernsthaft, mit ganzem Herzen nach mir verlangt, werde ich mich von euch finden lassen. (Jeremia 29,13–14)

Wenn du Jesus suchst, wirst du ihn finden.

17. Dezember

Was bedeutet das X in „Xmas"?

Johannes 1,1–3

Vielleicht hast du in amerikanischen Weihnachtsfilmen oder auch bei uns in Läden Schilder gesehen, auf denen *„Xmas"* steht. Möglicherweise hast du dir gedacht, das sei eine Abkürzung für das englische Wort *Christmas*. Doch in Wirklichkeit steckt etwas ganz anderes dahinter. Tatsächlich haben die ersten Christen dieses X benutzt, denn in der griechischen Sprache – die damals vorherrschend war – ist der erste Buchstabe des Namens „Christus" das *chi* und es wird *X* geschrieben. Das *X* ist also ein sehr altes Symbol für den Namen *Christus*.

Was hat das mit mir zu tun?

Der Buchstabe X steht für Christus, der wiederum für den Anfang aller Anfänge steht. In der Bibel lesen wir:

> Am Anfang war das Wort. Das Wort war bei Gott und das Wort war Gott. Er war am Anfang bei Gott. Durch ihn wurde alles geschaffen, was ist. Es gibt nichts, was er, das Wort, nicht geschaffen hat. (Johannes 1,1–3)

Hast du Jesus schon gebeten, sein Werk in dir zu beginnen? Er wird dir ein vollkommen neues Leben schenken.

18. Dezember

Ein außergewöhnlicher Rettungsschwimmer

5. Mose 16,17

Stell dir vor, du könntest nicht hören und nicht sprechen. Vielleicht meinst du, dass du dann auch sonst nichts tun könntest. Und du hättest wahrscheinlich großes Mitleid mit dir selbst. Es gab einmal einen jungen Mann namens *Leroy Columbo*, der taubstumm war. Doch er fand eine sinnvolle Aufgabe. Da er nichts hören konnte, setzte er seine Augen besonders sorgfältig ein. Seine Sehkraft wurde entsprechend geschärft, und so beschloss er, an einem Strand in Texas den Job eines Rettungsschwimmers anzunehmen. 57 Jahre lang saß er täglich am Ufer, um mit seinen Augen das Meer nach in Not geratenen Schwimmern abzusuchen. War Leroy ein guter Rettungsschwimmer? Offenbar ja. Die Leute des Ortes ließen am Strand ein Schild aufstellen, auf dem ihm für die Rettung von 907 Menschen gedankt wird, die ohne seine Hilfe ertrunken wären.

Was hat das mit mir zu tun?

In der Bibel lesen wir:

> Jeder soll so viel geben, wie er kann, je nachdem wie reich der Herr, euer Gott, euch gesegnet hat. (5. Mose 16,17)

Gott hat dafür gesorgt, dass jeder Mensch etwas leisten kann. Wir sollten uns nicht über die Dinge ärgern, die wir *nicht* tun können. Stattdessen sollten wir versuchen, herauszufinden, was uns besonders liegt, und dieses Talent dann bestmöglich einsetzen.

19. Dezember

Warum eine Schule in der Mensa eine Ampel anbrachte

Psalm 139,2

Wenn du das Gefühl hast, in der Schulmensa vom Lärm um dich herum erdrückt zu werden, dann würdest du dich vielleicht über eine Idee freuen, die 1982 in einer Grundschule in Amerika umgesetzt wurde. Man hatte den grandiosen Einfall, in der Mensa eine Ampel zu installieren. Die Ampel war mit einem Apparat verbunden, der den Geräuschpegel im Raum messen konnte. Wenn der Geräuschpegel normal war, blieb die Ampel auf Grün, wenn es dagegen zu laut wurde, blinkte die Ampel gelb auf, und so wussten alle Schüler, dass sie leiser sein mussten. Wenn der akzeptable Geräuschpegel weit überschritten wurde, schaltete die Ampel sogar auf Rot. Wenn das geschah, durfte niemand mehr reden, und alle mussten warten, bis es wieder Grün wurde.

Was hat das mit mir zu tun?

Es ist normal, dass man sich gern unterhält. Auf diese Weise können wir den anderen unsere Gedanken und Gefühle mitteilen. Wenn wir nicht sprechen dürfen, ist es schwieriger, miteinander zu kommunizieren. Stell dir vor, wie toll es wäre, wenn dein Freund oder deine Freundin deine Gedanken lesen könnte. In der Bibel werden wir daran erinnert, dass wir einen solchen Freund haben:

> Ich sitze oder stehe auf, so weißt du es; du verstehst meine Gedanken von ferne. (Psalm 139,2; LÜ 84)

Wenn du betest, steht die Ampel immer auf Grün, denn Gott freut sich jederzeit, wenn du zu ihm kommst – obwohl er bereits weiß, was du denkst und fühlst!

20. Dezember

Was ist ein Lipogramm?

2. Timotheus 3,16

Ein Mann namens Ernest Vincent hatte sich eine sehr schwierige Aufgabe gestellt. Er schrieb ein ganzes Buch auf Englisch, ohne den Buchstaben „e“, den am häufigsten benutzten Buchstaben in seiner Sprache, nämlich Englisch, zu verwenden. Er brauchte 165 Tage, um das Buch zu schreiben, das beinahe 300 Seiten und rund 50 000 Wörter umfasste. Er hatte die Taste „e“ auf seiner Schreibmaschine festgeklemmt, damit er nicht vergaß, dass er sie nicht benutzen durfte.

Texte, in denen bestimmte Buchstaben ausgelassen werden, nennt man Lipogramme. Versuch es doch einmal selbst: Such dir einen Vokal aus und schreibe einen beliebigen Satz auf. Dann überprüfe in jedem Wort deines Satzes, wie oft der entsprechende Vokal vorkommt. Dann schreib einen neuen Satz auf, in dem dieser Vokal ausgelassen wird. Es ist ein interessantes Spiel, und wer weiß, vielleicht wirst du eines Tages ein eigenes Lipogramm schreiben.

Was hat das mit mir zu tun?

Lipogramme sind interessant, aber nicht besonders nützlich. In solchen Texten sucht man nicht wirklich Informationen, man liest sie viel eher zum Zeitvertreib. Wenn du ein Buch lesen willst, in dem wichtige Dinge stehen, die dein ganzes Leben verändern können, dann versuch es mit der Bibel:

> Die ganze Schrift ist von Gottes Geist eingegeben und kann uns lehren, was wahr ist, und uns erkennen lassen, wo Schuld in unserem Leben ist. Sie weist uns zurecht und erzieht uns dazu, Gottes Willen zu tun. (2. Timotheus 3,16)

In jedem Lipogramm fehlt etwas, doch in der Bibel findest du alles, was du wissen musst, um ein Kind Gottes zu werden.

21. Dezember

Das Schloss, das jahrzehntelang nicht zu öffnen war

Offenbarung 3,7

Joseph Brama war ein begeisterter Erfinder. Ganz besonders gern erfand er ausgefallene Schlösser. 1784 stellte er ein Schloss her, bei dem er ganz sicher war, dass niemand es öffnen könnte. Er ließ sogar vorne an dem Schloss einen Text anbringen, in dem zu lesen war, dass er denjenigen, der das Schloss ohne Schlüssel öffnen könnte, mit einer Geldsumme belohnen würde. 60 Jahre lang konnte niemand das Schloss knacken. Drei Jahre nach Josephs Tod versuchte jemand eine ganze Woche lang, das Schloss zu öffnen, doch er musste schließlich aufgeben. 1851 fand ein großer Jahrmarkt in London statt, und ein Schlosser namens Alfred Hobbs beschloss, vor den Augen des Publikums das berühmte Schloss zu knacken. Er brachte täglich mehrere Stunden damit zu, an dem Schloss herumzubasteln. Er verwendete viele verschiedene Werkzeuge und nach einem vollen Monat hatte er tatsächlich endlich Erfolg: Das Schloss war geöffnet!

Was hat das mit mir zu tun?

Manche Menschen haben Herzen, die verschlossen sind; sie wollen nichts von Gott hören. Doch die Bibel sagt, dass Gott das Herz und den Verstand eines Menschen öffnen kann:

> … wo [Gott] öffnet, kann niemand zuschließen, und wo er zuschließt, kann niemand öffnen. (Offenbarung 3,7)

Verlier nicht den Mut, wenn du deinen Freunden von Jesus erzählst und sie nichts davon hören wollen. Gott kann deine Worte als Schlüssel benutzen, um die Herzen der anderen zu öffnen, auch wenn sie sich noch so sehr anstrengen, ihr Herz verschlossen zu halten.

22. Dezember

Die Erfindung der Geschirrspülmaschine

Titus 3,4–6

Man würde vermuten, dass die Geschirrspülmaschine von jemandem erfunden wurde, der ständig Geschirr spülen musste und diese Tätigkeit hasste. Doch die Frau, die diesen Apparat erfand, brauchte nie selbst ihr Geschirr zu spülen. Sie war sehr wohlhabend und hatte mehrere Dienstboten, die ihre gesamte Hausarbeit erledigten. Warum interessierte sie sich dann für eine Maschine, die das Geschirrspülen übernehmen könnte? Diese Frau namens Josephine Cochrane war mit einem berühmten Mann verheiratet, und es gehörte zu ihren Pflichten, häufig Gastgeberin zu sein und Gesellschaften in ihrem Haus zu geben. Sie liebte es, ihre Gäste mit ihrem besten chinesischen Porzellan zu bewirten. Jedes Mal, wenn eines der Dienstmädchen beim Geschirrspülen etwas von dem Porzellan zerbrach, war sie sehr verärgert, und so wünschte sie sich immer häufiger, es gäbe eine Maschine, die das Geschirr spülen und es ganz sicher nicht kaputt machen würde. Da es eine solche Maschine nicht gab, beschloss sie, sie zu erfinden. 1893 stellte sie ihre Maschine auf der Weltausstellung in Chicago vor und sie gewann sogar die höchste Auszeichnung.

Was hat das mit mir zu tun?

Stell dir vor, das Geschirr würde nicht nur sauber, sondern auch noch mit köstlichen Leckereien gefüllt aus der Spülmaschine herauskommen! Genau das tut Gott, wenn wir zu ihm kommen. Zunächst reinigt er uns von unseren Sünden. Dann schenkt er uns seinen Heiligen Geist und ernährt unseren inneren Menschen besser, als jede Speise es tun könnte. In der Bibel wird es so ausgedrückt:

> Doch dann zeigte Gott, unser Retter, uns seine Freundlichkeit und Liebe. Er rettete uns, nicht wegen unserer guten Taten, sondern aufgrund seiner Barmherzigkeit. Er wusch unsere Schuld ab und schenkte uns durch den Heiligen Geist ein neues Leben. Durch das, was Jesus Christus, unser Retter, für uns getan hat, schenkte er uns den Heiligen Geist. (Titus 3,4–6; LÜ 84)

Wenn du Gott bittest, deine Schuld abzuwaschen, dann wird er dich vollständig erneuern!

23. Dezember

Wie der Klettverschluss erfunden wurde

Römer 8,39

Eines Tages in den 40er-Jahren ging ein Schweizer Ingenieur namens George de Mestral im Alpenvorland auf die Jagd, und diesem Ausflug verdanken wir es, dass wir heute unsere Turnschuhe mit Klettverschluss verschließen können. Als George de Mestral nach seinem Ausflug lauter Kletten an seiner Hose und im Fell seines Hundes fand, untersuchte er diese unter einem Mikroskop. Dabei begriff er, wieso die igelartigen Kugeln so gut hafteten: Die vermeintlichen Stacheln der Kletten haben an ihrer Spitze winzige elastische Häkchen, die sich bei Kontakt mit Fell oder gewobenem Stoff festsetzen.

Diese Beobachtung brachte ihn ins Nachdenken. Ob es eine Möglichkeit gab, etwas zu erfinden, was genauso fest hielt wie die Kletten? Nach acht Jahren hatte er tatsächlich etwas entwickelt. Er ließ einen Weber zwei Stoffstreifen herstellen. Der eine war rau und hatte kleine

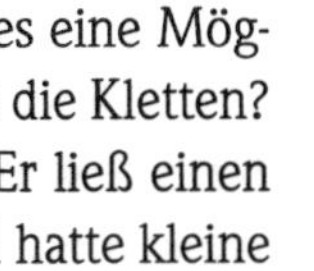

Häkchen wie die Kletten. Der andere Streifen war weich und bestand aus lauter kleinen Schlaufen wie der Stoff seiner Hose, an der die Kletten hängen geblieben waren. Wenn man die beiden Bänder aufeinanderdrückte, blieben sie aneinander haften. Sie ließen sich aber auch problemlos wieder voneinander lösen, wenn man daran zog.

Die Erfindung erhielt den Namen „Velcro", eine Kombination der französischen Wörter „velours" (Schlaufe) und „crochet" (Haken). George de Mestral gründete die Firma *Velcro Industries*, die 1959 den ersten Klettverschluss auf den Markt brachte.

Was hat das mit mir zu tun?

Gottes Liebe hat eine viel stärkere Haftkraft als der Klettverschluss. In der Bibel lesen wir:

> Und wären wir hoch über dem Himmel oder befänden uns in den tiefsten Tiefen des Ozeans, nichts und niemand in der ganzen Schöpfung kann uns von der Liebe Gottes trennen, die in Christus Jesus, unserem Herrn, erschienen ist. (Römer 8,39)

Egal, wie sehr die Welt versucht, dich von Gott wegzuziehen, nichts und niemand kann dich von ihm entfernen, wenn du ihn bittest, dich ganz fest zu halten.

24. Dezember

Der Vorläufer der Nachrichtensendungen im Fernsehen

Lukas 2,10–11

Bevor das Fernsehen seinen Einzug in die Haushalte hielt, wurden die Menschen in Deutschland durch die sogenannte „Wochenschau" informiert. Vorläufer der Wochenschau waren die sogenannten „Aktualitätenfilme“, die seit 1896 aus Frankreich nach Deutschland importiert wurden und sehr beliebt waren. Erst seit 1911 wurden in Deutschland eigene derartige Filme produziert. Die Wochenschau wurde in den Kinos vor dem eigentlichen Hauptfilm ausgestrahlt. Während des Zweiten Weltkriegs missbrauchten die Nationalsozialisten die Wochenschau als Propagandamedium. Nach dem Krieg verlor die Kino-Wochenschau mehr und mehr an Bedeutung und die täglichen Nachrichtensendungen im Fernsehen wie „Heute“ und „Tagesschau“ etablierten sich.

Was hat das mit mir zu tun?

Manchmal kann es deprimierend sein, sich die internationalen Nachrichten anzusehen. Es gibt so viele schlechte Nachrichten, und man fühlt sich hilflos angesichts all der schrecklichen Dinge, die in der Welt geschehen. Man fragt sich, ob es überhaupt Hoffnung gibt. Doch vergiss nicht, dass in den Fernsehnachrichten nur von Menschen und ihren Taten berichtet wird. Ihre Macht ist begrenzt – im Gegensatz zu Gottes Macht. Seine gute Nachricht – das Evangelium – ist wahr und hilfreich und sie bringt Heilung für alle Menschen.
In der Bibel lesen wir von dieser guten Nachricht, die von einem Engel überbracht wurde:

> Ich bringe eine gute Botschaft für alle Menschen! Der Retter – ja, Christus, der Herr – ist heute Nacht in Bethlehem, der Stadt Davids, geboren worden! (Lukas 2,10–11)

Jesus kam auf die Erde, damit die gute Nachricht in deinem Leben Wirklichkeit werden kann. Wenn du Jesus sagst, dass du sein Kind werden willst, dann verspricht er dir, für immer bei dir zu sein – hier auf dieser Erde und im Himmel bis in alle Ewigkeit. Diese wundervolle Nachricht solltest du weitergeben!

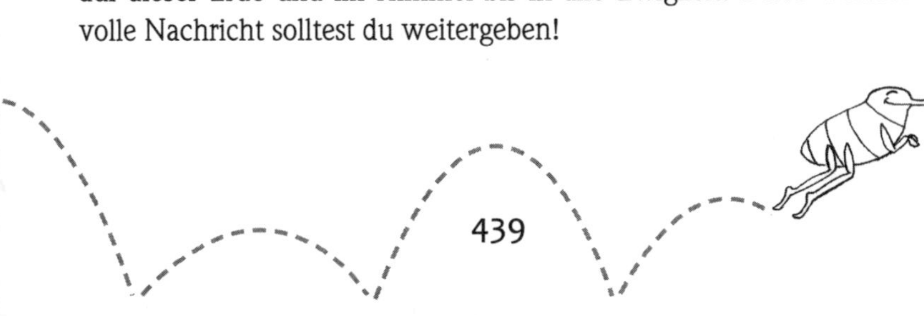

25. Dezember

Wie eine kaputte Kirchenorgel zur Entstehung eines Weihnachtsliedes beitrug

Psalm 61,8

Die Kirchenorgel war kaputt und der Mechaniker konnte nicht kommen. Doch der geplante Weihnachtsgottesdienst in Oberndorf bei Salzburg an jenem 24. Dezember 1818 konnte doch nicht ohne Musik gefeiert werden. Also machten sich der Organist Franz Gruber und der Priester Josef Mohr an die Arbeit. Franz Gruber komponierte die Melodie und Josef schrieb den Text. Nach dreieinhalb Stunden war das Weihnachtslied „Stille Nacht" fertig. Der Kinderchor sang das Lied mit Gitarrenbegleitung während der Christmesse und die Gottesdienstbesucher waren ganz begeistert davon.

Das ist eine Version der Geschichte. Aus anderen Quellen wissen wir jedoch heute, dass Mohr den Text vermutlich schon 1816 schrieb. Er bat Gruber, die Musik für den Weihnachtsgottesdienst 1818 dazu zu komponieren, doch niemand weiß sicher, ob die Orgel damals tatsächlich kaputt war.

In der Geschichte wird weiter erzählt, dass der Mechaniker, der die Orgel schließlich reparierte, eine Kopie von „Stille Nacht" erhielt und sie von Stadt zu Stadt weitertrug. Nach 13 Jahren wusste niemand mehr, von wem das Lied eigentlich stammte, und so begannen die Leute, es dem einen oder anderen bekannten Komponisten zuzuordnen.

Doch eines Tages konnte die Sache unerwartet geklärt werden. Der Leiter eines Chores einer österreichischen Schule erhielt einen Brief mit der Bitte um eine Kopie von „Stille Nacht". Der Chorleiter bat einen seiner Schüler, sich darum zu kümmern. Dieser Schüler war zufällig Felix Gruber. Als er nach Hause kam, gab ihm sein Vater Franz – der Komponist des Liedes – eine Kopie. Nach 26 Jahren wurde endlich die wahre Identität des Komponisten enthüllt.

Was hat das mit mir zu tun?

Es muss aufregend sein, ein Lied zu komponieren, das alle mögen. Doch um Gott zu gefallen, brauchst du kein Komponist zu sein. Er freut sich genauso über das Lob in deinem Herzen wie über den Gesang eines ganzen Chores von Menschen oder Engeln! Du kannst ihm wie der Psalmist sagen:

> So will ich deinem Namen lobsingen ewiglich, dass ich meine Gelübde erfülle täglich. (Psalm 61,8; LÜ 84)

Nimm dir täglich Zeit, um Gott zu sagen, wie sehr du dich über alles freust, womit er dich beschenkt hat. Auch wenn du schief singst, weiß Gott, dass dein Lob wirklich von Herzen kommt.

26. Dezember

Eine ungewöhnliche „Zutat" in einer Chipstüte

Psalm 32,8

Ginger Stewart war hungrig. Sie kaufte sich deshalb eine Tüte Kartoffelchips. Doch als sie hineingriff, hatte sie etwas völlig Unerwartetes in der Hand: Es war quadratisch und weich und ganz bestimmt nicht essbar. Es war ein Portemonnaie!

Wie um alles in der Welt konnte es passieren, dass ein Portemonnaie in einer Tüte Kartoffelchips verschlossen wurde? In dem Portemonnaie befanden sich 27 Dollar (das sind ungefähr 20 Euro), einige Kreditkarten und der Name des Besitzers: Thomas Kelley. Als man den Mann ausfindig machte, sagte er, er hätte nicht damit gerechnet, sein Portemonnaie jemals wiederzusehen. Er ahnte, dass es in einer Tüte Kartoffelchips gelandet sein musste. Er arbeitete in der Fabrik, in der die Kartoffelchips hergestellt wurden. Bei der Arbeit war ihm das

Portemonnaie aus der Hosentasche auf das Förderband gefallen, das die Chips zum Eintüten weiterleitete.

Was hat das mit mir zu tun?

Thomas musste zusehen, wie sein Portemonnaie auf dem Förderband forttransportiert wurde, aber er konnte nichts dagegen tun. Wenn Gott dich führt, wirst du nie verloren gehen wie dieses Portemonnaie. In der Bibel lesen wir:

> Ich unterweise dich und zeige dir den Weg, den du gehen sollst.
> Ich will dir raten; über dir wacht mein Auge. (Psalm 32,8)

Gott wird sich nicht zurücklehnen und einfach zusehen, wie du einen falschen Weg einschlägst, wenn du ihn um Hilfe bittest. Er wird dich wieder auf die richtige Spur bringen und über dir wachen.

27. Dezember

Warum das Weiße Haus weiß ist

Psalm 51,9

Das Weiße Haus in Washington – das Haus, in dem der amerikanische Präsident lebt und arbeitet – war nicht immer weiß. Anfangs war es grau, weil der Stein, der für den Bau verwendet wurde, diese Farbe hatte. Im Vergleich mit den übrigen Häusern in der Stadt, die alle aus rotem Stein gebaut waren, wirkte das graue Präsidentenhaus aber trotzdem weiß. Dazu kam, dass der weiche Sandstein mit der Zeit abzubröckeln begann, und um zu verhindern, dass Wasser in die Risse eindrang, wurde das Haus regelmäßig gekalkt. Dadurch wurde es immer weißer.

1814 wurde das Haus im Zuge des britisch-amerikanischen Krieges von britischen Soldaten in Brand gesteckt. Später sollte es wieder renoviert werden, und da die Außenwände schwarze Rauchspuren aufwiesen, schien es vernünftig, die Wände mit weißer Farbe zu streichen, um so die Spuren zu verdecken. Zwar wurde der Amtssitz des Präsidenten auch schon früher „Weißes Haus“ genannt, doch nun war diese Bezeichnung wirklich zutreffend. Präsident Theodore Roosevelt legte den Namen 1901 offiziell fest.

Was hat das mit mir zu tun?

Gottes Vergebung ist wie ein großer Eimer weißer Farbe, den er über unser Herz ausgießt. Er deckt die Spuren unserer Sünden nicht nur zu, sondern vertilgt sie vollständig und vergisst sie für immer. Du kannst Gott wie David bitten:

> Wasche von mir ab meine Sünden, und ich werde ganz rein werden; wasche mich, und ich werde weißer sein als Schnee. (Psalm 51,9)

Willst du, dass er dir vergibt und dich völlig reinwäscht? Dann wird er es tun!

28. Dezember

Die Geflügelknochensammlung

Epheser 5,20

Viele Menschen sind Sammler aus Leidenschaft, doch Martha Beaulieu sammelte etwas ziemlich Ausgefallenes. Was war das, und warum hatte sie sich für so ein ungewöhnliches Hobby entschieden?

Während ihrer Kindheit machte Marthas Familie schwere Zeiten durch. Es war die Zeit der Weltwirtschaftskrise und die meisten Menschen waren arm. Doch irgendwie gelang es Marthas Familie, jeden

Sonntag Huhn zu essen. Als Martha älter wurde, erinnerte sie sich an diese besonderen Hühnermahlzeiten, und sie beschloss, etwas zu tun, um sich immer daran zu erinnern und dankbar dafür zu sein. Zunächst hängte sie ein Hühnerbrustbein an einen Haken in ihrer Küche, um immer an Gottes Fürsorge während jener schweren Jahre zu denken. Als sie das nächste Mal ein Huhn verzehrte, behielt sie das Brustbein zurück und hängte es zu dem ersten Knochen, und so ging es weiter, bis sie sämtliche Brustbeine aller Tiere aus ihrem Geflügelgehege aufgehängt hatte. Als sie sich einmal daran machte, sie zu zählen, kam Folgendes dabei heraus: Sie hatte die Brustbeine von 201 Truthähnen, 493 Hühnern, 37 Fasanen, 43 Enten und 4 Rebhühnern an ihrer Küchenwand – insgesamt 778 Erinnerungen, dankbar zu sein!

Was hat das mit mir zu tun?

In der Bibel werden wir aufgefordert:

> Und dankt Gott, dem Vater, zu jeder Zeit für alles im Namen unseres Herrn Jesus Christus. (Epheser 5,20)

Denk nur an all die Erinnerungen, die du an deine Wand hängen könntest, um dankbar zu sein. Vielleicht hast du dich besonders über ein bestimmtes Paar Turnschuhe gefreut oder über ein weiches Kopfkissen, eine Eiscreme, deinen Hund oder einfach über Schneeflocken an deinem Fenster. Es würde wahrscheinlich ziemlich lustig aussehen, wenn du all diese Dinge an deine Wand hängen würdest, doch entscheidend ist, dass du Gott für all die Dinge dankbar bist, die er dir schenkt.

29. Dezember

Als man noch Perücken trug ...

Lukas 7,38

Wenn du im 18. Jahrhundert in Europa gelebt hättest und eine Frau gewesen wärst, dann hättest du schnell herausgefunden, dass das Tragen einer Perücke, was damals üblich war, eine Menge Probleme mit sich brachte. Die Perücken waren damals häufig hoch aufgetürmte Gebilde, die manchmal sogar die Kronleuchter an den Decken berührten. Man musste also gut aufpassen, wo und wie man sich bewegte. Die Perücken waren mit allen möglichen Dingen garniert, zum Beispiel mit kleinen Schiffen, Früchten, Gärten oder Vögeln, und man behielt eine besonders kunstvoll gearbeitete Perücke manchmal monatelang auf dem Kopf. Damit die Perücke während dieser Zeit nicht auseinanderfiel, bestrich man sie mit Schmalz und bestäubte sie mit Mehl. Wenn man sich schlafen legte, brauchte man ein spezielles Kissen, und außerdem wurde die Perücke mit einem dafür vorgesehenen Metallkäfig umgeben, damit Mäuse und Ungeziefer daran gehindert wurden, sich dort einzunisten. Igitt!

Warum trug man damals solche Perücken? Nun, die Leute waren Nachahmer. Als die Königin von England, Elizabeth I., 29 Jahre alt war, verlor sie infolge einer Krankheit ihre Haare. Um ihren kahlen Kopf zu verstecken, trug sie fortan immer eine Perücke. Von da an wollten alle wie die Königin aussehen, und die Frauen begannen Perücken zu tragen.

Was hat das mit mir zu tun?

Die meisten Menschen bemühen sich, eine schöne Frisur und gepflegte Haare zu haben, denn man achtet bei einem anderen fast automatisch mit als Erstes auf die Haare. Wenn du stolz auf deine Haare bist, würdest du wohl kaum damit den Boden wischen oder Schmutz hineinreiben wollen. Doch in der Bibel wird von einer Frau berichtet,

die ihre Haare wie ein Handtuch benutzte, um ihre Liebe zu Jesus zu zeigen:

> Sie kniete vor Jesus nieder und weinte. Ihre Tränen fielen auf seine Füße, und sie trocknete sie mit ihren Haaren. Dann küsste sie ihm wieder und wieder die Füße und salbte sie mit dem Öl. (Lukas 7,38)

Jesus freut sich, wenn wir ihn mit dem, was wir haben, ehren. Sei bereit, etwas Ungewöhnliches oder auch Gewöhnliches für Jesus zu tun. Egal, was – wenn du es aus Liebe zu ihm tust, machst du ihm viel Freude.

30. Dezember

Wie sich Regenwürmer ohne Beine fortbewegen

Hesekiel 34,26

Ein Regenwurm besteht vom Kopf bis zum Schwanz aus verschiedenen Segmenten, also Teilen. Jedes dieser Segmente kann sich dehnen oder zusammenziehen und jedes besitzt kleine Borsten, die nur ein ganz kleines Stück weit aus der Haut hervorragen. Wenn ein Segment zusammengezogen wird, drücken sich die Borsten nach außen, wenn es dagegen gedehnt wird, ziehen sich die Borsten wieder nach innen zurück und das Segment wird wieder glatt. Mithilfe seiner Ring- und Längsmuskulatur ist der Regenwurm in der Lage, sich sowohl vorwärts als auch rückwärts kriechend zu bewegen. Das Zusammenziehen der Ringmuskeln des vorderen Endes beispielsweise bewirkt, dass die nachfolgenden Segmente dünner und länger werden. Die schräg nach hinten gerichteten Borsten verankern dabei zusätzlich die zusammengezogenen Segmente im Boden. Nun ziehen sich die Längsmuskeln von vorn nach hinten zusammen, wodurch die Segmente wieder dicker und kürzer werden, was den Wurmkörper nach vorne zieht.

Wenn es regnet, sieht man besonders viele Regenwürmer auf dem Boden. Kommen sie an die Oberfläche, um zu trinken? Nein, sie versuchen zu überleben. Wenn Regenwasser in den Boden dringt, müssen die Würmer an die Oberfläche, um nicht zu sterben, denn sie atmen durch ihre Haut.

Was hat das mit mir zu tun?

In der Bibel verspricht Gott:

> Und ich werde den Regen schicken, segensreichen Regen, der immer zur rechten Zeit kommt. (Hesekiel 34,26)

Wenn es regnet oder schneit, dann betrachte einmal die Regentropfen oder Schneeflocken. Es sind viel zu viele, um sie zählen zu können. Dann stell dir vor, jeder Regentropfen oder jede Schneeflocke stünde für ein Geschenk Gottes. Versuche, einige aufzuzählen: Wenn du keine Zahnschmerzen hast, ist das ein Geschenk. Wenn dich jemand angelächelt hat, war das ein Geschenk Gottes, um dich aufzumuntern. Ein Regenbogen, der Geschmack einer Süßigkeit, das weiche Fell eines Tieres, ein schönes Lied: All das sind Geschenke Gottes, manche nennen es auch Segnungen. Du musst nicht einmal so nass werden wie der Regenwurm, um deine „Dusche voller Segnungen“ zu bekommen!

31. Dezember

Wie aus einer Waffe ein Spielzeug wurde

Hosea 6,1

Wahrscheinlich würden deine Eltern dich niemals mit einer Waffe spielen lassen. Doch wenn du mit einem Jo-Jo spielst, dann benutzt du etwas, was ursprünglich eine Waffe war.
Jo-Jos gab es schon vor Hunderten von Jahren, doch erst 1929 kamen sie nach Amerika. Die Einwohner der Philippinen stellten Jo-Jos aus Lianen her, die sie an Kieselsteine banden. Sie warfen einen Stein nach einem Tier, um es zu töten, und zogen ihn dann mit der Liane zurück.

Die ersten Jo-Jos in Amerika wurden aus Holz hergestellt. Donald Duncan hatte die Idee, Einwohner der Philippinen darum zu bitten, die Jo-Jos in Geschäften vorzustellen, und so wurden die Jo-Jos als Spielzeug eingeführt. Schließlich wurden Jo-Jos aus buntem Plastik hergestellt und sind heute in jedem Spielzeugladen zu finden. Der Name „Jo-Jo" geht auf die Sprache der Ureinwohner der Philippinen zurück; Yo-Yo heißt dort: „Komm, komm!"

Was hat das mit mir zu tun?

Täglich sagen Christen in der ganzen Welt:

> Kommt, wir wollen wieder zum Herrn zurückkehren! (Hosea 6,1)

Egal, was du falsch gemacht hast, Gott will dir vergeben, und er wird dich mit offenen Armen aufnehmen, wenn du zu ihm kommst. Wenn du den Eindruck hast, dich zu weit von Gott entfernt zu haben, dann denk an das Jo-Jo. Kehre schnell zu Gott zurück und fang neu an.